Karl Friedrich Flögel, Gustav Mayer

Geschichte des Grotesk-Komischen

Ein Beitrag zur Geschichte des Menschheit - 2. Band

Karl Friedrich Flögel, Gustav Mayer

Geschichte des Grotesk-Komischen

Ein Beitrag zur Geschichte des Menschheit - 2. Band

ISBN/EAN: 9783959139328

Auflage: 1

Erscheinungsjahr: 2018

Erscheinungsort: Treuchtlingen, Deutschland

Literaricon Verlag UG (haftungsbeschränkt), Uhlbergstr. 18, 91757 Treuchtlingen. Geschäftsführer: Günther Reiter-Werdin, www.literaricon.de. Dieser Titel ist ein Nachdruck eines historischen Buches. Es musste auf alte Vorlagen zurückgegriffen werden; hieraus zwangsläufig resultierende Qualitätsverluste bitten wir zu entschuldigen.

Printed in Germany

Cover: Arent van Bolten, Grotesques, ca. 1604-1616, Abb. gemeinfrei

KARL FRIEDRICH FLÖGEL
GESCHICHTE DES GROTESK-KOMISCHEN

EIN BEITRAG ZUR GESCHICHTE

DER MENSCHHEIT

MIT SECHZIG BILDBEIGABEN

1 · 9 · 1 · 4

MÜNCHEN / VERLEGT BEI GEORG MÜLLER

NACH DER AUSGABE VON 1788 NEU BEARBEITET
UND HERAUSGEGEBEN VON
MAX BAUER

Der Passauer „Dolyl"
im Waldmuseum in Oberhaus bei Passau

MARIONETTEN- UND SCHATTEN-THEATER

DAS ALTERTUM

Das Ursprungsland des Puppen- und des ihm nahe verwandten Schatten-Theaters liegt in undurchdringlichem Dunkel. Selbst die scharfsinnigsten Hypothesen haben die Schleier noch nicht zu lüften vermocht und deshalb die Heimat der Marionetten und Schattenfiguren bald hier-, bald dorthin verlegt. Das Land der Pharaonen, Alt-Indien, Hellas und Rom wurden schon als die Länder angesprochen, in denen zuerst mit Figuren agiert worden war. Aber jede, noch so bestimmt auftretende Behauptung ist bis jetzt bald durch Gegenbeweise widerlegt worden.

Zu dieser Ungewißheit mochte der Umstand beitragen, daß das Puppenspiel von jeher immer mehr oder weniger ein Geheimnis der Spieler war, die das Fadenführen, die Herstellung der Puppen und die darzustellenden Texte ängstlich vor den Blicken der Außenstehenden hüteten. Deshalb erfuhr auch das Marionettentheater von den gebildeten Ständen nur ganz geringe Förderung.

Xenophon legte in seinem Gastmahl des Kallias, 4, 55, dem Puppenspieler Philippos aus Syrakus die Äußerung in den Mund, er, der Witzemacher von Beruf, schätze die Dummen besonders hoch, denn von ihnen lebe er, indem sie die Zuseher bei seinen Vorstellungen bildeten.

Das entspricht nicht ganz den Tatsachen.

Alle Bildungsgrade und Stände, Kinder ebenso wie Greise und Matronen, haben sich bei allen Völkern und zu allen Zeiten an den Puppenspielen und an den Streichen seiner Groteskkomiker oft und herzlich erfreut. Bei Athenäus findet sich die Bemerkung, die Athener seien so große Liebhaber von Marionetten gewesen, daß sie den Neuropaten (Puppenspieler) Potheinos die Bühne des Dionysostheaters überlassen hätten, auf der bis dahin die Dramen des Euripides aufgeführt worden waren.

Die antiken Marionetten müssen Meisterwerke der Mechanik gewesen sein. Sie drehten den Kopf, bewegten den Nacken, die Arme, Hände und Füße, selbst die Augen, wie Aristoteles mitteilt. Sie glichen so sehr lebenden Menschen, daß der große Galen, wenn er den genialen Mechanismus erläutern wollte, mit dem die Natur die Muskeln an die Knochen geheftet, um die leichte Beweglichkeit der einzelnen Körperteile zu erzielen, er sich auf die Marionettenspieler bezieht, die durch geschickt angebrachte Fäden die Puppen bewegten, wie sie es wollten.

Zufällig behandeln die beiden antiken Puppenspiele, deren Titel wir kennen, Dramenstoffe. Aber auch viel später noch, in neuer und neuester Zeit, hat die Marionettenbühne Tragödien in ihren Spielplan aufgenommen. Viele Menschenalter bevor Goethe den Faust schrieb, war der arge Schwarzkünstler eine beliebte Marionette. Shakespeare hat seinen Julius Cäsar als Helden der Puppenbühne vorgefunden. In Italien wurden nicht nur Tragödien und Komödien, sondern sogar große Opern von Figuren dargestellt. Die künstlerischen Marionettentheater in München, Baden-Baden und Brüssel bringen Mozart, Pergolese, und die wallonische Bühne in Brüssel unter der Leitung de Praeters und Louis Piérards wagt sich sogar an die schwere Tragik Maeterlinckscher Poesie. In meiner Jugend habe ich in Teplitz, im Gasthaussaal „Zum lustigen Bauer" in der Graupnergasse noch „Die Räuber auf Maria Culm", „Die eingemauerte Nonne", „Räuberhauptmann Grasl", „Genoveva und Schmerzenreich" und ähnliche Schauer- und Trauerspiele von wandernden Puppenspielern aufführen gesehen, bittere Tränen vergossen, aber auch herzlich gelacht über den Kasperl, der in allen diesen Stücken wacker mittat. Denn ohne ihn kein richtiges Puppenspiel. Er, die Quintessenz der Groteskkomik, gehört untrennbar zur Marionettenbühne, deren ureigenstes Element die Groteske und Burleske ist. Alles andere wird nur Experiment bleiben und niemals festen Fuß auf dem Puppentheater zu fassen

Figuren aus dem türkischen Schattenspiel
Haschischraucher (oben), Hadschi-Eiwad (links), Karagös (rechts)

vermögen. Grotesk ist allein schon die Darstellung des Menschen durch Figuren mit steifen, abgezirkelten, unwahren Bewegungen. Und wo deshalb in Hellas und Rom oder im Lande der Pharaonen der Puppenspieler seinen Kasten aufstellte, wird auch der fidele Mimus seinen Phallus oder sein Histrionenschwert auf die hölzernen Köpfe der anderen Puppen niedergeschmettert haben.

Und wie der Mimus der Vater des Hanswurstes auf der Bühne war, so blicken auch alle Spaßmacher des Marionetten- und seines gleichaltrigen Bruders, des Schattentheaters, im Morgen- und Abendland, in Ost und West auf ihn als ihren Ahnen.

DAS ISLAMITISCHE SCHATTENSPIEL
DAS TÜRKISCHE KARAGÖZ

Das türkische Schattenspiel, die Volks- und Kinderbelustigung in der Türkei, dem erst in allerjüngster Zeit im Kino ein gefährlicher Gegner entstand, wird „Karagöz" oder „Chinesisches Schattenspiel" genannt. Es findet sich nicht nur in allen Teilen der Türkei, sondern ebenso in den anstoßenden arabischen Landesteilen, wie in Tunis und Tripolis. Als seinen Erfinder und Patron sieht man nach türkischer Überlieferung einen Schah oder Scheich Küschteri an. Er wird in den Prologen häufig erwähnt und soll Derwisch in Brussa gewesen sein. Doch kursieren über die Entstehung des Schattenspiels noch verschiedene andere romantische Sagen.

So vernahm Petermann, wie er in „Reisen im Orient" berichtet, daß ein Sultan seinem Vezier unter Androhung der Todesstrafe befohlen hatte, seine hingerichteten Narren Quara-Goz und Aiwas wieder herbeizuschaffen. Der Vezier wandte sich an einen Derwisch, der zwei große Fische fing, ihnen die Haut abzog und sie, zu menschenähnlichen Gestalten verwandelt, als Narren hinter einem Vorhang erscheinen ließ.

In Tunis hat man nach M. Quedenfeld für die Entstehung des dortigen Schattenspiels folgende Version: „Vor langer Zeit lebte in Stambul ein Mann, dem die Mißwirtschaft der Paschas und sonstigen Würdenträger ein Dorn im Auge war. Er sann nach, wie dem abzuhelfen sei. Da es ihm unmöglich war, bis zur Person des Sultans vorzudringen, um diesem seine Wahrnehmungen vorzutragen, beschloß er, ein Schattenspiel zu etablieren, in der Hoffnung, daß der Sultan auf das Gerücht von der Neuerung hin sich zu einem Besuche der Vorstellungen entschließen würde. So geschah es in der Tat. Kaum gelangte die Kunde von dem allgemeinen Beifall findenden, zotenhaft drolligen Karakus-Spiel zu den Ohren des Herrschers, als dieser im Theater erschien. Karakus hat an diesem Abend natürlich ganz andere Dinge geredet als Zoten. Dem Sultan wurden die Augen geöffnet über das Treiben seiner Minister und Gouverneure, die er größtenteils ihrer Ämter enthob und bestrafte. Der Karakus-Begründer aber wurde Vezier, doch ging seine Erfindung nicht verloren, sondern wurde Gemeingut des Volkes[1]."

Jedenfalls ist das Schattenspiel sehr alt, wenn auch das älteste Zeugnis für sein Vorhandensein erst dem siebzehnten Jahrhundert angehört[2].

Wie seit alter Zeit spielen auch in unseren Tagen die Schattentheater fast ausschließlich nur im Fastenmonat Ramasan. Dieser Ramasan ist überhaupt der einzige Monat, in dem im Orient nächtliche Vergnügungen veranstaltet werden können, da sonst mit Sonnenuntergang jedes öffentliche Leben erlischt. Da aber im Fastenmonat bei Tage Essen und Trinken verboten und erst gestattet ist, wenn die Nacht einbricht und währt, „bis ihr einen weißen Faden von einem schwarzen in der Morgenröte unterscheidet"[3], so haben sich die Mohammedaner dadurch zu helfen gewußt, daß sie in

---

[1] H. S. Rehm, Das Buch der Marionetten, Berlin, S. 2 f. — [2] Dr. Georg Jacob, Karagöz-Komödien, Berlin 1899, I. Heft S. IV ff. — [3] Koran II, Sure 183 (übersetzt von Max Henning), Leipzig, S. 60.

Karagös mit Phallus
(Wiener Sammlung)

diesem Falle den Tag verschlafen und die Nacht zum Tage machen. Bereits am Vormittag sind an den Cafés, in denen Vorstellungen stattfinden, kalligraphierte Plakate mit bunt ausgemalten Karagözfiguren angebracht. Die Aufführung beginnt nach Sonnenuntergang im verdunkelten Raum hinter einer mit Leinwand bezogenen spanischen Wand. Da hockt der Hajaldschy (Schattenspieler), vor sich eine kleine Olivenöllampe und bewegt die zierlich, oft kunstvoll aus Kamelleder geschnittenen Figuren, indem er sie mit Stäbchen gegen die Leinwand drückt.

Die typischen Figuren des Schattenspiels gruppieren sich um den Helden des Karagöz (Schwarzauge), in Afrika Karakusch genannt.

Der Karagöz ist der echte Narrentypus, tölpelhaft, scheinbar dumm, führt er nicht selten durch seinen Mutterwitz seinen gebildeten Partner ab[4].

Der gebildete Freund und Genosse des Karagöz ist Hadschejvat, den Karagöz häufig Hadschidschaudschau nennt. Er ist der Repräsentant des gebildeten Effenditums. Er prunkt mit arabischen und persischen Fremdwörtern, die Karagöz nicht versteht, neigt bedenklich zu Verstößen gegen die gute Sitte und sucht seinem Begleiter Höflichkeit und Bildung beizubringen, die dieser bei jeder unpassenden Gelegenheit anwendet.

Karagöz und Hadschievad sind unzertrennlich. Sie bilden die Seele der Schattenspiele und bestreiten sogar häufig ganz allein die Handlung eines Stückes.

Andere typische Figuren, von denen häufig bis sechzig verschiedene vorhanden, sind der zapplige, schwatzhafte Alty-Kulatsch, der meist die Katastrophe herbeiführende Deli Bekir, der gegen Ende des Stückes erscheint und mit Karagöz kurzen Prozeß macht, dann allerlei Frauen. Jede Figur singt ein Auftrittslied. Diese Lieder, meist ironischen Inhalts, haben zu der Handlung des Stückes keine Beziehung, wohl aber zu der Figur, die sich durch den

[4] Jacob a. a. O. S. VII.

Gesang charakterisiert. Erst nach Beendigung des Liedes greift die Figur in die Handlung ein.

Die Handlung der Karagözstücke ist häufig nur dürftig und ihre Wirkung beruht einzig und allein auf der Ausgestaltung durch den Hajaldschy. Jeder von ihnen sucht neue Scherze, neue Situationen, Einfälle des Augenblicks anzubringen, was um so leichter möglich ist, da die Komödien aus dem Gedächtnis vorgetragen und niemals aus gedruckten Vorlagen erlernt werden. Ein Puppenspieler agiert sie stets dem andern nach.

Das Stück wird durch einen meist vom Hadschievad gesprochenen Prolog eingeleitet. Er belehrt über den Wert des Schattenspiels, das nicht nur eine Vorführung der Figuren, sondern ein Abbild der Welt sei, aus dem man Lebensweisheit lernen könne. Dann wird der Sprachfehler wegen um Entschuldigung gebeten. Am Ende des Prologes ruft Hadschievad den Karagöz; dieser erscheint, und nun geht die Farce los.

Karagöz und Hadschievad haben kein Geld und verfallen daher auf die sonderbarsten Berufe, um es sich zu beschaffen.

Oft treibt Karagöz das Gewerbe eines Straßenschreibers, wird aber gewöhnlich um seinen Lohn betrogen. Einmal schreibt er für einen Griechen einen Brief und verlangt Bezahlung. Dieser will ihn zuvor das Kunststück lehren ihn verschwinden zu lassen. Darauf schließt der Grieche die Augen und öffnet sie wieder. Karagöz sagt, das könne er auch, schließt seine Augen, worauf der Grieche ohne Bezahlung durchbrennt[5]. Dieser tolle Streich ist von deutschen Puppenspielern aufgenommen worden[6].

Hier der Inhalt einer der berühmtesten Karagöz-Komödien: „Schejtan dolaby ja chod Karagözün dschindschiliji", zu deutsch: „Die Teufelslist oder die Geisterbannerei des Karagöz"[7].

---

[5] Jacob, S. V. — [6] Deutsche Puppenspiele, herausg. von Kralik und Winter, Wien 1885, S. 299. — [7] Jacob, 3. Heft, Berlin 1899, S. 17 ff.

Wieder einmal brauchen die beiden Gefährten Geld und suchen eine Erwerbsquelle. Nachdem Karagöz verschiedene Vorschläge gemacht, die abgelehnt werden, erzählt er einen Traum, den er in der letzten Nacht gehabt hat. Auf einem steilen Hügel im Grünen sah er fünf bis zehn Männer mit weißen Vollbärten, grünen Schnurrbärten und schwarzen Augen sitzen, die etwas rezitierten. Während sie Karagöz von ferne anguckt, bemerkt einer von ihnen: „Kameraden, hier riecht's nach Menschenfleisch! Wer es auch sei, wir wollen ihn hierher ziehn." Die andern stimmen bei, sie beginnen zu beschwören, worauf sich die Füße des Karagöz mit magischer Gewalt trotz inneren Widerstrebens nach jener Seite bewegen. Als er so bei den Männern angelangt ist, ergreift ihn einer von ihnen bei der Hand und fragt ihn, wie er heiße. „Ich sagte: ‚Mein Name ist Karagöz.' ‚Was für ein Karagöz,' fragt er, ‚etwa jener, der der Genosse des Hadschievad ist?' ‚Ja, er selbst,' erwiderte ich. ‚Wenn es so ist,' sagten sie, ‚fürchte dich nicht. Wir kennen dich. Du bist ein armer Mensch, wir wollen dir eine Wohltat erweisen. Geh und tue einen Segenswunsch für uns." Karagöz tut es, darauf lehren sie ihn eine Beschwörungsformel, die Kranke und Verrückte heilt. Hadschievad möchte diese Formel kennen lernen, doch Karagöz teilt sie ihm nicht mit, da sie nur von ihm gesprochen wirkt. Sie einigen sich nun, daß Hadschievad die Kranken ausfindig machen und herbeiholen und Karagöz sie heilen soll.

Im zweiten Akt tritt zunächst Dilber, Hadschievads Tochter, auf, die ihren Geliebten Tusun Bej erwartet. Karagöz erscheint am Fenster und ist erstaunt darüber, daß sich Dilber hier herumtreibt. Dann kommt Tusun. Er entschuldigt seine Verspätung damit, daß er einen Umweg hätte machen müssen, um dem Zigeuner Karagöz auszuweichen.

Karagöz (vom Fenster aus): Da schau einmal diesen Halunken!

Dilber: Ach, mein Effendicken, sehr wohl habt Ihr getan, ein unverschämter, schamloser, gemeiner und infamer Zigeunerlümmel ist er!

Karagöz (vom Fenster aus): Schau, diese Hure, was sie mir alles für Namen gibt!

Tusun gesteht nun seiner Geliebten, wozu Karagöz während des ganzen Gespräches seine Randglossen macht, daß er nicht imstande sei, ihrem Vater den Brautschatz zu zahlen. Dilber aber weiß Rat. Ihr Vater hat in seinem Garten bei einem Nußbaum zur rechten Seite eines Maulbeerbaumes Geldstücke vergraben. Sie wird diese entwenden, ihrem Geliebten aushändigen, und der soll sie ihrem Vater als Brautschatz zurückerstatten.

In der dritten Szene erscheint Hadschievad und bringt den, man weiß nicht recht warum, sich verrückt stellenden Tusun zur Heilung. Tusun plärrt allerlei sinnloses Zeug durcheinander, bis Karagöz den Hadschievad bestimmt, ihn einen Augenblick mit Tusun allein zu lassen. Er überführt den Simulanten, verspricht aber, ihm zu helfen. Dann ruft er Hadschievad zurück, macht Hokuspokus über Tusun, der wieder zu sich kommt. Hadschievad ist verblüfft über die Geschicklichkeit von Karagöz.

Karagöz: Jetzt werde ich dir etwas sagen. Wenn du es nicht annimmst, so ist das deine Sache.

Hadschievad: Was ist es, mein Herr?

Karagöz: Deine Tochter wirst du diesem Jüngling geben.

Hadschievad: Ach, mein Herr, wie kann das sein?

Karagöz: Das ist deine Sache, ich sage weiter nichts.

Der hierdurch eingeschüchterte Hadschievad bittet sich Bedenkzeit aus, erschrickt dann durch Karagöz' Andeutungen über den vergrabenen Schatz, so daß er in die Heirat willigt. Karagöz empfiehlt sich, um die Hochzeitskleider anzulegen. — Der Witz ist für den abendländischen Geschmack zwar etwas zu dünn gesät, hingegen fehlen alle Zoten.

„Halbkenner haben die albernsten Vorstellungen von der Unmoral des Karagöz verbreitet. Die meisten mir bekannten Karagözstücke sind nahezu salonfähig und enthalten viel weniger Derbheiten als durchschnittlich die Volksbelustigungen des Abendlands." So Jacobs, der größten Fachgelehrten einer, dem aber die Meinungen anderer Orientkenner diametral entgegenstehen. „Der Karagözunfug soll jetzt (1910) auf wenige Cafés auf dem Diwan Jolu bebeschränkt sein", sagt Martin Hartmann[8]. Dann weiter, wo er über den Ramazan spricht: „Mag man das, was heute in den Theatern der Straße Direkler Arasy im Ramazan dem Publikum geboten, noch so niedrig einschätzen — Übersetzungen europäischer Sensationsstücke niederer Art — so steht es doch höher als die sich immerwährend in dem hergebrachten engen, schmutzigen Kreise drehenden Unterhaltungen der Karagöz-Helden. Vor allem aber ist hier eine Anknüpfung gegeben. Es ist doch eine Bühne da, und es kommen inzwischen auch die Werke zur Geltung, die das nationale osmanische Drama darstellen." Aber die Unentbehrlichkeit des Karagöz zeigt sich auch hier, „bei den importierten Meisterwerken der Frankenwelt". Denn Karagöz schleicht sich bei ihnen durch die Hintertür ein: „Es werden komische Figuren eingelegt, die es an derben Späßen nicht fehlen lassen. Wenn das bei Shakespeare geschieht, so findet nur die Umwandlung seiner clownartigen Spaßmacher in türkische Nationalfiguren statt[9]."

Und wie der Kopist sein Original im Guten wie im Schlechten immer zu überbieten bemüht ist, so steht der Karagöz in Afrika noch auf einer viel tieferen Stufe als sein türkisches Vorbild.

Die Künstler des Schattentheaters werden im Arabischen Karakozati genannt und sollen mitunter den türkischen in bezug auf Gewandtheit und Meisterschaft in der Beherr-

---

[8] Martin Hartmann, Der islamische Orient. II. Bd., Leipzig 1910, S. 147 f. — [9] Hartmann, S. 239.

schung des Spiels nicht nachstehen. Enno Littmann, dem wir eine interessante Studie über das arabische Schattentheater zu verdanken haben, lernte den Inhaber einer Karakus-Bühne namens Radschi kennen, dessen Leistungen ihn sehr befriedigten, und der von seinem Vater Mahmud sagte, mit ihm sei der größte Karakozai des türkischen Reiches dahingegangen.

Während die Karakus-Komödien in Syrien und Palästina dem direkt Anstößigen nur wenig Raum gewähren, sollen sich die Vorführungen der tunesischen Silhouettenbühne als ein nicht mehr zu überbietendes Konglomerat von unflätigen Reden und Gebärden darstellen, die in ihrer perversen Natur nicht einmal durch wirklichen Witz oder gesunden Humor erträglich gemacht werden. Während das türkische Schattenspiel sich mitunter auf seine höhere Aufgabe besinnt, indem es in Befolgung des alten Diktums: „ridendo castigare mores" über menschliche Torheiten und Schwächen kräftig die Geißel der Satire schwingt, ist der tunesische Karakus weiter nichts als das sich selbst genügende Schwein, dessen priapische Natur zum Überfluß auch noch durch seine äußere Gestaltung in der sinnfälligsten Weise gekennzeichnet wird. Man kann es wirklich nicht so recht verstehen, wie Heinr. v. Maltzan diese doch wohl auch dem Orientalen bewußte schmähliche Ausartung verteidigen kann, wenn er sagt: „Die meisten gewohnten Zuschauer des Karagus denken sich bei dessen seltsamer körperlicher Bildung und der offenen Zurschautragung derselben fast gar nichts. Die Ähnlichkeit mit dem Gotte der Gärten ist für sie eine Sache der Tradition geworden, man hat sie eben seit dem Altertum beibehalten, ohne zu ahnen, daß das, was die Alten für ein heiliges Symbol und keineswegs für etwas Unanständiges ansahen, plötzlich obszön geworden sein könne. Deshalb finden auch die Moslemin durchaus nichts Unmoralisches in diesen Darstellungen."

In Tunis heißt der Leiter des Spiels „Bu-Dabbus", was wörtlich „Vater" als Leiter oder Direktor der Schaustellung bedeutet. Sein künstlerisches Können ist nicht geringer anzuschlagen als dasjenige seines türkischen Kollegen; dabei ist er vielleicht noch behender, hat er doch während des großen Festes oft zwei bis drei Buden gleichzeitig zu bedienen, das heißt, er spielt noch in der einen, während in den andern schon das Publikum angelockt wird.

Die Figuren lassen die Feinheit und Exaktheit, durch die sich, wie schon hervorgehoben, die türkischen auszeichnen, durchaus vermissen. Sie sind plump und roh aus ungegerbter Tierhaut geschnitten und entbehren entweder gänzlich des Kolorits oder sind nur hier und dort in durchaus primitiver Weise mit Wasserfarben angemalt. Die Extremitäten sind beweglich, bei Karakus sogar sein riesiges membrum virile, „dessen er sich unter dem Gejohle der Kinderschar bei jeder passenden oder unpassenden Gelegenheit bedient!"

Im Gegensatz zu dem reich entwickelten Karagöz der Türken kennt das tunesische Schattentheater nur etwa 20 Figuren, unter denen die Gestalt des am Schlusse eines jeden Stückes erscheinenden Riesen, vor dem alles Reißaus nimmt, jedenfalls als eine der charakteristischsten bezeichnet werden muß.

Von den Türken ist das Karagöz nach den übrigen Ländern der morgenländischen Welt gekommen. Es hat auf diesen Wanderungen manche neue Züge angenommen, die aber an dem Helden Karagöz nur wenig geändert haben. Er bleibt, mag sein Name auch anders lauten, der scharfe Abklatsch seines türkischen Vorbildes. Er ist derselbe lockere Bursche wie an den Ufern des Bosporus, nur manchesmal zotiger als sein türkischer Papa.

INDIEN

Wie überall, so ist auch in Indien das Puppenspiel zwar der Liebling der breiten Massen, aber das Stiefkind der Gebildeten. Es wendet sich eben zuerst an das Volk, aus dem es hervorgegangen ist. „Gerade deshalb ist es aber oft ein viel klarerer Spiegel des Denkens und Fühlens des Volkes als die Kunstpoesie und nicht selten Träger alter Überlieferungen. Zur Bestätigung brauche ich nur an das Puppenspiel von Dr. Faust zu erinnern", meint Professor Pischel; daraus folgert er, daß das Puppenspiel wahrscheinlich überhaupt die älteste Form dramatischer Darstellung sei. Da dies im Märchenland am Ganges sicher der Fall ist, so habe man auch dort die Heimat der Puppenspiele zu suchen, meint er weiter.

Wie im zehnten Jahrhundert werden dort noch heute die Puppen an Fäden gezogen, und wie ehemals heißt noch jetzt der Puppenspieler Sutradhar, d. i. der Fadenhalter. Da auch im literarischen Drama in Sanskrit und Prakrit der Eigentümer der Komödiantentruppe die Bezeichnung Sutradhara trägt, ist darauf geschlossen worden, daß die Vorstellungen mit Puppen und Papierfiguren den Aufführungen durch lebende Personen vorangegangen sein müssen. Ich habe keine Veranlassung, zu dieser Ansicht Stellung zu nehmen; für uns ist der Streit um die Altersvorrechte der beiden Rivalen Puppen- und Personenkomödie belanglos. Beide sind ohne Zweifel uralt, und bei keinem von beiden läßt sich die Zeit ihrer Erscheinung auch nur annähernd angeben. Beim Puppenspiel um so weniger, als sich gar keines der alten und älteren Stücke erhalten hat. Soviel ist aber von den früheren Texten zu den Puppenspielen sicher, daß sie Stegreifstücke waren. Die Prosaerzählung des Stückes war im allgemeinen festgestellt. Die Ausführung im einzelnen bleibt der Erfindungsgabe und dem Ermessen des Rhapsoden, Granthika, d. h. Verknüpfer, überlassen. Dieser Granthika hatte sich meist mit einem geschickten Bildschnitzer und Mechaniker verbunden, dem die Herstellung und die Führung der Puppen oblag.

Die Hauptperson des indischen Puppenspiels ist der uns schon bekannte Viduṣaka, der indische Hanswurst, lustig, immer dazu aufgelegt, seinen Mitspielern einen derben Streich zu spielen und eine Zote ins Publikum zu schleudern.

Von Indien ist das Puppenspiel mit der gesamten indischen Kultur nach der Insel Java gekommen. Seine Verbreiter dürften die Zigeuner gewesen sein, die ja den Karagöz, angeblich einen Stammesgenossen, durch alle Länder Asiens führten.

Auch in Europa waren und sind teilweise noch die Zigeuner gewandte Marionettenkünstler, die nicht bloß eingelernte Stücke aufführen, sondern vielfach selbsterfundene, oft das eigene Leben in Wahrheit und Dichtung darstellende Dramen.

„Das Puppenspiel war immer eine Kunst des fahrenden Volkes, und ein fahrendes Volk sind die Zigeuner gewesen, solange wir etwas von ihnen wissen. Die Urheimat der Zigeuner aber ist die Heimat der Märchen und das Vaterland des Puppenspiels: das alte Wunderland Indien!" sagt Pischel.

WAYANG PURWA, DAS SCHATTENTHEATER DER JAVANEN

Wayang Purwa, kurz Wayangspiele genannt, gehören auf Java nicht zu den öffentlichen Schaustellungen. Der Dalang, dies der Name des Leiters, folgt nur Einladungen. In den Häusern der Vornehmen läßt er dann als Verherrlichung besonderer, meist freudiger Anlässe seine bizarren Figuren ihre Dramen spielen, die durch erotische und komische Szenen unterbrochen werden. Die Figuren sind aus Leder geschnitten, reich bemalte Silhouetten, zu deren Anfertigung nicht gewöhnliche Kunstfertigkeit gehört. Man kennt jedoch auch Spiele mit hölzernen, bekleideten Marionetten, Wayang Golek, dann Wayang Beber, wo Abbildungen auf Papier abgerollt werden. Die erotischen Szenen dieser Wayang heißen Prenesan, Banjollan die komischen. Die Komiker, ein Trifolium, das sich immer in Begleitung eines abenteuernden Satria (Edelmannes) befindet, sind Semae,

Petruk und Gareng. Die dem Edelmanne feindlichen und durch ihn besiegten Riesen sind die Zielscheibe für ihre Witze und Spöttereien. Ein humoristisch veranlagter Dalang begnügt sich aber nicht mit den Spaßmachern allein. Er läßt auch seinen Helden einmal durch Witzworte das Publikum zum Lachen bringen.

Der Ursprung der Wayang ist nicht zu ermitteln.

So viel ist aber sicher, daß sie heute noch ebenso wie in den Tagen der Unabhängigkeit Javas die beliebtesten Unterhaltungsmittel der Eingeborenen bilden.

DIE CHINESEN

Der Ursprung der Volkskunst, zu denen Schatten- und Marionettenspiele vornehmlich zählen, reicht im Lande der Mitte bis in eine der ältesten Kulturperioden zurück. In der Gegenwart kennt man in China zwei Arten von Marionetten: Kuilui, das sind hölzerne, durch Fäden regierte Puppen, und lederne, die mit der Hand bewegt werden.

Neben den zahlreichen ambulanten Puppenkasten, deren Leiter durch den Realismus ihrer Vorführungen und die außerordentliche, mit derbem Humor gewürzte Lebendigkeit des Spiels selbst erwachsene Zuschauer zu elektrisieren wissen, gibt es in China auch große stehende Puppenschaubühnen, die in Ausstattungsstücken und Feerien nach Art der französischen und italienischen Marionettentheater arbeiten. Das uralte Motiv der verschwundenen, von einem Drachen bewachten und schließlich durch einen abenteuernden Ritter befreiten Prinzessin ist hierbei ein beliebter Gegenstand der Darstellung. Die mit Tänzen, Turnieren und Aufzügen aller Art gefeierte Heirat der Schönen mit ihrem Retter bietet Gelegenheit, die Sinne der Zuschauer durch prunkvolle Bühnenbilder zu blenden. Daneben gibt es Stücke, meist romantisch-historischen Inhalts, die nur für den kaiserlichen Hof bestimmt sind, die kennen zu lernen bisher nur einigen besonders Begünstigten möglich war. Mit Bezug auf letztere Darbietungen heißt es in

Polternder Vater   Schmarotzer

Chinesische Marionetten
1 Chu-piao, ein Freund Hwang-tien-pas   2 Ho jen-chich, ein 15jähriger Knabe
3 Kwan-siao-si, Leutnant-Kolonel   4 Shih-kung, Staatsminister
5 Hwang-tien-pa, Offizier   6 Chang-kwei-lan, Hwang-tien-pas Gattin

einem auf Veranlassung Sir Lytton Putneys, des ersten englischen Gesandten in China, herausgegebenen Reisewerk: „Bei den Solennitäten, die am kaiserlichen Hofe zu unserem Empfange veranstaltet wurden, spielte auch eine Vorstellung auf der Kaiserlichen Marionettenbühne eine hervorragende Rolle. Die Hauptfigur in dem vorgenannten Stücke war auch hier der Lustigmacher. Die Kunst des Puppenspielers, seine gelenkigen Figuren zu beleben, war wahrhaft bewunderungswürdig. Bemerkenswert war ferner, wie alle Bewegungen der Puppen sich dem Dialog genau anpaßten. Das Stück selbst mußte ein Lieblingsstück des Kaisers und seines Hofes sein, mindestens schien die Aufmerksamkeit und Teilnahme der Zuschauer während der ganzen Dauer seiner Vorführung keinen Augenblick an Regsamkeit und Wärme zu verlieren. Man sagte mir, die Puppen gehörten dem Kaiser und ihr Dirigent sei ein höherer Hofbeamter [1]."

Auf noch höherer Stufe als die Marionetten stehen die chinesischen Schattenspiele. Nach Rehm sind alle Europäer, denen es bisher vergönnt war, diesen schwer zugänglichen Vorstellungen beizuwohnen, voll Bewunderung über die ganz unglaublichen Wirkungen, welche die Spiele mit ihren entzückend gearbeiteten beweglichen Figuren hervorzubringen wissen. „Diese Spiele sind schon im elften Jahrhundert unanfechtbar nachgewiesen."

Der Spielplan der chinesischen Schattentheater umfaßt alle nur denkbaren Vorgänge der sinnlichen und übersinnlichen Welt, indem sie nicht nur Begebenheiten der Straße und des Alltagslebens mit kräftiger Betonung des Humoristischen auf die Leinwand bringt, sondern auch die transzendentale Sphäre mit ihrem grotesken, wildphantastischen Geister- und Zauberspuk, wie ihn die toastische Lehre erzeugte, in ihren Bereich zieht [2]."

Dabei weiß der Dirigent dem Humor, der dem bürgerlichen Leben im Reiche des Zopfes in so reicher Fülle

---
[1] Rehm, S. 74. — [2] Rehm, S. 76.

anhaftet, mit köstlichem Realismus gerecht zu werden. Die buntbelebten Szenen der Märkte, der Basare, auf den Straßen, in den Tee- und Opiumbuden, das Familienleben in allen seinen Äußerungen bis zu den intimsten, alles weiß der Puppenspieler mit minutiöser Feinheit der Ausführung seinen Zuschauern zu bringen.

SIAM

Über die Herstellung und den Gebrauch der siamesischen Schattenfiguren liegt der Bericht eines Siamesen vor:

„Für die Len Nag (die Schattenfiguren) wählt der Spieler eine Ochsenhaut, möglichst breit und groß, um sie einem Maler zu übergeben, der darauf die Episoden des Ramajama zeichnet mit den Figuren des Herrn Ram, des Herrn Laksaman, der Frau Sida, der Soldaten in des Herren Rams Affenheer, dann die Figur des Ungeheuers, Thossakan genannt, die der Dame Monthok, Frau jenes Thossokan, und ferner die Räuber, die Frau Lida von der Seite des Ram entführen. Nachdem alles dies hübsch aufgezeichnet ist, wird es ausgeprinkelt, so daß das Fell nach den Umrissen der aufgezeichneten Linien durchlöchert ist. Wenn du dieses Fell bei Tageslicht betrachten solltest, so würdest du nichts klar und deutlich darauf sehen, aber bei Nacht läßt der Schein des Feuers das Ganze hervortreten. Das Engagement, um eine Nacht zu spielen — bei hohen Festen, namentlich Leichenverbrennungen hoher Personen — kostet 10 Bath (etwa 25 Mark). Wenn der Eigentümer irgendwo hinberufen wird, so nimmt er ein weißes Tuch mit sich, 8 Sok (8 Ellen) breit und 4 Va (16 Ellen) lang, das er schräg geneigt aufhängt und es das Cho-Nang (Schatten des Fells) nennt. Dann wird ein Feuer angezündet und die Flamme tüchtig genährt, um durch ihren Schein das Ganze aufzuhellen und die transparenten Bilder zu illuminieren. Man postiert darauf die nötigen Leute, um das Fell hin und her zu bewegen, zum wenigsten neun oder zehn, aber auch zwanzig und mehr. Dann gibt es fünf Musikanten und zwei

Birmanische Marionetten
(Sammlung Walter Trier)

zum Sprechen, die die Bilder erklären. Außerdem findet sich ein Komiker, der das Publikum durch seine Spässe lachen macht. Wenn das Fell hervorgebracht wird, so fassen es die Gehilfen an dem hölzernen Gestell und bewegen es vor dem Cho-Nong hin und her, so daß das durchscheinende Feuer die Bilder darauf abwirft[1]."

Da die Siamesen den Text zu ihren Schattenspielen aus ihrer Heldensage entnehmen, scheint außer dem eben genannten Komiker, der wohl die Zwischenakte ausfüllen muß, nur Ernstes und Hochdramatisches zum Vortrage zu kommen[2].

BIRMA

Vor einigen Jahren erschien in einem Pariser Varietétheater eine birmanische Puppenspieler-Gesellschaft. Dem Publikum war der Inhalt der dargestellten Stücke ein böhmisches Dorf, und dennoch belachte es die vielen heitergrotesken Szenen, die durch die Kunst der Puppenspieler klar und lebenswahr wurden.

Das Genre der dargestellten Stücke läßt sich auch aus den Figurentypen, wie sie z. B. im Berliner Museum für Völkerkunde zu sehen sind, einigermaßen erraten. Es scheint eine Verschmelzung der Wirklichkeit mit der Phantasiewelt unter starker Hervorhebung des Grotesk-Komischen zu repräsentieren. Es muß in der Tat einen recht ergötzlichen Anblick gewähren, die in allen Gelenken beweglichen, an Fäden und Drähten hängenden Figürchen in lebendiger Aktion vor sich zu sehen[3].

TURKESTAN UND PERSIEN

Die Zigeuner haben, wie schon bemerkt, den Asiaten die Bekanntschaft mit dem Puppentheater vermittelt und das Ihre dazu beigetragen, daß es in Ländern mit eigener

---

[1] Adolf Bastian. Reisen in Siam im Jahre 1863. Jena 1867, S. 504. —
[2] Dr. F. W. K. Müller, Nang, siamesische Schattenspielfiguren im Kgl. Museum für Völkerkunde zu Berlin, VII. Bd. d. Archivs für Ethnographie, Leiden 1894. — [3] Rehm, S. 91 f.

Kultur Wurzel schlagen und zu den vornehmsten Unterhaltungsmitteln werden konnte. Zur Erhöhung des Amüsements trägt es bei, wenn die verhaßten Ausländer, besonders die Europäer, verhöhnt werden.

In einem Puppenspiel, das Frau Druckmeyer in Samarkand sah, bildete das Verprügeln und Einsperren eines betrunkenen Europäers durch den Hanswurst Jassaul den Höhepunkt des Spiels.

Dieser Jassaul, zu dem sich manches Mal noch ein Schaitan, ein geschwänzter Dämon mit Eselsohren, als Spaßmacher gesellt, ist ungleich lustiger als Ketschel, sein Kollege in Persien.

Ketschel Pehlevan, der glatzköpfige Held, unterscheidet sich von allen Hanswürsten der Welt durch seine Bildung, seinen Hang zur Poesie, die ihn treibt, das Paradies mit seinen Huris und sonstigen Wonnen zu besingen, und endlich seine unverschämte Heuchelei. Dieser Tartüff führt immer Koransprüche auf den Lippen, preist salbungsvoll den Segen des Almosens. Sowie er jedoch sich unbelauscht wähnt, wirft er das heilige Buch zur Seite, tanzt wie toll herum und besäuft sich zum Hinschlagen — er ist das genaue Abbild der seit dem dreizehnten Jahrhundert von Fremdlingen unterjochten Bewohner der Provinz Iran. Sie heucheln und lügen, beten, singen und saufen genau ebenso wie Ketschel Pehlevan!

ITALIEN

Die Puppenspiele in Italien haben seit dem römischen Altertum niemals aufgehört. Die Fantoccini und Burattini, wie die Italiener ihre Puppen nennen, können sich ganz direkter und niemals unterbrochener Abstammung von den römischen Marionetten rühmen.

Dem spätlateinischen Marionettenspieler genügten aber bald die überkommenen primitiven Holzpuppen nicht mehr, und er nahm zu der Kunst des Bildhauers auch die Handfertigkeit des Mechanikers für sein Gewerbe in Anspruch. Dadurch gewann er in seinen Figuren kleine Meisterwerke. In der ersten Hälfte des sechzehnten Jahrhunderts schrieb bereits der berühmte Arzt und Mathematiker Hieronymus Cardanus (1501—1576) über zwei von Sizilianer vorgeführte Holzpuppen: „Wenn ich all die Wunderdinge aufzählen wollte, die diese durch Fäden in Bewegung gesetzten Holzfiguren verrichten, die man gemeinhin mit dem Namen ‚Magatelli' bezeichnet, so würde ein ganzer Tag dazu nicht ausreichen, denn diese niedlichen Puppen spielen, fechten, schießen, tanzen, musizieren und zeigen sich also geschickt in vielen andern Dingen[1]."

Solche Kabinettstücke der Feinmechanik dürften aber zu den Ausnahmen gehört haben. Der Burattino, der älteste italienische Marionettentypus, wird einfacher gewesen sein. Die kleinen Wandertheater, in denen diese Burattini, von geschickter Hand geführt, ihre Witze zum besten gaben, hießen Castelli dei Burattini. Bartolomeo Pincelli hat in einem geistreichen Blatt seiner im Jahre 1809 in Rom erschienenen Sammlung „Raccolta di ciquanta costumi pittoreschi" ein Burattini-Theater festgehalten.

„Auf der Bühne, wo der Vorhang in die Höhe gezogen ist, befindet sich der Pulcinella, dessen Gesicht mit einer schwarzen Halbmaske bedeckt ist; er hält in der Hand eine große Klingel, trägt ein weißes weites Kleid mit einer Kapuze, in der drei kleine Hanswürste stecken und auf dem Kopf eine spitze Mütze, ist also anders wie gewöhnlich gekleidet, halb Harlekin, halb Pierrot. Die Bühne bildet das oberste Gestock eines etwa vier Ellen hohen, schmalen, viereckigen Gerüstes in Budenform, das ganz mit Leinwand umhangen ist. Vorne unter der Bühne befinden sich zwei Öffnungen zum Herausschauen, und in der Tat erblickt man an der einen ein Gesicht, das sich umsieht, ob viele Zuschauer da sind. Ein Gassenjunge hat den Vorhang an der Seite aufgehoben, um in das Innere der

---
[1] Rehm, S. 137 ff.

Bude hineinzublicken. Vor ihr stehen gaffend zwei Mönche und mehrere Landleute sowie Weiber mit Kindern[2]."

Die wandernden Puppentheater in Italien haben den alten Typus beibehalten, während sich in den großen Städten stehende Marionettenbühnen aufgetan haben, in denen anspruchsvolle Dramen, Melodramen und Ballette die Nerven eines blasierten Publikums aufzuregen suchen. Charles Dickens sah auf seiner Italienfahrt die Tragödie „St. Helena oder der Tod Napoleons", daneben auch eine Posse, die er wie folgt schildert:

„Nie ist mir so etwas ausnehmend Komisches vorgekommen. Die Akteure sahen aus, wie wenn sie zwischen vier oder fünf Fuß hoch wären. Sie sind in der Tat aber viel kleiner, denn wenn ein Musikant aus dem Orchester zufällig seinen Hut auf die Bühne setzt, so ist dies eine beunruhigend riesenhafte Erscheinung. Sie spielen gewöhnlich eine Komödie und ein Ballett. Die lustige Person in der Komödie, die ich an einem Sommerabend sah, ist ein Kellner in einem Gasthof. Nie, seit die Welt steht, gab es einen so agilen Schauspieler. Große Mühe hat man sich mit ihm gegeben. Er hat Extragelenke in seinen Beinen und ein künstliches Auge, mit dem er auf eine Art nach dem Parterre blinzelt, daß es ein Fremder nicht aushalten kann. Die eingeweihte Zuhörerschaft, meist Leute der unteren Stände, nimmt es, wie so vieles andere, wie etwas hin, das sich von selbst versteht, als ob sie einen wirklichen Menschen vor sich hätte. Seine Lebhaftigkeit ist außerordentlich; er bewegt beständig seine Beine und blinzelt mit dem Auge. Da ist ein grämlicher Vater mit grauem Haar, er setzt sich auf die gewöhnliche Bühnenbank und segnet seine Tochter auf die gewöhnliche konventionelle Weise — niemand hielt es für möglich, daß ein Geschöpf außer einem wirklichen Menschen sich in diesen Attitüden zeigen könne. Es ist ein Triumph der Kunst."

---

[2] Rehm, S. 139.

Von der Geschraubtheit der Ausstattungsstücke in den stehenden Marionettentheatern, wie sie auch 1893 Prandi im Kristallpalast den Londonern vorführte, stechen die volkstümlichen Pulicinellas zu ihrem Vorteil ab. Sie lassen nach wie vor unter dem ewig blauen Himmel Italiens vor einem leicht empfänglichen, dankbaren Auditorium den Polichinell mit Tod und Teufel, Drachen, Krokodil und der Hexe kämpfen. In diesem höckrigen Burschen aus dem Volke mit der ungezierten und ungenierten Sprache ist die altlateinische mit der altitalienischen Lustigkeit vereint auf die Gegenwart gekommen, und sie wird sich von Geschlecht zu Geschlecht auch noch weiter erhalten.

SPANIER UND PORTUGIESEN

Das spanische Puppentheater läßt sich bis zur Mitte des sechzehnten Jahrhunderts zurück verfolgen. Um diese Zeit war die Kunst des Titereros wie in Stadt und Dorf so auch bei Hofe hoch angesehen.

Ein Platz in der Weltliteratur ist dem spanischen Marionettentheater durch die köstlichen Abenteuer gesichert, die Don Quichotte im Kapitel 8 bis 10 des neunten Buches des seinen Fahrten und Taten gewidmeten Werkes mit dem Puppenspieler Peter zu bestehen hat.

„In den dreihundert Jahren, die seit dem ersten Erscheinen des Don Quichotte verflossen sind, haben sich bei den spanischen Puppenspielen kaum nennenswerte Veränderungen vollzogen. Die Form der Darstellung ist in Spanien und Portugal, in welch letzterem Lande die Marionetten meist Mönche und Eremiten vorzustellen pflegen und deshalb Bonifratres genannt werden, noch dieselbe wie vordem. Für gewöhnlich sind es blinde oder verkrüppelte Bänkelsänger, die ein kleines Puppentheater mit sich führen. Ein halbwüchsiger Knabe setzt die Figuren in Bewegung, während sie selbst die Handlung mit erklärendem Gesang oder Dialog begleiten. Die alten Ritter- und Volksbücher, die maurisch-spanischen Romanzen, die Abenteuer der spanischen Entdecker von Westindien und ähnliche Erzeugnisse einer in allen Farben schimmernden Romantik bieten sich den Leitern der Puppenspiele als unversiegbare Quellen dar, wie nicht minder die Erzählungen des Alten und Neuen Testaments sowie die Legenden der Heiligen dankbare Stoffe für die kleine Bühne abgeben[1]."

Den Polichinell haben die Spanier, die sich in dem Gracioso ihrer Komödie einen höchst anrüchigen Hanswurst geschaffen, erst später kennen gelernt und ihm den klangvollen Namen Don Cristobal Pulichinele beigelegt. Allein zum Beherrscher der Puppenbühne, wie dies in Italien und Frankreich der Fall war, hat er sich nicht emporzuschwingen vermocht, da sie nun einmal das sentimentale Genre mit Vorliebe pflegt.

FRANZOSEN

Die Puppenspiele standen in Frankreich auf einer ziemlich tiefen Stufe, als der Zahnarzt Fanchon Briché im Jahre 1669 die hohe Ehre und das Vergnügen hatte, seine neu konstruierten Marionetten vor dem Dauphin und dem Hofstaate in St. Germain-en-Lay zum großen Vergnügen der Versammlung vorzustellen. Damit brach eine Periode des Aufschwunges für die Marionetten an, deren Namen in Frankreich entstanden ist. Der Erfinder der Bezeichnung soll Guillaume Bouchet gewesen sein, der ihn in seinem 1584 erschienenen Novellenbande „Sérées" für bestimmte, „Kleine Mariechen" genannte, Figürchen prägte. Bouchet teilt uns auch die Namen der Possenreißer der damaligen Figurenbühne mit. Sie hießen Tabary, Francà Tripe und Jehan de Vignes. Von diesem Terzett lebte der letztgenannte als Jean de la ville noch zu einer Zeit, da die Comedia dell'arte die französische Puppenkomödie umgestaltet hatte.

Polichinell stellte sich um 1630 den Parisern zum ersten Male vor. Er hatte die Manieren und den nicht ganz ein-

---
[1] Rehm, S. 163 f.

wandfreien Charakter eines Gascogners nach der Art des edlen Herrn Tartarin aus Tarrascon. Mit dem italienischen Typus hatte er aber nicht den überkommenen Habitus abgelegt. Wie seine Kollegen jenseits der Alpen erschien er mit dem Doppelhöcker und im aufgedunsenen Gesicht die Hakennase.

Vom Parkett des Salons stieg dieser Polichinell auf das Straßenpflaster herab. Er feierte auf den Jahrmärkten von St. Germain und St. Laurent ebensolche Triumphe wie vor den geschniegelten Salonlöwen.

> Ainsi font, font, font
> Les petites marionettes,
> Elles font, font, font
> Trois p'tits tours et puis s'en vont,

sang die Jugend von dem ihnen ans Herz gewachsenen primitiven Figurentheater, das aber gewaltsam zu einer höheren Kunstgattung emporgeschraubt werden sollte.

Die Sucht, Neues zu bieten, und die Jagd nach dem Gold machten die Marionetten zu einem Spekulationsobjekt findiger Direktoren.

Allard, Maurice de Selles, Michu de Rochefort und andere nach ihnen gaben sogenannte Stücke à la muette, die mit Jargon oder Kauderwelsch untermischt waren, d. h. sie fügten in ihre Possen, besonders in ihre Parodien der von der Comédie française dargestellten Dramen und Lustspiele Worte ohne Sinn ein, die mit großem Pathos deklamiert wurden, um so die gezierte Sprechweise der Schauspieler der Comédie, der sogenannten Romains, lächerlich zu machen.

Im Jahre 1674 wurde die Marionetten-Oper, die Opera des Bamboches, in Paris eingeführt. La Grille heißt ihr Erfinder. Eine große Marionette machte auf der Bühne die Bewegungen zu dem Gesang eines Sängers hinter der Szene.

Franzique, für den Fuzelier, Le Sage, d'Orneval und Piron schrieben, erhielt 1722 die Erlaubnis, Schauspieler zusammen mit den Puppen auftreten zu lassen. Da aber sein Repertoire eng abgegrenzt wurde, beschränkte er sich bald wieder auf die Puppen.

Im allgemeinen bestand der Spielplan der Puppenbühne aus möglichst zotigen Parodien beliebter Theaterstücke, ernster oder komischer Gattung.

Bereits zur Zeit der Dubarry fing man in Frankreich an, die Puppenbühnen literarisch zu machen und sie dadurch der Naivität zu entkleiden, die meines Erachtens zum Marionettentheater gehört wie der Kasperle. Und wenn auch Le Sage, der Dichter des hinkenden Teufels und des Gil Blas, an hundert Komödien für die „Comédiens praticiens" schrieb, Piron im „Arlequin Deucalion" die Eifersucht der großen Theater auf die Puppen mit ätzendem Spotte überschüttete, so waren dies doch nur Literaturerzeugnisse, die den blasierten Herrschaften neue Reizungen boten, aber dem Volk und der Kinderwelt, dem angestammten Publikum der Marionettentheater, ganz unbekannt blieben.

Voltaire hatte seine Freude an den alten unliterarischen Bajazzostreichen Polichinells, die er den Gästen auf seinem Schlosse Cirey vorführte. „Un théâtre et une salle de marionettes à Cirey! Oh c'est drôle! Mais qu'y a-t-il d'etonnant? Voltaire et aussi aimable enfant que sage philosophie", schrieb damals Madame Graffigny.

Ganz auf Esprit waren die Puppenspiele abgestimmt, die George Sand in Gemeinschaft mit ihrem Sohne Maurice 1847 in ihrem Schlosse Nohant ihren Gästen bot. Vor den namhaftesten Vertretern der Kunst und Literatur wurden zeitliche Vorkommnisse wie Ernstes und Erhabenes travestiert und parodiert.

Wohl inspiriert von diesem „Théâtre des amis" der Sands war das „Théâtre érotique de la rue de la Sarté", in dem Persönlichkeiten wie Theodor de Banville, Charles Bataille, Henri Monier, Charles de la Rounat, George Bizet und andere die geistvollen Cynismen Tisserands, dargestellt von

Moderne französische Marionetten nach Aquarellen von Louis Morin

den Figuren Lemercier de Neuvilles, verständnisinnig belachten. Der geniale Felicien Rops hat diesem, leider nur zu kurzlebigen Musentempelchen in der Rue de la Santé ein unvergängliches Denkmal gesetzt. Lemercier de Neuville, der Verfasser der „Histoire anecdotique des marionettes", blieb der Marionettenbühne weiter treu, indem er sich als Sammler und Verfertiger von originellen Puppen wie als Dichter geist- und humorvoller Stücke für die Puppenbühne betätigte.

Neben diesen befrackten Pupazzis hat aber der volkstümliche Polichinell seine Lazzi weitergemacht und nie aufgehört, der erklärte Liebling der Kinderwelt und der unteren Volksschichten zu bleiben. Im Bois de Boulogne feiern Mère Gigogne, die ihrem Gatten sechzehn Kinder geschenkt, der blöde Gendarm Griponneau, der Arzt, der Richter, der Kommissar, vor allem aber der autochthone Vertreter der Pariser Pflasterweisheit, Monsieur Guillaume, vor der Kinderwelt, ihren Pflegerinnen und deren uniformierten Busenfreunden sich stets erneuernde Triumphe.

Und wie in Paris, so hat sich in der Provinz die Freude an den Marionetten erhalten, und auch dort blüht eine gesund-volkstümliche Marionettenbühne weiter.

Eng verwandt mit den Puppenkomödien sind die provenzalischen Krippenspiele, Crèches parlantes, Abkömmlinge der Misterien. Um die Weihnachtszeit erbauen und erheitern sie ihr naives Auditorium durch Szenen aus dem Evangelium, auf die unmittelbar ausgelassene Kasperliaden folgen.

Wenn das Marionettentheater bei hoch und gering, reich und arm, Freunde sonder Zahl besitzt, so beschränkt sich das Schattentheater nur auf gewisse exklusive Kreise.

Diese schwarze Kunst brachte ein gewisser Dominik Seraphin Francois, genannt Seraphin, im Jahre 1770 in Frankreich zur Geltung. In dem genannten Jahre erbaute sich der damals dreiundzwanzigjährige Seraphin ein kleines Theater, auf dem er durch seine hübsch ausgeschnittenen Silhouetten komische Szenen darstellen ließ.

Er erregte die Aufmerksamkeit des Hofes, und damit war sein Glück gemacht. 1784 übersiedelte Seraphin von Versailles nach dem Palais Royal in Paris, und bald zählte seine Bühne zu den Sehenswürdigkeiten der Seinestadt. Der Schöpfer der Ombres chinoises starb 1800, sein Unternehmen, von Angehörigen fortgeführt, hörte erst 1870 auf.

„Seraphins Kunstgedanken aber sollten noch einmal in Paris aufleben, und zwar in einer Weise, die alles hinter sich ließ, was der Genannte an kühnen Inspirationen jemals in seinem Geiste mag getragen haben", sagte H. S. Rehm, der bahnbrechende Historiker der Figurenbühnen.

Auf dem Montmartre in der Kneipe Chat noir haben Schriftsteller und Maler, darunter Henri Rivière, Carand'-Ache, Morin, Willette, Henri Somme und andere ein Schattentheater aufgerichtet, das Weltruhm erlangen sollte und heute noch, wo an die Stelle der Begründer jüngere Kräfte getreten sind, seinen Ruhm bewahrt und zu Nachahmungen reizt. Hier wechselt bittere Satire mit burlesker Komik, Kunstwerke von faszinierendem Reiz mit Grotesken, die sich souverän über jegliche Moral erhaben dünken, aber selbst das Niedrige durch blendenden Witz veredeln.

DIE ENGLÄNDER

Zu Shakespeares Zeit waren die Puppentheater ganz besonders beliebt. Überall zogen die Puppet players ebenso wie die Players of interludes mit ihren Kasten herum und mimten die alten Zwischenspiele und Moralitäten, später auch die neuen Tragödien und Komödien. Der Narr old Vice, der Fresser und spektakelnde Maulheld, spielte dabei etwa die Rolle unseres Kasperles.

Wiederholt erwähnte Shakespeare in seinen Schauspielen die Marionetten, und er zielte in seinen Vergleichen und Anspielungen gern auf sie.

Sein Zeitgenosse Ben Johnson brachte in der Komödie „The Bartholomew fair" eine puppetschow auf die Bühne.

Die Diva Der Sportfex

Die Suffragette

Moderne englische Schattenspiel-Figuren
von H. M. Breteman

Als dann im Jahre 1642 puritanisches Muckertum die Schließung aller englischen Bühnen durchsetzte, vergaß oder übersah man die Puppentheater, bis 1675 auch ihre Stunde schlug. Diesmal waren es die Theater, die in einer Bittschrift an Karl II. die Entfernung der ihnen so gefährlich gewordenen Konkurrenten aus London anstrebten.

Die Puppentheater auf dem Bartholomäusmarkt und in der Cecilstraße übten auf die Menge eine Anziehungskraft aus, mit der sich die der Theater nicht messen konnte. „War es die Freude am Volkstümlichen, am Derbkomischen, an dem originell-bizarren Humor, der den am Draht geleiteten hölzernen Akteuren eo ipso anhaftet, oder der Witz, die Erfindungsgabe, die Geschicklichkeit der Puppet-schowmen, der die Bewohner Londons und der Provinzen in so großen Scharen in die oft so primitiven Unterhaltungsstätten lockte?" fragt Rehm. Ich glaube, ein wenig von alldem, hauptsächlich aber die Freude am Grotesken, die ja auch dem englischen Clown zu seiner andauernden Beliebtheit verhalf. Der Old Vice und seine ehemaligen Kumpane Mundus, Gluttony, Vanity, Le Chery sind allerdings verschwunden, aber Punch und seine Familie haben ihre Stelle eingenommen.

Der Punch, sein Pate war der Polichinell, taucht im siebzehnten Jahrhundert auf. Damals begrüßte ihn Addison mit einem schwungvollen lateinischen Gedicht, Machinae gesticulantes betitelt. „Er beschreibt ihn als eine Puppe, die wie ein Riese über ihre kleinen Kollegen hervorragt, mit rauher Stimme poltert, einen ungeheuren Höcker mit unbändigem Bauch hat, die Zuschauer und die Handlung durch unzeitiges Gelächter stört, weidlich schimpft, dabei aber doch als ein ziemlich gutmütiger Kerl erscheint, dessen Humor zwar scharf, aber nicht verletzend ist[1]."

Der Kollege Squire Punchs war Sir John Spendall, der bei dem Puppenspieler Crawley seine Späße machte, wahr-

---

[1] J. G. Th. Graesse, Geschichte des Puppenspiels und der Automaten, 1856.

scheinlich auch bei dem buckligen Martin Powell, dem Freund Addisons.

Powell kam 1710 nach London. Er spielte unter den Galerien von Covent-Garden und brachte mit der Zeit durch seinen derben Spott und seinen schlagfertigen Witz sein Theaterchen zu hoher Blüte. Durch seinen Doktor Faust und die Stichelreden seines Punchinellos entzog er dem Haymarkettheater manchen Zuschauer! Allerdings datierte von Powells Bestrebungen, auf seiner Bühne die höhere Literatur zu Wort kommen zu lassen und durch glänzende Ausstattung das Publikum zu gewinnen, auch der Verfall des Marionettentheaters als Volksbühne, von dem es sich heute noch nicht erholt hat. Die besseren Puppenbühnen treiben alle zuviel Politik, huldigen den populären Persönlichkeiten, von Lord Nelson angefangen bis zu dem Parlamentskandidaten der jüngsten Session, machen sich über die Suffragetten wie über die Deutschen weidlich lustig, werden dadurch ganz amüsant, finden häufig das treffende Wort, aber sie sind dadurch zu satirisch geworden, um noch groteskkomisch zu wirken.

Politisch Lied bleibt ein garstig Lied, selbst wenn es von Mister Punch und Mistreß Judit, seiner so fruchtbaren Gattin, gesungen wird.

DEUTSCHE

Unzählbare Jahrhunderte hindurch schwieg die Geschichte von dem Puppenspiel. Sie hatte Wichtigeres zu künden. Von menschenmordenden Schlachten, vom Einbruch fremder Völkerscharen in alte Kulturen, von dem Siegeszug neu entstandener Glaubensbekenntnisse. Wie sollte sie der Spiele gedenken, die verachtete heimatlose Gesellen durch die Lande führten, um ihr kümmerliches Dasein zu fristen. Aalgleich entzogen sich diese Burschen dem Untergang, der ihnen in all den Wirrnissen tausendmal drohte. Sie retteten sich und damit ihre Künste vor dem Verderben und tauchten immer wieder lebensfrisch auf, wenn eine

Ruhepause in der Folge der Geschehnisse eintrat. Dann spielten, sangen und sprangen sie und ließen ihre Puppen tanzen, um den heißbegehrten Mammon einzuheimsen. Was mußten sie alles leisten, wie vielseitig sein, um dieses ihr einziges Ziel zu erreichen.

„Der unbekannte Dichter der (provenzalischen) Novelle ‚Flamenka' weiß kaum ein Ende zu finden, wo er aufzählt, was bei dem Feste zu Ehren der in Bourbon eingetroffenen jungen Gemahlin an Ohren- und Augenschmaus den Gästen geboten worden sei. Außer den Liedern aller Gattung, der unabsehbaren Reihe von erzählenden Gedichten . . . . außer den vielerlei Instrumenten, die er tönen läßt, der Fiedel, der Harfe, der Flöte, der Pfeife, der Geige, der Rotte, dem Dudelsack, der Schalmei, der Mandoline, der Zither und anderen, für die der deutsche Namen fehlt, erwähnt er die Kunststücke, die mit Messern ausgeführt wurden, des Puppenspiels, wenn wir ihn richtig verstehen, der Purzelbäume, des Kriechens am Boden, des Tanzes mit einer Flasche (wohl am Kopfe?), des Springens durch Reifen; kurz, wir dürfen ihm wohl glauben, wenn er am Ende seiner Beschreibung sagt:

Und von der Fiedel lautem Schall,
Vom Lärmen der Erzähler all'
War durch den Saal ein großes Brausen[1]!"

In der deutschen Wachtelmäre sind die Marionetten ausdrücklich erwähnt. Sie werden an Schnüren befestigt und heißen Tatemanne[2].

Die Gaukler trugen diese Puppen unter dem Mantel verborgen und brachten sie erst zum Vorschein, wenn das Spiel beginnen sollte[3]. So erscheint die Fee Oriande als Jongleur verkleidet bei einem Hochzeitsfeste, dem auch ihr Geliebter Malegys beiwohnt, von dem sie viele Jahre getrennt war. Sie zieht zwei herrlich gearbeitete Puppen

---

[1] Tobler, Im neuen Reich, Leipzig 1905, S. 327 ff. — [2] Maßmann, Denkmäler der deutschen Sprache und Literatur, München 1828, S. 110. — [3] Hugo von Trimberg, Der Renner, V. 5065.

hervor und läßt sie auf einer schnell zum Podium hergerichteten Tafel tanzen. Die Puppen halten ein Liebesgespräch, zum Schluß umarmen und küssen sie sich. Da erkennt Malegys die Oriande und schließt sie in seine Arme[4].

In einer Handschrift des „Romans d'Alexandre" aus der ersten Hälfte des vierzehnten Jahrhunderts ist auf einer Miniatur ein Marionettenkasten abgebildet.

„Dort schaut aus dem Puppenkasten ein dickbäuchiger Herr mit einem kräftigen Knittel heraus. Ihm gegenüber befindet sich ein Weib. In diesem Dickwanst werden wir unschwer den alten dicken Mimen erkennen[5]."

Im Redentiner Osterspiel (V, 1138 ff) befiehlt der Teufel seinen Dienern unter anderen Verlorenen auch die Leute vorzuführen:

> Die da spielen mit den Docken,
> Und den Toren ihren Gold ablocken.

In der Narrenbeschwörung beschrieb Thomas Murner 1522 das Spiel in einem Puppenkasten, den er „Himmelreich" benannte:

> Ein Himmelreich sie mit sich führen,
> Das dient den Buben zum vagieren,
> Herr Isegrimm darinnen sitzt,
> Den Braten einer Begin' stibitzt;
> Ein andrer sitzt mit Pfeil und Köcher:
> Sobald er sieht einen Ehebrecher,
> So schießt er ihm die Nase ab.
> Darauf beginnt ein junger Knab',
> Der schlägt um sich und narrt die Leut',
> Doch tut ihm keiner einen Deut.
> Darauf erscheint die Frau Äbtissin,
> Die wirft der Mönch mit einem Kissen.
> Reizt sie auf.
> Wenn solche Dinge wunderbar
> Man bieten will den Leuten dar,

---

[4] Germania, VIII, S. 280. — [5] Reich, I², S. 835.

Puppen- und Marionetten-Schnitzer im 15. Jahrhundert
Holzschnitt aus dem Hortus sanitatis

Muß man's erst ausposaunen wohl,
Daß nun das Spiel beginnen soll;
Willst du dann sehn das Wunderleben,
So mußt du einen Kreuzer geben.
Ihr Narrn und Thoren ohne Witz,
Daß doch dazwischen schlag' der Blitz!
Das Geld gebt armen Leuten lieber
Und an den Gauklern geht vorüber[6]!

Der Ausdruck „Himmelreich", den Murner gebrauchte, rührt wohl von der Misterienbühne her, wo das Himmelreich und die Hölle das Szenarium bildeten. Er wurde bald auf alle Bühnen angewandt und die Schauspieler Himmelreicher oder Himmelreichsmänner genannt. Diese Bezeichnungen finden sich vornehmlich in Nürnberger Ratserlässen des fünfzehnten und sechzehnten Jahrhunderts[7].

Die frommen Herren sahen alle das Puppenspiel, wie das Gaukelwerk der Fahrenden überhaupt, mit scheelen Augen an. Auch Praetorius entrüstet sich in seiner „Weltbeschreibung" über „Närrische Gauklerszelte, wo der alte Hildebrand und solche Possen mit Docken gespielt werden, Puppen-Comedien genannt".

Diese Bemerkung hat dadurch Belang, daß sie eine Heldensage als Repertoirestück der Marionettenspieler kennzeichnet. Wahrscheinlich werden außer den Burlesken, die Murner skizziert, auch noch andere halb- oder ganz verklungene Mären aus der deutschen Vorzeit auf den Puppenbühnen weitergelebt haben, analog der Gegenwart, wo das Andenken an modernere „Volkshelden" wie den bayrichen Hiesel, den Schinderhannes und ähnliches Gelichter mehr, durch die Marionettenmänner wach erhalten wird.

Außer solchen Stücken hatte sich auch die derbe Kost der Fastnachtsspiele auf den Puppenbühnen eingeführt und deren Großmeister, Hans Sachs, hat ohne Zweifel sehr viel zur Bereicherung des Marionettenrepertoires beige-

---

[6] Übers. v. Karl Pannier, Leipzig, Reclam, S. 180. — [7] Theod. Hampe, Die fahrenden Leute in der deutschen Vergangenheit, Leipzig 1902, S. 112.

tragen. Ein Figurenstück, das aus einem Sachsschen Spiel zurecht gemacht ist, hat sich erhalten. Ich füge den niedlichen Einakter, wie ich versprach, hier an:

Hans Wurst als Teufelsbanner

Personen:
Kunze, ein Bauer. Rösel, sein Weib. Frohbius, ein Pfaffe. Hans Wurst, fahrender Künstler.

Szene: Eine Bauernstube.

Szene 1.

Der Pfaffe Frohbius und Rösel sitzen an einem mit Speisen und Wein besetzten Tisch.

Rösel: Ei, Herr Pfarrer, ich weiß gar nicht, was ich alles auf Eure Fragen antworten soll. Ich kann Euch versichern, mein Mann und ich leben glücklich und zufrieden.

Frohbius: Ja, ich glaube es schon, aber so oft ich ihn sehe, blickt er immer so mürrisch darein, und das bedeutet nichts Gutes. Die Kirche hat er schon seit längerer Zeit gemieden, und als ich ihn darüber zur Rede stellte, sah er mich sauer an, gab patzige Antwort und verbot mir sogar sein Haus.

Rösel: Ach du meine Güte! Ihr werdet doch von nun an nicht ausbleiben?

Frohbius: Wo denkst du hin, mein liebes Rösel; es ist ja meine Pflicht als Schutzpatron, euch schwachen Weibleins beizustehen, euch vor Gefahr zu warnen.

Rösel: Ist es wirklich denn so schlimm? Ich habe geglaubt, der Kunze wäre ein bißchen eifersüchtig.

Frohbius: Eifersucht kommt vom bösen Feind! Ich werde den Kunze nächstens tüchtig in die Beichte nehmen.

Rösel: Ach, mir wird ganz angst und bange.

Frohbius (rückt näher): Sei unbesorgt, liebes Rösel. (Schlau.) Ich werde von nun an immer heimlich kommen, wenn der Kunze nicht zu Hause ist. Glaube mir, der Kunze steckt voll tückischer List! — Gib nur stets ein Zeichen, wenn er in's Holz fährt oder Vieh zur Stadt bringt, dann bin ich stets bereit, dich in Deiner Einsamkeit zu trösten.

Rösel: Thut das, Herr Pfarrer. Aber wenn die bösen Nachbarn es bemerken und es dem Kunze sagen?

Frohbius (pfiffig): Oh, ich nehme einen Umweg und steige bei der Scheune über'n Zaun. Wir sind doch heute sicher?

Rösel: Mein Mann kommt heute vor Mitternacht nicht nach Hause.

Frohbius: Dann wollen wir guter Dinge sein und nun essen und trinken.

Rösel: Vor acht Tagen haben wir ein feistes Schwein geschlachtet, esset von meinen Würsten und trinket diesen Wein dazu.

Frohbius: Du liebes sorgsames Weiblein. — Horch! — ich höre Tritte.

Rösel (schaut durch die Thüre): Ein Fremder — es scheint ein Bettelmann.

Szene 2.
Vorige. Hans Wurst tritt ein.

Hans Wurst: Ei, schön guten Abend. Sapperment! Hier riechts nach Bratwurst.

Frohbius (zornig): Was untersteht er sich, so frei herein zu kommen? Hinaus mit ihm!

Rösel: Was will er?

Hans Wurst (mit Bücklingen): Thut Eure milde Hand auf. Ich bitte nur um eine Streu für diese Nacht und ziehe morgen weiter.

Frohbius: Heb' dich hinaus, du Lasterbalg.

Rösel: Hier, nimm einen Kreuzer und ziehe weiter, bei uns ist nirgends Raum.

Hans Wurst: Ich bin ein armer fahrender Künstler, bin heute schon weit marschiert, laßt mich nur bis morgen ruhen, es soll Euch nicht gereuen.

Frohbius: Du fahrender Künstler, fahre an den Galgen.

Hans Wurst (höhnisch): Was Ihr für ein freundlicher Herr seid. Wenn ich einmal geweiht werde, möchte ich Euer Kaplan sein.

Frohbius: Draußen auf dem Rabenstein mag man Dir eine Platte scheeren.

Hans Wurst: Nun, seid nur nicht so bös', ich bin ja ein ehrlicher lustiger Kerl.

Frohbius: Ein Beutelschneider bist du!

Rösel (zu Hans Wurst): Nun geht und laßt mich friedsam hier im Haus. Bald kommt mein Mann und der leidet keine fremden Gäste.

Hans Wurst (für sich): Aha, ich merke schon. (Laut.) Na, ich gehe, aber der Hochmuth wird Euch reuen. (Für sich.) In einem Winkel werd' ich mich heimlich verbergen, kommt der Bauer zu Hause, richt' ich ein feines Spiel an. Der Pfaffe muß bezahlt werden. (Schnell ab.)

Szene 3.
Vorige ohne Hans Wurst.

Frohbius: Sperre schnelle die Haustür zu, damit wir nicht von jedem Buben gestört werden.

(Rösel geht hinaus und kommt gleich zurück.)

Rösel: Ich habe abgesperrt und auch den großen Riegel vorgeschoben.

Frohbius: Nun wollen wir essen, trinken und fröhlich sein.

(Es klopft.)

Frohbius (ärgerlich): Wer stört schon wieder?

Rösel: Ich werde gleich schauen. (Geht zum Fenster.) O weh! ich glaube es ist mein Mann.

(Es klopft stärker.)

Frohbius (aufspringend): Potz Quirin Marter, wo kann ich mich verbergen, wo soll ich hin?

Rösel: Schnell! — Nehmt Wein, Semmel und Würste, verbergt Euch daneben in dem großen Backofen, und wenn mein Mann schläft, helfe ich Euch heimlich davon.

(Frohbius nimmt das Tischtuch mit allem, was darauf steht, und läuft in eine Seitenkammer. Rösel geht hinaus und kommt mit Kunze zurück.)

Szene 4.
Rösel. Kunze.

Kunze: Mein Rösel, warum hast du denn das Haus abgesperrt?

Rösel: Damit nicht immer des Nachbars Säue mir an die Tenne laufen. Wie kommst denn heute so früh aus dem Walde?

Kunze: An einem harten Stamme haben der Nachbar und ich unsere Äxte zerschlagen und konnten nun keine Bäum' mehr fällen, da mußt ich wohl heim. Auch trieb mich der Hunger, darum fix und brat mir ein paar Würste, gib Brod und Speckschnittchen und eine Kanne Wein.

Rösel: Die Würste sind längst alle und Wein ist nicht im Hause.

Kunze: Ich hör die Kuhglocken klingen, schau, wer durch den Garten geht.

Rösel: Gewiß wieder ein Bettelmann, den ich bald abfertigen werde. (Geht zur Türe, Hans Wurst tritt ein.)

Szene 5.
Vorige. Hans Wurst.

Hans Wurst: Ein schön guten Abend, lieben Leute.

Kunze: Was gibt's? Wer seid Ihr?

Hans Wurst: Verzeiht, das Gitter stand offen, so trat ich fahrender Künstler ein und bitt Euch für diese Nacht um eine Schlafstelle in Euerer Scheune.

Rösel (heimlich zu Hans Wurst): Hat Euch der Teufel wieder hergebracht?

Hans Wurst (ebenso): Schweigt Ihr, so schweige ich auch.

Kunze (zu Hans Wurst): Was ist denn Euer Brauch, daß Ihr so im Lande umherfahret?

Hans Wurst: Ja schaun's! Ich bin der Schüler eines gewaltig gelehrten, großen berühmten Wunderdoktors. Wir werden in dem nächsten Dorfe, wo Kirchweih ist, unsern Sitz aufschlagen, und da bin ich vorausgeeilt, um die Taten meines Herrn zu verkündigen. Da ist mir der Abend übern Hals gekommen und ich möchte hier über Nacht bleiben. Ich kann mit meiner Kunst Euch dafür Dienste leisten.

Kunze: Nun denn, so bleibt die Nacht und erzählt mir, was Ihr könnt!

Hans Wurst: Wir können Augenweh und Zahnweh heilen, Hühneraugen vertreiben, Fieber besprechen, haben Wundersalben für alle Gebrechen und Wunden jeder Art. Wir treiben auch schwarze Kunst, können den Dieb bannen, Feuer besprechen, wahrsagen, Schätze graben, Geister zitieren und nachts auf einem Bock durch die Lüfte fahren.

Kunze: Potz alle Wetter, das möcht' ich einmal sehen!

Hans Wurst: Auch vertreibe ich den Leuten die Grillen und kann alle um mich her lustig machen. Wenn ich auf Kirchweih, Hochzeiten und Jahrmärkte komme, wird's allemal heiter und meine Possen helfen besser als Pillen und Mixturen.

Kunze: Das ist gescheit, Ihr seid mein Mann. Nun Frau, bring' uns schnell ein Nachtessen.

Rösel: Ich habe nichts als Brod und Käse.

Hans Wurst (für sich): Die lügt so gut wie ich.

Kunze (zu Hans Wurst): Na, dann müssen wir uns damit zufrieden geben. Aber sagt mir erst, ich hab' vor Jahren mal gehört, daß Ihr fahrende Künstler auch den Teufel bannen könnt, wie ist's damit?

Hans Wurst (lustig): Ei Sapperment, Kleinigkeit. Ich kann den Teufel beschwören und bannen zu jeder Zeit. (Für sich.) Alle Wetter, da kommt mir ein lustiger Gedanke. (Laut.) Ja, zu jeder Zeit, das heißt — am allerbesten bei Nacht, und er muß alles beantworten, was ich frage, dazu muß er noch, wenn ich befehle, Bratwurst, Semmel und Wein leibhaftig in die Stube bringen.

Kunze: Nicht möglich! — Ich möcht kein Ding so gern, als mal den Teufel leibhaftig sehen.

Hans Wurst: Da schaut's nur Eure Frau an!

Kunze (lacht): Ha, ha, ha! — Doch laßt's Scherzen sein, und wenn Ihr könnt, so bringt uns mal den Teufel her!

Hans Wurst: Wenn's nur nicht so gefährlich wäre, denn ich muß Euch sagen, wenn einer nur ein Wort laut redet, während ich den Teufel rufe, so dürfte er uns alle zerreißen.

Rösel: O weh! Nein, laßt den Teufel draußen.

Kunze: Ei was, wir können schon schweigen, laßt ihn nur immer kommen.

Hans Wurst: Nun denn, so gebt Euch die Hand und geht langsam rückwärts zur Thüre hinaus. Geht dann die Tenne entlang bis zur Leiter, welche zum Heuboden führt und steigt dann rückwärts auf die Leiter, die Frau zuerst und dann der Mann. Auf der neunten Sprosse bleibt die sitzen und auf der siebenten Sprosse der Mann, aber beileibe kein Wort gesprochen. Unterdessen beschwör' ich hier durch meine Zauberbrille den Teufel. Wenn ich nun laut rufe: kommt wieder! so steigt herab von der Leiter, dreht euch dreimal herum, reicht euch die Hände und kommt langsam, aber rückwärts, wieder zur Stube herein. Alsdann werdet ihr den Teufel sehen. Aber kein Wort sprechen.

Kunze: Kein Wort, verlaßt Euch drauf. Hab's wohl begriffen.

Hans Wurst: Jetzt klatsch' ich in die Hände und wenn ich drei gezählt habe, dann beginnt die Sache. Aufgepaßt! (Er klatscht und zählt.) Eins! — Zwei! — Drei!

(Kunze und Rösel gehen rückwärts zur Thüre hinaus. Hans Wurst geht zur Seitenthüre und läßt den Pfaffen hinein.)

Szene 6.
Hans Wurst. Frohbius.

Hans Wurst: Nun, Pfaffe? — Soll ich deine früheren Grobheiten bezahlen, den Bauer rufen, daß er dich tüchtig durchbläut?

Frohbius (zittert): Ach, lieber Freund, ich bitte dich sehr, hilf mir, damit ich hinauskomme!

Hans Wurst (höhnisch): So! Jetzt bin ich dein lieber Freund. Vorhin nanntest du mich anderst.

Frohbius: Verzeiht mir, lieber Mann, helft mir, denn der Bauer schlägt mich todt, wenn er mich findet.

Hans Wurst: Verdient hättest du's schon; was schleichst du fremden Weibern nach? Versprich mir, künftig fein fromm zu sein, so werde ich dir helfen.

Frohbius: Ich verspreche es. Hier — nimm zum Lohne zwölf Thaler, auch will ich dir gute Herberg' geben. Daheim schenk ich dir noch mehr.

Hans Wurst (das Geld einsteckend): Nun Pfaffe, so schick' dich in den Handel, zieh' dein Gewand aus, nimm Ruß aus dem Ofen, mache Gesicht und Hände kohlschwarz und wickele dich in die Kuhhaut, welche ich dort in der Kammer im Winkel liegen sah. Wenn ich zum dritten Male laut rufe: „Teufel komme!" dann komme gelaufen, brumme wie ein wilder Bär und setze den Wein, die Würste und Semmel, welche du mitgenommen hast, hier auf den Fußboden hin. Das übrige findet sich und du kannst im Frieden zum Hause hinauskommen. Nun schnell in die Kammer. (Pfaffe ab.)

Szene 7.
Hans Wurst allein.

Hans Wurst (ruft zur Thüre hinaus): Kommt wieder! (Kunze und Rösel treten rückwärts in die Stube.)

Hans Wurst: Nun stellt euch hier her. Rührt euch nicht und sprecht auch nicht, wenn euch das Leben lieb ist. Ich habe den Teufel schon beschworen und ihn in die Backofen-Kammer gebannt. Halt, da liegt ja Kreide. — Besser ist besser! — Wir wollen uns lieber sicher stellen durch einen Zauberkreis, dann kann uns kein Teufel was anhaben.

(Er zieht um Kunze und Rösel einen Kreis, tritt dann selbst hinein und ruft mit lauter Stimme:)

Ich rufe dich zum erstenmal,
Komm her aus deinem Höllensaal,
Bring' in den Kreis 'ne Flasche Wein,
Auch Bratwurst, Kuchen und Semmelein.
Zum andermale ruf ich dir,
Komm vor dem Kreise, her zu mir.
Zum dritten Male beschwör' ich dich,
Gehorche mir und höre mich!
Teufel komm! Teufel komm!
Teufel komm! —

(Der Pfaffe kommt als Teufel herein, schwarz bemalt und eine Kuhhaut um den Schultern. Er stellt brummend Wein und Speisen in den Kreis.)

Hans Wurst: Teufel, geh' um den Kreis und laß dich beschauen.

(Der Teufel brüllt und geht dreimal um den Kreis. Kunze zittert und will sprechen. Hans Wurst hält ihm schnell den Mund zu.)

Hans Wurst: Teufel, nun haben wir genug. Du kannst jetzt zum Hause hinausgehen, oder durch's Schlüsselloch kriechen, zum Giebel hinaus oder durch den Schornstein fahren, aber ohne einen Schaden zu tun. Hörst du, Teufel? Nun fahre ab.

(Der Teufel brüllt und läuft zur Türe hinaus.)

Szene 8.
Vorige, ohne Frohbius.

Hans Wurst (tritt aus dem Kreis): Nun könnt ihr wieder sprechen, der Teufel ist glücklich fort.

Kunze: Ach! mir bricht der Angstschweiß aus. Wischt nur schnell den Kreis aus, damit der Teufel nicht wieder kommt.

Hans Wurst (tritt mit dem Fuße den Kreis aus): Ja, sagt mir doch, warum habt ihr ihn denn begehrt?

Kunze. Ich dachte nicht, daß der Teufel so schwarz, zottig, ungeschaffen und schrecklich anzusehen wäre. Ich glaub' ich wäre schier von Sinnen gekommen, wenn ich hier allein gewesen wäre. Dieses erschreckliche Brummen, diese feurigen Augen, Hörner und entsetzlichen Eberzähne, welche zum Maule rauslugten.

Hans Wurst (für sich): Was der nicht alles gesehen hat! (Laut zu Rösel.) War Euch der Teufel auch so schrecklich?

Rösel (leise zu Hans Wurst): Du Schalk! — (Laut.) Den Teufel möcht ich wohl öfter sehen.

Kunze: Ich nicht. Meiner Treu', ich fürcht mich insgeheim, der Teufel kommt mir vor im Traum.

Hans Wurst (lacht): Es ist nicht so arg. Ha, ha, ha, ha! Der Teufel war froh, daß ich ihn losließ. Er fürchtete Euch mehr, als Ihr ihn.

Kunze: Ei, der Teufel fürchtet mich?

Rösel (zu Kunze): Ach, laß doch den Teufel und leg' dich schlafen, der Teufel ist längst daheim in seiner Hölle.

Hans Wurst (trinkt): Nun, wollt Ihr nicht des Teufels Wein versuchen?

Kunze: Nein, ich geh' jetzt zu Bett und werd' mir einen Segen um den Hals hängen. Ihr könnt in dieser Stube bleiben, Rösel soll Euch eine Streu bereiten. Zum Lohn will ich Euch einen Gulden schenken und nun, ein' gute Nacht! (Ab.)

Szene 9.
Rösel. Hans Wurst.

Rösel: Mein Lebtag vergeß ich diese Angst nicht, ich hatte immer Sorge, daß Ihr reden würdet. Mein Mann hätte den Pfaffen todtgeschlagen, denn er ist ihm spinnefeind.

Hans Wurst: Er hat auch Ursache, drum nehmt's Euch zur Lehre, bleibt eine treue Hausfrau und schickt den Pfaffen derb heim.

Rösel: Ihr habt recht. Nun machts Euch hier bequem. Morgen schenk' ich Euch fünf Gulden und zum Frühmal sollt ihr einen guten Imbiß haben. Ein' gute Nacht! (Ab.)

Szene 10.
Hans Wurst allein.

Hans Wurst: Sapperment! Ich freu' mich der Kirchweih', die Teufels-Pfaffengeschichte bringt mir einen guten Groschen ein. Nun aber auch für den Magen sorgen, die Zitation hat mir Appetit gemacht und die Bratwürste sollen schmecken. (Setzt sich zum Essen.)

> Während vom Teufel träumt der Bauer,
> Trink' ich den Wein, sonst wird er sauer.
> Juchhe! — (Trinkt.)
> (Vorhang fällt.)
> Ende[8].

Mit dem Auftauchen der englischen Komödianten trat bei dem Anpassungsvermögen der Puppenbühnen und der Unermüdlichkeit ihrer Leiter, alles neu erscheinende Material an sich zu ziehen und für ihre gedrechselten Schauspieler zu bearbeiten, eine weitere Vermehrung des festen Bestandes der Marionettenstücke ein. So kam vor allem das Schauspiel von Dr. Faust auf die Bühne, „ein Name, der mit dem deutschen Bewußtsein enger verwachsen sein dürfte als irgendeine andere Blüte der Volksdichtung[9]."

Das Volksstück Faust war durchaus nicht ausschließlich für Puppentheater geschrieben worden. Durch den Umstand, daß in früheren Zeiten häufig dieselben Prinzipale bald Schauspielertruppen bald Marionettenbühnen vorstanden, zu den Darstellungen aber, gleichviel ob durch Schauspieler

---

[8] Carl Engel, Deutsche Puppenkomödien, Oldenburg 1876, IV, S. 43 ff. —
[9] C. Engel, Das Volksschauspiel Dr. Johann Faust, Oldenburg 1874, S. II.

oder mittels Marionetten, dieselben Stücke benutzten, geschah es, daß, als im Verlauf des achtzehnten Jahrhunderts die Wandertruppen allmählich ihre Hand von den altüberlieferten Volksschauspielen abzogen, diese schließlich nur noch auf den Marionettentheatern zu sehen waren[10].

Ob das deutsche Volksstück direkt von dem durch die englischen Komödianten nach Deutschland verpflanzten Drama Christoph Marlowes abstammt oder von der bis auf den Titel verloren gegangenen „Historia Fausti". Tractätlein von Faust, eine Comödie von zwei Tübinger Studenten, gedruckt 1587 in Tübingen, darüber gehen die Meinungen auseinander. Aber selbst wenn Marlowe der Urheber des deutschen Faustdramas gewesen, so ist „von dem kühnen, stolzen Gedankenflug eines Marlowe, des genialsten unter den Vorläufern Shakespeares, selbst einer Faustischen Natur, von seiner dämonischen Verschmelzung von Wissen- und Lebensdrang so gut wie nichts übrig geblieben, wogegen sich diejenigen Teile seines Stückes, für die wir ihn am wenigsten verantwortlich machen dürfen, die Clownspäße usw., merkwürdig zäh erhalten und erweitert haben. . . . Die Schläuche sind geblieben, aber der Wein ist daraus geflossen[11]." Schon in den ältesten Fassungen des Bühnen-Faust wird das groteske Element ausdrücklich betont. So kündigten sächsische hochdeutsche Komödianten, die gleich nach Beendigung des Dreißigjährigen Krieges in Kapitän Nielsens Haus in Bremen spielten, einen Faust an:

„Das Leben und der Tod des großen Erzzauberer Dr. Johannes Faust mit Vortrefflichkeit und Pickelhäringslust von Anfang bis zu Ende."

Der Faust hat sich in zahlreichen Versionen erhalten. Hier nur ein kurzer, in keiner Weise erschöpfender Nachweis von gedruckten Faust-Komödien für die Marionettenbühne:

---

[10] Engel a. a. O., S. 213. — [11] Robert Petsch in der Zeitschrift für deutsche Volkskunde, 15. Jahrg., 1905, S. 245.

Der Pickelhering der Truppe des Magisters Velten,
Christian Janetschky aus Dresden
Kupfer von G. Scheurer nach der Zeichnung von Th. Hirschmann

J. Scheible, Das Kloster, 5. Band, Stuttgart 1847.
Zeitschrift für deutsches Altertum, Band 31.
Weimarisches Jahrbuch, 5. Band.
Bielschowsky, Das Schwiegerlingsche Puppenspiel, 1882,
Engel, Deutsche Puppenkomödien, I. Bd., VIII. Bd.,
IX. Bd., X. Bd.
Kralik-Winter, Deutsche Puppenspiele.
E. Kraus, Das böhmische Puppenspiel von Dr. Faust,
1891.
Petsch, Zeitschrift d. V. f. d. Volkskunde, 15. Jahrg. u. a. m.

Selbst wenn ich alle vorhandenen Drucke aufgeführt hätte, so wären damit die gespielten Puppenkomödien von Faust und seiner Höllenfahrt auch nicht annähernd erreicht, denn jeder Puppenspieler, ohne Ausnahme, hatte ihn auf seinem Spielplan, und jeder von ihnen hatte in dem Stücke oft einschneidende Änderungen angebracht, die weniger die Handlung selbst als die lustige Person, den Pickelhering, betrafen.

Dieser „Pickelhäring" ist ein Holländer. Er konnte sich auf der deutschen Marionettenbühne ebensowenig auf die Dauer behaupten wie auf dem richtigen Theater. In seinem eigenen Heimatland war er von dem deutschen Hanswurst verdrängt worden, der wieder dem Meister Jan Klaassen weichen mußte, einem Mischling aus dem französischen Polichinell, dem englischen Punch und dem niederländischen Pickelhering. Dem Pickelhering folgte auf den deutschen Marionettentheatern der Hanswurst und diesem endlich und für immer der Kasperl.

Kasperl ist Niederösterreicher. Ein naiver Bauernbursche, immer zu Gesang und Tanz aufgelegt, einmal dumm, dann wieder mutterwitzig, verliebt oder weiberscheu, dreist und feige, faul und gefräßig.

Kasperl ist der Mittelpunkt des Puppenspiels. Er ist der gelenkigste und sorgfältigst gearbeitete Akteur, der Stolz seines Direktors. Er bewegt Hände, Arme, Füße und den Kopf, verdreht die Augen, kann den Mund auf-

und zumachen, die Zunge weiter herausstecken, geht mit durchgedrückten Knien, macht Bücklinge, teilt Maulschellen aus und empfängt auf seinen runden Rücken Prügel, ohne daß sich sein breites, grinsendes, wulstiges Lippenpaar verzieht. Er bandelt mit Tod und Teufeln an, vexiert den einen und läßt sich von dem andern durch die Lüfte tragen. Er schleppt im Schauerdrama die Toten von der Bühne, treibt aber vorher noch allerlei anmutige Späße mit ihnen, zum größten Gaudium des hohen Adels und verehrungswürdigen Publikums. Wehe, wenn der Intrigant des Stückes dem treuen Kasperl preisgegeben ist. „Dausendschlapperment, nun komme du Bösewicht", ruft er dem bösen Golo in der Genovefa zu, stößt ihn mit dem Fuße und zerrt ihn in die Kulisse. Meist leistet er sich dabei noch allerlei Extratouren. Er schimpft, trampelt auf ihm herum, wobei besonders ein gewisser Körperteil ein gerütteltes Maß abbekommt, schlägt ihm den Kopf auf den Boden, daß es nur so dröhnt, und fährt mit ihm durch eine Tür ab, daß die Dekorationen zu wanken beginnen und das Auditorinm vor Entzücken kreischt.

Mit seiner Rolle nimmt es der gute Kasperl niemals genau. Er improvisiert und extemporiert und weiß gewandt allerlei Lokalwitze und allerneueste, in den Wirtsstuben aufgefangene Scherzworte anzubringen. Seine Stärke besteht in Mißverständnissen. Darin leistet er Unglaubliches. Statt Oberrock hört er Oberbock, statt Großvater Roß Vater, statt Schildwache Schnellwage, statt schwören schmieren und so weiter.

Auch im Faust fällt ihm die Hauptrolle zu, nicht minder in der beliebten Fortsetzung des Faust, in „Das Lasterhafte Leben / und unglückseelige, ja Schröckensvolle Ende Johannis Christophi Wagners / Gewesenen Famuli / und Nachfolgers in der Zauberkunst des Fausti" und dessen Bearbeitungen für das Puppenspiel.

Nur in Wien, der Haupt- und Residenzstadt seines Vaterlandes, hat Kasperl nichts zu suchen. Hier vertritt noch immer der Hanswurst, Wurstl genannt, seine alte Position und beherrscht den großen Vergnügungspark Wiens, jenen Teil des Praters, dem er sogar seinen Namen gegeben hat: den Wurstlprater.

Der hervorragendste Sprecher des Kasperl in Norddeutschland soll der Puppenspieler Schütz gewesen sein, der mit seinem Partner Dreher in den ersten Jahren des neunzehnten Jahrhunderts in Berlin Vorstellungen gab. Die bedeutendsten Persönlichkeiten Spreeathens gehörten zum Stammpublikum des Schütz- und Dreherschen Theaters[11].

In Berlin waren seit jeher die Puppenbühnen sehr beliebt. Am kurfürstlichen Hof in Preußen stellte sich 1599 „Ein fremder Mann ein, welcher die Historie vom verlorenen Sohn figurenweis agiert." 1601 kam Jeremias Schmidt mit seinem „Popenspiel".

Im Jahre 1703 brachte der Puppenspieler Sebastian di Scio aus Wien im Berliner Rathaus den Faust zur Darstellung. Das fromme Berlin entsetzte sich darob, und der Pietist Philipp Jacob Spener sah sich veranlaßt, beim Ministerium Beschwerde zu erheben, in der es wörtlich hieß: „Da man in des vorgegebenen Doctor Faustens Tragödie die förmliche Beschwörung der Teufel, welche erscheinen sollten, und die lästerliche Abschwörung Gottes an den bösen Feind, mit ansehen müssen, in hiesiger Stadt viele theils wahrhaftig geärgert, theils mit ihnen (den Beschwerdeführern) herzlich betrübt und zu seufzen bewogen werden[12]."

1731 erhielt Titus Maas, Markgräflich Baden-Durlachischer Hofkomödiant, die Erlaubnis, Vorstellungen mit großen, „englischen" Marionetten zu geben. Unter seinen Stücken war auch die Komödie Fürst Mentschikof, deren Aufführung aber am 28. August 1731 vom Hofe untersagt wurde. Der Zettel dieser Haupt- und Staatsaktion lautete:

---

[11] Franz Horn, Die Poesie und Beredsamkeit der Deutschen, Berlin 1823, 2. Bd. — [12] Engel nach Plümicke, Entwurf einer Theatergeschichte von Berlin.

„Mit Königl. allergnädigster Erlaubnis werden die anwesenden Hochfürstl. Baaden-Durlachischen Hof-Komödianten auf einem ganz neuen Theatro, bei angenehmer Instrumentalmusik vorstellen: eine sehenswürdige, ganz neu elaborirte Hauptaktion, genannt: die remarquable Glücks- und Unglücksprobe des Alexanders Danielowitz, Fürsten von Mentzikopf, eines großen favoritren Cabinetsministers und Generalen Petri I. Czaaren von Moskau, glorwürdigsten Andenkens, nunmehro aber von der höchsten Stufen seiner erlangten Hoheit, bis in den tiefsten Abgrund des Unglücks gestürzt, veritablen Belisary mit Hannswurst, einem lustigen Pastetenjungen, auch Schnirfax und kurzweiligen Wildschützen in Sibirien" usf.[13].

Wie in Berlin waren in Wien die Puppen bekannt und beliebt. Peter Resonier errichtete hier 1667 auf dem Judenplatz sein italienisches Marionettentheater, mit dem er sich vierzig Jahre hindurch erfolgreich behauptete. Aber auch in der Leopoldstadt, auf dem Neumarkt und der Freiung gaben Puppenspieler jeden Abend, mit Ausnahme Freitags und Sonnabends, ihre Vorstellungen.

Frankfurt a. M. lernte 1657 italienische Marionetten kennen. Sie riefen das größte Aufsehen hervor.

„Anno 1698 ward in Hamburg auf dem großen Neumarkte in einer Bude ein mathematisches Kunstbild ausgestellt, welches redete und zugleich mit großen Posituren herrliche Actiones z. B. Fausts Leben und Tod schaugegeben[14]."

Ein besonderes Vergnügen wurde den zahlreichen Liebhabern des Puppenspiels in der genannten Stadt zuteil, als im letzten Viertel des siebzehnten Jahrhunderts „Königlich dänische priviligierte Hofakteurs" mit Figuren in „properer und neuer Kleidung" im Gasthof zum wilden Mann ihre Stücke aufführten, die, wie die Zettel besagten, auch von „vollkommener Instrumentalmusik" begleitet waren. Unter

---

[13] Plümicke, S. 109. — [14] Engel, S. 30, nach Joh. Friedr. Schütze, Hamburger Theatergeschichte, 1794.

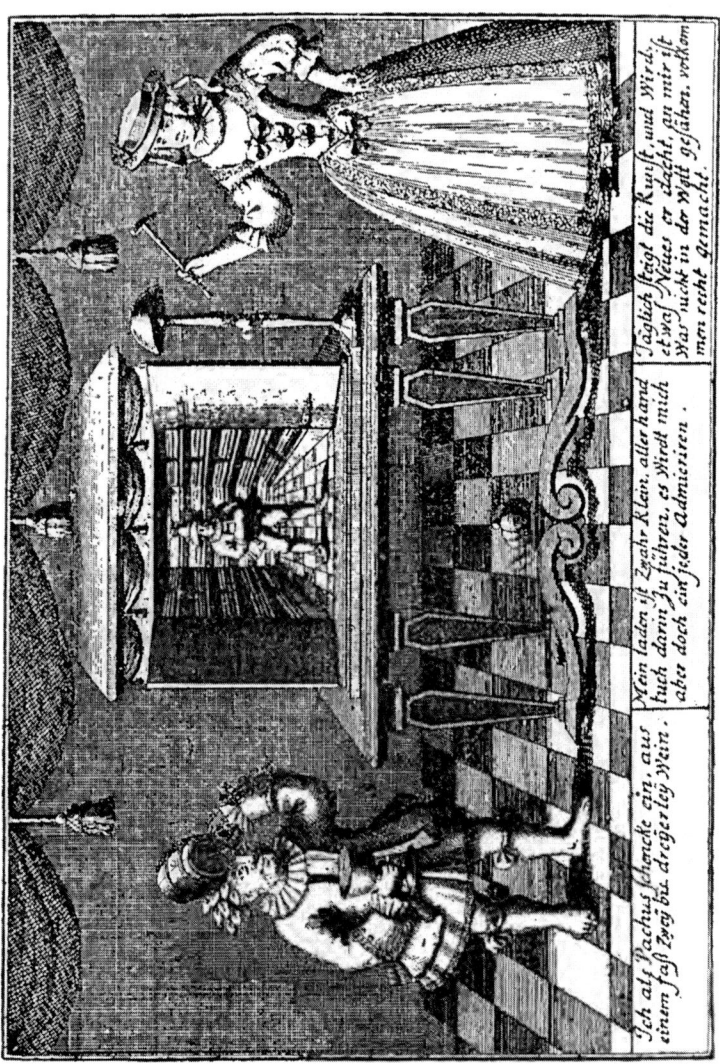

Deutsches Marionetten-Theater
(18. Jahrhundert)

anderem gelangte auch die „Öffentliche Enthauptung des Fräuleins Dorothea" zur Darstellung, eine der ältesten und beliebtesten geistlichen Possen, die, wie Flögel in seiner Geschichte der komischen Literatur bemerkt, bereits im Jahre 1412 auf dem Markt zu Bautzen aufgeführt wurde. Keine unter den zahlreichen Märtyrerinnen, die in natura oder in effigie hingerichtet wurden, hat aber so viel leiden müssen wie die arme Marionette „Fräulein Dorothea" in Hamburg. Dem Publikum gefiel nämlich die Enthauptung dieser Bekennerin so gut, daß es die Exekution jedesmal da capo verlangte, worauf der gefällige Theaterdirektor nicht ermangelte, durch eine nochmalige Absäbelung des inzwischen wieder aufgesetzten und angewachsenen Jungfrauenhauptes den Wünschen seiner geschätzten Zuschauerschaft bereitwilligst entgegenzukommen.

An dieser Dorothea scheinen überhaupt die guten Hamburger sich nicht haben satt sehen können, denn noch im Jahre 1705 ließ auf dem Ellernsteinweg, in der Fechtschule, wie der Zettel besagte, „ein vortrefflicher Marionettenspieler mit großen Figuren und unter lieblichem Gesange die Dorothea enthaupten, den verlorenen Sohn Trebern fressen, sowie einen Harlekin in einer lustigen Wirtschaft sich zeigen[15]."

Von da ab ließ das ganze achtzehnte Jahrhundert hindurch in Hamburg der Zuzug fremder Puppenspieler nicht nach. Ich notiere von den bemerkenswertesten Erscheinungen aus dem Jahre 1737 die „extraordinär sehenswerte (!) Puppenspieler". Sie eröffneten ihre Bühne mit einer „galanten Aktion" aus der Mythologie, betitelt: „Die ohnmächtige Zauberei oder die wider den tapferen Jason nichts vermögende Erzzauberin Medea, Prinzessin aus Kolchis, mit Hanswurst."

In dem Jahre 1752 beglückte der ehemalige Schneider Reibehand und sein Sozius Lorenz die Hansastadt zum erstenmal mit ihrer Kunstfertigkeit. „Diese beyden Aftercomödianten machten anfangs gemeine Sache, spielten erst

---

[15] Rehm, S. 192.

mit hölzernen Marionetten, und giengen nachgehends zu den lebenden Marionetten über. Die Verdienste des Reibehand um das Theater haben durchgehends eine burleske Seite, und sein Name ist ein für die Haupt- und Staatsaktionen geheiligter Name geworden [16]."

Seine Bude auf dem Pferdemarkt, auf dem sich später Hamburgs weltberühmter Musentempel, das Thalia-Theater, erheben sollte, war, dank einer gewaltigen Reklame, jeden Abend zum Erdrücken voll. Was bekam aber auch das Publikum für Delikatessen vorgesetzt! Aus der alten Komödie „Der verlorne Sohn" machte Reibehands Regietalent eine extramoralische Hauptaktion mit dem Beifügen: „der von allen vier Elementen verfolgte Erzverschwender mit Arlequin, einem lustigen Reisegefährten seines ruchlosen Herrn." Dies extramoralische Stück wurde mit vielem Prunke gegeben. Früchte, die der verlohrene Sohn essen wollte, verwandelten sich in Totenköpfe, Wasser, das ihn zu trinken gelüstete, in Feuer. Felsen wurden vom Blitz zerschmettert und an ihrer Stelle erschien ein Galgen, an dem ein armer Sünder hing, der stückweise herunterfiel, sich wieder zusammensetzte und den Helden verfolgte [17], also fast alles ebenso, wie es mehr als ein Säkulum später Anton in Holteis ‚Vagabunden' beim alten Puppenspieler Dreher sah und Engel [18] aufzeichnete.

Wie reizend charakterisiert Holtei den Kasperl im „Verlorenen Sohn". Ich kann es mir nicht versagen, die betreffende Stelle aus dem dreiundsechzigsten Kapitel des zweiten Bandes der ‚Vagabunden' hier einzuschieben:

„Wie in allen Puppenspielen, ist der ernsthaft gemeinten Hauptfigur auch in diesem Stücke Kasperle als Begleiter beigegeben; der Chorus der Romantik, der mit derben, treffenden, ironischen Witzworten gleichsam die Moral der Fabel expliziert. Er ist der treue Diener; macht alle dummen Streiche des Herrn mit, obgleich er sich und ihn

---

[16] Löwen, Geschichte des deutsch. Theaters, S. 33. — [17] Rehm, S. 193 ff. — [18] II. Bd. S. 29 ff.

verspottend warnt; besucht mit ihm willige Dirnen; bleibt nicht zurück, wo der Spieltisch lockt; läßt sich beim Schenken den Becher füllen und klagt nur, daß es ein schlechtes Haus sei, weil man ihnen „besoffnen Wein" gereicht; hält sich aber, Dank sei es seiner humoristischen und dabei kerngesunden Hanswurstnatur, stets über Wasser und bewahrt auch im größten Unglück, wie er's mit dem scharfgetadelten, dennoch geliebten Gebieter teilt, heitre Laune genug, aus allem Jammer das Lustige herauszufinden. Ja, Kasperle ist es zuletzt, der den heimkehrenden, in Lumpen gehüllten Bettler bei den Eltern anmeldet, diese schonend vorbereitet und ihnen sogar den tiefsten Grad vergangenen Elendes schalkhaft beschreibt, indem er ihnen vertraut, ihr Herr Sohn sei „auf der Insel Sumpfus König einer wilden Völkerschaft gewesen, die in niederen Hütten gewohnt habe und höchstwahrscheinlich aus Frankreich abstamme, weil sämtliche Untertanen, wenn das Horn des Herrschers zur Weide rief, stets mit oui! oui! geantwortet."

1774 und das folgende Jahr spielte in Hamburg E. H. Freese mit mechanischen Miniaturpuppen plumpe und zotige „Intriguenstücke", unter denen auch eine triviale Bearbeitung „Don Juans" zu finden war.

Von da ab durfte auf dem „Dom" weder das Puppenspiel noch das „Theatrum mundi" fehlen. In dem letztgenannten täuschten allerlei Püppchen, Menschen und Tiere — alles beweglich! — in hübschen Landschaften das Leben vor. Zuerst am Ende des achtzehnten Jahrhunderts von Pierre und Degabriel den Hamburgern vorgeführt, zeigten später mehrere Menschenalter hindurch alljährlich während der Domzeit das Theater Morieux und das Theater Mervellieux diese Schaustellung der Hamburgischen Kinderwelt.

In Frankfurt a. M. machte Goethe als Knabe Bekanntschaft mit den Marionetten, die er zeitlebens nicht vergaß. Das „Jahrmarktsfest zu Plundersweilern" ist auf die Jugendeindrücke des Olympiers im Puppentheater zurückzuführen, vielleicht, ich unterstreiche das Vielleicht, auch der Faust.

Die Tirade: „er wagt es, in dem verachteten Puppenspiel nicht gemeine Einfältigkeit, sondern edle Einfalt zu erblicken und just den verlachtesten aller Puppenspielstoffe zum Gefäß für den heiligsten Gehalt zu bestimmen", scheint mir recht anfechtbar. Aber wie dem auch sei, schon der ferne Zusammenhang des Puppenspiels mit unserem Goethe edelt die Marionetten.

Wer die Puppenspieler waren, die Goethe gesehen hat, ist kaum festzustellen. Wir wissen nur, daß der Wiener Mechaniker Geißelbrecht († 1817) auf seinen Wanderzügen auch die alte Krönungs- und Messestadt mit seinen Marionetten besuchte und einen „Faust" auf dem Spielplan hatte.

Überall auf deutschem Boden waren im achtzehnten und neunzehnten Jahrhundert die Puppenbühnen vorübergehende Erscheinungen, nur in Wien und München nicht. An der Donau und der Isar wurden sie zu ständigen, ja unentbehrlichen Institutionen. Hier in den Prater-Wursteln, dort durch den vor wenigen Monaten in wahrhaft patriarchalischem Alter verblichenen Papa Schmid.

Ich lasse hier den warmen Nachruf folgen, den die Münchner Neuesten Nachrichten am Neujahrstage 1913 dem alten Puppenspieler widmeten:

„Zwei Tage, nachdem man seine treue Lebensgefährtin zur letzten Ruhe bestattet, ist auch Papa Schmid, der ewig junge Direktor des Münchner Marionettentheaters, der in einem Monat seinen 91. Geburtstag feiern sollte, gestorben. Am Sonntag traf ihn zur Stunde, da seine Gattin beerdigt wurde, in seiner Wohnung am Unteranger der Schlag; seit dieser Stunde kam er, den der Tod seiner Frau so tief gebeugt hatte, nicht mehr zum Bewußtsein; er entschlief am Dienstag nachmittags 2 Uhr.

Mit Papa Schmid verschwindet vom Theater der Lebenden eine der markantesten Figuren des alten Münchens, der auch das neue München seine volle Sympathie bewahrt hat. Erst vor wenigen Monaten hatte er die Leitung seines

Papa Schmidt
Berl. Illustr. Ges. phot.

Marionettentheaters mit Genehmigung des Magistrats, dem der kleine Kunsttempel in den Anlagen an der Blumenstraße gehört, an eine langjährige Mitarbeiterin und an seine Tochter abgegeben.

Joseph Schmid war früher Vereinsaktuar. Durch General v. Haudeck wurde der Oberstzeremonienmeister Graf Pocci im Jahre 1858 auf ihn aufmerksam und übergab ihm sein Marionettentheater.

Am 5. Dezember wurde in der Prannerstraße Schmids Theater mit „Prinz Rosenroth und Prinzessin Lilienweiß" eröffnet. Siebenmal im Laufe der Jahre mußte das kleine Theater umziehen. Das 40jährige Jubiläum als Kasperldirektor feierte Papa Schmid noch am 4. Dezember 1898 im alten Hause, in einer Holzbaracke am Maffeianger; dieser Bau war in den 80er Jahren ihm vom Magistrat überlassen worden. Die Eröffnung des neuen Theaters in den Anlagen an der Blumenstraße fand am 4. November 1900 statt.

Manches Jubiläum, wie sein 50. Bühnenjubiläum, seinen 90. Geburtstag, durfte der alte Schmid noch in voller Rüstigkeit feiern; er blieb ein Liebling von alt und jung, von hoch und nieder, und jedes Kind kannte den großen, hageren, glattrasierten Mann mit den grauen Koteletten, mit den hohen Vatermördern, ein richtiger, lieber Typus aus dem alten München.

Papa Schmid hat seine Miniaturbühne trotz aller Volkstümlichkeit als eine Stätte der Kunst und der reinsten Freude für die Jugend geführt. Trotz mancher schweren Zeiten hat er tapfer zu seinen Puppen gehalten und die alte Tradition des Puppenspiels so über die kritische Zeit hinaus in die neue geführt, die sich dieser alten Kunst mit Begeisterung annahm. Selbst die modernen Versuche, das Marionettentheater raffiniert auszugestalten, hat der Volkskunst des Papa Schmid nicht geschadet. Im Gegenteil, sie hat gezeigt, daß sie dank ihres urwüchsigen Humors auch da den Sieg davontrug. Sein klassisch zu nennendes Repertoire, das er nur selten mit neuen Stücken versetzt, hat ihn und seine Kunst hochgehalten. Graf Poccis liebenswürdiger, gutmütig derber, echt münchnerischer Kasperl war der Schutzgeist seines Lebens und seines Hauses.

Tausendmal hat er mit dem Grundbaß seines Humors den Kasperl Larifari bis zu seinem 90. Geburtstag gesprochen. Nun ruht er aus für immer, aber im Herzen vieler Münchner wird er weiterleben, weiterleben solange die von ihm hochgehaltene volkstümliche Kunst im Tempel an der Blumenstraße wachbleibt."

Dr. Emil Harleß, Dr. Ludwig Koch, Freiherr von Gumpenberg und andere literarische Persönlichkeiten Isar-Athens hatten ihre Muse in den Dienst Papa Schmids gestellt und sein Unternehmen nach Kräften gefördert. Aber den Namen, die Bedeutung, die Zugstücke, ja die ganze Existenz hatte der Alte seinem hochherzigen Gönner Franz Graf Pocci zu danken.

Pocci (1807—1876) wurde zum Klassiker der Puppenbühne, wie Papa Schmids Kunsttempelchen als das Burgtheater unter den Marionettenhäusern zu bezeichnen war.

Am 5. Dezember 1858 ging der Eröffnungsvorstellung der nachstehende Prolog Poccis voraus:

Freies Feld, im Hintergrund die Stadt München.
(Münchner-Kindel. Später Kasperl.)

Das Münchner-Kindel (tritt auf und spricht):
Verehrtes Publikum, versammelt groß und klein,
Willkommen seid, die ihr hier tretet ein,
Wo eine Welt im kleinen ich erbaut,
Darin ihr manches wie im Spiegel schaut!
Ihr kennt mich doch? Schaut meine Tracht
                      nur an;
Uralt bin ich, doch nur ein Kind, kein Mann,
Wie man mich seit uralter Zeit schon nennt:
Das „Münchner-Kindel" macht sein Kompliment

Und bringt euch Märlein und Geschichten
                              allerhand,
Und Schwänke — was es immer irgend fand.
Daraus ihr möget weidlich Nutzen ziehn,
Zu lernen Gutes tun und Böses fliehn.
Euch kleinen Münchnern sei's zunächst geweiht,
Wenn sich ein buntes Bild ans andre reiht.
Paßt nur hübsch auf, spannt Aug' und Ohr,
Wenn sich zum Schauspiel öffnet dieses Tor:
Bedenkt's, wenn ich im Ernste euch belehre,
Und lacht hellauf, wenn ich den Scherz
                              beschere.
Wie dieses Spiel zieht's Leben auch vorüber,
Bald ist der Himmel hell, bald wird er trüber;
Wie's kommt, so nehmt's, doch eines stets
                              bedenkt,
Daß, was geschieht, von oben wird gelenkt!
(Es tritt ab.)

Kasperl (der schon aus den Kulissen hervorgeschaut hat): Ja, was wär' denn das? Eine Komödie und der Kasperl nit dabei? Das wär was Neues. Sitzt das ganze Schauspielhaus voller Publikum, vorn die Kleinen, nachher die Größeren, Butzeln sind auch dabei, und da sollt' der Kasperl fehlen? Schlipperdibix! Mein altes Recht laß ich mir nit nehmen! Wo eine Komödie ist, da muß der Wurstl auch dabei sein, damit's auch manchmal lustig hergeht; denn bisweilen muß der Mensch sein G'spaß haben, damit er sich nicht z' Tod weint in der traurigen Welt, wo Not und Elend oft aus- und einspazieren. Also, wenn auch das Münchnerkind g'sagt hat, daß ihr allerhand schöne und ernsthafte Geschichten da sehen werd't, so will ich meinerseits publizieren, daß auch die G'spaß'ln nit fehlen werden. Aber eins muß ich euch sagen: brav müßt's sein, Kinder, sonst kriegt's Schläg', und der Hanswurstl setzt sich auf die Ofenbank und weint selber, statt daß er pfeift und singt. — Punktum, so ist's, weil's der Kasperl g'sagt hat.

Münchner-Kindel (hinter der Szene): Kasperl! Kasperl!
Kasperl: Wer ruft mir da? Ich will an Ruh' haben und mein Sach' vorbringen.
Münchner-Kindel (tritt auf): Was hast denn du da heraußen zu tun, Kasperl?
Kasperl: Das geht dich nichts an! Was hast denn du da heraußen zu tun, Fratzl?
Münchner-Kindel. Ich bin der Theaterdirektor. Du hast mir zu folgen.
Kasperl: Oho, das wär' nit übel! Ich bin ja der Kasperl Larifari.
Münchner-Kindel: Wenn ich dich da heraußen brauche, werd' ich dir's schon sagen und dich am rechten Ort applizieren.
Kasperl: Was kaprizieren! Die Kaprizen verbitt'ich mir!
Münchner-Kindel: Marsch fort, an deinen Platz. Du sollst jetzt den Vorhang aufziehen und die Lampen putzen.
Kasperl: Also die Lampen aufziehen und den Vorhang stutzen? Das kann gleich geschehn; aber vorher brauch' ich ein paar Bratwürstlein und eine Maß Bier.
Münchner-Kindel: Du fangst schon mit Dummheiten und Konfusionen an, da werd' ich dich nicht lange mehr brauchen können.
Kasperl: Ich hab' meiner Lebtag keine Konvulsionen g'habt und bin ein kreuzg'sunder Kerl.
Münchner-Kindel: Merk nur auf, was ich dir sage. Ich hoffe, daß du dich gut aufführen wirst.
Kasperl: Ich kann mich nicht selber aufführen, wenn die Komödie aufgeführt wird. Kurz und gut — —
Münchner-Kindel: Kurz und gut, wenn du nicht gleich gehorchst, so werde ich dich einsperren lassen.
Kasperl: In der Kuchel oder im Keller, da laß' ich mir's gefallen!
Münchner-Kindel (droht): Kasperl! Kasperl! (Es donnert.)

Vom Kölner Karneval

Gebr. Haeckel, Berlin

„Arzt und Bader"
aus „Schattenspiele" von Franz Pocci, München 1847

Kasperl als Garibaldi im Münchener künstlerischen Marionetten-Theater

Kasperl (fährt zusammen): Nein, das verbitt' ich mir! Das ist kein G'spaß.
Münchner-Kindel: Es donnert, dir zur Warnung.
Kasperl: Nun, und wenn a G'witter kommt und 's fangt 's Regnen an, da wird ja mein niglnaglneus G'wandl verdorben, weil ich kein Parapluie bei mir hab'.
Münchner-Kindel: Drum folge mir und gehe heim.
Kasperl: No meinetwegen, aber lang halt' ich's drin nit aus. Juhe! Juhe! (Er geht ab.)
Münchner-Kindel:
Laßt euch vom Kasperl nur nicht irremachen;
Ich brauch' ihn wohl bisweilen, sollt ihr lachen;
Doch alles in der Welt hat seine Zeit,
Das alte Sprichwort sagt: Auf Leid kommt Freud'.
Er ist ein guter Narr, doch etwas ungeschlacht;
Nehmt's ihm nicht übel, wenn er Späße macht,
Die etwas derb sind — er meint's gut
Und ist ein Bürschlein von gesundem Blut.
Und nun beginn' das Spiel, mög's euch gefallen,
Damit ihr oft erscheint in diesen Hallen!

Die derben Spässe hatte Pocci-Schmids Kasperl Larifari zeitlebens beibehalten, doch jede Zweideutigkeit und Obszönität war ängstlich vermieden. Nur echt bajuwarischen Humor gab es zum Gaudium der Kinder bei Papa Schmid. Und wie zündend dieser Humor war, ist dadurch bewiesen, daß er auch das Entzücken der Erwachsenen hervorrief, als er 1911 in einem kalten, fremdartig anmutenden Milieu durch das künstlerische Marionettentheater Paul Branns zu den Berlinern sprach.

Unter all den Stücken, die Brann den Berlinern in formvollendeter Weise vorführte, hatte Poccis „Zaubergeige" den größten Erfolg zu verzeichnen.

Womöglich noch fester als im Münchener Volksleben wurzelt das Puppenspiel in der alten Rheinmetropole.

„Süddeutsche Fidelität und die oft überschäumende rheinische Lebensfreude haben auf der Kölner Marionettenbühne ein treues Spiegelbild gefunden und ihm eine von allen andern Puppentheatern völlig abweichende Gestalt gegeben."

Für die Kasperl und Wurstl, die einzigen Komiker der anderen Marionettentheater, hat das Kölner Hänneschen gleich eine ganze Reihe von lustigen, urwüchsigen, aus dem vollen Menschenleben gegriffenen Typen bereit.

Die Geschichte dieser Marionetten und ihre Charakteristik gibt Carl Engel, der fleißigste Sammler deutscher Puppenspiele:

„Als ein höchst origineller Puppenspieler war seiner Zeit Christoph Winter bekannt, der in Köln a. Rh. im Jahre 1802 ein ständiges Theater errichtete, das bis Ende der fünfziger Jahre unter seiner Direktion bestand. Diese Bühne war unter dem Namen „Kölner Hänneschen-Theater" bekannt; die Kölner Jugend nannte es auch „Krippchen". Das Talent des Direktors, städtische Einrichtungen, Gemeindeschäden und Lächerlichkeiten einzelner Individuen usw. in harmloser Komik kritisierend zu beleuchten, das war es, was den Ruhm des Hänneschen-Theaters begründen half und ihm eine charakteristische Besonderheit verlieh. Nach dem Sprichwort: „Je nachdem der Mann, je nachdem stopft man ihm die Wurst" schied Christoph Winter sein Publikum in drei bestimmte Gruppen: Kinder, Erwachsene und Sonntagsbesucher. Den letzteren, die vorzugsweise aus rohen Elementen der Bevölkerung sich rekrutierten und schon einen ordentlichen Puff vertragen konnten, bot er die derbste Kost, und zwar „zu ermäßigten Preisen". Die besseren Elemente blieben solchen Aufführungen fern, schon wegen der Zuhörerschaft, und gingen nur an den Wochentagen hinein, weil dann auch der Ton ein besserer war. Volkstümliche Stücke mit allerdings nur noch im niederdeutschen Sprichworte fortlebenden derben Redewendungen kamen aber auch da noch vor. Um dem besser situierten Publikum gerecht zu werden und namentlich den Rücksichten für das jugendliche Alter Rechnung zu tragen, wurden wöchentlich ein- oder zweimal Extra-Vorstellungen eingerichtet mit erhöhten Eintrittspreisen und einem sorgfältig ausgewählten Programm, gegen das Eltern und Erzieher nichts einwenden konnten. Auch die Zwischenaktsposse zeigte dann einen harmlosen Charakter, nur die Prügeleien blieben als die besten Knalleffekte bestehen. Zweideutigkeiten und Zoten gab es überhaupt nicht bei Chr. Winter.

Mit den Zwischenaktspossen hatte es folgende Bewandtnis. Die Bühne bestand aus drei nebeneinander liegenden Abteilungen. Die rechte Abteilung zeigte eine offene Dorfstraße, die linke Abteilung eine Straße der Stadt. Die größere mittlere Abteilung oder Mittelbühne, durch einen roten Vorhang verdeckt, lag etwa einen Fuß breit zurück, um die Puppen bequem vom Dorfe zur Stadt und wieder zurückspazieren zu lassen. Diese Nebenabteilungen wurden von Winter zu allerlei komischen Zwischenspielen benutzt, um nach jedem Akte des auf der Hauptbühne gegebenen „Schauerdramas" das tief ergriffene Gemüt der Zuschauer wieder aufzurichten. In diesen schnurrigen Zwischenspielen, worin Hänneschen ebenfalls wie in den Hauptaktionen eine Rolle spielte, wurden vorzugsweise gerne die satirischen Kritiken ausgeübt, und wenn irgendein Mitbürger sich unliebsam gemacht oder öffentlich blamiert hatte, so konnte er sicher sein, daß im Hänneschen-Theater seine Tat zwischen „Dorf und Stadt" ein Nachspiel fand. Davor schützte weder Stand noch Alter, weder hoher Rang noch Titel. Diese Zwischenspiele hatten ihre bestimmten Figuren, als: Nicolas Knoll mit seiner Gattin Mariezebill, Hänneschen, Nachbar Tünnes nebst Gattin, Peter Mehlwurm, Wirt „Zur glasernen Trapp", den Dorfschneider, Hänneschens Geliebte, sämtlich aus dem Dorfe. Diesen stehenden Personen gesellten sich dann nach Bedarf Personen aus der Stadt hinzu. Die oft blutigen, hochromantischen Dramen auf der Mittelbühne, worin häufig selbst der leibhaftige Satan mit eingriff, wurden meistens von Winter und seinen Gehilfen selbst in eigentümlicher Weise bearbeitet. Es war aber Grundsatz beim Herrn Direktor, daß alle Stücke gut und fröhlich enden mußten, trotz des darin vorkommenden Mords und Totschlags. So z. B. erhält der lustige Diener Hänneschen in dem verbesserten Trauerspiel „Romeo und Julia" von Julia den Auftrag, bei der Witwe Keller am Heumarkt für einen Groschen Gift zu kaufen. Der pfiffige Diener aber bringt aus der Apotheke ein Brausepulver und Julia bleibt am Leben bis Romeo zurückkehrt. Hänneschen wird königlich belohnt, und es gibt lustige Hochzeit.

Winter soll um das Jahr 1872 im Alter von 96 Jahren verstorben sein. Eine Witwe Klotz, Winters Enkelin, übernahm die Fortführung des „Kölner Hänneschen-Theater". Es entstanden in Köln auch unbefähigte Konkurrenz-Hänneschen, doch scheint es, daß Winters Verwandte die Bedeutung des Hännesche aufrecht zu erhalten verstehen."

Ein berühmter Nachfolger Winters war Millowitsch, dessen Parodien moderner Stücke stets einschlugen. Millowitsch ist Gründer der Hänneschen-Komödien mit lebenden Darstellern. Ich habe bei den Varietés ihrer gedacht.

Eine Mischung von rheinländischer Daseinslust und behäbigem bayrischen Humor findet sich in dem österreichischen Kasperl vereint. Der alleweil fidele, nicht gerade hoffähige Bauernbursche hat auch jetzt noch seine Verehrer, die nicht müde werden, seine tollen Wortwitze und groben Possen zu belachen. Welche Kapriolen er zu schlagen pflegt, geht aus den hier wiedergegebenen Szenen hervor, die ich dem „Graf Paquafil" (Fürst Alexander von Pavia), einem österreichischen Puppenspiel, entnehme. Ich wähle gerade dieses Stück, weil eine handschriftliche Notiz in dem Exemplar der Berliner Königlichen Bibliothek besagt: „Das zweite Stück (den Grafen Paquafil) haben am 22. Juni 1912 in ihrem Sommerfest die Steglitzer Wandervögel zur allgemeinen Freude aufgeführt."

Die erste Szene des von köstlichen Naivitäten strotzenden Schauspiels spielt am Sultanshofe.

Der Sultan, Mustafa und Zipitan, seine zwei Würdenträger, einigen sich, den Krieg gegen die Ungläubigen zu erklären.

Zweite Szene[19].

Im Schloß des Grafen.

Graf: Also wohlan denn, weil uns der türkische Hauptkaiser den Krieg kat ankündigen lassen, daß er kommen wird mit vierzigtausend Mann, so wird man auch nun wissen, in Kampf und Streit zu ziehen. Aber wo wird man so viel Militär hernehmen. Man wird verheiratete Leute aus dem Bette herausreißen müssen. Auch mein Kaspar muß mit mir in das Streitfeld ziehen. Wenn ich nur wüßte, wo dieser Mensch so lange herumlauft, daß er nicht kommt.

Kasperl (fällt herein): O du verzweifelte Gstrapazi. Hab i a Malör! I hab wollen aufn Heuboden aufigsteigen und derweil bin i abitatscherlt und hab mir mein Kopf anghaut. O, habe die Ehre, küß die Hand, Euer Gnaden, Herr Graf. I hab so viel zu tun, daß i nit dableiben kann.

Graf: Nun, so viel ich höre, bist du ja recht lustig.

Kasperl: Ja, kreuzfidel, mir geht's alleweil so, wenn i kein Geld hab.

Graf: Hättest du nicht Lust und Liebe, ein Soldat zu werden?

Kasperl: Was, a Solat? Na, i dank recht schön. I derf kan Solat nit essen auf d'Nacht, der tut mir kein gut nit, i krieg gleich das Zwickbauchen.

Graf: Er spricht etwas von einem Salat. Ich sage ja: Soldat.

Kasperl: No ja, Solat, Solat.

Graf: Nein, Soldat.

Kasperl: Was is denn das eigentli?

Graf: Ja, das ist ein tapferer Kriegsmann, er muß sich streiten gegen seine Feinde.

---

[19] Deutsche Puppenspiele von R. Kralik und Jos. Winter, Wien 1885, S. 46 ff.

Kasperl: Nix, nix, mit mir gibt's nix zum Streiten. Mit mir kann die ganze Welt gut sein; i mag nit streiten.

Graf: Das geht nicht so.

Kasperl: Na, wie geht's denn?

Graf: Man muß Soldat sein, wenn man auch nicht will.

Kasperl: Sie zwingen einen, wenn man nit will? Wie, wenn i ka Pulver schmecken könnt?

Graf: Das Pulver schmecken, das lernt man ganz leicht. Fehlt ihm denn was?

Kasperl: Nein, fehlen tut mir grad nix.

Graf: Nun, wenn ihm nichts fehlt, dann taugt er auch zu einem Soldaten.

Kasperl: Fallt mir grad ein, daß i an großmächtigen Fehler hab.

Graf: Auf einmal? Nun was hat er denn?

Kasperl (fängt an zu zittern): Mich hat's schon. In die Händ fangt's an und geht gleich in Kopf. Brr, brr.

Graf: Ja, was ist denn das?

Kasperl: 's Fieber im höchsten Grad. Brr, brr. Ja, mi gruselt's, ja, i hab's Fieber.

Graf: Ich muß um einen Arzten schicken, du sollst kuriert werden.

Kasperl: Geben's Ihnen keine Müh', für meine Krankheit gibt's kan Arzten.

Graf: Das ist ewig schade um einen solchen Mann, daß er nicht gesund ist, Soldaten müssen frische und gesunde Leute sein. (Ab.)

Kasperl: Ja, i hab mir's eh denkt, freili, hahaha! Der hat sich schön anschmieren lassen. Ja, so muß man's machen. Wenn man sagt, man hat's Fieber, so nehmen s' einen nit zum Soldaten. Da schau i, daß i glei wieder heim find.

Graf (kommt zurück): Halt, du Schurke! Hab ich dich abgelauscht! Du hast ja kein Fieber.

Kasperl: I hab's nur vergessen. Jetzt hab i's erst recht. Brr, brr.

Graf: Ja, wie oft greift dich denn das Fieber an?
Kasperl: So oft als i will, brr, brr.
Graf: Was, so oft als er will?
Kasperl: Na, so oft als i's krieg.
Graf: Heda, zwei Corporals, heraus!
Kasperl: Was wollen S' denn mit die zwei Corporals anfangen?
Graf: Sie sollen dir gleich fünfundzwanzig heruntermessen, daß dir das Fieber vergeht.
Kasperl: Na, dank schön, Sie machen's a bissel zu großartig. Lassen S' lieber zwanzig weg und fünf geben S' dem Corporal, daß auf mi nix kommt.
Graf: Nun, ist das Fieber schon wieder gut? Nicht wahr, ich kann dir das Fieber hübsch austreiben?
Kasperl: O nein, Sie haben mir's noch hitziger gemacht, das Fieber.
Graf: Willst du also Soldat werden?
Kasperl: Mein Gott und Herr, i hab kan rechten Löffel dazu.
Graf: Du weißt, dem Herrn, dem man dient, muß man gehorchen. Geh hin zu deinen Verwandten und deinem Weib, beurlaube dich.
Kasperl: Darf i denn mein Weibchen nit mitnehmen?
Graf: Nein, was wollte er denn mit ihr machen? Ich nehme meine Gräfin auch nicht mit.
Kasperl: Sehn S', Euer Gnaden, machen mir's so: I erlaub Ihnen, daß Sie Ihr Weibchen mitnehmen, und Sie lassen mir auch meins mitnehmen.
Graf: Du hast mir nichts zu verbieten und nichts zu erlauben. Geh und gehorche meinem Befehl.
Kasperl: So schön, sakerlot amal, das wird a verzweifelte Gschicht. No, indes werd i aber hingehn, werd schon sehn, was da herauskommt. (Geht brummend ab.)
Graf: Nun fällt es mir selbst sehr schwer, daß ich so plötzlich fort muß. Was nun einmal sein muß, muß sein. Es ist wahrhaftig die höchste Zeit, mich das letztemal bei

meiner Gräfin mit Schmerzen zu beurlauben. Nun, Gräfin Antoinette, magst du mir erscheinen. Dein Gemahl ist hier, der sich bei dir zum letztenmal mit Schmerzen beurlauben will.
(Die Gräfin kommt.)
Nun, bist du hier. So, nun künde ich dir an, daß ich fort muß. Der ganze französische Adel hat sich zu Pferde gesetzt, dem Feinde sich entgegen zu setzen. Daher komme ich nun, mich zum letzten Male von dir zu beurlauben.

Gräfin: Ach mein Gemahl, laßt mich auch mit in's Streitfeld ziehen.

Graf: Was fällt dir bei? Glaube nicht, daß das ein Feind ist wie jeder andere. Ich sage dir ja, von diesem Feinde werden nicht einmal die Kinder verschont werden. Aber reiche mir ein kleines Andenken, daß ich stets etwas von dir besitze.

Gräfin: So nehmt diesen Ring, den Ihr mir einmal gegeben habt. Habt Glück zu Wasser und zu Lande, er soll Euch eine stete Erinnerung sein, daß Ihr glücklich zu Hause zurückkommt.

Graf: Lebt wohl, lebt wohl, edle Gräfin! Ich aber ziehe mit Schmerzen dahin. Lebt wohl! Auf baldiges Sehen!
(Beide ab.)

Kasperl (tritt auf): Na, was soll denn i dazu sagen! I muß a mein herziges Weiberl, mein einziges Herzpinkerl zurücklassen. Ui Jegerl, ui Jagerl, ui Jagerl, ui Jegerl! Uah! (Weint.)

Katherl (tritt auf): Na, na, mir scheint, i hör mein Mann weinen, mir scheint schon a. I bin do neugierig, warum er so weinen thut; da muß i glei naus schaun. Ja wo bist du denn, Mann.

Kasperl: Bei mir herbei.

Katherl: Ja, was hat er denn? Was is das mit dir, daß du so fürchterli weinen thust? Was is dir denn geschehn?

Kasperl: Grüß di Gott, liebes Weiberl! Fort muß i, Soldat muß i werden. Du siehst mi in dein Leben nimmermehr.

Katherl: Na, dann is aus, dann thu i mi glei ertränken.

Kasperl: I bitt di, thu's nit, das Wasser is schon zu kalt, du könntest di verkühlen.

Katherl: So häng i mi auf.

Kasperl: Schad um den Strick. Du, das thu alles nit. Aber a kleines Andenken gib mir mit. Gibst halt her, was d' hast.

Katherl: I hab gar nix. Aber mir fallt was ein. I hab an abbrochenen Kochlöffel, den, wo i dir die guten Speckknödel hab eingelegt, den kann i so nimmer mehr brauchen, weil i mir an neuen kauft hab. Da geh i eini drum. Vielleicht sieh i di eh nimmer mehr. I komm glei naus. (Ab.)

Kasperl: Ein abbrochener Kochlöffel! O, sis nit zwider. Wenn i nix hab zum Zuhaun, kann i mit dem zuhaun. Wenn i ihn brauchen kann, is gut, wenn i ihn nit brauchen kann, macht's nix. Hab eh ein Pinkel zu tragen und an Ranzen zur Reis. Na i werd schon sehn ..... (Ab.)

Graf (tritt ein): Ja, ja, mir scheint, mein Kaspar will durchaus nicht fortziehen. Aber warte nur, ich werde ihn dazu zwingen. Er soll und muß mit mir in's Streitfeld ziehen, da hilft ihm gar nichts.

Kasperl (kommt): Bhüt di Gott, liebs Weiberl! Sichst mi nit mehr! Ui jegerl!

Graf: Was ist denn das für ein Weinen?

Kasperl: I glaub, Sie werden a gweint haben.

Graf: Um wen?

Kasperl: Um Ihner Frau Weiberl.

Graf: Schäm dich, wenn du ein Beinkleid trägst und um ein Weib so bitterlich weinen kannst.

Kasperl: Euer Gnaden haben ja gar ka Lieb. I möcht lieber an Kittel tragen, wenn i bei mein Weiberl zuhaus bleiben durft.

Graf: Daß diese Menschen immer von ihren Weibern sprechen! Du taugst zu keinem Soldaten.

Kasperl: Dank Ihna schön! Das hab i mir a denkt. (Er will fort.)

Graf: Dableiben! Jetzt sag mir gleich nach: Juchhe, ein frischer Feldsoldat.

Kasperl (traurig): Juchhe, ein frischer Feldsoldat.

Graf: Wenn du nicht Soldat werden willst, so würde ich dich zu etwas Anderem verwenden.

Kasperl: Zu was denn?

Graf: Zu einem kleinen Spion.

Kasperl: Was? Zu an Spielmann taug i nit.

Graf: Spion spreche ich.

Kasperl: Spießmian, was is denn das?

Graf: Ein Spion ist ein Mann, der Alles in Obacht nimmt.

Kasperl: Der Alles wegnimmt? Das nennt man an Dieb bei uns zuhaus.

Graf: Nicht so, nicht so.

Kasperl: Wia denn, wia denn.

Graf: Derjenige Mann muß eingehen in das türkische Lager und muß auskundschaften, wie stark die Armee ist.

Kasperl: Armee is.

Graf: Wie der Feind aufgestellt ist.

Kasperl: Aufgestellt is.

Graf: Wie die Batterien hergerichtet sind, wie viel Stücke sie im Lager haben.

Kasperl: Stücke? I und mei Weiberl hätten eh a paar Stück.

Graf: Was für Stücke denn?

Kasperl: An Bock und a großmächtige Gaß (Ziege).

Graf: Nicht so. Von solchen Stücken ist ja gar nicht die Rede.

Kasperl: Was denn für Stück?

Graf: Das sind Kanonen zum Leut Erschießen.

Kasperl: Ui je! Haben's die Prügel a dorten?

Faust und Kasper. Szene aus dem Puppentheater des
Karl Kapphahn (Zweite Hälfte des 19. Jahrhunderts)
Nach einer Photographie von Prof. Dr. A. Kollmann in Leipzig

Graf: Gewiß.

Kasperl: Und da muß man sagen, daß man so ein Spießmian is?

Graf: Nein, man muß sagen, man ist ein Bauer. Wenn man dich fragt, was du bist, so bist du ein Bauer, du führst Holz zur Armee.

Kasperl: Haha, da werden s' aber fragen, wo sind deine Pferd und Wagen und werden sehen, daß Alles derlogen is.

Graf: Du sagst, Pferd und Wagen sind zwei Stunden rückwärts.

Kasperl: Wenn aber die Türken hinter meiner sind, dann sehn s', daß es erlogen is.

Graf: Dann hast du Roß und Wagen vorwärts.

Kasperl: Wann aber die Türken vor meiner sind, is schon wieder nit wahr.

Graf: Von allen Seiten werden die Türken nicht zugleich kommen. Bleibst du ein getreuer Spion, für jede Stunde bekommst du einen Ducaten. Mache deine Sache gut, ich werde mich auf dich ganz und gar verlassen. (Ab.)

Kasperl: Küß die Hand, Euer Gnaden, da sein S' verlassen genug.

Dritte Scene.
Haide.

Kasperl: A weh, jetzt is aus'm Kasperl gar a Spießmian worden. Jetzt soll i hintri gehn zu die türkischen Türken. A, das thu i nit. Da müßt i a Narr sein. Da leg i mi lieber nieder und schlaf mi gut aus. Und dem Grafen, dem sag i, i war dorten. O weh, den Schlaf, den i hab! No, meiner Geselchts, i lieg aber gar nit gut dada. (Er schnarcht.)

(Mustafa und Zipitan treten auf.)

Mustafa: Nunmehr ist alles glücklich ausgegangen. Zipitan, fort an das Ufer, an das Meer, um nur Christen zu bekommen! Die Christen, die wir bekommen, werden gespießt und auf heißen Kohlen gebraten.

Zipitan: A, da schlaft schon so ein treuloser Christ. Den wollen wir gleich anpacken und vor unseren Kaiser schleppen. Dann soll er auf heißen Kohlen gebraten werden. Auf, Christ, heda, wach auf! Auf von der Erde!
Kasperl: Was wünschen denn Sie? Ui Jegerl! Da is aner (er springt auf und stoßt auf den andern.) Ui Jessas, da is a aner!
Zipitan: Wer bist denn nachher du?
Kasperl: Jetzt geht's gut. Wer san denn Sie?
Zipitan: Ein Türke.
Kasperl: Und du?
Mustafa: Auch ein Türke.
Kasperl: A Spitzbua wie der andere. Was wünschen denn Sie von mir? Sie bester Herr, san S' so gut, i geb Ihna a Packerl Tabak, lassen S' mi fortrennen. Was tun S' denn mit mir.
. Zipitan: Wir Türken rauchen euren Tabak nicht.
Kasperl: Na, na, was denn?
Zipitan: Wir rauchen nur echten türkischen Knaster, Knastertabak.
Kasperl: Der muß Anten gespeist haben vor lauter: Kna, kna!
Mustafa: Er muß in Ketten gelegt und gespießt werden.
Kasperl: Hör auf mit lauter Ketten und gespießt werden! I geb dir drei Kreuzer.
Mustafa: Wir Türken brauchen nicht euer Geld, wir brauchen nicht euer Gut, unser Herr strebt nach Christenblut. Christenblut wollen wir nur.
Kasperl: Krebsenblut wollen S'? Da müssen S' in d' Apotheken gehn. I hab kans — Machen S' kane Dummheiten, kruziwuzi kapuzi! (Er wird unter Raufen und Prügeln abgeschleppt.)
Graf (tritt auf): Ach Himmel, was hörte ich doch? Einen Hilferuf über die ganze Haide von meinem armen Kaspar. Vielleicht ist er ihnen als Spion in die Hände

gefallen. Das wäre ein Unglück. Himmel, es kommen Türken von allen Seiten, Himmel, ich bin gefangen!

Mustafa (mit Türken kommt): Halt, widersetzt Euch nicht, Ihr seid umringt, Ihr könnt nicht entweichen, Ihr seid gefangen, gebt Euch gutwillig.

Graf: Liebe Männer, ich gebe euch ein großes Stück Geld; ich glaube, daß euch das lieber wäre, als mich meines Lebens so schändlich berauben.

Mustafa: Von uns geschieht dir nichts; aber zu unserem Kaiser wirst du gebracht. Er mag gütig genug sein, dir auch das Leben zu lassen.

Graf: Ach Himmel, ich bin ein Gefangener geworden.

(Alle ab.)

Kasperl (aus der Ferne): Ui Jessas, jetzt haben s' mein Herrn a derkrappelt. — — — usw.

Den Grafen rettet sein Schutzengel, Kasperl der Teufel aus dem Gefängnis, und beide kehren wohlgemut in die Arme ihrer Herzallerliebsten zurück.

„In Böhmen, wo lange Zeit hindurch die Marionettenspiele allein die dramatische Kunst in böhmischer Sprache repräsentierten, gelangte neben Josef Winizky ein Puppenspieler namens Mathias Kopecky zu großer Popularität. Von ihm sagt Ernst Kraus in seiner Monographie „Das böhmische Puppenspiel von Doktor Faust": „Am 28. Mai 1762 in Strazovic (Parchiner Kreis) geboren, absolvierte Mathias Kopecky die Normalschule seines Geburtsortes und begann im 14. Lebensjahre das Uhrmacherhandwerk zu lernen. Später wurde er ausgehoben und kämpfte in den Kriegen gegen Napoleon I., wurde zweimal verwundet. Nach der Dienstzeit ließ er sich im Städtchen Miratic nieder, wo er sein Handwerk und einen kleinen Handel betrieb, bis ihn 1811 ein Brand um sein Vermögen brachte. Nun verlegte er sich auf das Spiel mit Marionetten, das er aber mit sittlichem Ernst auffaßte. Bühnenschriftsteller wie Tham und Hybl verschmähten nicht, für ihn Stücke zu bearbeiten. Die meisten seiner Stücke sind von ihm selbst verfaßt. Unter diesen Originalen wird das sehr beliebte Spiel: „Der Herr Franz" genannt. Bis zu seinem Tode (1846) spielte Kopecky vor zahlreichen Zuschauern, unter denen auch fürstliche und gekrönte Häupter waren. Er rühmte sich sogar der Freundschaft Dobrovskys, der in ihm den „wichtigsten Repräsentanten des Volksdramas" sah. Nach dem Tode Kopeckys wurde dessen Puppentheater von seinem Sohne Wenzel weiter geführt."

Von den neuesten Erscheinungen der Marionettenbühne habe ich bereits das Münchener Künstlertheater von Paul Brann erwähnt. Als sein Konkurrent erschien im vergangenen Jahr eine Baden-Badener Puppenbühne unter der Leitung von Ivo Puhonny, die sich durch wahrhaft künstlerische Figuren auszeichnet.

Fast gleichzeitig tauchten in Breslau die schlesischen Schattenspiele auf. Ich lese darüber in der Zeitschrift „Schlesien"[20]:

„Ein neues künstlerisches Unternehmen ist unter dem Titel ‚Schlesische Schattenspiele' am 15. November im Schiedmayersaale in Breslau vor die Öffentlichkeit getreten, mit verdientem guten Erfolge. Die Leiter der Schattenbühne, der Breslauer Maler Friedrich Winckler-Tannenberg und der heimische Schriftsteller Fritz Ernst, beabsichtigen damit die vor einigen Jahren von Alexander von Bernus in München versuchte Renaissance des Schattentheaters bei uns durchzuführen. Auch der Gründer und Leiter des ‚Marionetten-Theaters Münchener Künstler', das die neue Blüte des alten Puppenspiels verkörpert und in ganz Deutschland einen vorzüglichen Ruf genießt, voriges Jahr auch ja bei uns zu Gaste war, ist ein Breslauer, der Schriftsteller Paul Brann. Die Zeit für die Wiederbelebung des Schattenspiels aber dürfte bei der jetzigen neuerlichen Vorliebe für die Silhouette recht günstig gewählt sein.

Das Programm des Premierenabends, das in späteren Vorstellungen mit Glück erweitert worden ist, vereinigte

---
[20] Kattowitz und Breslau, VI. Jahrgang 1913, Heft V, S. 197.

Aus den „Schlesischen Schattenspielen"
Liebesszene aus „Don Pedrillo"
Geschnitten von F. Winkler-Tannenberg

wohl nicht ohne Absicht verschiedene, miteinander nicht harmonierende Stilarten. Am meisten schlug ein: ‚Doktor Faust, eine moralische Schattenkomödie in drei Akten und einem Nachspiel in der Hölle nach dem Urfaust des Mittelalters'. Diese derb naive, zum Teil sehr komische, phantastische Komödie eignete sich vortrefflich für die Bedingungen, unter denen die Figuren gestikulieren und agieren. Dem Schicksal Fausts, der die Teufel regiert und den Spässen Kasperles, seines Dieners, folgte man mit vollem Interesse und Behagen, bis der ‚Herr Dr.' in den Riesenhöllenrachen des Lindwurms Stoffelius hineinspazierte. Weniger geeignet für die Art der Darstellung war Hofmannsthals ‚Der Tor und der Tod'. Hier blieb es bei einem interessanten Versuche. Sehr nett aber wiederum wirkte die spanische Romanze von ‚Don Pedrillo' und Liliencrons ‚Die Musik kommt'.

Die von Winckler-Tannenberg geschnittenen Bühnenbilder und Figuren verdienen in ihrer sehr geschmackvollen Eigenart volles Lob, nur möchte man sie sich im allgemeinen etwas größer wünschen. Das Zusammenspiel ging glatt von statten und die rezitatorisch wie technisch Mitwirkenden, Fräulein Julia Barsch sowie die Herren Ferdinand Aufricht, Paul Baron, Fritz Ernst und Lothar Krausche, hatten gleichen Anteil an dem Erfolge des interessanten Abends."

Möge diesem Theater ein längeres Dasein beschieden sein als dem reizenden Wiener Schattentheater, das, trotz der Mitarbeit erster Wiener Künstler, wie Th. Zasche, Hans Schließmann u. a., nur kurze Zeit zu interessieren vermochte.

Nun noch einen raschen Blick auf die Marionetten in dem uns stammverwandten Holland und Belgien.

Von den Niederländern behauptete 1715 ein Biograph des englischen Marionettenspielers Powell, daß die Holländer als die Meister der Puppenkunst anzusprechen seien.

Im Doolhof zu Amsterdam waren einst die Marionetten und Automaten vereint, an denen Altholland im sechzehnten und siebzehnten Jahrhundert seine Freude hatte.

1680 untersagten die Generalstaaten die Vorführung von Figurenspielen auf den Kirmessen in Dortrecht, und dieses Verbot blieb bis zum Jahre 1758 in Kraft. Das bis in die jüngste Zeit hinein beliebte „Vier-Kronen-Spiel" war bereits im Jahre 1709 bekannt.

In Belgien finden sich allenthalben stehende Puppenbühnen, unter denen die der Gebrüder Laurent in der Brüsseler Vorstadt Molenbeck als bedeutendste gerühmt wird.

Auf diesen Bühnen herrscht Woltje, der vlämische Kasperl, ein geistreicher, schlagfertiger, gewandter Proletarier, der auch mal eine derbe Zote in seine Reden einschmuggelt, wenn sein Auditorium den Kinderschuhen entwachsen ist.

Unveröffentlichte Federzeichnung
von Hans Sebald Behaim.

ZWEITES HAUPTSTÜCK

VON DEN POSSENSPIELEN AN CHRISTLICHEN FESTEN

DIE GROTESKKOMIK AUF DER KANZEL

Das Burleske und Groteske hat vor den Kirchentüren nicht Halt gemacht und außer den Misterien mit ihren lustigen Teufeln auch noch anderen Äußerungen des grotesken Humors Einlaß gewährt, von denen in diesem Hauptstück die Rede sein wird.

Eine wahrscheinlich unbeabsichtigt groteskkomische Wirkung haben deutsche und niederländische Maler mit Kirchenbildern erzielt, in denen sie Ereignisse der Bibel durch naive Schilderungen dem Verständnis ihrer bäurischen Auftraggeber näher zu bringen suchten. Ein Beispiel hiervon ist jenes Gemälde, das den Versuch Abrahams, seinen Sohn Isaak zu opfern, und dessen Rettung durch einen Engel zum Gegenstand hat. Der Erzvater bedient sich hier statt des Opfermessers einer Pistole. Der Erzengel vereitelt Abrahams Vorhaben, indem er das Pulver auf der Pfanne durch ein Verfahren naß macht, das auch Gulliver im Zwergenlande bei einem Brande anwandte[1].

Aber der groteske Humor bestieg auch die Kanzel und ließ an dieser der Erbauung geweihten Stätte seine Schellen klingeln. Die Epik der Vergangenheit, soweit sie sich mit kirchlichen Dingen befaßt, ist eben niemals der Komik zur Belebung des Vortrages abgeneigt gewesen.

In der alten Kirche wie in der protestantischen.

Ein Mönch in Dijon predigte von der Geburt Christi:

„Der Hahn krähte: Christus natus est", wobei der Prediger den Hahnenschrei nachahmte. „Der Ochse fragte: Ubi, Ubi?" fuhr jener fort, indem er das Ubi brüllend

---

[1] Moritz Busch, Deutscher Volkshumor, Leipzig 1877, S. 305.

ausstieß. „Das Schaf antwortete: Zu Bethlehem, zu Bethlehem! — Der Esel endlich ermunterte alle durch den Jamus! Jamus! sich zu dem göttlichen Kinde zu begeben."

Das Mittelalter wird ähnliches in allen Kirchen gehört haben. Aber noch viel später waren, wenigstens hier und da, dergleichen Wunderlichkeiten in Kanzelvorträgen gang und gäbe.

Père Honoré, ein berühmter Kapuziner des siebzehnten Jahrhunderts, zog während einer Predigt über die Eitelkeit alles Irdischen und die Vergänglichkeit des Menschenlebens plötzlich einen Totenkopf hervor und begann ihn anzureden: „Sag' einmal, bist Du etwa der Schädel eines Richters?" Damit setzte er ihm das Barett eines solchen auf. „Hast Du niemals die Gerechtigkeit für schnödes Gold verkauft, Du Schurke? Hast Du niemals in der Sitzung geschlafen, anstatt den Angeklagten zu hören? Oder bist Du vielleicht der Kopf eines vielbewunderten hübschen jungen Mädchens gewesen? Ja, das wirst Du wohl gewesen sein. Obwohl Du jetzt Dein schmuckes Gesichtchen eingebüßt hast, bist Du ganz, was Du ehedem warst. Hohl — hohl — hohl! Und sag' doch, wo ist jetzt der reizende Mund mit den rosigen Lippen, und wo sind die bezaubernden Augen, die so viele unglücklich machten? Allerdings, Deine Zähne sind noch so weiß wie früher, ein wahres Fressen für den Teufel!" usw.

Noch komödiantenhafter trieb es Brydaine, der einst — zu Anfang des achtzehnten Jahrhunderts — folgende Posse aufführte: Ein Diener mußte ihm einen Strick um den Hals legen und ihn mitten durch die andächtige Gemeinde nach der Kanzel hinführen. Oben angelangt, duckte sich der Prediger und verschwand hinter der Brüstung, worauf er durch Ächzen, Stöhnen und Ausrufe des Schmerzes einen Verdammten nachahmte, der ewige Höllenpein litt. Dann tauchte er auf und rief mit Donnerstimme: „Nicht lange, so werdet Ihr die Posaune des jüngsten Tages vernehmen. Vielleicht schon morgen. Wie, was sage ich, morgen? Vielleicht schon heute." Und unmittelbar nach diesen Worten begannen zwölf hinter einem Vorhange versteckte Trompeter die Posaunen des Weltgerichts zu blasen.

Überaus frisch und derb war die Komik, mit der in einer Zeit, wo die Revolution den Hochmut der französischen Grandseigneurs noch nicht gedemütigt und ihre Macht nicht gebrochen hatte, der Pfarrer von Pierre Bussière in Limousin vornehmen Leuten den Standpunkt klar zu machen bemüht war. Er leistete sich z. B. in einer seiner Predigten folgenden Ausfall: „Die Frau Herzogin klopft an das Himmelstor. Petrus fragt: Wer pocht da? — Ich bin die Frau Herzogin, sagt sie. — Was für Zeug? erwidert Petrus. Die Frau Herzogin, die sich das Balett ansieht, die Frau Herzogin, die statt in die Kirche lieber in den Ballsaal geht? Die Frau Herzogin, die sich mit Schminke bemalt, die Frau Herzogin, die ihre Liebhaber bei sich hat, wenn der Herzog verreist ist? Zum Teufel mit dieser Frau Herzogin! In der Hölle wird sie ihren Platz finden. Und krachend schlägt Petrus die Himmelspforte zu." — „Ja wohl, Ihre Haare sollen blond sein? Perücke ist es! Ihre Rosenwangen sind Natur? Vermillion und Bleiweiß ist es! Betrug und nichts als Betrug! Sie haben eine schöne Gestalt? Betrug, den Ihr Schneider recht gut kennt, und Ihr Schuhmacher gleichfalls, der die hohen Absätze gebaut hat. Schwindel, Schwindel und lauter Schwindel! Sie sind eingebildet auf Ihr schönes Haar? Elende Lüge! Welcher Bauerndirne haben Sie es wohl abgekauft? Eine Bettelfrau hat es vielleicht als ihr rechtmäßiges, von Gott verliehenes Eigentum getragen, jetzt gebrauchen Sie es als Täuschung. Ihr Leben ist eine Beleidigung gegen Gott, eine Schande der Natur, ein Hohn den Männern gegenüber, ein Skandal vor den Engeln, eine Freude für den Teufel! Großer Gott, können Sie denn nicht zufrieden sein mit dem, was eine gütige Natur Ihnen geschenkt hat? —"

Derselbe wackere Seelenhirt war auch nicht gerade allzu höflich gegen seine Bauern. „Wenn der Tag des jüngsten Gerichts erscheint", sagte er einmal zu ihnen von der

Kanzel, „so wird Gott in betreff eurer Rechenschaft von mir fordern: Pfarrer von Bussière, wo sind Deine Schafe? Ich werde still bleiben. Dann wird er wieder fragen: Pfarrer von Bussière, wo hast Du Deine Schafe? Wieder werde ich schweigen. Wenn er sich aber zum dritten Male erkundigt, wo Ihr seid, so werde ich antworten: Herr, allmächtiger Gott, Du hast mir Viehzeug gegeben, und Viehzeug bringe ich Dir wieder[2]."

Das Osterfest bot besonders willkommene Gelegenheit, die andächtigen Zuhörer von der Kanzel herab zu unterhalten, um sie nach der traurigen Fastenzeit wieder lustig zu stimmen und das Ostergelächter (risus paschalis) zu erwecken.

Magister Johann Mathesius (1504—1565), der erste Biograph Luthers, weiland Pfarrer zu St. Joachimsthal in Böhmen, hat in seiner Jugend dieses Ostergelächter oft gehört. Er sagte: „Etwan pflegt man um diese Zeit Ostermährlein und närrische Gedichte zu predigen, damit man die Leute, so in der Fasten durch ihre Buße betrübet, und in der Marterwoche mit dem Herrn Christo Mitleiden getragen, durch solche ungereimte und lose Geschwätz erfreuet und wieder tröstet; wie ich solcher Ostermährlein in meiner Jugend etliche gehöret, als da der Sohn Gottes für die Vorburg der Höllen kam, und mit seinem Kreuz anstieß, haben zween Teufel ihre langen Nasen zu Riegeln fürgesteckt; als aber Christus anklopft, daß Tür und Angel mit Gewalt aufging, habe er zween Teufeln ihre Nasen abgestoßen. Solches nennten zu der Zeit die Gelehrten Risus Paschalis[3]."

Heinrich Bebelius (1472 bis etwa 1519), der fleißige Beobachter des Komischen in den Sitten seines Zeitalters, spricht in seinen Fazetien von diesen Osterschwänken auf der Kanzel: „Am Tag der Auferstehung des Herrn befahl ein Prediger zu Waiblingen, wie man allweg pflegt an diesem Tag Schwänk und Narrenteiding zu verführen,

---

[2] Busch, S. 307 ff. — [3] Mathesii Predigten von den Historien Doctor Luthers, S. 63 b.

das Christ ist erstanden sollte der Mann zu singen anfangen, der in seinem Haus das Gebiet hätt und nicht das Weib. Da er nun lang niemand funden hätt, schrie er: „Ach allmächtiger Gott, ist denn der mannlich Mut unter Euch allen so verschwunden, daß keiner mannlich herrschet?" Zuletzt hat einer die Schand nicht länger dulden mögen uud angefangen; den führten die andern Männer all für ein Rächer der mannlichen Ehr zum Wohlleben und hielten ihn herrlich und ehrlich wohl, dieweil er allen Mannen ein Zier und Ehr gewesen war. Dasselbe hat in demselben Jahr, nämlich MDVI in dem Kloster Marchtal, das an der Donau liegt, ain Bruder vom Predigerorden getan. Als aber kein Mann anfangen wollt, hat er die Frauen, die das Regiment führten in ihren Häusern, anführen heißen. Da haben sie allesamt eilends angefangen im Wettstreit um die Herrschaft[4]."

Ein deutscher Mönch begann seine Osterpredigt mit den Grüßen: „Gute Nacht Stockfisch, willkommen Ochs!"

Einer der namhaftesten protestantischen Geistlichen und bedeutendsten Schriftsteller des siebzehnten Jahrhunderts, Johann Balthasar Schupp (1610—1661), nahm sich als „treueifriger Seelsorger zu St. Jacob in Hamburg" auf der Kanzel kein Blatt vor den Mund, wie aus folgenden Kraftstellen hervorgehen dürfte.

Aus seiner Sammlung „Salomo oder Regentenspiegel[5]" entnehme ich die Predigt:

„Ich muß euch einen Traum erzählen, den ich vor wenigen Wochen gehabt habe. Mir däuchte, ich ging im Feld spazieren und hatte allerhand Spekulationen. Ehe ichs mich versah, kam ein großer Trupp Reiter, welches lauter ansehnliche Leute waren, von einer halben Riesenart, hatten

---

[4] Heinrich Bebels Schwänke, herausgegeben von Albert Weselski, München und Leipzig (Georg Müller) 1907, I. Bd., Nr. 21, S. 13. —
[5] In „Lehrreiche Schrifften, deren sich Beydes Geist- als Weltliche, weß Standes und Alters sie auch sind, nützlich gebrauchen können. Frankfurt a. Mayn. 1684."

allesamt große, lange Bärte, ritten in ihren schönen Kürassen und hatten große Schlachtschwerter bei sich. Derjenige, der den Trupp führte, war ein über alle Maßen ansehnlicher und majestätischer Kavalier. So bald er mich sah, sagte er: Was bist du für einer? Ich machte eine tiefe Reverenz und sagte: Mein Herr, verzeiht mir, wenn ich aus Unwissenheit peccire, und ihm gebührenden Titel und Respekt nicht gebe. Ich bin ein Liebhaber der Heiligen Schrift und heiße Antenor. Er antwortet: „Du bist mir willkommen, du ehrlicher Kerl. Du mußt mit mir ziehn. Ich muß von allerhand Dingen mit dir reden. Du Sattelknecht gib ihm eins von meinen Handpferden. Gib ihm den Stumpfohr, und laß ihn drauf sitzen." Ich weigerte mich im Anfang, allein ich mußte wider meinen Willen aufsitzen und mitreiten. Ich gab dem Sattelknecht meinen Rock und bat ihn, er wolle ihn hinter den Sattel binden. Indem er den Rock aufband sagte ich zu ihm: „Mein Freund, wer ist doch der Kavalier?" Er antwortete: „Es ist Kaiser Carol der Große." Ich erschrak und sagte: „Kaiser Carol der Große? Der ist ja schon vor achthundert Jahren gestorben!" Ich mußte alsbald hinter dem Kaiser herreiten, und er fragte mich von allerhand Dingen und wollte wissen, wie es jetzo in der Welt ergehe? Ich sagte: „Allergnädigster Kaiser und Herr: Also ist es unter Euer Kaiserlichen Majestät Regierung in Deutschland gegangen in dem und dem Jahr an dem und dem Ort. Allein nun geht es so und so. Der Kaiser lachte und sagte: „Wer hat dir von diesen Dingen gesagt? Ich höre wohl, daß du die Dinge, die damals vorgegangen, ebensowohl wissest, wie wenn du mein Kanzleischreiber und Sekretarius gewesen wärst. Ich merke wohl, daß du die Nase in die Historienschreiber gesteckt hast. Ich muß hinfüro weiter mit dir reden." Als wir noch etliche Stunden geritten hatten, kamen wir gegen Abend an einen Ort, da ein papistisches Domkapitel war, das der Kaiser vorzeiten gestiftet hatte. Da standen etliche Konkubinen und zankten sich, welche

Abraham a Sta. Clara
Kupfer von J. H. Person. Im Besitze des Herausgebers

der andern zur rechten Hand gehen sollte. Die eine sagte, sie sei des Dom-Dechants Konkubine, darum gebühr ihr billig der Vorzug. Wenn ein junges Mädchen von achtzehn Jahren nur eine Nacht bei einem Doktor geschlafen habe, so nenne man sie des Morgens Frau Doktorin. Nun sei sie eine alte, ehrbare Matrone, und habe so viele Jahre lang bei dem Dechant alle Nacht geschlafen, und den Decanum nenne man Hochehrwürdiger Herr, warum sie nicht auch solle genannt werden hochehrwürdige Frau? Die andere sagte: „Was, sollst du den Vorzug haben und hochwürdige Frau genannt werden? Du sollst wissen, wenn ich jetzo nur bei dem Cantor bin, so bin ich doch hiebevor eines Erzbischofs Konkubine gewesen, eines Herrn, der aus fürstlichem Stamm und Geblüt entsprossen." „Wohl!" sagte des Dechants Konkubine, „weil du eines Erzbischofs Konkubine gewesen bist, so sollst du hinfüro die Erz-Hure genannt werden!"

So drastisch und unverblümt sich Schuppius auszudrücken liebt, ist er doch ein Waisenknabe gegen den Klassiker der Kanzelkomik, Ulrich Megerle, genannt Abraham a. Sta. Clara.

Dieses prächtige Original, vor dem man Respekt haben muß, wie Schiller ihn nannte, wurde 1644 zu Kreenheimstetten in Amt Mößkirch in Schwaben als Sohn eines leibeigenen Gastwirts geboren. Er trat 1662 in den Orden der Barfüßermönche des heiligen Augustin. Seine Predigerlaufbahn begann er in dem Kloster Maria Stern zu Taxa bei Augsburg. Er starb 1709 als Hofprediger in Wien.

Abraham hat sich in seinen zahlreichen Schriften der bajuvarischen Derbheit des Mittelalters und der oberrheinischen Satire neueren Datums angeschlossen. „Er ist auch als Schriftsteller immer Redner, und ohne Übertreibung darf man sagen, daß er zu den größten oratorischen Talenten gehört, welche die deutsche Nation hervorgebracht hat. . . . Mit spielender Leichtigkeit beherrscht er alle Mittel des rednerischen Erfolges. Diese Mittel sind nicht fein; sie entsprechen sehr oft nicht der Würde der Kanzel;

das Haschen nach äußerlichem Effekte führte bis zu niedrigen Späßen. Aber Abraham ist erfüllt von ehrlichem Hasse gegen das Laster; er will die Sitten bessern, und tapfer tut er seine Pflicht: der Hofprediger verschont den Hof nicht; der Geistliche verschont die Geistlichen nicht[6]." Wenn er in seinem Eifer manchmal zu weit ging und seine bitteren Wahrheiten noch durch drastische Vergleiche, durch tollkühne Wortspielereien und selbst durch ein Zötchen aufzuputzen suchte, so sei ihm das nicht allzu dick angekreidet, „es ist selten ein Schatz ohne falsche Münze" sagte er selbst in seinem „Etwas für alle".

Hier eine seiner Philippikas gegen den Hof. Sie ist dem Hauptwerke Abrahams, „Judas der Ertz-Schelm" entnommen:

„Ach, ach, ach was wirst du für Wunderdinge bei Hof sehen!

Du wirst bei Hof sehen lauter Fechter, aber nur solche, die über die Schnur hauen.

Du wirst bei Hof sehen lauter Soldaten, aber nur solche, die Parteien, oder hab ich gefehlt, Partitereien[7] zu führen wissen.

Du wirst am Hof sehen lauter Meßner, aber nur solche, die mit der Sauglocke läuten.

Du wirst am Hof sehen lauter Fischer, aber nur solche, die mit faulen Fischen umgehn.

Du wirst zu Hof sehn lauter Schneider, aber nur solche, die einem suchen die Ehr abzuschneiden und einen Schandfleck anzuhängen.

Du wirst am Hof sehn lauter Kaufleut, die aber nur mit Bärenhäuter-Zeug handeln.

Du wirst am Hof sehn lauter Drechsler, aber nur solche, die einem eine Nase zu drehen suchen.

Du wirst am Hof sehn lauter Huterer[8], aber nur solche, die unter dem Hütl meisterlich zu spielen wissen[9].

---

[6] Scherer, Literaturgesch., S. 338. — [7] Partite = Betrug im jüdisch-deutschen Rotwelsch. — [8] Hutmacher. — [9] Taschenspielerkunststücke machen, d. h. betrügen.

Du wirst am Hof sehn lauter Maler, aber nur solche, die einem was Blaues vor die Augen malen.

Du wirst am Hof sehn lauter Fuhrleute, aber nur solche, die einen hinter das Licht führen.

Du wirst am Hof sehn lauter Bildhauer, aber nur solche, die einem ein Maul machen[10].

Du wirst am Hof sehn lauter Musikanten, aber nur solche, die das Placebo[11] singen.

Du wirst am Hof sehn lauter Köch, aber nur solche, die einem die Suppe versalzen.

Du wirst am Hof sehn lauter Schlosser, aber nur solche, die einem einen Riegel schießen wollen[12].

Du wirst am Hof sehn lauter Tischler, aber nur solche, die einen zu verleimden pflegen.

Du wirst am Hof sehn, daß alldort die Redlichkeit, wie der Palmesel, das Jahr nur einmal an Licht kommt.

Du wirst am Hof sehn, daß man dort mit den Wohl-Meritierten umgeht wie mit dem Nußbaum: Zum Lohn, daß er Nüsse trägt, wirft man mit Prügeln darein.

Du wirst am Hof sehn, daß dort so viel Treue zu finden wie Speck in der Juden-Küche.

Du wirst am Hof sehn, daß man dort mit den Bedienten umgeht wie mit den Citronen: wenn kein Saft mehr darin, so wirft man sie hinter die Tür.

Du wirst am Hof sehn, daß dort die guten Freunde sind wie die Steine am Brettspiel, die nur den Namen Steine tragen, doch von Holz sind.

Du wirst am Hof sehn, daß man die Nackte bekleidet, aber nur die Wahrheit, denn diese darf nicht bloß erscheinen.

Du wirst am Hof sehn, daß man die Hungrigen speist — aber nur mit Worten.

Du wirst am Hof sehn, daß es mitten im Sommer Glatteis gibt, denn dort ist das Ausgleiten und Fallen gar zu gewöhnlich.

---

[10] Zu Munde reden. — [11] Placebo = Ich will gefallen. — [12] Schießen = vorschieben.

Du wirst am Hof sehn, daß dort wenig Metall, aber viel Erz: viel Erz-Diebe, Erz-Schelme, Erz-Betrüger etc.

Du wirst am Hof sehn, daß dort schlechte Suppe, aber viel Löffelei.

Du wirst am Hof sehn wenig Andacht, aber viel Verdacht."

Jetzt noch einige der Schwänke, die Abraham in seine Predigten einzuflechten liebte [13]:

„Ein Christ reiste bei warmer Sommerszeit nach Frankfurt auf die Meß oder den Jahrmarkt. Wollte aber dem Himmel nicht allzuviel traun, derentwegen er sich mit einem guten Wettermantel versehen. Er traf bald unterwegs einen Juden an, der ebenfalls seine Reise dahin genommen. Mit diesem führte er unterschiedliche Ansprachen, und weil ihnen beiden der häufige Schweiß wegen großer Sommerhitz über das Gesicht herunter geronnen, so sagt der Jud: „Ich wünschte mir jetzo, daß ich von dem Himmel möchte deß begnadet werden wie meine Vorfahren, die Israeliten, welche in der Wüste bei Tag sind allzeit von einer großen Wolke überschattet worden!" Holla, gedachte der Christ, du Schelm wünschest dir ein Mirakel von Gott, indem du und die Deinigen Gott so sehr übel traktiret. Wart, ich will dir die Wolken einträncken. Sagt hierauf: „Mein Samuel, mir fällt dermal etwas ein. Ich sollte zu Frankfurt etliche Schulden einfordern, deswegen habe ich kein Geld mit mir genommen. Es möchte aber sein, daß ich nichts sollte einbringen, also leih mir einen Taler, ich verpfände dir meinen Mantel." Er bekommt Geld, der Jud den Mantel, den er fast zwei Stunden getragen. Wie sie beide nahe zum Stadttor gekommen, da sagte der Christ: „Jetzt fällt mir was ein. Zu Frankfurt ist jemand aus meinem Ort gebürtig, der wird mir schon einen Taler vorstrecken, also hast du deinen Taler wieder und gib

---

[13] Hui! und Pfui! Der Welt. Hui, oder Anfrischung zu allen schönen Tugenden. Pfui, oder Abschreckung von allen schändlichen Lastern 1707. Sämtl. Werke. 10. Bd.

Der Tod als Reiter
Holzschnitt von Albr. Dürer (?) aus Brant, Stultifera navis 1497

mir meinen Mantel!" Hat also der Mauschel den schweren Mantel bei der größten Hitz müssen umsonst tragen."
„Schaue hinein und liese das,
Und mach dir ein Knopf auf die Nas."

Die Spinne und das Podagra begegneten einstmals einander. „Meine liebe Kamerädin," sagte das Podagra zu der Spinne, „wo gehst du hin?" „Ich gehe," sprach die Spinne, „mir eine Herberge zu suchen." „Und ich auch", antwortete das Podagra. „Wo werden wir aber eine Herberge finden?" „Was mich Spinne betrifft, so gehe ich in den nächsten Palast eines großen Herrn, denn ich kann eine gar zierliche Arbeit auf die allerfeinste Art, und spanne mein Netz aus, darinnen ich die Fliegen fange, dannenhero, wie ich hoffe, gar freundlich bewillkommnet werde." „Ich aber", widersetzte das Podagra, „bin unglückseliger als du, massen man sogar meinen Namen nicht leiden mag. Man heißet mich bald den Krampf in den Füßen, bald das Hühneraugenweh, bald die kalte Gicht, bald den Rotlauf. Kein Mensch will das Podagra haben. Will also bei dem nächsten besten Bauern einkehren, der wird mir wohl die Einkehr nicht versagen." Darauf gingen beide, die Spinne und das Podagra, voneinander. Die Spinne machte sich in ein schönes Herrenzimmer. Das Podagra in eine arme Bauernhütte. Als aber die Dame in dem Tafelzimmer das Spinnengewebe erblickte, rufte sie das Stubenmensch und sagte: „Ei, du Bestia, siehest du nicht das Spinnengeweb hier in dem Winkel? Geschwind, nimm den Besen und mach dem schändlichen Tier den Garaus!" Die Magd kam alsobald, zerstörte der Spinne ihren schönen kunstreichen Wohnsitz, also, daß die arme Spinne mit großer Lebensgefahr gleichwohl noch davongekommen. Wie ist es aber dem Podagra in der Bauernhütte ergangen? Der Bauer saß rauschig bei dem Tisch, empfindt was in den Füßen, es kitzelt ihn etwas. „Auweh, Urschel," sagt er, „wie tut mir der Fuß so weh!" Das Weib lauft herzu und spricht:

"Mein Lenzel, es wird halt das saubere Podagra sein. Gehe auf den Acker, beweg dich, arbeit und laß mir diese abscheuliche Krankheit in dem Haus nicht einwurzeln!" Holla! gedachte das Podagra, dahier ist kein Ort für mich, ich will lieber mit der Spinne tauschen. Und weilen beide ein neues Quartier suchten, trafen sie mehrmalen zusammen. Der Tausch wird gemacht. Die Spinne begiebt sich zu dem Bauern, das Podagra aber in den Palast. Alle beide waren willkommen, denn der Bauer ließ die Spinne immer hangen, zerstörte ihre Arbeit nicht im geringsten. Beinebens wurde auch das Podagra in dem Palast auf das Herrlichste traktirt, machte ihre Einkehr in den Füßen und Händen, und lachte alle Doktor aus [14].

Man hat sehr häufig Abraham a. Sta. Clara mit dem prächtigen Jobst Sackmann unter einen Hut zu bringen gesucht. Ganz vergeblich. Beide haben nur das eine gemeinsam, daß sie auf der Kanzel nicht nur blitzten und donnerten, nicht bloß alle Schrecken des Jenseits ausmalten, sondern auch mal herzlich lachten und lachen machten. Sonst sind keinerlei Berührungspunkte zwischen dem naiven, derben, plattdeutschen nordischen Landpastor und dem glatten, schwäbelnden Hofprediger, der trotz seines Geistes und seiner ungewöhnlichen Bildung bis an den Hals im Aberglauben seiner Zeit steckte. „Gewiß ist auch Sackmann eine komische, ja eine sehr komische Erscheinung, aber sein Wesen ist ein ganz anderes als das seines katholischen Zeitgenossen in Wien. Er hat wenig von dessen Beweglichkeit, dessen Lust an Wortspielen, dessen barocken Einfällen und nichts von seinem satirischen Zuge." Dadurch, daß er sich der Volkssprache seiner Zuhörer bediente, im strikten Gegensatz zu Abraham jedes Prunken mit gelehrten Zitaten vermied, wird er zum entschiedenen und vollen Repräsentanten des urwüchsigen niederdeutschen Volkshumors.

---

[14] Abrahamitisches Gehab dich wohl, Nürnberg, 1729.

Jobst (Jacob) Sackmann, am 13. Februar 1643 in Hannover geboren, wurde 1680 Prediger der Gemeinde Limmer und blieb dies bis zu seinem Tode am 4. Juni 1718. In welcher gründlichen Weise der biedere Pfarrer seiner Gemeinde die Leviten las, mag die Predigt über Evang. Lucä 19, 41—44, dartun, die Sackmann am 10. Sonntag nach Trinitatis 1711 gehalten hat. Sie ist im „Journal von und für Deutschland" vom Jahre 1785, 2. Hälfte, S. 129 f. zum erstenmal gedruckt:

Introitus. Lachen hat seine Zeit! Weinen hat seine Zeit! Dat is en waar Word, dat Salomo sproken hed im Preddigerbauke am drüdden Kapiddel. Wenn ek weine, so lache ek nich; alles hübsch tau syner Tyd! Nu, hüde will wy mal van dem Weinen spreken, doch dat Lachen ook nich vergeten. Wat gelt et, jy schölt noch tauhope lachend weren!

Exordium. Nu will ek wat Schönes vertellen. Es waren einstmahls en paar Philosophi genömt, doch dat verstaat jy nich, so en paar Grillenfängers, klauke, geleerde Köppe, Narrens eigendlik, doch so dumm wören se wol eigendlik nich. De eine heet Demokritus, de annere — süü, dat weet ek sülvest ball nich meer; ja, ja! Heraklitus heet hei, en Gnigger- un Gryne-Bard, de annere ene Blarr-Gösche, oder Blarr-Hans. Wanne! de Katten kranked noch dartau, wenn de Gniggerbard hüdiges Dages noch läven schölle un seigede dat groote Bekkerhuus vor dem Kalenbargschen Doore, wanne! de Kukkuk! de Keerel lachede sek den Panzen entwei. Ek weet vörwaar nich, of de Bekker den Kurförsten up dem Saale met synen Krengeln trakteeren will? Ja, dat heste dacht! Hei will dy jo nich komen!

Ja, dat geit'r dull tau in der Welt, ümmer duller as dull, unrecht un ummekeered. Süß heft de Fruuens Folen in den Rökken dragen, nu nich meer: nu möted se de Keerels sleppen, nu gaat de Keerels met Fleigen-Folen, ich meine Falten; is dat nich ene Fruuensdracht? Ja, seied enmal an düssen mynen Rokk. As ek düt Kleid maaken let, ek hebb et erst tüged; dat Laaken is gaud; et kosted my de Elle einen Daler un einen Oort, tau Hannover by Herrn Schilling betaaled, as nu de Snydermester Jochen met de Knypschere darby kam, so säe ek: Wo nu, vör'n Düster! will jy my enen Wyverrokk maaken? Schall ek up myne olen Dage noch en Wyf un en Narre weren? Ja, säe de Snyder, ek will an jük nich tau'm Schelme weren; dat is de Mode so. — Ek säe tau ööme: Hale dek de Krankt met dyner Mode! — De Galgendeif hed doch den Rokk naa syner Mode maaked: hyr hebbe ek fyf Folen, un achter fyf, un up düsser Syd fyf, dat sünt foftein Folen. O ek arme, ole Mann! darmet mot ek my sleppen un bin anedem so matt, dat ek kuum de Lennen naasleppen kan. Ja, myn Kryste. Du schöllest mal de grooten Hansen, ball hedde ek Hasen seggt, in Hannover seien; de heft wol hunnerd Folen in den Rökken um den Steert hangen. Wanne, wanne, wanne! use Gniggerbard, wenn hei dat seiede, wo wolde hei gniggern! Un wenn de annre Blarr-Hans darby stünne, wo wolde dei blarren! Ja, dat wörre laaten: ha, ha, ha! au, au, au! Eine dei grynt, de annre de blarrt. Ja, se sünt'r nu nich, süss hedden se det groote Oorsaake.

Nun lasset uns weiter gehen! Wo geit et hüdiges Dages met dem Eten tau? Dar mot luuter französisch Freten tau Dische: Raguen, Frikkasseen, Pasteiden, Tarten un wo dat Tüüg meer heiten mag. Ich kenne es alles wohl; denn myne seelige Swester, dei hadde den Mundkook by dem seeligen Hertog tau Zelle, dei konde en schön Stükk Freten maaken, allein de seelige Herr fraug naa de Schererie un Smadderie niks naa; das Bruunswyksche Gericht: Kool met Spekk, dat was syne Kost, un dar holde ek et ook mede; kan't aber nich meer verdrägen. Averst Einer gaae mal hen naa de Börgers in Hannover; wanne, wanne! wat freted se lekker! Dei denked an Kool un Spekk nich.

Jobst Sackmann, Pastor zu Limmer bei Hannover

Wenn use Gniggerbard un de Blarrgösche dat mal seieden, wanne! wat wollten se sek dulle anstellen!

Ich muß noch ein Mal auf die Frauenkleider wieder kommen. De Hengers draged ja nu gar keine Folen meer, sünnern se heft upestund Kükenkörve an um den Steert; Tunnenbänner un Strikke neied se in de Rökke; dat mot styve hen staan; enen grooten Ballerjaan hengt se um den Stinkerjaan, den legen Püsterjaan. Et is ene rechte Sünne und Schanne; kein eerlik Minsche kan darby her gaan; et mot öönen Allens uut'm Wege gaan, se nemed fast de ganze Straate in; hyr in Limmer hed et wol niks tau seggen, averst man kome mal det Sünndages naa Hannover, dar werd Einer syn Wunner seien. Wanne! wanne! wo wolde use Gniggerbard gniggern, wenn hei so veele Kükenkörve up der Straaten loopen seie, ja man schöll wol daröver lachen; doch nee! nee! nee! Man mot daröver met user Blarrtrineke weinen, as Kristus im Evangelio daut.

Wir wollen uns nun zum Evangelio wenden und daraus betrachten: Den weinenden Jesum.

Tractatio. Nun, meine Lieben! so wollen wir denn auf unser Evangelium losgehen. Der Herr und Heyland Christus mußte so veel weinen över dat Schelmpakk tau Jerusalem. Dei maakeden et so: de eine wolde sek nich betern, de annere ook nich; Suupen, Freten, Hauren, Roven, dat was öör Handwark. Kristus, dei ging dar noch enmal hen; hei schull dar man syn wegbleeven; denn dat was doch allens umsüss; se wolden nich naa ööme hören. As hei nu ball henkam, nämlik up den hoogen Barg, dar toog en grooten Rook up van der Stadt, swing, swang, in de Höogde. Dat was en aischen, bittern Rook, et was en Sünnenrook; dei beit dem Herrn Kristum in de Oogen, dat ööme syne gauden Oogen traanen mosten. Solke Traanen wören de Grundschelme tau Jerusalem nich weerd; in de Hölle henin met solken Bauven, dat se brennen as Talglichter! Nu, nu! dat kumt wol tau syner Tod.

De Herr Kristus spatzeerde hübschen naa Jerusalem; laated ösch doch in Gedanken en betken met ööme gaan! As hei henin kam, dar was en Allarm in allen Straaten; de Jungens kamen tauhope un froieden sek. — Ek mag in Hannover nich komen um de Jungens willen! Dei loopt achter my an, as wenn se nich klauk wören. Ek bin nu wol in Jaar un Dag nich henin wesen; tauvörn nam ek myne leive Huuseere, mein liebes altes Weiblein, noch wol by de Hand un slenderde mal henin; allein so lange as use Herr Gevadder dood is, hebbe ek keinen Smakk meer henin; nu is my hyr in Limmer in myner Hütten am allerbesten. Dar sitte ek nu, weine myne Traanen met dem Herrn Kristo över de loosen Schelme, dei ek in myner Gemeine hebbe; ook weine ek uut grooter Leive vör myne kristlikken Tauhörers, dat et jük schall wol gaan.

Ek mot nu wedder up mynen Text kommen. Jerusalem was recht as ene wilde Su. Wenn de Jäger syn Speit in der Hand hed un rööpt: Huss Su! Huss Su! Brr Su! so löpt dat böse Swyn glyk up dat Speit. So maakede et dat böse Pakk ook in Jerusalem, se leipen in öör eigen Unglück; dethalf schöllen se nu ook met Kryge anegreepen weren. Sie werden um dich eine Wagenburg schlagen. So maakeden se dat vor olen Tyden, de Wagens füreden se um de Stadt herum, dar belagerden se de Stadt met. Averst nu kumt et ganz anners, wanne, by'm Henger! wat sünt se nu klauk worren im Kryge! Dar maaked se Schanzen, dar mot de eerlikke Soldat henuut, de Schanze tau graven; denn so liggt de Schelmfranzos in dem Graven oder Busch un schütt den eerlikken Soldaten, dat hei dar liggt. Ja, de verflaukde Mönk, dei dat Pulver uutdacht hed, dei schölle süss wat daan hebben. De Grundgalgendeif, wat vör Unglükk hed hei darmet anerichtet! Is dat ene Kunst, dat man Einen dood schütt? — Wanne, wanne! wenn kein Pulver in der Welt wöre, so wolde et gaud taustaan, so mögde de Franzose inschenken. Ja, ek kan't nich genaug seggen, dat so en Stükk Schelms, so en lyderlik Mönk dat Pulver hed uutdenken mögen; wenn't noch en Soldat, oder dapper Krygsmann daan hedde, so wull ek dar niks van seggen. Will jy weeten, wo hei heeten hed? Bartold Schwarz hed hei heeten. Ja, toif du swarte Henger man, du schast swart genaug in der Hölle sitten. Im Kryge bin ek ook west; ek weet, wo et dar hergeit; dar is, by'm Kukkuk! Lyves- und Lävens-Gefaar by. Einstmals were et met my ball nicht gaud gaan, allein ek weerede my myner Huud. En Schelmfranzos wolde my plünnern; ek toog averst flugs vam Ledder un wyse ööme de Täne. — Dei ook nich hungern kan, kome nich in den Kryg; oft in twei oder drei Dagen kreegt man niks as en betken Brood. Wanne, wanne! wat schöllen de Keerels de Heersegrütte gern freten, dei use grooten Pläuge-Keerels nich freten möged. De fuulen Deive draued den Buuren: se wilt tau Kryge gaan. Ach, lasset sie laufen! laatet se loopen! se schöllt noch wol an Limmer denken. Uses Nabers Knecht is man twei Jaar metewest; averst wat wöre hei gern wedder dar heruut!

Nun zum Text. Jerusalem hatte bisher guten Frieden gehabt, aber sie erkannten es nicht. Use Volk maakt et nich beter. Wenn et hyr so enmal schölle taugaan, as tau myner Tyd vor Trier, wanne, de Krammbeeren! wo schöllen de armen Modders huulen! Danked jy Gott, dat jy gauden Freeden heft. — Use gnädigste Kurförst, dat is en gnädig Herr; averst betert jük un wesed nich so godlos! Tau'm Deil sünt jy gaud, averst etlikke sünt loose Schelms. — Et is nu, Gott Lof, ene gaude Tyd, dat ek by jük west bin; ek hebbe myn Amt redlik daan. Gott Lof! dat ek keinen Beamten in myner Gemeine hebbe; se heft my all öfters, as ener fetten Hänne draued, allein se heft my allemal niks afhebben kunt. Der hochseelige König in Dänemark, Christianus IV., hat einmahl gesagt: Er könnte mit allen seinen Leuten wohl fertig werden, aber mit keinem Beamten oder Schösser, dat sünt de Toll-

Inneemers; se könneden allemal so schöne Rekenung afleggen un bedräugen ööne doch. Dar maakede hei düssen Vers up:

> Amtleute und Schösser
> Bauen Häuser und Schlösser
> Und kriegen wenig Sold;
> Sie sind nicht treu noch hold;
> Die Rechnung kann nicht fehlen:
> Die Diebe müssen stehlen.

Ek hebbe düssen Vers nich maaked, allein hei drept gladd in; ek frage jük, is et nich waar?

Nun zum Beschluß: Weinet gern mit unserm Herrn Christo, so sollt ihr euch dort mit ihm freuen; averst dei hyr syne Froide hed, gryned, is lustik un gauder Dinge, dei schall dorten im Füer weinen und brennen, huulen un blarren, met allen Düweln. Dar bewaare se de leive Gott vor! Dat is mant so nich; de Hölle brennt rechtschapen; ek bin nich dar wesen, hebbe ook noch keinen daruut sproken, allein ek weet et wol. — Mein lieber Gott! Ich muß auch genug weinen; wenn ich in meiner Stube sitze und für euch bete, wisset ihr, was ich dann für Hausgeräth gebrauche? Keinen Pott, keine Schüssel, keinen Löffel, keinen Krug — auch mein Essen schmecket mir so nicht mehr — sondern sehet hier mein Schnupftüchlein, darein ich meine Thränen wische! Wenn dann mein altes Weiblein kommt und zusieht, was ich mache, so weine ich, so giebt sie mir ein Wischtüchlein und wischt mir die Thränen ab. Sehet, so lieb habe ich euch, daß ich um eures Besten willen weine. Nun, Gott tröste alle Traurige und Betrübte! Nich averst de legen Mutzen, de Hauren; wenn se uutehaurt heft, so pleged se ook wol tau weinen un seggen, dat et jüm leid is; allein se leged; de Hengerskinner könned blarren wenn se wilt un lachen wenn se wilt. — Endlich gebe uns Gott die ewige Freude! Amen.

Das klingt fast ausnahmslos sehr drollig, sagt Busch, hat aber im Verein mit ähnlichen Predigten unzweifelhaft seinen Zweck erreicht, nicht trotz seiner Naivität, sondern durch sie. So dachten und sprachen die Bauern, so redet daher ihr Seelensorger, und er konnte gewiß sein, verstanden zu werden, und das war ihm die Hauptsache.

Dieses Prinzip befolgte auch Johann Friedrich Spörer, im ersten Viertel des achtzehnten Jahrhunderts Pfarrer zu Rechenberg in Franken, von dem Scheible im „Kloster" eine Kirmeßpredigt abdruckte. Das vollblütige Opus mag den Schluß der Predigt-Kuriositäten bilden:

Heute ist Kirchweih, da essen die Bauern den Hierschebrei. Wie kommt's, daß unsre Kirche heut so voller Leut ist? Ho, Kürbi ist im Dorfe! sagen die Lautenbacher, Teufelsstätter, Wildensteiner und Matzenbacher, die Bursche vom galiläischen Gebirge werden wieder haufenweise kommen, daß man die Ruh nit hat, seine Suppe aus 'm Höllhafen angerichtet zu essen. Das gottlose Volk meint, Kürbi sei um Fressens und Saufens willen ... Nun was Raths? Kürbi ist vor der Thüre, Alter, tritt herfür, predige diesem Volke, allerlei Volke, Ochsfreßländer aus der Lumperdei, Schleffelländer, meist Samariter und Galiläer, was du kannst. Denke, was dort Nehemia 8, 10 stehet: Gehet hin und esset das Fette und trinket das Süße und sendet denen auch ein Teil, die nichts für sich bereitet haben. Denn dieser Tag ist heilig unserm Herrn. — O Herrje! wie oft hat sich vor vierzig Jahren der Antichrist bemühet, dieses Kirchlein unter seine Klauen und Ablaßkrämerei zu bringen oder gar umzustürzen. Aber Gott Lob! wir stehen noch bis auf diesen Tag und hoffen noch länger wider seinen Willen aufrecht zu stehen. Drum erhebe dein Herz, sing mit geschmierter Gurgel: Nun danket alle Gott; alsdann bete mit mir herzeifrigst ein andächtiges Vaterunser.

Unser heutiges sonntägliches Evangelium, oder, wie du Bauer sagst, Ewillig, ist genommen aus dem Evangelisten Lucas 7, 11—17: Und es begab sich danach, daß er in eine Stadt mit Namen Nain ging etc.

Es haben die alten Ägypter eine löbliche Gewohnheit gehabt, daß sie bei ihren Mahlzeiten und Gastereien neben anderm auch einen Todtenkopf aufgesetzet, um sich bei dergleichen Fröhlichkeiten auch der Sterblichkeit zu erinnern. — Wir haben heute Kirchweihe, da nach alter Gewohnheit Eltern ihre Kinder und gute Freunde zu besuchen pflegen. — Ist nit zu verwerfen, und haben die Alten dieses deswegen getan, daß sie mit einander fröhlich wären über all dem Guten, so Gott der Herr durch sein heilig Wort und Evangelium uns erzeuget. Aber die Meisten erkennen solche Wohltat schlecht und lassen es so gut sein, wenn sie nur ihren Hierschebrei in Ruhe verzehren können. — Ich in meiner Klause und Karthause kann beten, daß es zittert. Da sollt ihr hören, was für schöne Namen ich dem Menschen zu Rom und seinem geschorenen Haufen gebe, deren Dichten, Singen und Trachten nichts Anderes, als uns des Evangelii zu berauben und sein Gott Mausim wieder einzuführen (Dan. 12), die finstre Laterne auffzustecken und uns Mäusdreck vor Zucker zu verkaufen. Dieses erkennen die Wenigsten.

Gleichwie aber alle löblichen Gewohnheiten nach und nach verdorben, absonderlich in dem Ländle dort drinnen und auch anderswo: wenn die Kürbi kommt, der sogenannte Gottesdienst früh, Vormittag zu Ende und das gottlose Völklein den Löffel kaum von ihrem Maul hinweggelegt, so kommt der Stadtvogt und Uebereuter mit etlichen Bärenhäutern und ein paar Brates-Geigern auf den Platz vor 's Wirtshaus. Dann kommen die Bauernbursch und führt jeder ein Gretli, Zobeli und Bengele an der Hand, die tanzen, springen, schreien wie die Hengste, saufen wie die Schweine, fressen wie die Säu, und dieses währet auf'm Toll- und Tanzhaus bei vierundzwanzig Stunden und wohl länger. Nachts schläft das saubere Völklein zusammen, mag nicht sagen, wie es zugeht, und also danken sie dem lieben Gott für die Erhaltung seines heiligen Wortes.

O du toll und thörichtes Volk! Dankst du also deinem Gott? Hier ging es beim Herrn Hauptmann auch also zu, bis der Franz Hos, wie du Bauer sprichst, kommen und der Geigers Kapperle den Kehraus gefiedelt, da ist der Korporal und Wagenmeister kommen, hat den Bauern die weiß und rothen Wollenhemder ausgestäubt, da tanzt Kasper, Balthas, Nickel, Melcher, Jörg. — Der häselne Stock kann dir den Leirers Bläsle fiedeln. Nun ist zwar, Gott Lob! Fried! aber wie lange? — Ich sehe schon wieder sich schwarze Wetterwolken zusamenziehen! Wart! wenn du nit from sein wirst, der Tambour steht schon wieder fertig. Horch, hüt di Bauer, i komm, nimm die Hühner und Gäns, gieb dir nix drum. Schlag di brav rum, wirst du nicht frumm. Die Pferde in der Offenbarung Johannis gucken schon im Marstall gesattelt heraus, der Schimmel, Falb, Rapp etc. O Herje! schick di, es ist hohe Zeit. In etlichen Jahren hero ist es zwar in unserm Rechenberg still gewesen, aber die Tanzfüchsle laufen in der Nachbarschaft. Wart! laß mich 's erfahren, komm mir uff meinen Mist, ich will dich schon kuranzen. Iß und trink mit deinen Leuten was du hast, denk an den Todtenkopf; der Streckebein, der Raffelzahn, der schreckliche Mann, ich meine den Tod, steht vor der Thür. Sei fröhlich, doch in Gottesfurcht. Laß Andere gumpen, kehr dich nicht an andere böse Leut und folge nicht der Menge zum Bösen. Laß dich auslachen, du wirst endlich solche epicurische Kürbesäu auch auslachen können.

Das ist schrecklich, wenn ich an solche Leute denke. Mein Herz möchte zerspringen und die Augen Blut weinen. Solche Örter, die ihre hori, thori, bori haben, id est Consistoria, große gelehrte Männer, Generalsuperintendenten, Decanus und dergleichen. Sollten solche Hofprediger denen Fürsten und Herren nit in's Gewissen reden und solche Gräuel vorstellen? aber leider! Niemand eifert um die Ehre Gottes, um solche schreckliche Entheiligung des Sabbaths, um solch epicurisch cyklopisches Wesen. Die meisten

Hofprediger sind Gnadenschnapper, stumme Hunde, gelbe Suppen-Fresser, die Eichen in Basan, blinde Gäul zu Gaza, Bileams Kinder, sind selbsten nicht viel besser; doch nit alle. Boho! ich kenne noch etliche, aber wenig. Will Einer wie Micha die Wahrheit sagen, sind Andere da, gleich ist man uf denen saubern Canzleien mit dem Abschied fertig. O da sind die Herren Rechtsverkehrte geschwind her, plaudern dem teuern Landesfürsten und Herrn etwas vor, es trage Umgeld und Strafen ein, wenn die Bauern einander wie die Karrengäule schlagen und was des Dings mehr ist. Aber wart! Der Teufel wird sein Kerbholz aufweisen, du Präsident, Rat, Vogt, du Perücken- und Säuschwanz, die Zech wird dir gerechnet werden.

Wir halten uns aber wieder zu lange auf, daß wir dem Text und Ewillig sein Recht nicht thun können. Alte, dort drunten, maunz nit, der Hierschebrei brennt an! Narr! Dein altes Kuhfleisch ist gar zäh, braucht langen Siedens; zu Lauenweiler haben's eine alte Kuh geschlachtet, kommt 's Pfund auf sechs Pfennig. Die Kerls werden zerren! Warum habt ihr eure Zähne nicht vorher auf die Schleifmühle geschickt? No so seid's ...

Nain heißt im Deutschen so viel als Schönstadt, lag im schönsten Thale recht lustig in Galiläa. Aber Holla, nit dort droben, wo unsere Bettelsackträger herkommen. Beileib nit! Es lag an der mitternächtigen Seite des Berges Hermon. Aber was weißt du von heiliger Schrift, dem gelobten Lande Kanaan und dergleichen. Das sind lauter böhmische Dörfer in deinem Ochsenschädel. Ja, das Buch der vier Könige kennst, der Schellenoberbua und die Eichelsau, dein Patron, gefällt dir besser als der Psalter ... Mich wundert, daß die Kerle keine Hörner haben. Ho, haben doch die Esel auch keine Hörner, und also bist du ihnen gleich, du hast auch keine Hörner ...

Wir gehen zu weit vom Text ab. Holla! Nain hat uns abwegs geführt. No, Nain mag noch so schön und anmutig gewesen sein, so heißt es doch: Siehe, da trug man einen Toten heraus. O, der Raffelzahn, der schreckliche Mann, der Klappermann, der Herr von Schrecken und Schreckenberg logiert überall ein! O, wie der dürre Kerl über die Mauer hereingekommen? O Habernarr, wie kommt er in deine Kaldaunen? — Du trägst den Tod bei dir. Ei! behüt mi Gott, sagst du, beweis mir's. Wenn du mit deinen großen Wein- und Branntweinzügen eine Krankheit an Hals saufst, so hast du den Teufel schon in dir ... Wenn dein schlafendes Gewissen einmal aufwacht, das wird dir angst und bange genug machen, du wirst auf Deinen Saufedern nicht schlafen können .... Siehe, das macht ein böses Gewissen! Der Teufel wird dein Sündenregister mit großen Fracturbuchstaben vorzeigen, die er jetzo ganz klein machet.

Buße! Buße ist das Einzige, so solchen Jammer und Herzeleid abwenden kann. Das Wörtlein Buße hat nur vier Buchstaben. Das B nimm und bete täglich herzlich zu Gott. Gehe in dein Heubaren, nimm ein Bündlein Heu oder Ohmet oder was du hast, unter deine Knie und bete, daß es zittert. Verlaß dich nicht auf dein Beichten, Abendmahlgehen, auf deinen schmutzigen Habermann. Ich will dir's noch jetzt gesagt haben; denn ich muß auch bald dran. Es wird auch bald heißen: Alter, troll dich! Die Stunde ist vorhanden, dein Grab ist schon fertig. Mein Sarg steht immer vor der Bettstatt. Du hast ihn ja gesehen. Nach mir möchtest du wieder einen jungen Perückenkerl zum Pfarrer bekommen, der weniger nutz als du. Aber weiter: der andere Buchstabe des Wörtleins Buße ist U. Du mußt umkehren, dich verändern. Der dritte Buchstabe ist ein S. Wenn du die zwei ersten recht brauchst, wird der dritte ganz süß werden. Die Seligkeit meine ich. Wie lange? Ewig. Der letzte Buchstabe ist das E.

Ich habe gesagt, du möchtest nach meinem Tode einen jungen Studenten mit einem leeren Magister-Ränzle kriegen. Wann's Ränzle voll ist, geht er wieder fort, läßt di sitzen. Solche Salbader, Wollenhemdenprediger, Gem-Apostel haben keine Experienz wie ich; da heist's nur: Bring, bring, spring! Hol Bratwürstle, Gakelei, Flachreißlein, und was dergleichen Bursch mit ihren Weiblein betten. Holla Weib, mach die Thür zu, der Herr Pfarrherrle mit seiner Frau Lothin kommt! Engele Bengele, geh in die Wanzen- und Rußhütten, siehe, was die Bauernweiber spendieren. Bist du krank, so kommt der Herrli nit, bis du ihn holen läßt und ihm sein Kuttenrecht gibst . . . . . Stirbst du, ist's gut, thut er dir eine Leichen- oder leichte Predigt, auch wohl Lügenpredigt, aus einer alten Postillen, darauf er reitet, da heißt er dich einen seligen Mitbruder oder Mitschwester. Ei, wo kommt denn die Freundschaft so schnell her? Vom Taler, den man ihn nach der Leich vor sein Kuttenrecht geben muß. Ist also nur ein Geldbrueder. Probiere es, wenn du noch gesund bist, heiß den Herrn Herrle einen Mitbrueder; wie geschwind wird er sein Angesicht in Falten legen, als wenn die Stirn mit einem Pfirsichstein gebügelt wäre. Ja, sein schöner B-Engel, die Frau Lothin, wird dir gar die Türe weisen und die Stiegen hinunter werfen. Nur der Taler macht die Brüderschaft. Ich wollte dir Wunder über Wunder erzählen; aber ich muß eilen. Komm über acht Tage, da das Evangelium oder dein Ewillig vom Wasser- oder trummelsüchtigen ist, da will ich dir ein Mehres sagen, dein Hierschebrei brennt sonst an, und dein Babel brummt sodann wie ein Zindelbär. Doch hast du von angebranntem Brei noch diesen Vorteil, daß dich kein Fuchs beißt, wenn du durch den Wald gehest.

Weiter im Texte: Der ein einziger Sohn war seiner Mutter, und sie war eine Wittwe. Warum wird von seinem Vater nicht gedacht? magst du denken. Hat er etwa keinen gehabt? O, halt's Maul, hörst du nit, daß seine Mutter eine Witwe? Hab' ich doch niemals eine Witwe gesehen, die einen Mann noch hat oder niemals keinen gehabt habe. Bleib mit deiner Weisheit daheim, der Esel giebt dir Ohrfeigen. Frag vielmehr, was dieser Jüngling für ein Mensch gewesen; bös oder fromm, gehorsam oder ungezogen, wie dein Bua, der allen Kürben, Märkten, Tänzen und Mägdlein nachläuft, der nachts zu den Kühepriestern in die Kammerläden hineinsteigt, der dir dein Korn hinterm Hause zum Laden in den Säcken hinauswirft und den Branntweinbrennern gibt, der unter der fünften Bitte des Vaterunsers den Wirt mit der Kreide versteht, der als eine Sau gern beim goldenen Lamm einkehrt, der einen Greifen im Schilde führt und das Fünffingerkraut gelernt, der sich beim schwarzen Adler sauvoll sauft und täglich den Stadtvogt, Ueberreuter, Packau und Grünbüttel mit seinem Plotzer und dem Flederwisch fürchtet. Holla, der wilde Säueherrgott kommt, packt di, beim Büttel steht ein Schwarzer mit der weiten Kutten, will dich mit deinen Kühepriestern piculieren; ja, saubere Bursch seid ihr, wer wird um solche Jünglinge, wenn sie sterben, weinen. — Dieser Jüngling war außer Zweifel ein gehorsamer Sohn ...

Nun weiter im Texte: Und viel Volks ging mit ihr. Wäre Nain ein Ort wie Rechenberg gewesen, hättest du sie net zählen dörfen. Ist eine Leiche bei uns, so zählet man drei oder vier, den Pfarrer, Schulmeister und Todtengräber und den Kreuzträger. Ei, wie eine feine Brodcession! sagst du Bauer. Ja wohl Brodcession! ... Wir haben hier wenig Leichen und auch wenig Leichenbegleiter; Gott Lob! daß ich und mein Schulmeister noch gute Gurgeln haben. Wir fragen nichts danach; der Metzerbernt als Todtengräber stimmt auch mit, endlich ein paar Mädle und Weiberle, die musicieren der Zeit ungleich besser und besser als dort im Ländle oder im Hällischen. Da singen die Kerls, daß einem die Zähne ein halbes Jahr davon wehethun, wie ich selbst vielmalen gehöret. Dennoch sagte ein Bauer zu mir: Mein Schulmeister singt nach den Knoten. Ja, versetzte ich, er schreit wie der Bucephalus, Königs Alexandri Pferd, und wie ein Ochs, den man schlagen will, sperrt das Maul auf, wie des Jonä Walfisch; ganz Holland und Brabant kann man in seiner Gurgel sehen. Er dreht sein Maul so geschwind von einem Ohr zum andern, wie der Hahn uff'm Kirchthurm.

Weiter: Und der Todte richtete sich auf und fing an zu reden. Jetzt möchtest du Bauer gerne wissen, was er geredet. Mein! Was hat er wohl gesprochen? Holla, es ist mir und dir nicht auf die Nase gebunden. Halt's Maul, weil die Schrift schweigt. Wunderlich kam mir's vor, als ich in Hamburg einen Todten sah zu Grabe tragen. Die Träger hatten gelbe Röcke mit schwarzen Schnüren, deren Träger wohl zehn neben dem Sarg theils hergingen; die, so trugen, tanzten gleichsam als wie Gaillard-Sprüng. Dies weißt du nicht, was es ist. Sie sprungen so artlich und trafen miteinander überein, daß nit ein Harr fehlete. Nun, wenn du heut zum Tanz hinausläufst und mit deiner Gret, dem Kühepriester gumpst, so denke: also wird der Tod hupfen, wenn er dich zum Grabe schicket....

So habt ihr denn genug gehört, die Zeit ist euch lang geworden, mir nit. Ihr sehnt euch nach der Kürbi, ich nit. Babel, dort drunten, wie steht's mit deiner Kürbi? Was kochst? Ho, eine Suppe aus dem Höllhafen, die Lumpen hangen zum Laden hinaus, das beste Vieh im Pfarrhaus ist die Katz, die Treppen fliegen und schreien über's Haus, knapp! knapp! knapp! Geht mal schnell her, der Schmalhans ist Küchenmeister. Gelt, Babel, dort hinten, bei dir ist's noch ärger. Schua versoffa, barfuß geloffa; deinen Flachs hast um Branntwein verhandelt, jetzo hast du kein Hemd anzuthun. O du versoffene Gret! Wart! wart! Wie wirst du eine schöne Himmelfahrt bekommen! Hinter der Hecke mußt sterben. Die Krappen werden dir die Seelmeß lesen, in Brand bist du gepfarrt, wo die junge Gras- und Brandgeister logieren. O bekehre dich! Es ist hohe Zeit, der Tod wartet schon uff dich; ja, er wird etwas Rechtes an dir erhaschen und dir Branntwein in deine versoffne Gurgel, von Schwefel und Pech bereitet, einschütten. O, es ist alles vergebens! Di Geisjals, schrei, ehe der Tod kommt, wie jener Müller im Hennebergischen: Appel, trag

die Thaler herein, daß ich krappel. Krappel di du und der Deichsel! Wart, die Dukätlein werden dich brennen, und also geht's allen unbußfertigen Sündern. Ich aber und noch einige wollen das Brod bald im Reiche Gottes essen. Wir binden ein Denk- oder Vergeßreimlein über die Predigt an, so also dießmal heißt:
Zum Todtenkopf und Kürbenbraten
Der Jüngling zu Nain uns will einladen.
Bedenk bei deinem Hierschebrei,
Daß auch dein End nicht fern mehr sei.

Vor wenigen Wochen ging ich, frische Luft zu schöpfen, um's Feld spazieren, da begegnete mir ein ehrbarer katholischer Bauer, mit welchem ich das eine und das andere redete. Als ich noch weiter mit ihm sprechen und fragen wollte, was er gutes Neues wisse, sagte er: Herr, ich habe das curre cito, kann nicht länger mit ihm reden. Ich fragte wie er zu diesem Lateinischen kommen und was es deutsch bedeute. Er sagte: Vor vierzehn Tagen hat mein Pfarrer eine ganz kurze Predigt gethan, kaum eine Viertelstunde lang, und da er aus der Kirchen ging, fragte ihn der Schultes: warum so schnell, Herrle? Dieser antwortete: Ich habe das curre cito, kann dermalen nicht länger harren. Der Schulze verdeutschte es mir so, Herr Pfarrer, besser, als ich verstehen mochte und ging seinen Weg.

Nun schlägt's halb elf, jetzt ist's aus. Nun hast du das curre cito, curre cito nach Haus, zum Schmaus. Friß und sauf nit alles allein aus. Curre cito, du Bauernknecht, du, laß die Botz! Du Greti von Memmingen, lauf zum Tanz, der Pfeifers Jörgli ist schon auf'm Platz; Curre cito zum Todtenkopf, denk, was ich dir gesagt. Curre cito zum Gebet, zur Buß, wenn's Abend ist. Curre cito nach Haus, steig nit in die Kammer zum Kühepriester, sonst, wenn der Packan und seine Collegen kommen, so wird dies curre cito zu spät werden. Hiermit hast du deine Letzte, wie die Bauernkinder in der Schul sagen. Wer weiß, ob ich noch ein Kürbenpredigt mehr thun werde. Amen! Singt das Te

Deum laudamus. Du, Bauer, schlag auf, thu deine feiertägliche Gurgel auf, kannst sie heut wieder schmieren. Amen! Amen! Das hörst du gern.

DAS NARRENFEST

Vom Erhabenen zum Lächerlichen ist nur ein Schritt, deshalb wird es kaum befremden, mit den Festen der Christenheit die absonderlichsten, zum Teil sogar aller Moral hohnsprechenden Possenspiele verwoben zu sehen.

Diese Erscheinungen wurzeln in dem Zeitgeist, dem sie ihren Ursprung verdanken. Sie tragen die Stigmatas Finsternis und Aberglaube unverkennbar aufgeprägt, und dennoch muß es wundernehmen, daß sie entstehen und mehr noch, daß sie sich so lange erhalten konnten. Ihr fremder Ursprung ist fast bei allen diesen Auswüchsen nachweisbar, und es unterliegt keinem Zweifel, daß sie die Kirche vielfach ebenso beibehielt wie die heidnischen Feste jener Landstriche, in denen sie erst festen Fuß fassen wollte, ehe sie mit dem Hergebrachten aufzuräumen suchte. Vielfach fand sie dann derartige Feste zu innig mit dem Volkstum verwachsen, und statt sie auszumerzen, behielt sie sie deshalb in etwas veränderter Form und mit geändertem Namen bei. So das Narrenfest.

Man versteht darunter Belustigungen, die von den Priestern selbst während des Gottesdienstes an gewissen Tagen, meist von Weihnachten bis Epiphanias, besonders aber am Neujahrstag veranstaltet wurden. Sie sind ohne Zweifel aus der Heidenzeit übernommen. „Viele von den ersten Christen konnten noch nicht so viel Herrschaft über ihre Leidenschaften gewinnen, daß sie allen Lustbarkeiten entsagt hätten, die mit den heidnischen Festen gewöhnlich verbunden waren und suchten sie also den christlichen Festen auf eine unschickliche Weise anzuflicken oder sie unter dem Deckmantel und der Larve des Christentums beizubehalten; und manche von den ersten christlichen Lehrern schwiegen still dazu oder achteten diesen Sauerteig zu gering, als daß sie ihn hätten ausrotten sollen. So ererlaubten die Jesuiten den neubekehrten Christen neben den christlichen Gebräuchen auch den Dienst des Confucius, daher sie seiner aufgehangenen Tafel nicht nur räucherten, sondern auch vor ihr niederknieten und den Confucius anbeteten, worüber ein hitziger Streit mit den Dominikanern entstanden, der über ein Jahrhundert gedauert hat", sagt Flögel.

Das Narrenfest rührt von den römischen Saturnalien her. Bekanntlich fiel dieser erste und volkstümlichste römische Feiertag anfänglich auf einen Dezembertag, wurde aber später bis auf sieben Tage ausgedehnt. Der Charakter des Festes war der einer sinnbildlichen Rückkehr zu jenen glücklichen Zeiten, wo unter der Regierung des Saturnus nur Friede und Freude, allgemeine Freiheit und Gleichheit unter den Menschen geherrscht haben soll. Daher gab es während der Saturnalien ausgelassenen Jubel und allgemeines Schmausen in der ganzen Stadt. Man beschenkt sich gegenseitig. Auch die Sklaven hatten an der allgemeinen Festfreude Anteil.

Es ist sonderbar, daß sich auch bei anderen Völkern dieses Andenken an den ursprünglichen Stand der allgemeinen Gleichheit erhalten hat und durch ähnliche Feste wie die Saturnalien gefeiert wurde.

In den Niederlanden gab es die Jokmaalen, an dem die Edelleute als Knechte ihre Untergebenen bei herrlichen Gastmählern aufwarteten. In der Herrschaft Harmond erhielt sich diese Gepflogenheit am längsten.

Im vergangenen Jahr tauchte in der englischen Gesellschaft das gleiche Spiel plötzlich auf. Angehörige des Hochadels gaben ihrer Dienerschaft Diners, die von den Ladies bereitet und von den Lords serviert wurden. Die Hauptsache bei diesen Festlichkeiten waren die Photographien der als Diener kostümierten Herrschaften. So war dafür gesorgt, daß sich England und das Ausland von der rührend edlen Herablassung der Lordschaften und Herrlichkeiten überzeugen konnte.

Auch das römische Neujahrsfest wurde mit Maskeraden und Tänzen begangen. Man verkleidete sich, beschmierte sich das Gesicht mit Hefe, zog Felle von Hirschen, Löwen, Bären und Kälbern über, um Furcht oder Gelächter zu erregen. Später verschmolz das Neujahrsfest mit den Saturnalien.

Der Gebrauch der Römer, sich am Neujahrstage mit Tierhäuten zu vermummen, wurde von den ersten Christen beibehalten, doch bald von den Konzilien verboten und mit Strafen belegt.

Caesarius von Arles († 543) gibt eine ausführliche Beschreibung der Neujahrsmummereien. Er verhehlt seinen Unwillen nicht, daß Gläubige untermischt mit den Heiden sich als Tiergestalten verkleiden und andere „teuflische Narrenpossen" treiben.

Aber nicht nur in Rom, sondern auch in Gallien fand diese Sitte Verbreitung.

Eligius, Bischof von Noyon (ca. 588—659), predigte gegen die „vetulos cervulos" und „jolicos". Er dekretierte: Wenn jemand den ersten Januar nach heidnischem Gebrauch begeht und in den Dörfern und auf den Straßen Gesänge und Tänze aufführt, der soll in den Bann getan werden[1].

Da sich die Kirche trotz dieses und anderer Verbote zu schwach erwies, die Neujahrs-Mummereien auszurotten, nahm sie sie unter ihre Fittige, um sie auf diese Weise überwachen zu können. Sie verlegte daher das Narrenfest (Festum stultorum, fatuorum, innocentium) in die Kirche und ließ es von Geistlichen ausführen. Sie konnte allerdings auch durch diese Maßnahmen nicht verhindern, daß das Fest bald entartete.

Das kirchliche Narrenfest spielte sich wie folgt ab:

Eine eigens eingesetzte Kommission von Priestern und Weltgeistlichen wählte unter vielen lächerlichen Zeremonien

---
[1] Scheible, Das Kloster, VII. Bd., Stuttgart 1847, S. 32 f.

einen Narrenbischof oder Narrenerzbischof, der mit großem Pomp in die Kirche geführt wurde. Auf dem Wege dahin und in der Kirche selbst tanzte und gaukelte die ganze Gesellschaft, die Gesichter beschmiert oder verlarvt und als Frauen, Possenreißer oder Tiere maskiert. In den Kirchen, die unmittelbar unter dem Papst standen, wählte man einen Narrenpapst, den man unter allerlei Albernheiten mit dem päpstlichen Ornat schmückte. Der Narrenwürdenträger, Papst oder Bischof, hielt hierauf einen feierlichen Gottesdienst und sprach den Segen. Die vermummten Geistlichen betraten springend und tanzend den Chor und sangen Zotenlieder. Die Diakone und Subdiakone aßen vor der Nase des messelesenden Priesters Würste, spielten Karten und Würfel, steckten statt des Weihrauchs alte Schuhsohlen in das Rauchfaß. Nach der Messe lief, sprang und tanzte alles in der Kirche herum, erlaubte sich die tollsten Ausschweifungen; ja einige zogen sich nackt aus und setzten sich auf mit Kot beladene Karren, ließen sich durch die Straße fahren und bewarfen den sie begleitenden Pöbel mit Schmutz. Oft ließen sie anhalten, machten mit ihren Körpern die gemeinsten Bewegungen, die sie mit den unverschämtesten Reden begleiteten. Gleichgesinnte Laien mischten sich unter die Geistlichkeit, um unter der Kleidung des Weltpriesters, als Mönche oder Nonnen, den Narren zu spielen.

Dieses Fest wurde in Paris am Neujahrstag, an anderen Orten am Epiphaniastage oder am 28. Dezember, dem Fest der unschuldigen Kinder, gefeiert, wonach es an einigen Plätzen seinen Namen bekam. Sonst hieß es Festum Hypodiaconorum, das Fest der Unterdiakonen, La fete des Sousdiacres oder spöttisch saouls Diacres, der betrunkenen Diakone.

Schon der heilige Augustinus hatte in Homil. de Kalend. Januar. gegen das Narrenfest geeifert, und im Jahre 633 verbot es das Konzilium von Toledo.

In einem Rundschreiben der Pariser Universität an die Prälaten und Kirchen in Frankreich vom Jahre 1444 heißt es:

„Divini ipsius officii tempore, larvati monstruosis vultibus, aut vestibus mulierum, aut leonum vel histrionum choreas ducebant, in Choro cantilenas inhonestas cantabant, offas pingues supra cornu altaris juxta celebrantem Missam comedebant: ludum taxillorum ibidem exarabant, thurificabant de fumo foetido ex corio veterum sotularium, et per totam ecclesiam currebant, saltabant."

Dennoch erzählte Gerson, ein Theologiae Doctor in Auxerre hätte öffentlich behauptet, dieses Fest sei Gott ebenso wohlgefällig wie das Fest der Maria Empfängnis!

Im zehnten Jahrhundert führte der Patriarch Theophylaktus in Konstantinopel dieses Fest in der griechischen Kirche ein, und zweihundert Jahre später beklagte sich noch der Patriarch Balsamon über dessen Fortbestehen.

Im Abendland fand das Narrenfest auch in den Mönch- und Nonnenklöstern begeisterte Aufnahme.

Die Franziskaner in Antibes setzten beim Narrenfest aller Verrücktheit die Krone auf.

Am Epiphaniastag nahmen die Laienbrüder auf dem Chor die Sitze des Guardians und der Priester ein. Sie hatten zerrissene Kutten verkehrt angezogen, hielten auch die Bücher verkehrt in den Händen, hatten Brillen auf, in denen statt der Gläser Apfelsinenschalen eingeschnitten waren. Sie bliesen die Asche der Rauchfässer einander in das Gesicht oder streuten sie sich auf die Köpfe. Statt zu singen murmelten sie unverständliche Worte und blökten wie das Vieh.

Obgleich diese Feier so unchristlich wie unvernünftig war, fehlte es ihr nicht an Verteidigern, alten Sündern, die Gewohnheit und Überlieferung vorschützten, um den Brauch zu erhalten. Die von ihnen angeführten Gründe, die ein Zirkular der theologischen Fakultät zu Paris mitteilt, sind so sonderbar, daß ich sie hier nicht übergehen kann.

Da heißt es:

„Unsere Vorfahren, kluge Leute, haben dieses Fest erlaubt, warum soll es uns nicht gestattet sein? Wir feiern es nicht im Ernst, sondern bloß scherzhaft, um uns nach alter Art zu belustigen, damit die natürliche Narrheit, die uns angeboren scheint, wenigstens einmal im Jahre austobe. Die Weinfässer würden platzen, wenn man ihnen nicht manchmal das Spundloch öffnete und ihnen Luft machte. Wir sind nichts als alte übel gebundene Fässer und Tonnen, die der Wein der Weisheit zu zersprengen drohte, wenn wir ihn durch immerwährende Andacht und Gottesfurcht fortgären ließen. Man muß ihm Platz lassen, daß er nicht verdirbt. Wir treiben deshalb etliche Tage Tollheiten, um darauf mit desto größerem Eifer zum Gottesdienst zurückkehren zu können[2]."

Im Jahre 1552 wurde das Narrenfest durch einen Beschluß des Parlaments von Dijon trotz aller Einsprachen für immer untersagt.

Doch auch in deutschen Landen war der Narrentag gebräuchlich.

Von Regensburg berichtet Hüllmann[3]:

„An einem der Weihnachtstage bewegte daselbst das Narrenfest mit dem Knaben- oder Narrenbischof die ganze Stadt und umliegende Gegend. Da hatten die jungen Männer, welche sich dem geistlichen Stande widmeten, das Recht, die heuchlerische Larve der Sittsamkeit und Züchtigkeit abzulegen nnd öffentlich auszuschweifen. Einer von ihnen, als Bischof verkleidet, ward von dem trunkenen, bewaffneten Schwarm der übrigen im tobenden Zuge zu Pferde eingeholt und durch die Stadt geführt. Menschen wurden dabei angefallen und gemißhandelt, zuweilen totgeschlagen, Häuser zerstört, Viehställe gestürmt und das Vieh fortgeschleppt. In der Kirche des Klosters Prüfling endete der Zug, wo der Frevel fortdauerte. Der Kitzel, teilzunehmen, war ansteckend; auch die Stiftsgeistlichen und selbst angesehene Bürger schlossen sich an, ritten mit. Den Auf-

---

[2] Epistolae Facult. Paris anno 1444 d. 12. Mart. — [3] K. D. Hüllmann, Städtewesen des Mittelalters, IV. Bd., Bonn 1829, S. 169.

wand dabei bestritt man von Geldern, die man von den neu eingetretenen Stiftsgeistlichen erpreßte[4].

Nicht bloß in Regensburg, sondern auch in andern Städten von Bayern herrschte dieser Unfug: vergeblich beschränkten Kirchengesetze das Spiel auf Knaben unter sechzehn Jahren[5]. Über achtzig Jahre nach dem Verbot war es noch nach alter Weise im Gange[6].

Und Bayern war bei weitem nicht der einzige Sitz dieses absonderlichen Festes; die Narrenausgelassenheit gehörte zu den allgemeinsten und beliebtesten des zwölften, dreizehnten und vierzehnten Jahrhunderts, gegen die wiederholte Kirchengesetze nichts ausrichteten."

DAS ESELSFEST

Schon im neunten Jahrhundert finden sich in Frankreich Spuren eines Eselsfestes, das viele Jahrhunderte überdauerte, ehe es von der Bildfläche verschwand[1].

Zum Gedächtnis an die Flucht der Gottesmutter nach Ägypten wurde es ursprünglich eingesetzt.

Das schönste junge Mädchen der Stadt vertrat die Stelle Marias. Man putzte es prächtig auf, legte ihm ein niedliches Knäblein in die Arme und setzte beide auf einen kostbar angeschirrten Esel.

Bei Glockengeläute, unter Begleitung der ganzen Klerisei und der Einwohnerschaft, führte man den Esel in die Hauptkirche vor den Hauptaltar, auf dem mit großem Pomp die Messe gelesen wurde.

Aber jeder Abschnitt der Messe, der Eingang, das Kyrie, das Gloria und das Kredo wurde mit dem erbaulichen und schnackigen Ruf Hinham! Hinham! — Deutsche würden I—a, I—a gerufen haben — beendet. Mischte der Esel gerade seine Stimme ein, dann war es desto besser.

---

[4] K. Th. Gemeiner, Stadt Regensburgische Jahrbücher, Regensburg 1821—24, 1. T., S. 357. — [5] Regensburgische Geschichten bei dem Jahre 1357 bei Oefele, II 508. — [6] Hüllmann nach Concil. Salisburg, d. a. 1274 c 17, ap. Harzheim III. 642. — [1] Du Cange, Glossarium, ed. Favre III. Weber, Geistl. Spiele und christl. Kunst, S. 43.

Schellenrufer mit Holzlarven und Kuhglocken im bayerischen Hochgebirge

War die Zeremonie zu Ende, so erteilte der Priester nicht den Segen, sondern auch er iate dreimal wie ein Esel, und die versammelten andächtigen Gläubigen erwiderten ihm mit dreimaligem Eselsgeschrei. „In fine Missae sacerdos versus ad populum vice, Deo gratias, ter respondebit Hinham, Hinham, Hinham", schreibt eine noch vorhandene Bestimmung vor.

Zum Schluß wurde dem Sire Asnes zu Ehren noch die folgende halb lateinische, halb französische Hymne angestimmt:

>Orientis partibus
>Adventavit Asinus;
>Pulcher et fortissimus,
>Sarcinis aptissimus.
>Hez, Sire Asnes, car chantez,
>Belle bouche rechignez,
>Vous aurez du foin assez,
>Et de l'avoine à plantez.
>
>Lentus erat pedibus,
>Nisi foret baculus,
>Et eum in clunibus.
>Pungeret aculeus.
>Hez, Sire Asnes etc.
>
>Hic in collibus Sichem
>Jam nutritus sub Ruben,
>Transiit per Jordanem,
>Saliit in Bethlehem,
>Hez, Sire Asnes etc.
>
>Ecce magnis auribus
>Subjugalis filius
>Asinus egregius,
>Asinorum dominus.
>Hez, Sire Asnes etc.
>
>Saltu vincit hinnulos,
>Damas et capreolos,

Super Dromedarios
Velox Madianeos.
Hez etc.

Aurum de Arabia,
Thus et myrrham de Saba
Tulit in ecclesia
Virtus asinaria.
Hez etc.

Dum trahit vehicula
Multa cum sarcinula,
Illius mandibula.
Dura terit papula
Hez etc.

Cum aristis hordeum
Comedit et carduum;
Triticum a palea
Segregat in area.
Hez etc.

Amen dicas Asine,
Jam satur de gramine.
Amen, Amen itera,
Aspernare vetera.
Hez va Hez va! Hez va Hez!
Bialx Sire Asnes car allez;
Belle bouche car chantez.

Bei Beginn des letzten Verses wurde der Esel zum Niederknien gezwungen, was meist Mühe verursachte und die Andacht lustig unterbrochen haben dürfte[2].

DIE SCHWARZE PROZESSION ZU EVREUX

Im zwölften und dreizehnten Jahrhundert war es in Evreux Sitte, daß sich am 1. Mai das Domkapitel in den nahegelegenen Wald begab, um Äste und Zweige abzuhauen,

---
[2] Du Fresne, Glossarium voc. Festum Asinorum.

mit denen die Bildnisse der Heiligen in den Kapellen der Domkirche geschmückt werden sollten. Anfänglich verrichteten die Domherren diese Zeremonie in eigener Person. Da sie sich aber mit der Zeit zu gut dafür hielten, schickten sie Chorgeistliche und die Kapläne in den Wald, die Zweige zu sammeln. Diese zogen paarweise aus der Kirche in Begleitung der Chorschüler und Ministranten, jeder mit einem Messer in der Hand. Damit hieben sie dann an Ort und Stelle die Äste ab, die sie teils selbst trugen, teils dem sie begleitenden Volk aufluden. Dazu läuteten alle Glocken und tobten bisweilen so gewaltig, daß die Glocken zerstört und die Läuter verwundet und getötet wurden. Obgleich der Bischof diese Mißbräuche verbot, achteten doch die Chorgeistlichen nicht darauf; sie jagten die Küster aus der Kirche, bemächtigten sich der Türen und Schlüssel und hausten darin bis den 10. Mai, wo ihre Tollheit nachließ. Einst hingen sie zwei Domherren, die sich ihrer Wut widersetzen wollten, an ein Fenster des Glockenturms an den Achseln auf. Dies bezeugen noch vorhandene Originalakten, die auch die Namen der beiden, nämlich Jean Mansel und Gautier Dentelin, bewahrt haben. Wenn die schwarze Prozession, denn so wurde sie genannt, aus dem Walde kam, trieb sie tausend Possen, warf den Vorübergehenden und Neugierigen Kleie in die Augen, Sie ließ einige über Besen springen, andere mußten tanzen. Man verlarvte sich auch. Die Domherren schoben während der Zeit Kegel über den Gewölben der Kirche, spielten Komödie und tanzten.

In Evreux stiftete auch ein Domherr namens Bouteille eine Seelenmesse um das Jahr 1270 und verordnete, daß man am 28. April, dem Tage der Messe, auf das Pflaster im Chor ein Leichentuch ausbreiten und an dessen vier Enden vier mit Wein gefüllte Flaschen, auch eine in die Mitte setzen sollte, die dann die Sänger auszutrinken hätten[1].

---
[1] Du Tilliot Memoires, 1751. P I. p. 27.

DER GROSSE TANZ ZU MARSEILLE

In Marseille war es vor Zeiten gebräuchlich, am 17. Dezember, dem Tag des hl. Lazarus, alle Pferde, Esel, Maultiere und Rinder mit großer Feierlichkeit in der Stadt herumzuführen. Sämtliche Einwohner Marseilles, Frauen wie Männer, maskierten sich auf lächerliche Weise und tanzten bei Pfeifen und Saitenspiel Hand in Hand durch alle Straßen der Stadt. Dies nannte man den großen Tanz (Magnum Tripudium)[1].

DIE ALMOSENSAMMLUNG AQUILANNEUF IN ANGERS

In einigen Orten des Kirchsprengels von Angers zogen ehemals am Neujahrstage junge Leute beiderlei Geschlechts in Kirchen und Häusern herum, um ein Almosen zu sammeln, was sie Aquilanneuf nannten, unter dem Vorgeben, dafür Wachskerzen für die Jungfrau Maria und andere Heilige zu kaufen. Sie verwendeten aber darauf kaum den zehnten Teil, sondern brachten es mit Fressen und Saufen durch. Unter ihnen befand sich ein Narr (Follet), dem die gröbsten Ausschweifungen erlaubt waren, ohne daß ihn jemand tadeln durfte. Er und seine Begleiter trieben sogar in den Kirchen tausend Possen, rissen die gröbsten Zoten, verspotteten die Priester an dem Altar und äfften die Messe nach. Sie raubten unter dem Vorwand, Almosen zu sammeln, aus den Häusern was ihnen beliebte, wobei sie ihre Knüppel gebrauchten, wenn sich jemand zur Wehre setzte.

Die Synode zu Angers verbot diese Ausschreitungen, die Almosensammlung und den Eintritt in die Kirche. Erst eine neue Synode zu Angers im Jahre 1668 unterdrückte diese Almosensammlungen für immer[2].

---

[1] Querela ad Gassendum, p. 55. 56. — [2] Thiers Traité des jeux, p. 452.

DIE PROZESSION ZU AIX

Renatus, König von Neapel und Sizilien, Graf der Provence, stiftete um das Jahr 1462 eine Prozession am Fronleichnamsfest in Aix, wozu er eine bedeutende Summe aussetzte. Er bestimmte bis auf die unbedeutendsten Nebensächlichkeiten wie es dabei zugehen sollte. Und da die Festlichkeit überladen mit Albernheiten und Tollheiten war, scheint man die Anordnungen des hochherzigen Herrn willig befolgt zu haben.

Dieser Umzug hat denn auch mit vollem Recht seit seinem Bestehen die abfälligste Beurteilung erfahren. Bereits im Jahre 1645 rügte der berühmte Advokat Mathurin Neuré in einem Schreiben die dabei vorkommenden Mißbräuche. Dieser offene Brief wurde sogar von René Gaillard, Herrn von Chaudon, in provenzalische Verse gebracht.

In der Neuréschen Schrift — sie trägt den etwas umständlichen Titel: Querula ad Gassendum de parum christianis Provincialium suorum ritibus, nimiumque sanis eorundem moribus, ex occasione Ludicrorum, quae Aquis Sextiis in solemnitate corporis Christi ridicule celebrantur — heißt es von den Evangelischen: At nihil aeque deforme fuit, ac enormis Evangelistarum quaterino, ob Larvarum terrificas facies: unum enim praegandi rostro, aduncis unguibus et plumarum tegmine in Jovis alitem deformabatur: alter immani rictu, densa juba et villosa pelle, in Nemaeam feram: tertius cornuta facie, crudo tergore et longis palearibus in Apim. Postremus, quidem non ab hominis specie recedebat; sed alatos tantum habens armos Calaim aut Cetem referebat.

Kardinal Grimaldi, Erzbischof zu Aix, sah sich schließlich veranlaßt, die allergrößten Ausgelassenheiten bei diesen Prozessionen abzuschaffen, doch blieb noch genug Anstößiges übrig. Dies geht aus einer Beschreibung Papons, eines Marseiller Priesters, hervor, der zu Ende des achtzehnten Jahrhunderts dem Umzug beiwohnte.

Er erzählt:

Ein König verteidigt sich mit seinem Szepter gegen ein Dutzend mit Gabeln bewaffneter Teufel. Dies ist die erste, das große Teufelsspiel genannte Szene.

Die zweite, das kleine Teufelsspiel oder die kleine Seele: Vier Teufel wollen ein Kind entführen, das ein Kreuz hat. Ein Engel springt dem Kinde bei, und mit seiner Hilfe entgeht es den Höllenbewohnern.

Alle diese Teufel hörten am Fronleichnamsfeste zu St. Sauveur die Messe. Sie gingen mit einer schwarzen Mütze in der Hand, die mit roten Flammen besäet und mit Hörnern versehen war, in die Kirche. Nach der Messe sprengten sie Weihwasser auf die Kopfbedeckung und machten das Kreuz über sich, damit kein richtiger Teufel sich unter sie mische und am Ende einer mehr sei, wie es sich nach ihrer Erzählung vor langer Zeit einmal zugetragen haben sollte.

Hierauf begannen sie das Katzenspiel. In diesem stellte man die Anbetung des goldenen Kalbes dar. Nach der Anbetung warf ein Jude eine in Leinwand gewickelte Katze, so hoch er konnte, in die Höhe.

Die vierte Szene war der Besuch der Königin von Saba bei dem Könige Salomo.

Die fünfte war das Sternspiel. Die heil. drei Könige, von ihren Dienern begleitet, wurden von einem auf einem Stock befestigten Stern nach Jerusalem gebracht.

Hierauf folgte das Spiel von Kindern. Sie wälzten sich auf der Erde herum. Das sollte die Ermordung der unschuldigen Kindlein vorstellen.

Der alte Simeon, als Hoherpriester gekleidet, plagte sich mit einem Korb voll Eier. Johannes der Täufer hatte die Gestalt eines Kindes. Judas, an der Spitze der Apostel, trug einen Beutel in der Hand, worin sich 30 Silberlinge befanden. Jesus Christus schleppte sein Kreuz zur Schädelstätte. Das war die siebente Szene.

Hierauf sah man Christus auf den Schultern des großen Christoph. Acht bis zehn junge Leute, bis an den Gürtel in Pferden aus Pappe gesteckt, führten Tänze auf, die man die Szene der mutigen Pferde nannte.

Dann folgte das Tänzerspiel. Das Ganze wurde mit der Szene der „Grindköpfe" beschlossen.

In dieser trug ein ärmlich gekleideter Knabe einen Kamm, ein anderer eine Bürste, ein dritter eine Schere. Alle drei tanzten um einen vierten herum, kämmten seine zottige Perücke, bürsteten ihn und bedrohten ihn mit der Schere.

Alles das wurde von einer Musik begleitet, zu der König Renatus einige Arien selbst beigesteuert haben soll.

In der Nacht vor dem Feste hielt man eine Prozession ab, bei der man alle Götter des Heidentums zu sehen bekam. Einige davon waren zu Pferde, andere auf Wagen, Bacchus saß auf einem Faß, und anderes mehr.

Es ist mehr als erstaunlich, meint Papon, daß man in einem so aufgeklärten Jahrhundert, wie dem unsrigen, diese lächerlichen Zeremonien duldet, von denen die Religion offenbar entehrt wird[1].

Casanova, der die Prozession in Aix sah und sein Befremden über das tolle Treiben einem Herrn der St. Març, Mitglied des Parlaments, äußerte, erhielt die Antwort, das Fest sei eine ausgezeichnete Sache, denn dadurch kämen an einem einzigen Tage mehr als hunderttausend Franken in die Stadt[2].

Die Prozession hörte während der Revolution auf. Nach dem Konkordat wurde sie durch den Beschluß der Munizipalität von Avignon wieder hergestellt, und Millin sah sie noch 1806 in alter Pracht und Ausgelassenheit[3].

---

[1] M. P. (Papon), Voyage litteraire de Provence, D. L. a Paris 1781. —
[2] Die Erinnerungen des Giacomo Casanova, übertragen von Heinrich Conrad, München und Leipzig bei Georg Müller, VI. Bd., S. 346. —
[3] Voyage dans les Departements du Midi de la France, Paris 1807, S. 330 nach Vulpius Curiositäten, 3. Band, Weimar 1813, S. 312 ff.

Die Jesuiten sollen bei ihren Fronleichnamsumzügen in Luxemburg und Frankreich im siebzehnten Jahrhundert ähnliche Spiele aufgeführt haben. Jedenfalls haben aber diese Umzüge bald wieder aufgehört.

ADAM ZU HALBERSTADT

In der Domkirche zu Halberstadt ist an einer Säule ein Stein vorhanden, auf den sich am Aschermittwoch ein Mann setzen mußte, den man Adam nannte, und der unsern Stammvater vorstellen sollte; er war mit Lumpen bedeckt und hatte sein Haupt verhüllt. Nach beendigter Messe jagte man ihn zur Kirche hinaus. Hierauf mußte er Tag und Nacht durch alle Gassen barfuß laufen. Wenn er an einer Kirche vorüberkam, hatte er sich, zum Zeichen der Verehrung, tief zu neigen. Er durfte sich nicht eher als nach Mitternacht zur Ruhe begeben. Wenn ihn dann jemand in ein Haus rief, was auch jedesmal geschah, dann konnte er essen, was man ihm vorsetzte, aber er durfte dabei kein Wort reden. Dieses Herumlaufen dauerte bis zum Gründonnerstag, wo ihm erlaubt war, die Kirche wieder zu besuchen. Hier empfing er die Absolution und zugleich eine ziemliche Summe Geldes, die man als Almosen für ihn gesammelt hatte.

Nun hielt man ihn durch die Absolution so von Sünden gereinigt, wie Adam vor dem Falle war. Ehemals glaubten die Halberstädter, daß die Absolution ihres Adams der ganzen Stadt und allen ihren Bewohnern zu Gute käme[1].

In Persien gab es in früherer Zeit ein Fest, das mit dem eben beschriebenen einige Ähnlichkeit aufweist.

Es wurde im Frühling zur Zeit der Tag- und Nachtgleiche gefeiert und hieß Kausa Nischin oder die Bartlosigkeit eines alten sitzenden oder reitenden Mannes.

Ein alter, bartloser und einäugiger Mann ritt auf einem Maulesel. In der einen Hand hielt er einen Beutel, in der

---

[1] Volaterranus Geogr. Lib. VII. Riveti Jesuita vapulans, Kap. 17, p. 358. Ancillon Memoires, Tom. I, pag. 39.

anderen eine Peitsche und einen Fächer. Auf seinem Zuge durch die Straßen folgten ihm hoch und gering, die königliche Familie so gut wie die Bettler.

Unter den Possen, die der Haufe mit dem Alten trieb, war auch der, daß man ihn bald mit kaltem, bald mit warmem Wasser bespritzte. Er heulte dann immer gurmal gurmal (heiß, heiß) und fächerte sich dabei. Er teilte aber auch Schläge aus. Jedes Haus, jede Bude standen ihm offen. Erhielt er nicht gleich ein Geldstück, dann durfte er an sich nehmen, was sich ihm bot, oder dem Besitzer das Kleid mit einer Mischung von Tinte, roter Erde und Wasser, die er in einem Topf mit sich führte, besudeln.

Was er bis zur ersten Betstunde einsammelte, gehörte dem König oder dem Statthalter. Die Almosen zwischen der ersten und zweiten Betstunde blieben sein Eigentum. Mit dem Schluß der zweiten Betstunde mußte er schleunigst verschwinden, wollte er nicht windelweich geklopft werden.

DIE HANSWURST-PROZESSION IN TOURNAI

Am 14. September hielten in Tournai an der Schelde im Hennegau die Zünfte einen feierlichen Umzug ab. Jede Gilde hatte ihren Harlekin, der die rüdesten Possen aufführte, sich betrank, die Neugierigen schlug und sie beschimpfte. Die Geistlichkeit mit dem Allerheiligsten war im Zuge und gleichfalls von Lustigmachern umgeben, die Ausgelassenheiten trieben, solange die Prozession dauerte. Der ehemalige Bischof von Choiseul gab sich die größte Mühe, diesen Mißbrauch abzuschaffen oder durchzusetzen, daß man das Sakrament aus dem Spiele ließ. Allein weder die Einwohner Tournais noch die Geistlichen wollten an dem Herkommen etwas geändert haben, das erst im siebzehnten Jahrhundert verschwand.

DER KINDER-BISCHOF IN HAMBURG

Am St. Nikolas-Tage, dem Hauptfeste der Hamburger Schuljugend (6. Dezember), durfte diese im vierzehnten

Jahrhundert einen Bischof aus ihrer Mitte erwählen, der die Hauptperson bei dem Feste war und noch drei Wochen hindurch sich fast unglaublicher Ehren und Vorzüge erfreute. Natürlich war es eine Sache des höchsten Verlangens, der brennendsten Sehnsucht, bei den Schülern wie bei ihren Eltern, zu dieser mehr als bloß närrischen Würde gewählt zu werden. Vermutlich waren deswegen manche Intrigen und dadurch ebenso viele Unruhen, Parteiungen und Familienzwiste zuwege gekommen wie weiland vor einer Königswahl im Polenreiche; deshalb, damit der guten Stadt durch verderbliche Spaltungen kein Schaden geschehe, schlossen die Ehrbaren des Rates und die Ehrwürdigen des Domkapitels am 7. Dezember 1305 (nach einem heißen Wahlkampfe) eine Vereinbarung, durch die ganz ernsthaft und förmlich ein genaues Regulativ de eligendo episcopo puerorum, über die Erwählungsweise eines Kinder-Bischofs, festgesetzt wird.

Nach dieser Satzung konnte ein Schüler nur einmal in seinem Leben solcher Ehre teilhaftig werden; wählbar aber war jeder aus der ganzen Schuljugend, jung oder alt, unterm Joch oder außerm Joch, Kanonikus oder Nicht-Kanonikus. Es gab nämlich, wie uns diese merkwürdige Urkunde zeigt, eine Reihe von Domschülern, die man Scholares Canonici, Kinder-Domherren, nannte, vielleicht die Besten, die Selektaner jeder Klasse. Diesen aber allein stand das Wahlrecht zu, das sie nach der Ancienität ihrer Aufnahme unter die Zahl der Kinder-Domherren ausübten. Wenn dennoch Wahlstreitigkeiten ausbrachen, so legte sich das Kapitel ins Mittel und bezeichnete einen Kandidaten, der dann gewählt werden mußte.

Der erwählte Kinder-Bischof wurde am St. Nikolas-Tage mit großem Pomp, bischöflich angetan, von priesterlich gekleideten Knaben und der ganzen bunten Schar der Mitschüler begleitet, in den Dom geführt, wo er auf dem Altar einen Ehrenplatz einnahm und also dem ordentlichen Gottesdienst beiwohnte. Dann lag es ihm ob (vermutlich in der großen Halle vor der Domkirche), einen bischöflichen Sermon zu halten, Lateinisch oder Deutsch, gewöhnlich eine in Versen oder Reimen verfaßte, gewiß sehr ergötzliche Ansprache.

Der nun folgende öffentliche Umzug der Schüler durch alle Straßen der Stadt war der Glanzpunkt des Tages.

Vor dem Kinder-Bischof trugen phantastisch geschmückte Schüler verschiedene Fahnen und große mit Kringeln und Kuchen aller Art behängte Stangen. Der jugendliche Bischof saß in vollem, der Wirklichkeit nachgebildetem, Ornat zu Pferd, von kleinen Diakonen begleitet. Es folgten Lieder absingend die älteren Scholaren in grauen Röcken und schwarzen Kappen, ihrer üblichen ernsthaften Schülertracht. Dann aber schwärmte und lärmte lustig hinterdrein die ganze Schar der jüngeren Schüler, die heute nicht „sub jugo" waren, in vielfachster Verkleidung, als Apostel und Heilige mit deren Attributen, als Engel, als Priester, Mönche, Könige, Kurfürsten, Ritter, Ratsherren, Bürger, Schneider und Schuster, als Bauern, Kriegsleute, auch als Narren, Heiden und Mohren, ja sogar als Teufelchen. Sie allzumal, während sie die Häuser besammelten und reichlich mit Lebensmitteln und Almosen beschenkt wurden, trieben dabei alle nur ersinnliche Kurzweil und verübten tausend Schalksstreiche und Possen, zur großen eigenen und aller Zuschauer Ergötzung, die in ungezählter Menge den Zug begleiteten oder ihm aus den Fenstern zusahen.

Eine große fröhliche Schmauserei beschloß diesen Freudentag.

Bis zum 28. Dezember blieb der Kinder-Bischof im Besitze seiner Hoheit und Herrlichkeit. An allen in diese Zeit fallenden Sonn- und Festtagen erschien er zur Messe und Vesper im vollen Ornat, mit der Inful geschmückt, auf einem Ehrenplatz des hohen Chors der Domkirche. Ja, wollte ihm gar das Glück so wohl, daß er innerhalb dieser Zeit seligen Todes verfuhr, so erwies man seinem Leichnam die bischöflichen Ehren; er wurde bestattet mit den Exequien und der ganzen Pracht eines wirklichen Bischofs.

Wenn aber der 28. Dezember kam, das Gedächtnisfest der von Herodes gemordeten unschuldigen Kindlein, dann besuchte er morgens zuletzt als Bischof die Messe, nach deren Beendigung sodann er und alle Scholaren im Reventer (Refektorium, Speisesaal) des Doms eine kurze summarische Kollation gegen mäßige Beisteuer empfingen, worauf die ganze Bubenschar schleunigst zu den Pferden und Fahnen stürzte, um im letzen lustigen Mummenschanz den letzten lustigen Umzug durch die Stadt zu machen, nach dessen Beendigung für dies Jahr der Spaß ein Ende hatte[1].

GREGORIUS- UND MARTINSFEST

In vielen Orten Sachsens zogen am Tage des heiligen Gregorius die Kinder in die Kirche und nach der Predigt unter Führung ihrer Lehrer durch die Stadt, meistens alle vermummt. Man sah den Heiland, die Apostel, Engel, einen König, Bischof, Edelleute, Priester, Handwerker, heidnische Götter, Schalksnarren und Hanswürste. Die Kinder sangen geistliche und weltliche Lieder und empfingen von den Erwachsenen kleine Geschenke.

Die römische Kirche hatte sich frühzeitig gegen diese Veranstaltungen erklärt, die 1249 in Regensburg zu groben Ausschreitungen führten. Auch die Lehrer machten im achtzehnten Jahrhundert Front dagegen.

Dennoch hat das Gregoriusfest nicht nur die Reformation überdauert, sondern wird noch in der Gegenwart in Koburg, wenn auch wesentlich verändert und ohne die Geistlichen gefeiert, deren Nachahmung auch in Mühlhausen schon im achtzehnten Jahrhundert verboten wurde, da die ausgelassenen Jungen mit der geistlichen Tracht allerlei Unfug getrieben, bis das Fest dort 1750 überhaupt abgeschafft wurde[2].

---

[1] Otto Beneke, Hamburg. Gesch. und Sagen, IV. Aufl., Berlin 1888, S. 88 ff. — [2] Hans Bösch, Kinderleben in der deutschen Vergangenheit, Leipzig 1900, S. 80.

Wie es einst in Eisenberg abgehalten wurde, beschreibt Goethes Schwager Vulpius nach einem alten Manuskript[3]: „Feierlich zog am St. Gregoriustage in dem Städtlein Eisenberg die erfreute Schuljugend einher, schmückte ihre Reihen mit allerlei allegorischen Darstellungen. Den ersten Aufzug führten an der Zugherr mit einer Partisane und dem Sächsischen Wappenschilde, Trommelschläger und Fähndriche folgten ihm. Dann kam die Stadt Eisenberg, gekleidet als eine schöne Frau, geschmückt und bekränzt, von Engeln begleitet. Aber hinter ihr ging der Tod, begleitet von zwei Totengräbern; da wurde gesungen: Gedenket, daß ihr sterblich seyd etc.! Hinter dem Tode trat der erbitterte Kriegsgott Mars mit seinen gewappneten Trabanten auf. Diesen folgten mehrere Bettler, in Begleitung des Hungers. Aber nach diesem kamen die Göttinnen der Gesundheit Hygiäa, des Friedens Irene, und des Überflusses Amakthea. Diese schlossen ganz erfreulich den ersten Zug.

Den zweiten Zug eröffneten Fahnenträger, hinter welche ein wilder Mann herging, mit einer großen Maie (Birke). Dann aber kamen der Kaiser, König, die Churfürsten und andere Fürsten nebst ihrem glänzenden Gefolge. Diesem folgte der Hausstand, Künstler, Handwerker, Bürger und Bauern. Einige Pickelhäringe liefen neben her. — Nun kam der Actus selbst:

Es trat auf die personifizierte Stadt Eisenberg, sang und freute sich ihres glücklichen Zustandes:

Nur Lob und Dank
sey mein Gesang,
daß ich mich wohl befinde.

Zwei Schutzengel freuten sich singend mit ihr. Da kamen aber Tod, Krieg und Hunger und mißgönnend der Stadt ihren Wohlstand, drohten, sie mit ihren Plagen zu überfallen. Erschrocken über diese Drohungen, sank Eisen-

---
[3] Curiositäten, 8. Band, 3. Stück, Weimar 1820. S. 226 ff.

berg klagend nieder. Da trat der Bischof Gregorius auf, sie aufzumuntern und zu trösten. Mit ihm kamen die Gesundheit, der Friede, der Überfluß. Sie sprachen und sangen der Stadt Trost zu. Darauf gingen sie den Feinden herzhaft zu Leibe. Die Engelschar und die Pickelhäringe kamen ihnen zu Hülfe, überwältigten den schnaubenden Kriegsgott, den grinsenden Tod und ihr Gefolge, banden und führten sie davon.

Nun führten die vergnügten Bauern, wilden Männer und Pickelhäringe einen Tanz auf. Die Schüler aber sangen gar lieblich dazu. So endete sich diese Fröhlichkeit, welche die damalige genügsame Welt ebenso gut unterhielt, als die unserige eine Oper."

Vom heiligen Martin erzählt die Legende, daß er in seiner Jugend Kriegsdienst getan und in der ihm angeborenen Barmherzigkeit einem entblößten Bettler die Hälfte seines Mantels geschenkt habe. Die Welt, die bekanntlich das Strahlende zu schwärzen liebt, raunte sich über diese Mantelgeschichte zu:

St. Martin war ein milder Mann,
Trank gerne Cerevisiam,
Und hatt' doch kein Pecuniam,
Drum mußt' er lassen Tunicam.

Dieses Sprüchlein scheint deshalb entstanden zu sein, weil der heilige Martinus den Deutschen als einer der Patrone des Weins galt und der Schutzheilige der mannlichen deutschen Nagelprobe war.

O Martein, O Martein!
Der Korb muß verbrannt sein,
Das Geld aus den Taschen,
Der Wein in die Flaschen,
Die Gans vom Spieß!

tönte es dem trinkfesten Heiligen zu Ehren und

Wer nich vull sick supen kann,
De is ken rechte Martensmann[4]!

---

[4] Max Bauer, Der deutsche Durst, Leipzig 1903. S. 239 f.

Als der heidnische Mars sich in den frommen Martinus verwandelte, hatte er zwar seinen Charakter, aber nicht seine Kriegsgurgel verändert[5]. Und wie einst dem Mars Tierspenden dargebracht wurden, so wurden auch St. Martinus zu Lob und Preis unzählige schuldlose Geschöpfe geopfert: die Martinsgänse.

Doch nicht mit Leibesergötzungen allein wurde dem Heiligen gehuldigt. Auch die Kinder mischten ihre zarten Stimmen in das Gejohle der Schmausenden und Trunkenen.

Im Schaumburgischen gingen die Kinder armer Leute am Martinsabend vor die Häuser und sangen:

    Mackt, mackt den Gaut Man:
    Der es wohl vergelten kan.
    Appel und de Beeren,
    Nöte (Nüsse) gath wohl mehn.
    Gaut Frau gebt us wat!
    Lat us nich tau lange stahn
    Wir möten noch nach Cöllen gahn!
    Cöllen is en wit weg.
    Himmelrick is upe than!
    Da möten wir alle hinin gahn,
    Mit allen unsern Gästen!
    Gäber is de beste.
    Ick höre de Schlötel (Schlüssel)
                        klingen,
    Sie wird us wohl wat bringen:
    Sie gath up de Kaamer,
    Suckt was tausamen.
    Bei einen, bei zweien, bei dreien,
    De Vaierte kan wohl mehe gahn.
    Petersellgen Zuppenkrut!
    Steht in usern Gahrn (Garten).
    Die Jungfer N. ist ene Brut,
    Es wird nicht lange währen,
    Wenn sie nach der Kircken geiht

---

[5] Nork, S. 677.

Und der Rock in Faalen schleit!
Simeling Simeling Rausen blat.
Schöne Stadt ... Schöne Jungfer
gebt us wat.

Ließ man die Kinder eine Weile auf die Gabe warten, so fingen sie wieder an: „Peterselgen Zuppenkrut". Merkten sie, daß sie etwas bekämen, so sangen sie:

Appel up dem Bohme,
Ups Jahr een jungen Sohne.
Beeren im Potte,
Ups Jahr eene junge Tochter.
Märtens Abend kommt heran:
Klingel up der Bössen (Büchse).
Alle Maikens kreigt en Man,
Wie möten gehn und kössen.
Habe un dat Linnsaat (Leinsame)
Is de Frau ehr liebst Hausrath.
Simeling Simeling (säumen) Rausen blat,
Schöne Stadt, schöne Jungfer gebt us wat.

Ließ man sie stehen und gab ihnen gar nichts, so schlossen sie (war keine „Jungfer" da, so wurde die Frau im Hause genannt):

Aschen in den Duten,
Die Jungfer N. hat een schwarte Schnuten (Mund)
Aschen in den Taschen,
Die Jungfer kan gut naschen.
Mackt den Märten Trullulut
Up dem Sullulut (Sulle heißt Türschwelle).

DER LÜBECKER MARTENSMANN

Eines ganz sonderbaren Brauches, der anscheinend vollkommen vergessen scheint, muß an dieser Stelle gedacht werden, einer Erscheinung, die wie wenige dafür bezeichnend ist, was dem deutschen Bürgertum von feudalen Herren alles zugemutet werden durfte.

Wie erniedrigend für eine Stadt wie Lübeck der Martensmann, um diesen Helden handelt es sich, war, kam anscheinend den Bewohnern dieser einst so mächtigen Stadt sehr spät zum Bewußtsein, denn erst das erste Viertel des neunzehnten Jahrhunderts sah den letzten Martensmann aus dem zweigiebligen Marientor dieser stolzen Hansestadt reiten.

Im Februar des Jahres 1817[1] bedurfte es eigener Verhandlungen zwischen Lübeck und Mecklenburg, jene alte Sitte für immer abzuschaffen, nachdem sie fast drei Jahrhunderte hindurch bestanden hatte[2].

Der Magistrat zu Lübeck wählte jährlich unter seinen Ratsdienern einen handfesten Mann als Gesandten aus, der fortan Martensmann hieß, und ordnete diesem zwei Zeugen bei. Alle drei Personen mußten von unbescholtenem Ruf sein; allein weit mehr Rücksicht nahm man darauf, daß sie tapfere Trinker waren nach dem Muster der alten Teutonen und niemals an den leisesten Anwandlungen von Schwindel litten; denn es galt, auch in diesem Punkte das mächtige Lübeck würdig im Nachbarland zu vertreten.

Der Martensmann fuhr am 8. November mit seinen beiden Zeugen in einem offenen Kaleschwagen, der mit vier mutigen Rossen bespannt war, aus den Toren Lübecks. Der Weg nach Schwerin beträgt nur acht Meilen; allein da die Gesandten einer so reichen Republik unterwegs nicht karg leben durften, sondern sich bei jeder Gelegenheit splendid zeigen mußten, so wurden außer einem Ohm Rheinwein Geld, Reisegerät und Lebensmittel in solcher Menge mitgenommen, als stände eine Reise durch eine Wüste bevor.

Am zweiten Tag langte man abends in der Dunkelheit heimlich in Schwerin an und wohnte über Nacht verstohlen

---

[1] Dr. Rud. Schultze, Geschichte des Weins und der Trinkgelage, Berlin 1867, S. 142 ff. — [2] G. C. F. Lisch in Jahrb. des Vereins für mecklenburg Gesch., XXIII., Schwerin 1858, S. 81 ff.

in einem Gasthof der Vorstadt. Wagen und Pferde wurden hier auf das genaueste besichtigt und alles Schadhafte ausgebessert.

Am 10. November in der Frühe fuhr die Gesandtschaft eine kurze Strecke vor die Stadt hinaus, um mit dem Schlag zwölf Uhr öffentlich und feierlich in diese einzuziehen. Der Kutscher jagte im vollen Trab an das Tor; die Wache trat heraus und präsentierte das Gewehr. Für diese Ehre zog der Martensmann seinen Hut ab und verehrte der Wache einen Gulden als Trinkgeld. Ein Unteroffizier und zwei Soldaten brachten dann den hohen Gesandten ins Quartier und blieben zu seiner Sicherheit bei ihm, eine Maßregel, die durchaus notwendig war. Denn noch eine andere Ehrenwache begleitete den Wagen, vor der unser Martensmann kaum sein nacktes Leben retten konnte; sie bestand aus einem ungeheuren Schwarm von Straßenjungen, die beständig „Mus-Marten", „Schön-Marten", „Pennings-Marten" riefen und entsetzlich lärmten. War der Martensmann in seiner Wohnung angelangt, so stellte sich die ganze Bande dieser gegenüber in zwei Linien auf, maskierte sich, bewaffnete sich mit Kuhschwänzen, tauchte diese in Kot und Unflat und balsamierte sich gegenseitig auf das abscheulichste damit ein. Nach diesen dem Martensmann erwiesenen Ehrenbezeigungen drang der ganze besudelte Haufe unter Vortritt eines unter sich gewählten Königs in das Zimmer des Gesandten und grunzte hier so lange, bis dieser zum Dank dafür Semmeln, Kringeln, Äpfel, Nüsse und kleine Münzen in Massen austeilte. Nachdem das ganze Haus hinreichend beschmutzt war, tummelte sich die ehrenwerte Gesellschaft frohlockend wieder hinaus und durchtobte noch einige Zeit die Stadt.

In der zweiten Hälfte des achtzehnten Jahrhunderts wurde jedoch dieser Unfug streng verboten, und der Martensmann lief keine Gefahr mehr, mißhandelt zu werden.

Um drei Uhr nachmittags endlich hielt er seinen feierlichen Einzug in das herzogliche Schloß. Auf allen Straßen, die er zu passieren hatte, harrten seit Stunden dichte Menschenmassen sehnlichst des großen Kaleschwagens, der endlich, von starken Pöbelhaufen umdrängt, erschien. Der Kutscher feuerte mit heroischen Peitschenhieben die Rosse an. Auf der mittelsten Bank thronte allein der berühmte Martensmann mit wichtiger Amtsmiene und in solennem Amtsornat. Dieser bestand aus einem schwarzen Unterkleid mit einem scharlachroten, ärmellosen Mantel. Um den Hals trug er einen riesigen weißen Faltenkragen und auf dem Haupte die gewaltigste Allongeperücke, die es geben konnte. Hinter ihm lag das Faß, hinter diesem saßen die zwei Zeugen und ganz hinten standen zwei Lakaien.

Sobald der Wagen in den Schloßhof einfuhr, entblößte der Gesandte zunächst das Haupt des Kutschers, dann sein eigenes, während die ganze Schloßwache unter das Gewehr trat und salutierte, wofür sie ebenso wie die Torwache einen Gulden Trinkgeld erhielt. In Gegenwart des Herzogs mußte dann der Wagen mit seiner vollen Ladung zweimal in rasender Eile auf dem Schloßhof herumfahren, während der Martensmann wieder Geld unter die Menschenhaufen warf. Das Gerassel des Wagens, das Getön der Pferdehufe, das Gebrüll des Volkes, das Gelächter der Zuschauer wirkten in dem engen Hof besinnungsraubend. Plötzlich hielt der Wagen vor der Haupttreppe still, auf der mehrere herzogliche Beamte mit dem Hausvogt standen, um die Gäste zu empfangen. Nachdem alle formellen Begrüßungen und feststehenden Anreden beendet, ließ der Hausvogt Wagen und Pferde untersuchen, ob etwa am Eisenbeschlag, Riemenwerk, Geschirr, Hufeisen usw. der geringste Fehler zu finden sei. In diesem Falle nämlich gehörten nach altem Herkommen Pferde und Wagen dem Herzog und wurden sofort in den Marstall gebracht, angesichts des verblüfft nachschauenden und vergeblich dagegen protestierenden Martensmanns. Wahrscheinlich mußte der Wagen deshalb zweimal rasch in dem Schloßhof umjagen, damit, falls noch kein Fehler an ihm vorhanden war, bei dieser Gelegenheit irgend etwas schadhaft würde und die Ursache seiner Beschlagnahme werden könnte.

Nach der Untersuchung des Fuhrwerks, bei der die Straßenjugend emsig half, bestieg der Hofkellermeister ernst und feierlich den Wagen, das im Faß enthaltene Gewächs zu prüfen; er öffnete das Spundloch, zog mit einem Heber ein Glas heraus, besah und leerte es in verschiedenen Zügen. Dann reichte er dem Hausvogt einen Trunk, und so der Reihe nach allen Beamten. Das Faß wurde darauf wieder zugeschlagen und in den Hofweinkeller gewälzt. Die Gesandtschaft aber verabschiedete sich unter vielen Komplimenten und verließ den Schloßhof, wiederholt Geld unter das Publikum werfend. Im Quartier angelangt, legte der Martensmann die Amtskleidung ab.

Der geschäftliche Teil seiner Sendung war beendet; fortan hatte der Arme nur noch Vergnügen auszustehen. Zunächst übersandte er nach alter Sitte den Beamten, die ihn im Schloßhof empfangen hatten, 12 Pfund Käse, 2 Pfund Bücklinge, 2 Brote und 4 Zitronen. Dann ließ abends 7 Uhr der Hausvogt ihn samt Zeugen und Kutscher zu einem Abendessen auf dem Schloß einladen, was bereitwilligst angenommen wurde. Der Gesandte machte sich mit seiner Gesellschaft sofort auf den Weg; voran ging gravitätisch der Pförtner, der die Einladung besorgt hatte. In der Rechten hielt er den gewaltigen Kommandostab, um sich und die Gesandtschaft damit zu schützen, in seiner Linken aber eine eigens zu diesem Zweck bestimmte, drei Fuß hohe, aus 100 Scheiben von Horn zusammengesetzte, mit Messing beschlagene Laterne, in der vier Lichter brannten.

Als Herzog Karl Leopold von Schwerin sich in Dresden aufhielt, meinte Lübecks Hochweiser Rat einmal, die Weinsendung wäre unnötig, und schickte keinen Martensmann. Er wurde aber ernst an seine Pflicht erinnert, und der Gesandte erschien nachträglich statt am St. Martinstag am Johannistag des folgenden Jahres.

Damit aber nichts an der pünktlichsten Beobachtung aller üblichen Zeremonien fehle, mußte der Pförtner auch diesmal um die bestimmte Stunde, trotzdem die Sonne klar und hell am Himmel schien, mit seiner großen brennenden Laterne der ehrwürdigen Gesellschaft voranleuchten, was sich freilich recht tollhäuslerisch ausgenommen haben soll.

Außer dem Hausvogt, seinen Assistenten und der Gesandtschaft nahmen an der großartigen Abendmahlzeit Küchenmeister, Kellermeister, Kastellan, Schloßgärtner und viele gute Freunde teil. Für den Pförtner war ein eigener Tisch an der Tür des Zimmers gedeckt; in dem ernsten Moment, wo die Speisen aufgetragen wurden, rief er sein gebieterisches „Stille da!" Er mußte Ordnung unter dem Publikum halten, das an der offenen Tür dem Gastmahl zuschaute, dabei entsetzlich tumultuierte und dem Zerberus nicht das mindeste Gehör gab, so sehr dieser sich solches auch durch seinen Kommandostab zu verschaffen suchte, mit dem er vor Wut zuletzt taktmäßig auf den Boden klopfte.

Neben der Tafel stand nach alter Sitte ein schönes aufgemachtes Bett. Darauf lag eine Nachtmütze; Waschwasser und Handtuch befanden sich daneben, und das Nachtgeschirr, mit Erlaubnis, stand darunter. Alle diese schönen Sachen waren aber dazu da, daß man sich ihrer nicht bediene, gleichsam ein „Noli me tangere" für die stoische Gesellschaft. Selbst die geehrteste Persönlichkeit unter den Anwesenden, der Martensmann, durfte sich weder in das bequeme Bett legen noch von den anderen nützlichen Gegenständen Gebrauch machen, hätte er sich auch noch so sehr in einem Zustand befunden, wo ihm jene Gegenstände von unendlichem Nutzen gewesen wären. Eine harte Strafe traf den Missetäter, der dieses Gesetz zu überschreiten wagte.

Der Küchenzettel hatte nach urväterlicher Weise genau 36 Schüsseln für diese Spartaner bestimmt. Wenn nach der Suppe und etlichen Fleischspeisen die Fische vorgelegt wurden, brachte der Hausvogt die Gesundheit seines

Landesherrn aus; es folgten Hochs auf alle Glieder des herzoglichen Hauses, den Lübecker Senat usw. Wer zum erstenmal an der Tafel erschien, dem wurde der große Willkomm zugetrunken. Falls der Geehrte allein diesen nicht zu bewältigen vermochte, war es ihm erlaubt, sich dazu zwei Gehilfen, die einen guten Schluck nehmen konnten, die sog. Gevattern, auszuwählen. War der Willkomm geleert, so fragte der Hausvogt den Gast, ob ihm nun Gnade widerfahren und Recht geschehen sei, was dieser dankend bejahen mußte.

Um 11 Uhr wurde die Tafel aufgehoben, aber niemand begab sich nach Hause, sondern man begleitete in corpore mit der nie fehlenden Laterne den Martensmann in sein Quartier; hier nahm man — keinen Abschied, sondern wurde von dem höflichen Gesandten eingeladen, bei ihm etwas Kaffee, Tee, Punsch und guten alten Rheinwein, was alles längst bereit stand, einzunehmen, um die Verdauung zu fördern. Nach etlichen Stunden endlich trennte man sich in ungeheuerer Heiterkeit.

Kaum aber waren die Herren am anderen Morgen mit verschiedenen unaussprechlichen Gefühlen erwacht, als man auch schon wieder daran dachte, Mund und Magen der armen Gesandtschaft in Tätigkeit zu erhalten. Sie folgte willig der Einladung des Hausvogts zu einem kleinen Frühstück, das immerhin für eine anständige Mittagsmahlzeit hätte gelten können.

Sämtliche Gäste des vorhergehenden Abends verfehlten nicht, sich pünktlichst einzustellen. Abermals lieferten 36 stattliche Schüsseln und der Inhalt unzähliger Flaschen den sämtlichen Verdauungsorganen allerseits eine hinlängliche Beschäftigung auf mehrere Stunden. Zum Schluß brachte der Martensmann einen Spruch aus auf das gute Einvernehmen zwischen dem Haus Mecklenburg und der Stadt Lübeck. Dann wurde er ganz wie am vorhergehenden Abend von der Gesellschaft nach Hause gebracht und diese von ihm mit Kaffee, Punsch und Wein bewirtet.

Endlich nahte die Abschiedsstunde. Man schied von einander und wünschte dem Martensmann glückliche Reise. Damit sich aber die herzoglichen Diener nicht allzusehr dem Abschiedsschmerz hingäben, erhielt jeder von ihnen noch eine Gans und eine Torte aus der Hofküche. Von dort wurden dem Martensmann, damit er unterwegs nicht verschmachte, eine Wildbretpastete, eine Torte, ein Gänsebraten und ein Schweinebraten, außerdem zwei Scheffel Hafer für seine Pferde zugeschickt. Seinem Hochweisen Rat mußte er das eine Jahr einen Rehbock, das andre ein wildes Schwein oder einen Frischling mitbringen.

WEIHNACHTSPOSSEN

Vor Zeiten mischte man am Weihachtsfest in den französischen Kirchen unter die geistlichen Lieder profane und sang selbst das Magnificat nach der Melodie eines Gassenhauers, der anfing:

Que ne vous requinquez vous, Vieille,
Que ne vous requinquez vous donc?

Diese Melodie steht über dem gedruckten Magnificat[1].

„Am lustigsten und lautesten ist überall im alten Deutschland das Nikolaus- oder Weihnachtsfest begangen worden, schon weil die gefeierte Begebenheit Begeisterung erweckt, dann auch, weil man den Genuß, Kindern Freude zu machen, daran knüpfte und besonders, weil in dieser Jahreszeit die meisten Städtebewohner kaum vor das Tor kamen, also bei dem Entbehren der Natur Vergnügen in gefälligen Lustbarkeiten suchten", sagt Hüllmann. Überall Beschenkungen, Gelage, Tänze, Aufzüge, Verkleidungen, mutwillige Streiche, Neckereien nicht selten bis zum Blutvergießen. Schwer ist gewiß die Vereinigung freisinniger Milde mit weiser Strenge gewesen.

„Am heil. Christtage zur Vesper," schreibt M. Enoch Wiedemann in seiner handschriftlichen Chronik der Stadt

---
[1] Querels ad Gassendum p. 53.

Hof, „da man nach alter Gewohnheit das Kindlein Jesu wiegte, wie mans nennte, schlug der Organist das „Resonet im laudibus": In dulci iubilo:
Josef, lieber Josef mein,
hilf mir wieg'n das Kindlein ein etc.,
welches der Chor sang, und schickten sich solche Gesänge wegen ihrer Proportion fast gar zum Tanze; da pflegten dann die Knaben und Mägdlein in der Kirch aufzuziehen und um den Altar zu tanzen; welches auch wohl alte Lappen täten, sich der fröhlichen freudenreichen Geburt Christi äußerlicherweise dadurch zu erfreuen und derselben sich zu erinnern, welches man damals den Pomwitzel-Tanz zu nennen pflegte[2]."

Der Rat zu Braunschweig erlaubte den „Schauteuteln" — „Schow-Düvelen" —, die haufenweise verkleidet durch die Straßen zogen und das Volk belustigten, die zeitgemäße Tollheit, solange sie niemand verletzten. Damit er sich aber dessen versicherte, mußte der „Schaffer" oder Unternehmer jeder „Rotte" zehn Mark als Bürgschaft dafür erlegen, daß kein Unfug getrieben, niemand beleidigt wurde, die lustigen Gesellen nicht in die Kirchen drangen und die Kirchhöfe nicht beträten[3]."

Eine Schilderung aus dem letzten Drittel des siebzehnten Jahrhunderts liefert uns eine Vorstellung, wie sich in jenem Zeitabschnitte die Weihnachtsumzüge in Norddeutschland gestaltet hatten:

„Da lauffen bey uns wider alles Verbot der Obrigkeit die also genannten hallheilige Christ mit Kühglocken und Schafschellen behänget auf den Gassen und Straßen noch offtmals herum, brüllen, schwärmen, schlagen an die Häuser, erschrecken die Kinder und was des Wesens mehr ist. Da werden von denen, die für andern den Schein der Gottseligkeit haben wollen, gantz offentliche Processiones von dem vermeynten heiligen Christen, Engelen, Aposteln

---

[2] Vulpius, Curios., II. Bd., Weimar 1812, S. 468 ff. — [3] Ordnungsbuch des Rats zu Braunschweig v. J. 1410 bei Hüllmann, Städtewesen, IV., S. 167.

Mummerei und Schlittenfahrt im 16. Jahrhundert

Knecht Ruprecht
von J. F. von Goetz (1784)

und Knecht Ruprechten, die sich wie die Pickelhäringe und Fastnachtsnarren ankleiden, mit Gefolge einer großen Menge lachenden und schreyenden unbändigen Volks in den Häusern gehalten und den Kindern die abgöttischen Concepte gemacht, das sey der heilige Christ, der sey mit seinen Engeln und Aposteln vom Himmel gekommen. Da gibt sich alsdann ein gekrönter und mit einem grauen Bart behängter Oel-Götze für Christum aus und läßt sich von den Kindern als Christum ehren, die Knie für sich beugen und wohl gar als Christum anbeten. Verklagt Knecht Ruprecht die Kinder bey dem falschgenannten heiligen Christ, so stellet er sich zornig, als wollte er davongehen. Da denn entweder ein Engel oder einer aus den Aposteln eine Vorbitt einlegt und ihn begütigt, daß er den Kindern Gnade und Geschenke verspricht[4]."

Herzog Gustav Adolf von Mecklenburg ging 1682 mit einem Dekret gegen das „auff den Gassen umbherlauffen" zu Nikolaus und Martinus energisch vor und verbot es „Adel und Unadel".

Man hatte sich eben seit uralter Zeit in Deutschland gewöhnt, in den Wochen vor der Weihnachtszeit phantastisch aufgeputzte Figuren und Schreckgestalten in den Wohnstätten einhergehen zu sehen, die namentlich bei den Kindern Furcht und Schrecken erregten. Einiges über diese Popanze ist bereits im ersten Hauptteil besprochen worden. Es gilt hier nur einige grotesk-komische Erscheinungen dieser den Kindern so unheimlichen Gesellen nachzutragen.

St. Nikolaus — früher gleich St. Georg beritten — stellt sich am Vorabend seines Festes selbst der Jugend als Teufelsbändiger vor, indem er den mit Ketten umwundenen Kerl mit sich führt, dem landschaftlich die verschiedensten Namen beigelegt werden. Der slavische Ruprecht heißt in Böhmen und Mähren ausdrücklich der Teufel[5].

---

[4] Herm. S. Rehm, Deutsche Volksfeste und Volkssitten, Leipzig 1908, S. 5 f. — [5] Julius Lippert, Christentum, Volksglaube und Volksbrauch, Berlin 1882, S. 664.

In Mecklenburg, West- und Ostpreußen, Pommern und einem Teile Brandenburgs zieht der Schimmelreiter auf. Sein stolzes Roß sind Burschen, über die ein weißes Laken gebreitet wird. Der Pferdekopf ist mit kühner Phantasie aus Stroh gebunden. Auf diesem Gespensterpferde sitzt der Reiter. Er trabt unter den Kapriolen seines Gaules vor alle Gehöfte und sammelt allerhand Gaben ein [6].

Bei den Wenden der Niederlausitz, dann im Aller- und Ohregebiet kommt der Schimmelreiter in die Spinnstube. „Ein Bursche mit tief ins Gesicht gezogenem großen Hute hat hinten und vorn mit einem Leintuch überdeckte Siebränder angebunden, die den Rücken des Schimmels darstellen. Aus dem vorderen Stück ragt eine Stange hervor, an der ein aus Werg gefertigter, mit weißen Tüchern umwickelter Pferdekopf steckt, während an dem hinteren Teil des nachgemachten Rosses ein Schwanz aus Werg oder Flachs sich befindet. Oft springt der Schimmelreiter über einen an die Tür gesetzten Stuhl in das Zimmer und ergreift eins der versammelten Mädchen zum Tanz [7]."

In Ostpreußen erscheinen außer dem Schimmel noch: Adebar, Ziegenbock und Bär. Es wird ein Kopf gemacht und der Storchschnabel. Damit ist der Storch fertig. Der Träger ist mit einem weißen Tuch überhangen. Mit zwei Löffeln ahmt er das Klappern der Storchschnäbel nach.

Der Ziegenbock ist mit Lappen ausgeputzt und kriecht auf allen vieren. Seine Hörner bestehen aus einer hölzernen Stroh-Schüttgabel.

Der Bär ist mit Erbsenstroh umwickelt. Stroh umhüllt seinen Kopf. In der Hand hält er einen großen Knüppel. Er rollt sich herum und schmeißt sich hin [8].

„Allemal am Klausmarkte in Eisfeld, der am Montag nach Nikolaus (6. Dezember) fällt, maskiert sich das junge Volk,

---

[6] Reichardt, S. 29. — [7] Prof. Georg Rietschel, Weihnachten in Kirche, Kunst und Volksleben, Bielefeld und Leipzig 1902, S. 108. — Max Ebeling, Blicke in vergessene Winkel, Leipzig 1889, 2. Bd., S. 249. — [8] Treichel, Verhandlungen der Berliner anthropolog. Gesellsch. vom 20. Januar 1883.

d. h. sie wickeln sich in Erbsenstroh mit einer selbstgefertigten Larve und einer Narrenmütze von Stroh, oder man kleidet sich von oben bis unten wie Papageno in Federn, in Troddeln von Leinenband oder in Schroten von Tuch mit einer Narrenmütze von Pappe. Sie hängen ein Schellengeläute um sich und springen so unter Klatschen mit Peitschen und Juh-Schreien aus einer Lichtstube in die andere, lassen dort die Mädchen oder in anderen Häusern die Kinder beten, teilen Äpfel und Nüsse aus, nehmen aber auch überall Geschenke an. Kehren sie in ein Haus ein, so klopfen sie artig an, — und Rupperich und Nikolaus treten ein: N.: Ruppert, Ruppert, Herr Ruppert, 's ist warm dahier! — R.: Ja, beim Ofen, Nikolaus, das glaub ich dir. — N.: Ruppert, Ruppert, die Leute sehn uns an. — R.: Ich danke Gott, daß wir beim Ofen stahn. — N.: Hans Flederwisch, komm auch herein. — Fl.: Ja, wenn die Leut' zufrieden sein. — N.: Wollten sie's nicht zufrieden sein, so schlagen wir ihnen die Fenster ein. — Fl. tritt ein und spricht: „Ich bin der Hans von Flederwisch, kann die Kinder schon erwischen hinterm Tisch, vor dem Tisch, in den Ecken, wo sie stecken, und schreien sie alle mordjo, so rufen wir doch nur ho! ho!" [9]

In Wingershausen im Siegerland heischen Christkind und Strohmann Gaben. Das Christkind, ein junges Mädchen, trägt ein weißes Kleid, einen langen weißen Schleier und eine Strahlenkrone auf dem bezopften Köpfchen. In der Hand hält es eine mit Bändern umwickelte Rute. Sein Begleiter wird von oben bis unten mit Roggenhalmen umkleidet, die um die Hüften mit einem Gürtel aus Stroh befestigt werden, so daß er einer wandernden Strohgarbe ähnlich sieht. Auf dem Kopfe hat er einen Strohhut, in der Hand eine mit Stroh umwickelte Rute. Am dritten Sonntag vor Weihnachten gesellen sich noch zwei Personen zu der Truppe: der Mehlmann und die Kaffeeliese. Sie sind

---
[9] Kunze in der Zeitschrift des Vereins für Volkskunde, 6. Jahrg. 1896, S. 18 f.

in allerhand Verkleidungen, haben geschwärzte Gesichter und tragen einen Sack. Der Mehlmann bettelt Mehl, Speck, Eier; die Kaffeeliese Kaffeebohnen, Zucker und Zehrgeld. So wird das Dorf abgeklappert, bis man sich unter dem Hallo der Jugend in dem Versammlungslokal wiederfindet und die eingesammelten Gaben verzehrt.

In Schlettstadt im Elsaß trabte der heilige Nikolaus in seiner Vermummung recht ehrwürdig auf einem Esel durch die nächtlichen Straßen.

In Rheinsberg am Niederrhein besteht noch in manchen Familien die Sitte, zur Belustigung der Kinder am Abend vor Martini an der Decke des Zimmers oder der Küche eine mit Zuckerwerk, Äpfeln, Nüssen und einigen Kartoffeln oder bitterschaligen Rüben gefüllte große Düte, den St. Martinssack, aufzuhängen, an deren unterem Ende ein langer Papierstreifen befestigt ist, den man anzündet. Darunter tanzen die Kinder herum, indem sie sich an den Händen gefaßt haben und das Liedchen singen:

> Sent Märtens, Märtes Vogelche,
> Rond, rond Vögelche
> Wo flog et,
> Wo flog et?
> All over de Rhin,
> Wo de fette Ferkes sin.
>
> De fette Ferkes soll'n geschlacht sin,
> Heissa, sent Märte,
> De Kalver hebb'n Stärte,
> De Köhj hebb'n Hörnder
> On krupen all in de Dörnder,
> Heissa, Sent Märte!

Sobald die Düte von der Flamme ergriffen wird, fällt der Inhalt zu Boden, und jetzt gilt's im Dunkeln, denn es darf kein Licht in der Stube sein, die einzelnen Gegenstände zu erhaschen.

Rechten Spaß macht's, wenn eines der Kinder eine Rübe oder eine Kartoffel für einen Apfel hält, in diese hineinbeißt oder darüber ausgleitet und hinfällt[13].

DRAMATISCHE WEIHNACHTSSPIELE

Alle die bisher aufgeführten Betätigungen der Weihnachtsfreude trugen vorwiegend weltlichen Charakter, im Gegensatz zu den Weihnachtsspielen, die entweder in der Kirche selbst oder unter geistlichem Patronat vor sich gingen.

Auch diese dramatischen Spiele sind aus Wechselgesängen hervorgegangen wie die Misterien. Sie ertönten in den katholischen Kirchen bei den Frühmetten. Wie bei den Misterien konnte man auch bei ihnen sehr bald den humoristischen Einschlag feststellen. Und der urwüchsige Volkshumor hat sich in diesen Wechselgängen recht lange erhalten.

Aus dem Anfang des neunzehnten Jahrhunderts haben wir die Niederschrift eines Duettes für Frauenstimmen, das in der Grazer Ursulinerinnenkirche gesungen wurde.

Zwei Hirten begegnen sich auf dem Felde.

Der erste beginnt:

> Gelt Bruder, liaba Bua,
> Du sagst grad ja dazua,
> Da alls im Dorf recht schnarcht und schlaft,
> Habn wir all zwa was neigs (Neues) dafragt,
> Der Himmel is recht Sterna voll
> Die Musik, one G'spaß, is toll.

Der zweite antwortet und macht den ersten auf die Engel aufmerksam, die über dem Stall die Musik machen.

> Laf mit zum Nachbarn, laß uns sehn
> Was denn heunt Nacht no neigs is gschehn.

Der erste ruft verwundert aus:

> Potz Plunder, was ist dos?
> Schau gschwind durchs Augenglos.

---

[13] Der deutsche Niederrhein, Krefeld 1910, S. 367 f.

>   An Jungfrau und an alten Mann,
>   Die segn uns ja gar freundli an;
>   Es liegt a Kind im Krippel dort,
>   Die Engerln singen immer fort.
>
> Der andere bedauert das arme Kind bei Ochs und Esel:
>
>   Es ist ganz bloß, daß Gott derbarm!
>   Geh hin und nims flugs afn Arm.
>
> Der erste aber lehnt das ab. Das Kind könnte doch den „Brei und Sterz", den er kochen würde, nicht essen.
>
>   In meina Hütten wärs a Spôt,
>   Daß soll einkehr'n der wahre Got.
>
> Da sagt der andere:
>
>   I laß das Kind nöt aus,
>   Trags in mein Nachbärn Haus,
>   Dort kriegts a Koch und Milli (Brei und
>   Milch) genui
>   Ich kanns hamsuchen in a Hui.
>
> Der erste will ins Dorf laufen:
>
>   Daß d' Nachbarn was zusamma tragn,
>   An Putta (Butter) und an Honigfladn,
>   A Federbettel richten zua,
>   Da liegts pur (allein) âf Heu und Strah,
>
> aber der andere entscheidet:
>
>   Bleib liaber no bei mir
>   I nimms Kind glei mit mir.
>   Die Jungfrau mit dem alten Mann
>   Führ du ganz freundli sacht voran,
>   Damit all drei beisammen sein,
>   In unsrer Hütten kehren ein.
>
> Es schließt der Wechselgesang mit einem Duett:
>
>   So lâf ma alli zwän
>   Und bitten halt recht schen,
>   Daß s' uns vors Kind än Örtel gebn
>   Wo's oni Frost und G'stank kann lebn.

Ja, ja, muaß sein parola (Parole), ja,
A Federbett anstatt dem Strah,
Glaub, was ma guats haben thoan,
Das bleibt nöt oni Loan.
Das kleine Kind, der große Got
Hilt uns af (nachher) â aus aller Not
Und wann er zu sein Voada kimt,
So hoff ma, daß er uns mit nimt.

Ahnliche Wechselgesänge waren auch an anderen Orten Steiermarks und in Kärnten üblich.

Aus der Kirche wanderten die Spiele in das Volksleben hinaus, und nun entfaltete sich erst, aller Fesseln ledig, der Volkshumor in seiner ganzen Üppigkeit.

Aus den verschiedensten Gauen haben sich Weihnachtsspiele erhalten, und als Karl Weinhold, der berühmte, unersetzliche Germanist, mit seinen „Weihnachtsspielen und Liedern aus Süddeutschland und Schlesien[11]" den von ihm entdeckten Schrein geöffnet hatte, da kamen aus Oberösterreich, Tirol, Steiermark, Kärnten, Salzburg, Bayern, dem Elsaß, dem böhmischen und sächsischen Erzgebirge, Thüringen, dem Harz und aus Ungarn Weihnachtsspiele in Hülle und Fülle zum Vorschein, die ohne Weinholds Anstoß der Vegessenheit anheimgefallen wären. Doch auch England, Frankreich, Italien und Spanien wandten plötzlich den alten Weihnachtsspielen erhöhte Aufmerksamkeit zu.

Wir wollen uns auf die heimischen Spiele beschränken und müssen leider auch diese nur im Fluge durchmustern.

Die Hirten sind meist die Komiker und recht burleske obendrein.

In einem Glatzer Spiel aus dem achtzehnten Jahrhundert weckt der eine Hirt seinen schwerhörigen Genossen.

Erster Hirt: Bruder Steffe, hörste nich, was der Engel soate?

Zweiter Hirt: Woas soat er denn?

Erster Hirt: A soate, es wär a Kind geboarn.

---
[11] Graz 1853.

Zweiter Hirt: Hm, Kind derfroarn?
Erster Hirt: Hm, du aler Esel, Kind geboarn.
Zweiter Hirt: Woas, du host a Strumpf verloarn?

Manchesmal fällt für den Teufel etwas Komik ab, der entweder den Engel durch Bestechung an der Verkündigung hindern will, oder den Herodias holt, dann auch für Hans Pfriem, den Fuhrmann des Christkindes[12].

Endlich wird öfter Joseph als komische Person dargestellt, der in den derbsten Ausdrücken redet.

> Holla, holla!
> War ich bald zur Thür rein gefolla!
> Gots velklablô (veilchenblau), das woar 'ne
> kalde Nacht!
> Wenn ich nich wär derwacht,
> Wär'n mir die Läuse in Pelz derfrorn,

schimpft er in einem schlesischen Stück.

Er sträubt sich, das Kindlein zu wiegen, denn er kann seine Finger nicht biegen. Als Schlummerlied singt er:

> Hunni sausi, hunni sausi,
> Der Kitsche (Katze) tut der Bauch wih!

In einem steirischen Spiel lautet der Weckruf des Hirten:

> „Auf, du fauler Bärenhäuta,
> Wos duselst dan so long im Bett,
> Steh do auf und ziah dih weita,
> Wegn wos schomst dan du dih net:
> Hörst nit d' Engl tonzen, singa,
> Zithernschlogn und blosn ah;
> So kunts koana zwegabringa,
> Wons da besti Spielmon wa!"[13]

Viele, ja wohl der überwiegende Teil dieser Weihnachtslieder und Spiele ist der Zeit zum Opfer gefallen, wozu auch die strenge Zensur das Ihre beigetragen haben mag, die z. B. in Österreich bereits im sechzehnten Jahrhundert

---

[12] Schriften des Vereins für Geschichte Leipzigs, 7. Bd., 1904. — [13] Peter Rosegger, Das Volksleben in Steiermark, Leipzig 1912, 14. Aufl., S. 427.

gegen die Weihnachtsspiele einschritt. Das wenige noch Gebräuchliche und Überlieferte ist glücklicherweise von fleißigen und gelehrten Sammlern vor dem Untergang gerettet worden [14].

KRIPPENSPIEL BEI DEN MAGYAREN

Um die Weihnachtszeit ziehen Knaben und Burschen in den ungarischen Dörfern von Haus zu Haus. Der Umzug selbst heißt Bethlenjárás, die Ausführenden Bethlemesek. Im Hause führen sie ein dramatisches Krippenspiel auf. Das ungarische Volk kennt eine Unzahl dieser Spiele. Dr. Heinrich von Wlislocki teilt als Muster die wortgetreue Übersetzung eines in der ungarischen Zeitschrift „Ethnographia", II. S. 338, aufgezeichneten mit [1]:

Die Personen sind die Schäfer Fedor, Titere und Gubu, ein alter Oberhirt und ein Engel.

Sie singen vor dem Haus im Chor: „Zum Jesus, dem Kleinen, Ihr Seelen eilet, kommt alle, Sprechet: Salve, salve! Denn erfreulich ist seine heilige Geburt. Zum Jesus, dem Kleinen, ihr Seelen eilet!"

---

[14] A. Weinhold, Weihnachtsspiele und -Lieder aus Süddeutschland und Schlesien, Wien 1853.
Karl Julius Schröer, Deutsche Weihnachtsspiele aus Ungarn, Wien 1858. Nachtrag, Preßburg 1858.
Piderit, Das hessische Weihnachtsspiel, Parchim 1869.
Aug. Hartmann, Weihnachtsspiel und Weihnachtslied in Oberbayern, München 1875.
Wilhelm Pailler, Weihnachtslieder und Krippenspiele aus Oberösterreich und Tirol, Innsbruck 1881.
August Hofer, Weihnachtsspiele (Jahresbericht), Wiener Neustadt 1892.
Köppen, Beiträge zur Geschichte der deutschen Weihnachtsspiele, Paderborn 1893.
Gröger, Hirten- und Weihnachtslieder aus dem österreichischen Gebirge, Leipzig 1898.
S. Vogt, Die schlesischen Weihnachtsspiele, Leipzig 1891.
u. a. m.

[1] Aus dem Volksleben der Magyaren, München 1893, S. 35 ff.

Nun wird die Krippe in die Stube gebracht und der Engel spricht:

„Hast du, Kamerad, solche Dinge gehört, die der himmlische Bote gesprochen hat: Daß geboren ist Jesus zu Bethlehem, Jesus unser Erlöser im menschlichen Leib?" Der Engel klingelt, worauf Fedor spricht: „Gelobt sei Jesus Christ, gebe Gott guten Abend. Wohin denn kam ich hin, wohin schleppt ich meine müden Füße; jenseits der hohen Berge war ich, von meinen Hirtenkameraden bin ich zurückgeblieben, also verirrten sich meiner Herde Schafe, ohne Hirten sind meine Lämmer. In Trauer deshalb blas' ich meine Hirtenweise. Glaube, daß ich finde meine lieben Freunde."

Dann spricht er: „Meine Freunde, Kameraden, meine Schafe, meine Herden, ihr seid zurückgeblieben, habt mich verlassen. Titere, Titere, mein lieber guter Freund (Titere tritt ein). Weiß, du hast keine Sorge, bitteren Kummer, auf Berg, in Tal unterhältst du dich, ich weiß, auf schönem Weidegrund in munterem Buchenschatten."

Titere: Guten Abend, Fedor, mein Freund! Ich höre deine Klagen, deine traurigen Hirtenweisen, du quälst dich, du bekümmerst dich, weil du dich verirrt hast, vielleicht hast du auch was von deiner Herde verloren, oder sie ist der Wölfe Beute geworden.

Fedor: 38 Jahre, 36 Tage lebte ich als Hirte viele frohe Stunden; Berge, Täler, muntere Auen durchzog ich; Wildziegenböcke, Hirsche habe ich gesehen; Wölfe, Bären hab ich in Scharen beobachtet, vor dem wilden Eber nicht erzitterte ich. Aber als bei meiner Herde, vor meiner Hütt' ich ruhte und des Himmels Tore und Fenster sich öffneten, Krachen, Rasseln, mächtiges Blitzen vernehmbar ward in den Tälern, da aus meinem Schlafe rannte ich aus Wald in Wald und gelangte also her.

Titere: Erschrick nicht, erbebe nicht, meine Kamerad Fedor, dein Schlaf ist nicht dein Schaden; dies dein Trost: vorhanden sind deine Herden, deine schönen Milchlämmer,

Gubu läßt sie weiden auf Berg und Tal, bei schönen klaren Gewässern.

Fedor: Gut ist's, Titere, Kamerade. Weg damit aus dem Herzen! Unterhalten wir uns nun nach Lust, blasen wir auf unserem Dudelsack, sagen wir her unsere Weise, bewegen wir unsere Beine, unsere müden Sohlen!

Der alte Oberhirte: Also ihr trinkt, eßt und betrügt (mich) Alten also?!

Fedor: „Wir haben es von dir gelernt, Väterchen!

Alter: Lang her war's, mein Sohn.

Fedor: Jetzt ist's, Väterchen! Salus, Alter!

Alter: Trink, mein Sohn!

Fedor: Dreck dir, Alter!

Alter: Mag ihn der Junge fressen.

Fedor: Dreh' dich ins Finstere, damit du nicht nach Lust trinken kannst.

Alter: Lieber hin ins Helle, damit ich des Schlauches Spund besser sehe und mehr trinken kann.

Fedor: Kannst du hungrig, durstig tanzen?

Alter: Ich will's probieren.

(Sie tanzen und singen):

Auf Kameraden, unterhalten wir uns, lustige Lieder singen wir, trösten wir uns, nicht schonen wir unsere Sohlen. Blas' deine Flöte, Titere, Fedor, deinen Dudelsack uns zur Lust, nun nach Lust unterhalten wir uns. Hipp, hopp!

Fedor: Leg' dich, Alter, unter das gut gemachte Bett.

Alter: Lieber hin aufs Bett.

Titere: Leg dich, Freund, Fedor, auf ihn, drück' nieder den Alten!

Der Engel (dreimal): Gloria in excelsis Deo!

Alle: Erhebet euch, Hirten, Freude verkünde ich euch, denn euch ist geboren, der da prophezeit worden ist, aus dem Leibe einer Jungfrau, jungfräulich aus jungfräulichem Blut, unser Erlöser Jesus.

Alle: Alleluja! Aber leer gehen wir nicht, Geschenke tragen wir, ein schönes kraushaariges Lamm, weißgeflecktes

Zicklein und frische Butter, und zarten Käse. Laßt uns bringen dem Jesus.

Fedor (tritt zur Krippe): Ich hab' ein krauses Lamm gebracht.

Titere: Ich habe Butter gebracht.

Gubu: Ich habe zarten Käse gebracht.

Fedor (bleibt bei der Krippe. Titere und Gubu holen den Alten ab, der hinter der Türe kauert): Komm' Alter, nach Bethlehem!

Alter: Ich gehe nicht in eine kranke Kuh! (Wortspiel. Magyarisch: Nem megyek beteg tehénbe — Bethlehembe (nach B.) . .

Gubu, Titere: Komm' Alter, nach Bethlehem!

Alter: Ich getrau' mich nicht, denn sie frißt mich.

Titere: Frißt sie dich, so schießt sie dich bald heraus.

(Sie schleppen den Alten zur Krippe.)

Fedor (zum Alten): Was hast du dem kleinen Jesus gebracht?

Alter: Gold, Weihrauch, Myrrhen (mirhat).

Fedor: Was? eine Tabakspfeife (nyirkat)? Er ist ja kein Kürschner!

Alter: Gold, Weihrauch, Myrrhen.

Fedor: Na, jetzt verstehen wir dich, Alter.

(Sie umkreisen die Krippe und singen):

„O kleiner Jesus, deinen Trost, deinen Segen reich' dem Herrn dieses Hauses. Er schläft, ruht in Windeln, in kalter Krippe auf Heu liegt er. Er liegt in keinem Bett, noch in einem Palast, sondern in einer Krippe, in schmutzigem Stalle. — Wenn jemand lustig lebt, so lebt der Schäfer also, im Wald, im Feld, mit Pfeife, Dudelsack, Flöte schweift er umher. — Wenn jemand lustig lebt, außerhalb der Stadt, nicht weit, ist ein kleiner Stall, zwischen dem Vieh liegt er, auf trockenem Heu ruht er, neben seiner jungfräulichen Mutter. (Fedor und Titere singen): Auf der Flur, auf der Au, ist's gut zu leben, ist's gut zu leben, mit dem Gubu, mit Titere zu tanzen, zu tanzen. Den Schlauch des (N. N. Hausherr) kreisen zu lassen, in lustigem Lied hipp, hopp zu sagen."

Fedor: Hipp, hopp! (Gubu nähert sich.)

Gubu: Guten Abend, meine Lieben! Fedor und Titere, wie habt ihr euch entfernt, habt mich mit dem alten Väterchen gelassen. Die Herde habt ihr mir allein gelassen.

Fedor: Gut ist's so, Kamerad Gubu, dir gilt unser Vers, Gott zum Gruß denn! Unterhalten wir uns! Unsere Herden wird bewachen der große, gute Gott. Deshalb anvertrauen wir dir unsere Hürde. Schlagen wir hier auf unser Lager, stechen wir ab eine Ziege, daneben eine Schwalbe, daneben eine schöne, braune Maid!

Alle: Na, stechen wir sie ab!

(Sie setzen sich wie die Steckenreiter auf ihre Stöcke und erwarten den Alten.)

Fedor: Salus, Alter!

(Als der Alte den leeren Weinschlauch erblickt, spricht er): Seine Eltern waren Joseph und Maria! Alle Alleluja! Wahrlich, Kameraden, uns wird es schlecht ergehen, unsere Mäntel, unsere Bundschuhe haben wir zu Haus gelassen! Bald möchten wir hervornehmen unsere Mäntel, wenn in der Kälte uns die Hände angefrieren.

Fedor (spricht den Abschiedsgruß): Gebe Gott alles Gute. Aus Nußbaumholz einen Sarg, Wein, Weizen, Pfirsiche und Mastschweine, Würste und auch Speck, — das wär' dem Alten recht.

Alter: Wahrlich recht wär's, mein Sohn! Ich habe euch das Richtige gelehrt. ‚Esel', komm' hervor! (Ein als Esel verkleideter Bursche tritt auf und wird mit den erhaltenen Geschenken beladen, womit das Spiel beendet ist.)

DIE SCHWERTTÄNZER VON YORKSHIRE

Bis gegen Ende der fünfziger Jahre waren in vielen abseits der Heerstraße gelegenen Gegenden Englands die

Schwerttänze üblich. Besonders in den Tälern von Yorkshire zählten sie zu den alten und unentbehrlichen Volksbelustigungen.

„Die Truppe dieser Tänzer pflegte gewöhnlich um Weihnachten und Ostern aufzutreten. Das Spiel: The fool Plough (Der tolle Pflug) bestand darin, daß eine Anzahl Schwerttänzer unter Musik einen Pflug herumführten. Die Bauern von Devonshire benutzten dabei Stöcke statt Schwertern. Sie besaßen auch einen handschriftlich verbreiteten Text ihres „Gesanges" oder „Zwischenspiels". Hiernach wickelte sich die Zeremonie folgendermaßen ab: Die Tänzer, Schwerter in den Händen und mit Bändern geschmückt, treten auf. Der Narr oder „Bessy", kenntlich an seiner mit einem echten Fuchsschwanz versehenen Perücke, eröffnet singend das Spiel. Unmittelbar danach erscheint der Hauptmann der Bande. Seinen Kopf bedeckt ein hoher, durch eine Pfauenfeder verzierter Hut. Er zieht mit dem Schwert einen Kreis, den er gravitätisch umschreitet. Sobald dies geschehen, stellt er im Sprechgesang und von einer Violine begleitet, dem Publikum seine sechs Spieler vor: des Junkers „Sproß", den Schneider oder „guten Meister Snip" — hierbei nach allen Seiten seinen Rock zeigend, der ganz zerlumpt und durchlöchert ist; dann kommt der „verlorene Sohn", ein Überbleibsel der alten Misterien und Moralitäten, an die Reihe; nach ihm der kühne, viel Grog vertilgende Schiffer; zuletzt er selbst und der Narr. Dieser präsentiert sich so:

Mein' Mutter ward verbrannt als Hexe,
Mein Vater ward gehenkt als Dieb,
Und mich, der ich der Narr der Sechse,
Hat darum keine Seele lieb.

Jetzt begann der Tanz, der sehr hübsch und sinnreich war. Die Schwerter kreuzten sich dabei geschickt in verschiedener Weise und bildeten Sterne, Herzen, Vierecke usw. Der Tanz erforderte eine sorgfältige Einübung, ein scharfes Auge und Sicherheit in Takt und Melodie. Gegen das Ende lösen sich Anmut und Eleganz in Unordnung auf. Die Spieler

Englisches Volksfest
Nach einem Gemälde von Hogarth

Neujahrsbrauch in Mexiko

geraten anscheinend hart aneinander. Plötzlich stürzt sich der Gemeindepfarrer zwischen sie, um Blutvergießen zu verhindern, empfängt aber einen tödlichen Streich. Ein psalmartiger Klagegesang hebt an. Der Doktor wird gerufen, der, da kein Mittel hilft, eine riesige Tabakdose hervorzieht und deren Inhalt — Mehl — dem Pfarrer ins Gesicht schüttet. Dieser niest kräftig und kommt allmählich zu sich. Alle schütteln ihm die Hand. Man wünscht frohe Weihnachten und Glück zum neuen Jahre. Ein allgemeiner Tanz endigt das Spiel — von dem heute kaum noch ein schwacher Hauch des Erinnerns in jenen Tälern weht . . ."[1]

OSTERPOSSEN

Von den Misterien, den Osterspielen, dem Osterlachen und den Ostermärlein ist schon gesprochen worden. Hier sollen die grotesk-komischen Osterbräuche behandelt werden, die seit den frühesten Zeiten üblich waren, von denen sich noch jetzt Ausläufer im Volke nachweisen lassen, oder die sich unverändert erhalten haben.

Die Osterfeiern in den Dörfern und Städten mit ihren Bettelgängen und Gesängen haben mit Groteskkomik nichts zu schaffen, so lustig dann und wann die Texte klingen mögen. Ebenso genügt die Erwähnung der Strohpuppen, die ins Wasser geworfen oder verbrannt wurden, wie dies in Mexiko am Neujahrstage üblich. Diese Erscheinungen gehören in das Gebiet der Volkskunde oder des Aberglaubens, und sie alle haben einen bitterernsten Grundgedanken, so grotesk sie oft anmuten mögen. Ähnlich verhält es sich mit dem Festzug der Leipziger Dirnen, die durch Vernichtung eines Strohmannes sich und die Stadt zu entsühnen glaubten[2].

Ein nur grotesk-komischer Osterbrauch ohne abergläubische oder symbolische Nebenbedeutung ist der Schuhraub von Durham in England.

---

[1] Kulturleben der Straße, Berlin o. J., S. 165 f. — [2] Max Bauer, Geschlechtsleben in der deutschen Vergangenheit, Leipzig 1902, S. 189. — Max Bauer, Die Dirne und ihr Anhang, Berlin 1912, S. 102 f.

Er besteht darin, daß am Sonntag nachmittag ganze Scharen von Knaben truppweise die Straßen durchziehen und jedes weibliche Wesen mit den Worten anhalten: „Pay for your shoes if you please!" (Zahlen Sie gefälligst für Ihren Schuh!) Wenn sie nicht sogleich eine Kleinigkeit erhalten, ziehen sie ihrem Opfer einen Schuh mit Gewalt ab und suchen das Weite. Am Ostermontag rächen sich die Mädchen dafür, nur nehmen sie den Männern statt des Schuhs den Hut [3].

In Schwaben ist das Eierlesen am Ostertag üblich. Es ist dies eine Art von Wette, die zwei Parteien miteinander eingehen. An die Spitze jeder Partei stellen sich die Kämpfer, die ihre Rolle nach dem Lose übernehmen. Der eine muß nämlich von einem bestimmten Platze, gewöhnlich aus dem nächsten Orte, einen bestimmten Gegenstand holen, während der andere eine Anzahl von mindestens hundert Eiern aufliest [4]. Das Spiel wird zu Fuß oder zu Pferd ausgeführt.

Besonders reizvoll gestaltete sich der Eierritt in Haid bei Saulgau in Schwaben [5].

Er fand zur Osterzeit an einem Sonn- oder Feiertage statt. Zuvor wurde von ledigen Burschen ausgemacht, wer die beiden Reiter sein sollten; der eine mußte die Eier auflesen und der andere zu dieser Zeit nach Saulgau reiten. Ungefähr hundert Pfähle wurden längs der Straße vom Wirtshause an in gehöriger Entfernung in den Boden geschlagen. Sie mußten so hoch sein, daß der Reiter das Ei bequem langen konnte. Der Kopf jedes Pfahles war mit einem Kranz von Blumen verziert, den die ledigen Mädchen besorgten.

Nach dem Mittagessen ging das Fest erst an, wozu sich alle Einwohner des Orts und viele Auswärtige einfanden.

---

[3] Rheinsberg-Düringsfeld, Otto Freiherr v., Das festl. Jahr, 2. Aufl., Leipzig 1898, S. 151 f. — [4] Rud. Reichardt, Die deutschen Feste in Sitte und Brauch, Jena 1908, S. 129. — [5] Dr. A. Birlinger, Volkstümliches aus Schwaben, Freiburg i. B. 1862, 2. Bd. S. 86.

Grotesk-Komik in der Reklame: Ein Bild von der Leipziger Messe
Gebr. Haeckel phot.

Alles versammelte sich zur festgesetzten Stunde vor dem Wirtshause. Die beiden Reiter tanzten hier im Hofe mit schon vorher hierzu bezeichneten Mädchen die „Vortänze". Jeder Reiter hatte eine weiße Hose an, kein Wams über seinem weißen Hemd, aber schöne rote Hosenträger; beide Ärmel waren mit Bändern verziert, um den Leib trug er eine Schärpe und auf dem Kopfe ein rotes Käppchen. Die mitspielenden Mädchen mußten weiße Schürzen haben, einen Kranz auf dem Kopfe und einen Strauß in der Hand.

Nach dem Vortanz begann der Eierritt. Der eine Reiter ritt Saulgau zu und mußte bei seiner Rückkehr ein gewisses Brot zum Wahrzeichen mitbringen. Der andere Reiter begann zu gleicher Zeit seinen Eierritt, d. i. er mußte jedes auf dem Pfahle liegende Ei einzeln auf seinem Pferde abholen; zuerst das äußerste und so fort, und in eine Wanne werfen, die halb mit Spreu angefüllt war. Der Wannenheber mußte sich beim ersten Pfahle nächst dem Wirtshause aufstellen, das ihm zugeworfene Ei auffangen und nachher in eine neben ihm stehende Schüssel legen. Er konnte dem Reiter seine Arbeit wesentlich erleichtern oder erschweren; denn ein geschicktes Auffangen verkürzte dem Eierleser den Weg. Beim ganzen Geschäft sollten aber nur wenige Eier zerbrochen werden. Das letzte Ei wurde irgendeiner Person auf den Kopf geworfen, was ein allgemeines Gelächter verursachte.

Bei jedem Pfahl stand ein Mädchen, das auf die vorhin beschriebene Art gekleidet war. Da es aber auf der Haid nie so viel Mädchen gab, wie Pfähle dastanden, so rückten sie eben mit dem Reiter nach und nach vor. Die Eier brachten die mitspielenden Mädchen mit.

Wäre der Eierreiter nicht vor der Rückkehr seines Kameraden fertig geworden, dann wäre die Würze des Festes verloren gegangen. Darum trat auch der Fall hier nie ein. War der Eierreiter mit dem Einsammeln der Eier fertig, so setzte sich der ganze Menschenschwarm in Bewegung und ordnete sich zum Zuge, um den rückkehrenden Reiter abzuholen. Voran trug der Knabe und ein Mädchen die Fahne, an der ein Westenzeug und ein Nastuch hing. Das waren Gaben von den Wirtsleuten, für die beiden Reiter bestimmt. Die Mädchen suchten nun auf diesem Hin- und Herwege ihre Sträuße an den Mann zu bringen. Nahm ein Jüngling den dargebotenen Strauß an, so war dies ein Zeichen, daß er dessen Geberin zur Tänzerin für diesen Abend auserkoren hatte; sie war noch außerdem zechfrei. Wurde ein Mädchen seinen Strauß nicht los, so diente es zu seinem großen Ärger zum Gespött der ganzen Menge und konnte auf Zechfreiheit keinen Anspruch machen. Kam nun der Zug wieder beim Wirtshause an, so erhielten die beiden Reiter ihre Belohnung und hatten das Recht der Vortänze, die sofort ihren Anfang nahmen. Hernach tanzten die ledigen Bursche, die Sträuße angenommen hatten. Später konnte tanzen wer wollte.

In den spanischen Kirchen erschienen an den hohen Fest- und Feiertagen die Narren Gil und Pasqual, um durch Gaukeleien und Possen ihre Freude auszudrücken, die ihnen die Feierlichkeiten verursachen.

DER PALMESEL

Einem innerlich tief religiösen Empfinden entsprang die mittelalterliche Sitte, im Palmsonntagsumzug einen Esel mitzuführen, auf dem eine Christusstatue befestigt war. Meist, doch nicht immer, war auch der Esel aus Holz geschnitzt.

Prof. Dr. Eduard Wiepen weist in seiner gehaltvollen Monographie über den Palmesel[1] die weite Verbreitung dieses Gebrauches nach. Er fand sich in Deutschland, in der Schweiz, in Rußland, selbst in Quito, wohin ihn die Franziskaner verpflanzt hatten.

Später erst stahlen sich grotesk-komische Äußerungen in die vordem so feierlich-ernste Palmeselprozession ein, die wahrscheinlich ihren Untergang beschleunigten.

---
[1] Bonn 1903.

Ständchen
Holzschnitt von Albr. Dürer (?) aus Brant, Stultifera navis, 1479

Der Dichter Joh. Georg Jacobi (1740—1814) erzählt darüber: „An verschiedenen Orten hielt man vor wenigen Jahren noch am Palmsonntag eine Prozession in der Kirche und führte bei derselben einen gemachten Esel, worauf ein hölzerner Christus saß, herum. Knaben in Chorhemden begleiteten ihn. Diese mußten, sobald ein gewisser Gesang angestimmt wurde, ihr Hemd schleunigst über den Kopf abstreifen, und wer der letzte war, hieß das ganze Jahr hindurch Palmesel. Nach geendigter Prozession stand der Esel im Portal der Kirche, wo man vielleicht in älteren Zeiten aus Aberglauben, in späteren zur Belustigung, Kinder darauf setzte, welche der Sakristan für ein Trinkgeld auf- und abreiten ließ[2]." Auch ein Mesner in Konstanz ersetzte durch den Palmesel gleichsam ein Karussell[3].

In Landshut erhielten Mesner und Ministranten so viele Erfrischungen gereicht, daß alle Jahre außer Heiland und Esel niemand nüchtern heimkehrte. Schon Sebastian Brant hatte im Narrenschiff geklagt:

Den Esel wüste Rotten tragen,
Mit ihm die ganze Stadt durchjagen.

Da auch bei der „Umführung des Bildnisses Christi" unanständiges Lärmen und verschiedene andere Unziemlichkeiten entstanden waren, untersagten die Kirchenfürsten von Salzburg, Passau, Würzburg, Mainz, Konstanz, Brixen, Wien, Prag und Augsburg „bei Vermeidung schärfesten Einsehens" die Palmesel. In München erging erst 1800 das Verbot, den Palmesel in der Kirche umherzuführen.

Und jene hölzernen Grautiere, von denen einst Fischart in der Geschichtsklitterung sagen konnte: „Stehn nicht haylige Palmesel gemeinlich auff der Borkirchen (Emporum) oder auff dem höchsten Gewelb. Ich weiß, daß ich ihn an etlichen Orten hab gar ehrwürdig zu dem obersten Kirchthurm sehen herauskucken", sind heute zu seltenen und kostbaren Museumsstücken, zum Stolz ihrer Eigner geworden.

[2] Wiepen, S. 22 f. — [3] Birlinger, a. a. O., S. 76.

DAS KIRCHWEIHFEST ODER DIE KIRMES

Das Kirchweihfest wurde zur feierlichen Begehung des Jahrestages der Einweihung einer Kirche eingesetzt. Der Name Kirmes bedeutet so viel wie Kirchmesse, weil man das Andenken der ersten in einer Kirche gehaltenen Messe feierte. Dieser fromme Gebrauch artete aber sehr zeitig in einen Jahrmarkt aus, oder in ein Fest, dessen Hauptzweck Fressen und Saufen zu sein schien, so daß selbst Konzilien und Regenten ihre Macht anwenden mußten, um nur die gröbsten Mißbräuche zu unterdrücken.

„Wie tief gerade dieses Fest in der Volksseele wurzelte, lehrt die Tatsache, daß im fünfzehnten und den folgenden Jahrhunderten Kirmes und Kirchweih schlechthin für jede ausgelassene Lustbarkeit gebraucht wurde, so daß z. B. die Fastnacht Narrenkirchweih oder eine lustige Kindstaufe Kindleskirmes heißt. Daß es bei solchen Festen nicht selten zu Ausartungen kam, darf uns nicht wundern. Daher eifern Obrigkeiten und die Kirche, jetzt wie immer und immer wieder gegen die volkstümlichen Kirmessen, aber wie wenig es gelungen ist, gerade dieses Fest auszurotten, weiß jeder aus Erfahrung [1]."

Karl V. setzte in den Niederlanden eine Strafe von 50 Gulden auf jeden, der die Kirmes länger als einen Tag feiern würde. Allein dies Gesetz wurde nicht lange gehalten: man aß und trank sich nach altem löblichen Herkommen acht Tage hintereinander toll und voll [2].

So wurde ehemals der Dom zu Straßburg am Kirchweihfeste in ein Saufhaus verwandelt, wie wenigstens Jakob Wimpfeling bezeugt. „Alle Jahre auf Adolphitag, an dem das Kirchweihfest des Münsters fällt, kam aus dem ganzen Bistum von Mann und Weib ein großes Volk allhier im Münster als in einem Wirtshaus zusammen, also daß es oft überfüllt war. Sie blieben nach alter Gewohnheit des Nachts

---

[1] Dr. Rob. Wuttkes Sächsische Volkskunde, Dresden 1900, S. 292. —
[2] Beaumarchais le Hollandois P. II, p. 206.

im Münster und sollten beten; aber da war keine Andacht, indem man etliche Fässer mit Wein in die Sankt-Katharinenkapelle legte, die man den Fremden und wer dessen begehrte, ums Geld auszäpfte, und es sah der Fastnacht, dem Gottesdienst des Bacchus und der Venus mehr gleich als einem christlichen Gottesdienst. Wenn einer einschlief, so stachen ihn die andern mit Pfriemen und Nadeln, daraus entstand alsdenn ein Gelächter und oftmals Zank und Schlägereien."

Wider dieses ärgerliche Leben predigte Johann Geiler von Kaisersberg, und sein Eifern brachte es endlich dahin, daß dieser Mißbrauch 1481 abgeschafft wurde[3].

Über die Neigung der Deutschen zu dergleichen Kirmesfesten urteilt Agricola in seiner komisch-gutherzigen Art:

„Zu den Kirchmessen oder Kirchweihen gehen die Deutschen vier, fünf Dorfschaften zusammen, es geschieht aber des Jahrs nur einmal, darum ist es löblich und ehrlich, sintemal die Leute dazu geschaffen sind, daß sie freundlich und ehrlich unter einander leben sollen. Es ist ein Bischof von Mainz auf eine Zeit in das Bisthum Merseburg kommen, der Meinung, er wollte zu Merseburg zu Mittag Mahlzeit halten. Nun war der Weg bös, und verzog sich hoch auf den Tag, daß wo sie hätten warten wollen bis in die Stadt, so wäre es dem Bischof zu lang worden. Darum, da der Bischof in einem Dorfe an Sonntag Kirchmeßfahnen ausgesteckt siehet, spricht er zu dem Doctor, der bei ihm in den Wagen saß: da ist Kirchmeß, da wollen wir absitzen und ein Bißlein essen, denn dieweil Kirchmeß ist, werden sie wol etwas gebraten und gekocht haben. Ehe sie aber hinkamen, fragt der Bischof seinen Arzt, ob er auch wisse, woher es komme, daß man Fahnen ausstecke, und spricht: es bedeutet den Triumph Christi, da er seinen Feinden obgesieget hat. Der Doctor spricht, er habe anders gehört, nämlich also, man findet, daß Zachäus

---

[3] Wimpfelingius in Catalogo Episcoporum Argentinenzium. Schadäus, Beschreibung des Münsters zu Straßburg, S. 84.

gerühmt wird an der Kirchweihe, denn da er auf einem Baum stand, und wollte Jesum sehen, hieß ihn Jesus eilends herabsteigen, und im Eilen bleibt das Niederkleid am Baum hangen, denn er hatte keine Hosen an; das Niederkleid hängt man noch aus; und weil sie so reden, sind sie vor dem Dorfe. Der Bischof steigt ab, und nahet der Pfarre zu, zu seinem Handwerk. Nun hatte der Pfarrer zehn andere Pfarrer geladen zur Kirchweihe, und ein jeglicher hatte seine Köchin mitgebracht. Da sie aber Leute kommen sahen, laufen die Pfaffen mit den Huren alle in einen Stall, sich zu verbergen. Indeß gehet ein Graf, der an des Bischofs Hofe war, in den Hof, seinen Gefug zu thun, und da er in den Stall will, darein die Huren und Buben geflohen waren, schreit des Pfarrers Köchin, nicht, Junker, nicht, es seind böse Hunde darin, sie möchten euch beißen! Er läßt nicht nach, gehet hinein, und findet einen großen Haufen Huren und Buben im Stalle. Da der Graf in die Stuben kommt, hatte man dem Bischof eine feiste Gans fürgesetzt, hebt der Graf an, und sagt dies Geschicht dem Bischof zum Tischmärlein. Gegen Abend kamen sie gen Merseburg, daselbst sagt der Bischof von Mainz diese Geschichte dem Bischof von Merscburg. Da das der heilige Vater hörte, betrübte er sich nicht um das, daß die Pfaffen Huren haben, sondern darum, daß die Köchin die Buben im Stalle Hunde geheißen hatte, und spricht: Ach Herre Gott, vergebe es Gott dem Weibe, daß sie die Gesalbten des Herrn Hunde geheißen hat. Das hab ich darum erzählt, daß man sehe, wie wir Deutschen das Sprüchwort so fest halten, es ist kein Dörflein so klein, es wird des Jahrs einmal Kirmes darinne[4]."

Ebensolche Feste mit Fressen und Saufen wurden ehemals auch an den Jahrestagen der Märtyrer und Wohltäter einer Kirche gefeiert. Man leerte ihnen zu Ehren manch sogenanntes Poculum caritatis aus, das man in den goldenen Jahrhunderten der Klerisei auch schlechtweg Caritas

---
[4] Agricola, Sprichwörter, Nr. 542.

oder Caritas vini nannte. In einem Akt der Abtei Quedlinburg wird sogar versichert, daß die Verstorbenen durch diese Schmausereien der Priester recht gelabt und erquickt würden (Plenius inde recreantur mortui). Man kann versichert sein, daß die Mönche weidlich tranken, um die Toten nicht Not leiden zu lassen; denn die armen Seelen lagen ihnen viel zu sehr am Herzen. So tranken ehemals in Spanien die Dominikaner einem eben begrabenen Wohltäter zu Ehren: Es lebe der Verstorbene! (Viva el muerto).

Ein sonderbarer Kirmesgebrauch ist im deutschsprachigen Luxemburg üblich.

Ist ein Mann für mehr als einen Tag auf eine fremde Kirmes gegangen, so hat dessen Frau das Recht, eine blaue Hose — d' blo Box — ihres Gatten vor dem Haus aufzuhängen. Mit diesem Zeichen sind die Nachbarinnen zu einer gemeinschaftlichen Belustigung eingeladen.

Befindet sich hingegen die Frau auf der Kirmes, so steht es dem Manne zu, die blaue Schürze — d' blo Schirtéch — seiner Gattin wie eine Fahne auszustecken. Hierdurch ergeht an die Männer der Nachbarschaft die Aufforderung, sich bei dem Strohwitwer zu einem Kränzchen zu vereinen.

In vielen Gegenden Luxemburgs erleidet jedoch der Gebrauch des Aushängens der Hose und der Schürze dahin eine Abänderung, daß es nicht die im Hause gebliebene Ehehälfte ist, die das Kleidungsstück wehen läßt, sondern liebe Nachbarn sind bemüht, dies Geschäft auszuführen, was wieder die Zurückgebliebenen auf alle mögliche Weise zu verhindern suchen[5].

---

[5] Ed. de La Fontaine, Luxemburgs Sitten und Gebräuche, Luxemburg 1883, S. 91.

Maskenscherz
Kupfer von J. E. Nilson

DRITTES HAUPTSTÜCK

GROTESK-KOMISCHE WELTLICHE FESTLICHKEITEN

FÜRSTLICHE EINZÜGE

Die Misterien, die groteske Vermischung des Heiligen mit dem Profanen, fanden in der Vorzeit solchen Beifall, daß man sie bei dem Einzuge fürstlicher Personen als notwendiges Zeremoniell erachtete. Sie waren eine Ehrenbezeigung, wenigstens in Frankreich, die man souveränen Herrschern und Herrscherinnen bewilligte, aber andern fürstlichen Personen, die ihnen an Macht und Würde nicht gleichkamen, verweigerte. Als Jakob V., König von Schottland, 1536 in Paris Magdalena, die älteste Tochter Franz I., heiratete, wurden ihm alle gewöhnlichen Ehrenbezeigungen erwiesen, die Misterien aber ausdrücklich ausgeschlossen, weil man ihn für geringer hielt als den König von Frankreich[1]. Als dagegen Kaiser Karl V. nach Frankreich kam, wurden bei seinem Einzuge in allen Städten Misterien vorgestellt, deren Beschreibungen noch in Poitiers, Orleans und Paris vorhanden sind. Diese Misterien waren aber bloß Pantomimen, bei denen nur selten etwas weniges geredet wurde, wodurch sie sich von den dramatischen Misterien der Passionsbrüder unterschieden.

„Das älteste dieser Misterien, soweit ich sie kenne," schrieb Flögel, „findet man im Jahre 1313 unter Philipp IV., König von Frankreich. Er hatte auf dem Konzil zu Vienne versprochen, mit seinen Söhnen und Brüdern einen Kreuzzug nach dem Orient vorzunehmen. Einige zwischen den Franzosen und Engländern in Guyenne entstandene Zwistigkeiten hielten die Vollziehung seines Entschlusses auf. Er bemühte sich aber um deren schleunige Tilgung und lud

---

[1] Pieces justific. de l'hist. de Paris de Dom. Felibien. Tom. II, Part. III, p. 347.

deshalb den König von England nach Poissy ein, wo er sich mit ihm verglich. Beide Monarchen reisten hierauf miteinander nach Paris und wohnten dort am Pfingstfest einer großen Versammlung der Vornehmsten des Reichs bei, in der Philipp seine drei Söhne und viele andere Herren zu Rittern schlug. Die Zeremonie dauerte drei Tage, und die damaligen Schriftsteller können deren Pracht nicht lebhaft genug schildern. Man erzählt, daß alle Personen bei Hof täglich dreimal ihren Anzug änderten, wovon immer einer prächtiger war als der andere. Alle Straßen der Stadt waren geschmückt, und abends wurden sie durch eine große Menge Fackeln erleuchtet. Man errichtete Schaubühnen mit prächtigen Vorhängen, wo mancherlei Spiele vorgestellt wurden. Hier sah man, wie Gottes Sohn Äpfel aß, wie er mit seiner Mutter scherzte, wie er mit seinen Aposteln ein Paternoster betete, wie er die Toten erweckte und richtete. Dort hörte man die Seligen im Paradiese in Gesellschaft von ungefähr 90 Engeln singen und die Verdammten in schwarzer und stinkender Hölle wehklagen unter mehr als hundert Teufeln, die über ihr Unglück lachten. Hier wurden allerhand Stücke aus der Hl. Schrift vorgestellt, der Zustand Adams und Evas vor und nach dem Fall, die Grausamkeit des Herodes, die Ermordung der unschuldigen Kinder, das Märtyrertum Johannes des Täufers, die Taten des Kaiphas und des Pilatus. Dort sah man Meister Fuchs, anfänglich bloß ein Pfaffe, wie er eine Epistel singt, hernach Bischof, dann Erzbischof, endlich Papst, und wie er dabei immer alte und junge Hühner frißt. Wilde Männer kämpften miteinander, Bohnenkönige schmausten und machten sich lustig. Ferner Buhler und Buhlerinnen in weißen Hemden, die durch ihre Schönheit und Munterkeit ergötzten und reizten; allerhand Tiere zogen auf, Kinder von zehn Jahren spielten Turnier. Aus Fontänen sprang Wein; die ganze Stadt war beschäftigt mit Tänzen und kurzweiligen Verkleidungen [2]."

---

[2] Velly Tom. VII, p. 478. Allgem. Welthistorie neuerer Zeit, Teil XIX, S. 191.

Obgleich Frankreich in den ersten Jahren der Regierung Karls VII. viel Unglück durchzumachen hatte, so wurden doch bei seinem Einzuge in Paris (1437) Misterien gezeigt. In der Vorstadt Saint-Laurent ritten ihm auf verschiedenen Tieren die sieben Tugenden und die sieben Todsünden entgegen, und beim Eingange des Tores St. Denis stand, beschützt von einem Engel, ein Kind, das ein himmelblaues Wappen mit drei goldenen Lilien trug. Dabei befand sich auch eine Fontäne mit vier Röhren, aus denen Milch, roter und weißer Wein und Wasser floß. Längs der Straße St. Denis waren immer in der Entfernung eines Steinwurfs voneinander prächtige Theater erbaut, auf denen die Verkündigung Marias, die Geburt, Leiden und Auferstehung Christi, Pfingsten und das jüngste Gericht gezeigt wurden, bei denen der Erzengel Michael die Seelen auf einer Wage abwog[3]. In ebendieser Straße wurde vor einem Zierbrunnen Halt gemacht, in dessen Trog drei nackte junge Mädchen umherschwammen. Aus der Mitte des Bassins dieses Brunnens wuchs ein Lilienstengel empor, dessen Knospen und Blumen Wein und Milch ausströmten[4].

Als Ludwig XI. 1461 seinen Einzug in Paris hielt, kämpften bei der Fontaine du Ponceau wilde Männer und Weiber miteinander. Dabei stellten drei nackte schöne Mädchen Sirenen vor. Sie hatten so herrliche Brüste und Körperformen, daß sich niemand satt sehen konnte. Weiterhin erblickte man das Leiden Christi und wie er am Kreuz zwischen den beiden Schächern ausgestreckt war[5].

Als dieser frömmelnde, blutdürstige Ludwig XI. im Jahre 1463 in Tournai einzog, kam über dem Tor, gehoben durch eine Maschine, die schönste Jungfrau der Stadt herunter. Sie neigte sich vor dem Könige, öffnete ihr Kleid an der Brust, wo ein Herz zu sehen war. Das Herz spaltete sich, und es ging eine große goldene Lilie daraus hervor, die sie dem König im Namen der Stadt mit den Worten

[3] Monstrelet, Vol. VI, p. 147. — [4] Bauer, Geschlechtsleben, S. 161. — [5] Jean de Troyes, Chronique scandaleuse.

überreichte: Sire, so wie ich eine Jungfrau bin, so ist es auch diese Stadt; denn noch niemals ist sie erobert worden, und nie hat sie sich wider die Könige von Frankreich erhoben, denn jeder Einwohner trägt eine Lilie im Herzen[6].

Unter Ludwig XII. und Franz I. kam etwas mehr Geschmack unter diese Vorstellungen. Man sah nicht mehr Jesus am Kreuz neben nackten Dirnen. Diana, Venus, die Grazien und allegorische Personen traten an ihre Stelle. Doch wurde beim Einzuge Franz I. und der Königin Claudia zu Angers im Jahre 1516 noch das Geistliche und Profane durcheinander gemengt, aber nur in Gemälden und mechanischen Marionetten, die man damals für Wunderwerke hielt.

Oben auf einem Weinstock saß Bacchus, in jeder Hand eine Weintraube, die er drückte, daß aus der einen weißer, aus der andern roter Wein floß. Am Fuße des Weinstocks lag der schlafende Noa und zeigte seine Geschlechtsteile. Dabei waren folgende Verse zu lesen:

> Malgré Bacchus, à tout son chef cornu,
> Or son verjust me sembla si nouveau,
> Que le fumet me monta au cerveau,
> Et m'endormit les C.. tout à nu[7].

Das Misterienzeremoniell bei Fürsteneinholungen war auch außerhalb Frankreichs gebräuchlich.

Als Karl der Kühne, Herzog von Burgund, im Jahre 1468 in Lille einzog, wurde er mit großer Pracht und vielen Misterien aufgenommen. Vor allem gefiel ihm das „Urteil des Paris". Die drei Göttinnen erschienen vor dem Hirten wie sie die Natur geschaffen hatte. Venus war eine Frau von Riesengröße mit unförmig dickem Bauch, Juno ebenso groß, aber so mager, daß die Haut auf den Knochen zu kleben schien, und Pallas war eine Zwergin, hinten und vorn mit einem großen Buckel[8].

---

[6] Monstrelet, Tom. III., p. 101. — [7] Bourdigué Histoire d'Anjou sous l'an 1516. — [8] Pontus Henterus in Carolo Pugnace Lib., V p. 3.

In Antwerpen wurde am 23. September der spätere Kaiser Karl V. gleichfalls durch schöne, nur mit dünnem Flor bedeckte Mädchen geehrt. Der Kaiser ging vorüber, ohne die Schönen eines Blickes zu würdigen. Weniger prüde war Albrecht Dürer, der seinem Freunde Melanchthon erzählte, er habe diese Mädchen sehr aufmerksam und etwas unverschämt in der Nähe betrachtet, weil er ein Maler sei.

Die Dirnen standen auf Bühnen. Daß sie vor dem Kaiser einhermarschierten, wie dies Hans Markart auf seinem Gemälde in der Hamburger Kunsthalle darstellte, davon kann keine Rede sein.

Im alten Deutschland begnügte man sich damit, die hohen Herrschaften durch festlich be- und nicht entkleidete Insassinnen der Frauenhäuser einzuholen [9].

Bei der Vermählung Heinrich IV. mit Margareta von Valois hatte man vor den Tuilerien zwei Schlösser erbaut, wovon das eine das Paradies, das andere die Hölle vorstellte. Beide wurden von Rittern bewacht. Der König von Navarra verteidigte die Hölle, der Herzog von Anjou das Paradies. Der erstere griff an und jagte die Ritter aus dem Paradies. Das Fest endigte mit einem Feuerwerke, das die Hölle verzehrte [10].

Nun noch ein Kulturbildchen aus Spanien:

„Als Kardinal Mazarin nach Spanien gekommen war, um die Verhandlungen wegen der Vermählung Ludwigs XIV. mit der Infantin Maria Theresia einzuleiten, sah sein Begleiter Mathieu de Montreul zu San Sebastian einen großartigen halbreligiösen Aufzug mit an, bei dem lebende Schauspieler und Puppen vertreten waren. Den Zug eröffneten ungefähr hundert weißgekleidete Männer, mit Schellen behängt und Schwertern in den Händen. Sie tanzten wie die ihnen folgenden fünfzig kleinen Knaben, die Tamburins schwangen. Alle trugen Pergamentlarven oder feine Spitzentücher vor den Gesichtern. Darauf erschienen sieben Figuren maurischer

---

[9] Bauer, Dirne, S. 94 f. — [10] Recreation historique, Tom. I, p. 261—274.

Könige, von denen jeder seine Gemahlin hinter sich hatte, und der heilige Christoph, alle so hoch, daß ihre Köpfe fast bis an die Dächer ragten. Dem Anschein nach konnten kaum zwanzig Menschen die leichteste dieser Figuren tragen, und doch vermochten zwei bis drei, die in ihrem Unterkörper verborgen waren, sie mit wenig Mühe tanzen zu lassen. Sie waren aus Weidenruten geflochten und mit bemalter Leinwand überzogen. Hinter ihnen kamen zehn bis zwölf große Maschinen voll mit kleinen Puppen; unter diesen sah man einen Drachen, so dick wie ein Walfisch, auf dessen Rücken zwei Männer die sonderbarsten Körperverdrehungen ausführten[11]."

ZWISCHENSPIELE ODER ENTREMETS

Vom dreizehnten bis zum sechzehnten Jahrhundert war es gebräuchlich, daß Könige und Fürsten ihre Gastmähler durch gewisse pantomimische Vorstellungen lustiger gestalteten. Diese Produktionen wurden Zwischenspiele genannt, weil sie bestimmt waren, die Gäste zwischen den einzelnen Gängen zu belustigen. Es fand sich deshalb bei dergleichen Festen jederzeit eine Menge Marktschreier, Taschenspieler, Seiltänzer, Pantomimen und andere Fahrende ein, ferner Bänkelsänger und Leute, die Affen, Hunde und Bären tanzen ließen.

Im Jahre 1237 wurde bei der Vermählung Roberts, eines Bruders Ludwig des Heiligen, ein prächtiges Fest zu Compiegne gegeben, das von Zwischenspielen begleitet war. Man sah dabei einen Mann zu Pferde auf einem gespannten Seile reiten. Der Saal war mit Leuten gefüllt, die bei jedem Gange auf Hörnern bliesen und auf Ochsen saßen, die mit Scharlach bedeckt waren [1].

Bei dem Gastmahl, das König Karl V. in Frankreich dem Kaiser Karl IV. im Jahre 1378 gab, wurden folgende Zwischenspiele aufgeführt: Zuerst erschien ein Schiff mit Segeln, Masten und Tauwerk. Seine Flaggen trugen das Wappen der

---

[11] Rehm, Marionetten, S. 156. — [1] Albericus in chronic. ad annum 1237.

Stadt Jerusalem. Auf dem Verdeck konnte man Gottfried von Bouillon erkennen mit vielen geharnischten Rittern. Das Schiff rückte bis in die Mitte des Saales vor, ohne daß man die Maschine, durch die es bewegt wurde, bemerkt hätte. Gleich darauf erschien die Stadt Jerusalem mit ihren Türmen, auf denen Sarazenen standen. Das Fahrzeug näherte sich der Stadt; die Christen stiegen ans Land und liefen Sturm; die Belagerten verteidigten sich; viele Sturmleitern wurden umgeworfen; endlich aber wurde die Stadt doch eingenommen[2].

Bei der Vermählung Isabellas von Bayern mit König Karl VI. sah man das Zwischenspiel von der Eroberung Trojas.

Bei dem Feste Philipps des Guten, Herzogs von Burgund, sah man auf der einen Tafel eine Kirche, die mit Sängern angefüllt war; ein Glockenspiel begleitete ihren Gesang. Auf der andern schüttete ein nacktes Kind von einem Felsen Rosenwasser herab. Auf der dritten war ein Schiff mit allem Zubehör, voller Waren und Seeleute. Die vierte zeigte eine große, prächtige Fontäne mit Zieraten aus Glas und Blei. Sie war mit kleinen Büschen, Blumen, Rasen und Steinen aller Arten bedeckt. In der Mitte war der heilige Andreas mit seinem Kreuze. Aus dem einen Ende des Brunnens entsprang eine Quelle, die sich in einer Wiese verlor. Auf der fünften stand eine außerordentlich große Pastete, die achtundzwanzig Musiker in sich faßte. In einiger Entfernung davon war ein Schloß mit Türmen. Auf dem einen erblickte man die Melusine in Gestalt einer Schlange. Unten an den Türmen floß aus zwei Fontänen Orangenwasser in die Schloßgräben. Nahe dabei ging eine Mühle, auf deren Dache eine Elster saß, nach der allerhand Jäger mit Pfeilen schossen. Man hatte auch einen Weinberg angelegt und Fässer angefertigt; dann eine Wüste, in deren Mitte ein Tiger mit einer Schlange kämpfte; einen Wilden, der auf einem Kamel saß, das sich fortbewegte; einen Bauer, der mit einer Rute auf ein Gebüsch klopfte und eine Menge kleiner Vögel heraus-

---

[2] Christine de Pisan, Part III, ch. 41.

jagte; einen Ritter und seine Dame, die an einer Tafel in einem Garten saßen, der mit einer Rosenhecke umgeben war; einen Narren, der auf einem Bären hing und über schneebedeckte Berge und Täler ritt; einen See, um den Städte und Schlösser lagen. Hier stand ein indianischer Wald mit allerlei Tieren angefüllt; dort war ein Löwe zu sehen, auf den ein Mann einen Hund hetzte; etwas weiter gewahrte man einen Kaufmann, der durch ein Dorf reiste, wo ihn Bauern umringten, die seine Waren durchsuchten.

Statt eines Schenktisches, der, wie gewohnt, mit goldenen und silbernen Gefäßen beladen sein sollte, sah man eine große nackte Frau, aus deren rechter Brust Wein quoll. Nicht weit davon war ein lebendiger Löwe an eine Säule geschlossen, die die Inschrift führte: Ne touchez à ma Dame.

Sobald man sich zur Tafel gesetzt hatte, sangen verschiedene Personen in der Kirche des Zwischenspiels Arien, und ein Schäfer stieg aus der Pastete, um auf der Flöte zu spielen. Kurz darauf trat ein prächtig gezäumtes Pferd durch die Hauptüre des Saales rückwärts herein. Es trug maskierte Trompeter, die mit dem Rücken gegeneinander saßen. Nun spielte man Orgel und andere Instrumente. Hierauf erschien ein Ungeheuer, von einem wilden Schweine getragen. Auf dem Kopfe dieses Monstrums stand ein Mensch, der verschiedene Wendungen machte. Dann wurde ein Marsch gespielt, der die Ankunft Jasons verkündigte. Man stellte seinen Kampf mit den Ochsen dar, die das goldene Vlies hüteten. Er griff sie, die Feuer spien, mit der Lanze an und schläferte sie zuletzt mit dem magischen Wasser ein, das ihm Medea gegeben. Dann folgte: Auf einem weißen Hirsch mit goldenem Geweih saß ein schöner Knabe. Er sang eine Arie, die anscheinend der Hirsch begleitete. Jeder Auftritt war mit Musik vermischt, die entweder aus der Kirche oder oder der Pastete ertönte. Jason erschien wieder, von einer großen Schlange verfolgt. Er konnte sie mit dem Degen und dem Spieß nicht überwinden. Endlich hielt er ihr den

Groteske Poiret-Kostüme

Figurinen für das Ballett „Minaret". Entworfen von Paul Poiret, Paris

wundervollen Ring der Medea vor. Das Ungeheuer fiel, und er hieb ihm den Kopf ab und brach ihm die Zähne aus. Kurz darauf flog ein feuerspeiender Drache durch den Saal. Kaum war er verschwunden, sah man einen Reiher in der Luft, von einem Falken verfolgt und gefangen. Nun trat Jason zum drittenmal auf. Er saß auf einem Wagen, der mit den gezähmten Ochsen bespannt war. Er ackerte mit ihnen und säte die Zähne der Schlange. Sofort wuchsen bewaffnete Männer hervor, die sich eine Schlacht lieferten und sich alle töteten.

Die Zwischenspiele bei der Vermählung des Herzogs Karl von Burgund mit Margareta von York, der Schwester des Königs von England, 1468 aufgeführt, waren nicht weniger sonderbar. Während des Hochzeitsmahles trat ein Einhorn von der Größe eines Pferdes in den Saal. Ein Leopard saß darauf mit dem englischen Panier und einem Gänseblümchen (Marguérite). Das Einhorn ging um die Tafeln, blieb dann vor dem Bräutigam stehen und reichte ihm die Blume mit den Worten: Le fier et redoutable Leopard d'Angleterre vient visiter la noble Compagnie, et pour la Consolation de vous, des vos Alliés, pays et sujets, vous fait présent d'une Marguérite. Auf das Einhorn folgte ein großer vergoldeter Löwe mit dem Wappen des Herzogs von Burgund. Auf dem Rücken trug er eine reizende Zwergin in Schäferkleidung. Sie trug in der einen Hand das Panier von Burgund, mit der andern führte sie ein kleines Windspiel. Der Löwe redete die neue Herzogin mit einigen Versen an. Hierauf setzten zwei Ritter die kleine Schäferin auf die Tafel und machten der jungen Fürstin ein Geschenk mit ihr.

Bei dem dritten Zwischenspiel erschien ein Dromedar, mit reichem Zeuge nach Art der Mohren belegt. Es trug zwei Körbe, in deren Mitte ein Indianer saß. Er warf allerhand Vögel aus den Körben auf den Tisch.

Am andern Tag waren die zwölf Arbeiten des Herkules der Inhalt des Zwischenspiels.

Bei einem andern Fest zu Ehren der Neuvermählten stand in der Mitte des Saales ein prächtig verzierter Turm, mit Zelten umringt. Aus dem Turm trat eine Schildwache und stieß in das Horn. Vier Fenster öffneten sich und ebensoviel wilde Schweine sprangen heraus, die auch sich auf Trompeten hören ließen und das Panier des Herzogs von Burgund trugen. Sodann rief die Schildwache die hauts Menestriers, und aus ebendiesen vier Fenstern sprangen drei Pferde und ein Bock, die Waldhörner und Oboen bliesen. Die Schildwache verlangte die Flötenspieler, und vier Wölfe kamen mit diesem Instrument in den Pfoten hervor. Endlich ließ sie die Sänger kommen. Sie bestanden aus vier großen Eseln, die ein Rondeau sangen. Auf das Kommando der Schildwache erschienen weiter sieben Affen. Sie machten eine Menge Sprünge auf einer Galerie des Turms und fanden endlich einen Krämer, der bei verschiedenen Instrumenten eingeschlafen war. Ein jeder nahm eines von ihnen, und sie führten ein Ballett nach ihrer eigenen Musik auf.

Die Vorstellungen bei den Zwischenspielen erforderten eine Menge Maschinen, eine immer wunderbarer als die andere. So wurde bei ebendiesem Feste ein Walfisch, 60 Fuß lang und verhältnismäßig dick, von zwei Riesen unter dem Schall der Trompeten herbeigeführt. Nachdem er alle Bewegungen eines Walfisches nachgeahmt hatte, blieb er vor dem Herzog von Burgund stehen, riß seinen weiten Rachen auf, und zwei Sirenen sprangen heraus, die einen Gesang anstimmten. Dann stiegen noch zwölf Ritter hervor. In dem Bauche des Walfisches wurde die Trommel gerührt, und die Sirenen und Ritter tanzten danach. Endlich rauften sich die Geharnischten untereinander, und alles begab sich wieder, auf das Geheiß der Riesen, in diesen Fisch hinein[3].

Auch zu Zeiten der Königin Elisabeth hatten die Feste noch einen seltsamen mythologischen Anstrich. Selbst die

---

[3] Taschenbuch für die Schaubühne, 1781, S. 59 ff.

Pastetenbäcker waren erfahrene Mythologen. Bei der Tafel wurden Verwandlungen aus dem Ovid in Konditoreiarbeit vorgestellt, und der glänzende Überguß eines großen Rosinenkuchens hatte in der Mitte ein liebliches Basrelief von der Zerstörung Trojas. Fuhr die Königin durch die Straßen Norwichs, ging Cupido, auf Befehl des Majors und der Aldermänner, aus einer Gruppe von Göttern hervor, die zur Verherrlichung des Zuges den Olymp verlassen hatten, und gab ihr einen goldenen Pfeil, der unter dem Einfluß so unwiderstehlicher Reize unfehlbar das härteste Herz verwunden würde: ein Geschenk, sagt der ehrliche Chronikschreiber Holinshed, das Ihre Majestät, jetzt nahe an die Fünfzig, sehr dankbar annahm.

VOLKSSPIELE

„Das Scherzspiel (skemtun), das zur gesellschaftlichen Unterhaltung in den ältesten Zeiten unter dem Volke aufgeführt wurde, läßt sich noch in seinen Hauptzügen zeichnen und ist für die älteste Geschichte der Spielleute von Bedeutung. Feinen Scherz dürfen wir nicht erwarten; wenn wir die grotesken Possen der Naturvölker betrachten, so mögen wir jene Lustbarkeiten unseres Altertums uns vorstellen. Ungeschickte Leibesbewegungen, wilde Tänze, Prügelei oder Verletzungen, welche den Getroffenen zu grimmigen Äußerungen des Schmerzes zwingen, allerlei Mummerei, das sind die Reizungen zum Lachen, und Lachen bleibt die Hauptsache. Skadi, die Tochter des erschlagenen Riesen Thiasi, hat zu einer der Sühnebedingungen gemacht, daß man ihr ein Lachen ablocke. Da bindet Loki ein Band mit dem einen Ende um den Bart einer Geiß und mit dem andern um seine Scham und zerrt sich springend mit dem Tiere herum. Darüber lacht die Göttin, und die Sühne ist geschehen. In Märchen und Schwänken kehrt das Lachmotiv oft wieder, und die erregenden Mittel sind meist recht grob. Als Abbild jener Unterhaltungen kann ferner der Aufzug des Herzogs Berchter mit seinen Riesen am byzantinischen Hofe angeführt werden, durch welchen er die nötige Einsamkeit für die Zusammenkunft seines Königs Rother mit des Kaisers Tochter gewinnt. Mit ungefügen, possenhaften Bewegungen ziehen die Riesen durch die Straßen; Widolt mit der Stange hüpft und springt wie ein Hirsch, Asprian, der Spielmann, überschlägt sich, Grimme springt zwölf Klafter nach einem Steine, den er vor sich herschleudert, und alles Volk sammelt sich, und staunt und lacht [1]."

Von all den Spielen, die einst die Germanen erheiterten, haben sich wahrscheinlich gar viele bis in die Gegenwart erhalten, ohne daß wir dies zu beweisen vermögen. Die Zeit hat den von ihnen gewandelten Weg verwischt. Nur sehr selten bietet ein glückliches Ungefähr einen Anhaltspunkt, das Vorkommen irgendeines noch gebräuchlichen Spieles der Erwachsenen in fernliegender Vergangenheit festzustellen.

Eines dieser wenigen ist das Katzenstriegeln, das groteske Kraftspiel, das sich bis über das vierzehnte Jahrhundert zurück nachweisen läßt. Hadamar von Laber spricht 1340 in seinem Gedicht „Die Jagd" vom Katzenstrebel, den Gesellen auf dem Grase ziehen, wie sie dies noch heute im Breisgau und dem Algäu tun.

E. Ballerstedt beschreibt dieses Spiel:

„Die beiden Spieler oder Kämpfer legen sich einander gegenüber auf Knien und Händen auf den Boden. Aneinander geknüpfte Handtücher oder ein dicker Strick wird den Streitenden um den Nacken gelegt. Der Kopf wird nach hinten geneigt, der verbindende Strick strafft sich, und nun strebt jeder, dem andern den Strick über den Kopf weg abzustreifen oder den Gegner vornüber zu Boden zu reißen. Die Arme werden dabei fest auf den Grund gestemmt, scheinbar wird von einem Spieler nachgegeben, um den Gegner zu einer Veränderung in der Lage seiner

---
[1] Karl Weinhold, Die deutschen Frauen in dem Mittelalter, 3. Aufl., Wien 1897, 2. Bd., S. 133 f.

wie zwei Strebstützen eingesetzten Arme zu veranlassen, darauf wird plötzlich wieder mit aller Kraft nach hinten gezogen, Seitensprünge werden gemacht; durch die Kopfhaltung und die seitliche Einschnürung bedingt, tritt den Kämpfenden das Blut ins Gesicht, ihre Augen werden glotzend, der Schmerz verzerrt die Züge. So liegen sie einander gegenüber wie zwei fauchende Katzen, springen einander herum, ohne sich fassen zu dürfen; trotz ihrer wutblickenden Augen streben die Gegner auseinander."

Für die Kämpfer selbst bietet das Spiel eine Kette von aufregenden Momenten. Den Zusehern jedoch war es ein köstliches, zwerchfellerschütterndes Schauspiel. Und von dieser Seite aus haben es auch die Künstler aufgefaßt.

Friedrich Pfaff macht in dem Sammelwerke „Volkskunde im Breisgau" auf die älteste bildliche Darstellung des Katzenstriegelns aufmerksam[2].

Sie befindet sich über dem spitzbogigen Haupteingang des 1455 erbauten Teiles des Rathauses zu Hannover. Den beiden bärtigen Kämpfern sind in der Hitze des Gefechtes die Hemden hinaufgerutscht. Dem einen zieht es eine Frau wieder in geziemende Tiefe. Hinter dem anderen macht ein Zuschauer durch Maulaufreißen und Zungeherausstrecken eine Fratze[3]. Die unfreiwillige Entblößung hat wohl das Ihre zur Beliebtheit dieses rohen Spieles beigetragen. War sie ja doch auch die Hauptlust beim Tanzen, wie alle Sittenrichter einmütig bezeugen; und sie wurde geradezu als Gesellschaftsspiel getrieben.

Auf dem Teppich 668 im Nürnberger Germanischen Museum ist eine derartige Szene abgebildet. Eine Dame sitzt auf einem Herrn, der sich mit den Händen auf dem Boden stützt. Die Spielerin wird vom Rücken her durch einen anderen gehalten. Sie streckt den Fuß aus, gegen den ein freistehender Mann mit seinem Fuße stößt, um sie von

---

[2] Freiburg i. B. 1906, S. 37 ff. — [3] Hannoversche Geschichtsblätter, IV. Hannover 1901, S. 97 ff.

ihrem Sitze zu werfen. Die Königin übt das Schiedsamt aus. Ein Spruchband auf dem Teppich besagt: din . stosen . gefelt . mir . wol . lieber . stos . als . es . sin . sol . — ich . stes . gern . ser . so . mag . ich . leider . nit . mer .[4].

Auch bei dem nur seltener geübten Fuchsprellen, dem sich der arme Sancho Pansa[5] unterziehen mußte, war neben den Schmerzens- und Angstschreien der auf einer Decke in die Höhe Geschleuderten, das Zerreißen der Hosennesteln der Endzweck der Übung. Die grotesk-komische Darstellung einer solchen Prellszene, bei der Hasen und Füchse Fastnacht feiern und den Jäger prellen, sah man einst an dem Hasenhaus in Wien[6].

Das Prellen auf einer Kuhhaut scheint ein Privilegium der Zwickauer Schlachter gewesen zu sein.

Kurfürst Friedrich der Weise feierte 1518 in Zwickau, der Metropole des sächsischen Steinkohlenreviers, mit einer großen Zahl von Edlen Fastnacht. Acht Fürsten, zehn Grafen, drei Bischöfe und viele Ritter, Edelleute, Gelehrte und Ratsherren sächsischer und thüringischer Städte waren seine Gäste.

Am Faschingsmontag hatte man sich auf dem Rathaus an den „Eunuchen" des Terenz und einem Zwischenspiel ergötzt, das der Schloßkaplan Magister Hausmann „zu größerer Ergötzlichkeit" verfaßt hatte. Sieben Weiber stritten darin um einen Mann, ebenso sieben Bauern um eine Magd.

Am nächsten Tage setzten etwa zwanzig vermummte Fleischhauer einen gleichfalls verkleideten Mann auf eine Kuhhaut und schnellten ihn solange in die Höhe, „bis er fast außer Atem war".

24 Personen in Harnischen führten dann den Schwertertanz auf. Alsdann erschienen ihrer 18, als Störche ver-

---

[4] Henne am Rhyn, Kulturgesch. des deutsch. Volks, Berlin 1897, 1. Bd., S. 286. — [5] Vgl. Casanova von Conrad (Müller, München), 6. Bd., S. 457. — [6] Heinr. Bergner, Handbuch der bürgerl. Kunstaltertümer in Deutschland, Leipzig 1906, 2. Bd., S. 598.

Fuchsprellen
am ehemaligen Hasenhaus in Wien

kleidet und lasen mit den Schnäbeln Nüsse auf, die ihnen ein vorangehender Bär hinstreute. Als es Nacht geworden, tanzten die 24 Geharnischten auf dem Schloßhofe einen Fackeltanz und nach ihnen ebenso viele Tuchknappen einen Reifentanz, wobei jedem ein Windlicht auf dem Kopfe befestigt war. Ein großer zottiger Hund, den der Torwart vom Frauentortum darstellte, zog schließlich einen Schlitten durch die Straßen, worin zwei schreiende Kinder saßen, eines die Frau und das andere der Vetter des Torwarts.

Am Aschermittwoch veranstalteten die Fürsten und der Adel ein Turnier mit großem Mummenschanz. 19 Hofleute hielten dann ein Gesellenstechen mit Krücken, was „eitel Gelächter" gab. — Das ganze Fest währte eine Woche. An drei Tagen ließ der Kurfürst eine Spende austeilen, wobei jeder arme Mensch einen Pfennig, zwei Hofbrote und einen Hering erhielt.

Der Anblick des Prellens auf der Kuhhaut muß übrigens den Herrschaften ausnehmend gut gefallen und den Zwikkauer Fleischern zu ehrendem Andenken gereicht haben. Denn 43 Jahre später, am 22. August 1561, erhielt der Zwickauer Rat einen Befehl des Kurfürsten, den Fleischermeistern aufzuerlegen, sich mit der Kuhhaut ausgerüstet in Leipzig einzufinden, um dort am kurfürstlichen Hoflager Kurzweil damit zu treiben.[7]

Um möglichst vollständig zu sein, sei ganz kurz der grotesk-komischen Laufspiele gedacht, die zum Teil auch jetzt noch bei Volks- und Jahrmarktsfesten sehr beliebt sind und fortwährend durch neue Erfindungen bereichert werden. Die verschiedenen Wettläufe der Dirnen in Italien und Deutschland sind dabei außer acht gelassen, denn sie waren nur für das Publikum komisch, nicht aber für die armen, zum Gaudium der Zuschauer gepreßten Weiber.

Anders steht es mit den erstgenannten Spielen, von denen Schmeller[8] aus Bayern folgendes aufzeichnet: „Man

---

[7] Vulpius, Curios. VII. S. 188 ff. — [8] Bayerisches Wörterbuch, 2. Ausgabe von Frohmann, München 1872 bis 1877, I. Bd., 1448.

hat verschiedene Arten solcher Wettspiele. — Beim Blindlaufen sind den Läufern die Augen verbunden. Nachdem sich jeder auf ein Zeichen dreimal umgedreht, geht es auf das Ziel los, welches natürlich von nicht wenigen verfehlt wird. Beim Sacklaufen stecken sie bis an den Kopf in Getreidesäcken; beim Hosenlaufen stecken immer zwei, jeder mit einem Bein, in einem Paar Hosen; beim Eier-, Kartoffel-, Tellerlaufen haben die Läufer auf einem Teller, einem Kochlöffel oder dgl. ein Ei oder etwas ähnliches an das Ziel zu bringen. Beim Tabaklaufen müssen sie mit brennender Pfeife anlangen. Bei dem unter den Mädchen gepflegten Wasserlaufen kommt es darauf an, mit einem Kübel voll Wasser glücklich das Ziel zu erreichen." Wie in Bayern, finden sich derartige Wettläufe in Schwaben[9] und in anderen deutschen Landstrichen. Beim Schäferlauf in Wildberg liefen die Mägde mit gefüllten Kübeln.

In den Ortschaften am Bolsenersee, z. B. in Viterbo, ließ man ebenso wie in Assisi im Umbrischen die Frauen mit einem Krug voll Wasser, den sie auf dem Kopf im Gleichgewicht zu halten hatten, wettlaufen[10]. Welch groteske Situationen sich ergaben, wenn eines dieser Gefäße ins Wanken kam und die Trägerin, vielleicht auch die Nachbarin, durchnäßte, braucht nicht ausgemalt zu werden.

Ähnliche Belustigungen boten althergebrachte Volksspiele auf Jahrmärkten, Kirchweih- und anderen ländlichen Festlichkeiten, die, meist von der Jugend ausgeführt, den älteren Zuschauern Spaß machten, von den Ausführenden aber ein gut Teil Selbstüberwindung verlangten. So das Klettern auf der glatten eingeseiften Stange nach allerlei Preisen, „er klettert die Stangen nach den Nesteln", sagt Fischart[11], das Sackhüpfen, Hahnenschlagen, das Fressen durch Muß oder Brei. Diese alle sind Spiele, bei denen ein Preis die gehabten Unannehm-

---

[9] Reinsberg-Düringsfeld, S. 326. — [10] Zeitschrift des Vereins für Volkskunde, 2. Jhrgg. 1892. — [11] Geschichtsklitterung. Herausgegeben von A. Alsleben, Halle 1891, S. 73.

Maifest im Dorfe
Aus v. Hohberg „Georgica curiosa" 1687

lichkeiten entschädigt, die aber den unbeteiligten Zuschauern Lachkrämpfe verursachen. Solche für den Städter veralteten und vergessenen Vergnügungen werden jetzt durch die aus Amerika eingeführten Marterinstrumente auf unseren großen Rummelplätzen und Luna-Parks ersetzt, durch die Teufelsräder, Rutschbahnen, Wackeltöpfe, Schaukelstiegen und wie diese Sinnenkitzel neurasthenischer Vergnüglinge sonst heißen mögen. Fallen, Stoßen, Purzeln und ähnliche grob grotesk-komische Betätigungen genügen nicht mehr. Es muß die Zurschaustellung der Dessous und noch intimerer Kleidungsstücke damit verbunden sein, wenn es für lustig gelten soll.

FISCHERSTECHEN

Bei Aufzählung der drastischen Volksbelustigungen dürfen die Fischerstechen nicht übersehen werden. Erfreuen sie sich doch vielfach noch heute derselben Beliebtheit wie in der Vergangenheit.

Von allen Fischerstechen in der Vorzeit hatten wohl die Ulmer das größte Ansehen. Alle zwei Jahre am Dienstag nach dem Schwörtag abgehalten, strömten die Zuschauer von weit her zu diesem Volksfest herbei. Seinen Verlauf schildert Reinsberg-Düringsfeld[1]:

„Ehedem war es in Ulm Sitte, am Freitag vor Lorenzi jeden Jahres den Magistrat neu zu wählen, der am Montag darauf beeidigt wurde. An diesem Tage, der davon noch jetzt Schwörtag heißt, versammelte sich daher jede Zunft bei ihrem Vorgesetzten oder im Zunfthaus, das Patriziat oder der Adel der Stadt und das Militär beim regierenden Bürgermeister, und sobald die Schwörglocke die Bürgerschaft zusammenrief, zog alles auf den zum Schwur bestimmten Platz, während sich der regierende Bürgermeister mit den Ratsgliedern und Stadtbeamten, die Stadtmusikanten voran, in den Schwörsaal begaben. Vor Ablegung des

[1] Das festliche Jahr, S. 275 ff.

Eides ward der 1558 vom Kaiser bestätigte Schwörbrief vom Stadtschreiber verlesen. Nach Beendigung der Schwurzeremonie pflegte der neue Bürgermeister die Zünfte, die ihm eine „Verehrung ins Amt" bringen mußten, in ihren Zunfthäusern zu besuchen und mit Fladen zu beschenken. Die Zünfte aber hatten die Freiheit, das für sie wichtige Ereignis der Neuwahl festlich begehen zu dürfen. Die Gesellen des Binder- und Böttcherhandwerks benutzten diese Erlaubnis, um alle zwei Jahre einen Reifentanz, die Schiffsleute, um jedes zweite Jahr ein Fischerstechen abzuhalten, und die Metzger und Fischer haben noch jetzt die Gewohnheit, den Zunftgenossen in der Schwörwoche Wein und Gebackenes vorzusetzen.

Sollte ein Fischerstechen stattfinden, so suchten die jungen Fischer schon 14 Tage vorher beim Amtsbürgermeister die Bewilligung dazu nach und kündigten dieses mit Trommeln, Pfeifen, Musik und Tanz überall an. An den beiden nächstfolgenden Sonntagen wiederholten sie diesen Lärm, und am Tage des Stechens zogen sie schon von 6 Uhr morgens an in der Stadt herum, um zur Bestreitung der Unkosten Beiträge einzusammeln, welche in Geld oder Halstüchern, Löffeln von Silber oder Blech, Tabaksrollen und anderen Dingen bestanden. Das Geld kam in verschlossene Büchsen, die Sachen an die Speere, von denen einer, der Hauptspeer, mit den schönsten und wertvollsten Gegenständen und namentlich mit den Medaillen an rotseidenen Bändern, die von den Fischermädchen ihren Geliebten und Brüdern verehrt wurden, behängt war. Der Zug bestand aus zwei Trommlern, dem Bauer und der Bäuerin, d. h. zwei Fischern in altschwäbischer Bauerntracht, und einigen Narren in Harlekinskleidung mit Fuchsschwänzen an der Mütze und hinten auf dem Rücken. Unzählige Menschen schlossen sich an, da für sie vollkommene Maskenfreiheit herrschte, die auch weidlich ausgenutzt wurde. Sie sprangen in Brunnen, herzten die Mädchen auf der Straße und trieben allen möglichen Schabernack.

Gegen 2 Uhr kehrten sie in das Wirtshaus zurück, wo sich inzwischen auch die Weißfischer mit ihren Mädchen, den Kirchweihjungfern, und die übrigen Fischer eingefunden hatten. Denn die Weißfischer hielten es unter ihrer Würde, sich beim Sammeln zu beteiligen. Diese Weißfischer verdankten ihren Namen der ganz weißen, mit schwarzen Bändern verzierten Kleidung. Sie trugen ein knappes weißes Westchen ohne Ärmel, knappe Beinkleider und eine hohe grüne Filzmütze mit großen Federn von Reihern, Pfauen oder Schwänen. Die andern Verkleidungen waren willkürlich und wurden meist erst an der Donau in der sogenannten Fischerhütte angelegt. Besonders häufig waren Mohren. Manche Paare stellten auch Ritter, Schulmeister und Schulmeisterin, Leichenbitterin, Herren und Damen in französischer Tracht, Tiroler, Türken und andere Nationalitäten vor.

Hatte man noch etwas geschmaust, ging der Festzug paarweise zur Donau hinaus. Voran ein paar Tambours, dann 5 bis 6 Musikanten, hierauf die Kirchweihjungfern im größten Staat, jede eine Zitrone in der Hand, und hinter ihnen die Mohren, Narren und Weißfischer mit ihren Speeren.

An der Donau werden die Stecher oder Kämpfer verteilt, nachdem vorher noch einmal getanzt worden ist. Ein Teil bleibt am Ufer oder auf Schiffen dicht an dem Ufer, der andere wird aufs entgegengesetzte Ufer übergefahren oder kommt aufs Kirchweihschiff, wohin auch die Speere mit den Geschenken gebracht werden und wo sich die Tambours, Musikanten, Fischermädchen und andre Zuschauer befinden.

Nun beginnt das Stechen. Von weißgekleideten Ruderern nach Leibeskräften getrieben, stoßen die Kähne, welche die Kämpfer tragen, gleichzeitig von beiden Ufern ab. Zuerst kommen die verkleideten Personen, dann die Weißfischer, mitunter auch abwechselnd bald ein Paar Weißfischer, bald ein Paar Mohren, Narren oder andere Verkleidete. Fehlt es an jungen Leuten, stechen ausnahmsweise Verheiratete mit und werden dafür von gesammeltem Gelde bezahlt. Musik und Trommeln begleiten das Stechen.

Die Waffen sind lange, hölzerne Speere, die dort, wo man sie unter den Arm nimmt, einen Anhalt und vorn an der Spitze eine kleine, runde Scheibe haben. Die Ritter tragen schwere Lanzen, die vorne mit Leder gepolstert sind. Der Hauptvorteil beim Stechen ist Schnelligkeit und Stetigkeit im Rudern, damit das Boot so wenig als möglich schwanke, denn die Stecher stehen auf dem äußersten Ende der Kähne. Sobald sie sich einander nähern, erheben sie langsam die Speere, stoßen einander auf die Brust und ziehen rasch die Speere wieder zurück, weil nicht nur der Stoß des Gegners, sondern auch der Gegendruck des eigenen Stoßes aus der Haltung bringen kann. Der Überwundene stürzt gewöhnlich seitwärts rücklings in den Fluß und wird schwimmend von seinem Boote aufgenommen. Oft geschieht es, daß beide zugleich den Halt verlieren und ins Wasser fallen.

Da das bayerische Ufer mehr Strömung als das württembergische hat, folglich den Kämpfenden den Vorteil gewährt, stärker stoßen zu können, so werden die Ufer vor dem Stechen verlost und bei jedem der Gänge, welche ein Kämpferpaar zu machen hat, gewechselt.

Wer mit allen gestochen hat und trocken geblieben ist, erhielt früher das beste Geschenk vom Hauptspeer und darf jetzt, wo sämtliche Geschenke unter alle Kämpfer verlost werden, zur Auszeichnung auf dem Balle, welchen abends die Schiffer ihren Mädchen geben, in seinem Kostüm erscheinen.

Ist das Stechen vorüber, fängt das Gänsereißen an, indem der Bauer und die Bäuerin, einige Mohren und Narren oder wer sonst Lust dazu hat, unter einem Seil durchfahren, welches quer über die Donau gespannt worden ist, und im Fahren einer der drei Gänse, die mit den Füßen am Seile festgebunden sind, den Kopf abzureißen versuchen. Meist fällt der Betreffende dabei ins Wasser und schwimmt dann dem auf ihn wartenden Kahne nach. Ist es aber geglückt, so wird von den triefendnassen Fischern am Ufer noch mit den Fischermädchen getanzt, bevor der Zug wieder in die Stadt zurückkehrt. Hier wird wiederum auf einigen Plätzen getanzt und vor mehreren Wirtshäusern getrunken, ehe man auseinandergeht, um trockene Kleider anzulegen und sich in das Wirtshaus zu begeben, wo die Nacht verjubelt und vertanzt wird.

Am nächsten Tage ziehen die Fischer, rot gekleidet und die von ihren Mädchen erhaltenen Medaillen, wohl auch andere vom Hauptspeer erloste Gegenstände am Hals, in der Stadt herum, kehren bald in diesem, bald in jenem Wirtshaus ein und trinken und tanzen. In den folgenden Tagen besuchen sie verschiedene Lustörter außerhalb der Stadt und vergnügen sich mit ihren Mädchen, bis die Schwörwoche zu Ende ist.

Am Sonnabend vor dem Fischerstechen ward gewöhnlich ein Probestechen, in Jahren, wo kein Stechen war, eine andere Lustbarkeit abgehalten, die man „Bäuerlein herunterfahren" nannte.

Das Kirchweihschiff wurde nämlich in die Donau oberhalb der Stadt gebracht, dort vom Bauer oder der Bäuerin in ihrer Tracht, von vielen jungen Fischerinnen in Alltagskleidern und von mehreren anderen Personen bestiegen und dann stromab gefahren. Dabei mußten aber der Bauer und die Bäuerin auf das Ende zweier Bretter treten, die quer über das Schiff so gelegt waren, daß sie weit darüber hinausragten, und nun machte man das Schiff dermaßen schwanken, daß beide ins Wasser fielen. Dieser Scherz wurde von Zeit zu Zeit wiederholt, bis man an der Stadt vorbei war und unterhalb dieser wieder ausstieg. Da jedoch zu diesem Spiel nicht eingesammelt wurde, wie beim Stechen, wo jeder, der es mitansehen will, eine Kleinigkeit geben muß und überall Narren mit Büchsen stehen, um niemand ohne Zahlung vorbeizulassen, so ging es der Kosten wegen ein."

Ulm war die Lehrstätte der Fischerstechen. Von dort kamen sie im ersten Viertel des achtzehnten Jahrhunderts nach Leipzig, wo sie, oft mit großem Gepränge, bis zur Gegenwart aufgeführt wurden.

Auch die Halloren in Halle hielten bis vor wenigen Jahrzehnten regelmäßig auf der Saale ihre unblutigen, aber nassen Turniere ab.

FESTE UND SPIELE IN DEN DÖRFERN

DRISCHLEG- UND SPINNSTUBENSPIELE

Die Ernte schloß und schließt noch heute mit einem fröhlichen Feste, an dem sich die ganze Dorfschaft beteiligt. Sind die Garben unter Dach, dann beginnt die schwere eintönige Arbeit des Druschs. Ehe noch die Dreschmaschine den althergebrachten Dreschflegel abgelöst, gab es im oberen Innviertel nach Beendigung des Druschs, dem Schluß der Jahresarbeit, einen fröhlichen Abend mit Mahl, Mummenschanz, Tanz und Spiel.

Hugo von Preen beschreibt in der „Zeitschrift des Vereins für Volkskunde"[1] einen Drischleg (Drischel = Dreschflegel), dem er im Jahre 1881 in Gilgenberg beigewohnt hatte.

Vermummt schritt er mit seinem Gastfreund, einem Bauern, zu dem Festhaus, in dem der Tanz in vollem Gange war. Das Orchester bildete eine Mundharmonika, deren Bläser sich mit einer als Tiroler verkleideten Dirne im Kreise drehte.

Es gehört zu den Eigentümlichkeiten der ländlichen Kostümierung, daß die jungen Dirnen sich gern als Männer kleiden, seltener die Burschen als Frauen. Dagegen sind als Masken altmodische Bauern und Bäuerinnen, alte Weiber mit zerfetzten Regenschirmen und Hanswurste sehr beliebt. Als Larven dienen zuweilen Schweinsblasen, die über das Gesicht gestülpt werden. Es mögen das die ältesten Formen als Gesichtsmasken gewesen sein, zu Zeiten, wo man Larven nicht leicht erhalten konnte.

---

[1] 14. Jahrgang, 1904, S. 361 ff.

Nach dem Tanz, gleichsam als Ausfüllung der Pausen, fanden allerlei Spiele statt, die ein lustiger Bursche angab und leitete.

Viele dieser Spiele sind nicht auf das Innviertel beschränkt geblieben. Ich kann es mir nicht versagen, die markantesten, in denen die Grotesk-Komik besonders deutlich hervortritt, unter den von Preen mitgeteilten 42 hier aufzunehmen.

MÜHLFAHREN

Zwei kräftige Burschen halten auf ihren Achseln eine etwa 6 cm dicke Holzstange, einem Reck vergleichbar, „Ponterbaum" heißt sie in Schleswig-Holstein[1]. Ein dritter schwingt sich hinauf, sitzt wie ein Reiter auf der Stange und fragt den einen der Stangenträger: „Bauer, wo fahrst hin?" Der Bauer erwidert darauf: „I fahr d' Mühl!" Der erste: „Nimm mi mit!" Kaum ist dieser Wunsch ausgesprochen, erhält der auf der Stange Reitende vom Bauer einen Schlag mit seinem Fuß an das Bein, daß er sich wie ein Rad dreht. Der Witz dabei ist, daß er gleich nach der Umdrehung wieder aufrecht auf der Stange sitzen muß. Das Spiel zieht sich etwas in die Länge, weil jeder das Kunststück mit mehr oder weniger Glück versuchen will.

SCHMALZ ÜBER DIE DONAU FAHREN

Von der Wandbank der Bauernstube an bis gegen ihre Mitte sind ungefähr fünf Burschen auf allen vieren, die Rücken parallel gerichtet, einer Brücke gleich aufgestellt. Auf der Wandbank, die das Ufer des Flusses darstellt, steht einer und ruft: „I fahr Schmalz über die Donau, mei Mutter is a Hex, dahin geht's." Und im selben Augenblick schlägt er einen Purzelbaum über die fünf Rücken hin und steht aufrecht am Ende der Reihe. Sofort bückt er sich und schließt sich den anderen an, während der am nächsten der Bank Hockende schleunigst aufspringt

---
[1] Am Urquell, N. F., I. Bd., S. 130.

und sich auf die Bank stellt. Die Sache geht von neuem an, bis alle an die Reihe gekommen. Preen hatte gewandte Springer unter den Bauernburschen gesehen, die einen Salto machten und dabei kaum den Rücken der anderen berührten. Große Heiterkeit erregen wieder solche, die plump auffallen und dann von dem unsanft Berührten mit dem Rücken auf die Seite geworfen werden.

ASSENTIERUNGSKOMMISSION

In der Stube wird ein Teppich oder ein kräftiger Stoff ausgebreitet, der von zwei nebeneinanderstehenden Burschen mit den Händen gehalten wird. Vor dem Tuche steht ein als Regimentsarzt verkleideter Bursche und ruft die Rekruten der Reihe nach herein, die, auf dem Tuche stehend, hin- und hergewendet und betrachtet werden. Der Arzt erklärt sie für untauglich, und sie müssen wieder abtreten. Endlich kommt aber einer, auf den sie es abgesehen haben. Der Arzt schmunzelt, die zwei Tuchhalter richten sich, und während sich das Opfer auf das Tuch stellt und vom Arzt als tauglich erklärt wird, ziehen die beiden das Tuch unter seinen Füßen weg, daß er der Länge nach hinfällt.

IM TEIG SITZEN

Es sitzt einer auf dem Boden, dem man zwischen seine gespreizten Beine etwas Teig hinlegt und ihm in jede Hand ein Messer gibt, damit er sich verteidigen kann, wenn man ihm den Teig stehlen will. Die Zuschauer machen auch Versuche, ihn zu nehmen, die der auf dem Boden Sitzende durch fortwährendes Stechen mit dem Messer in den Boden abwehrt. Da auf einmal packen ihn zwei Burschen bei seinen Beinen und ziehen ihn durch den Teig, daß der an seinem Hinterteil kleben bleibt.

BRECHELN (HANFBRECHEN)

In die Mitte der Stube wird eine Bank gestellt. Einer legt sich der Länge nach mit der Kehrseite auf diese, die

Beine nach oben gerichtet. Der Bauer holt ein Tuch und macht, indem er die Beine des auf der Bank Liegenden als Brechelmaschine benutzt, die Bewegung des Brechelns nach. Da klopft es an der Türe, und es tritt ein altmodisch angezogener Bauer mit seinem schwangeren Weibe in die Stube. Das Weib beginnt sogleich den Hausherrn um eine Gabe anzugehen, wobei sie in ihrer Ungeduld den Hausherrn immer mit dem Stocke kitzelt, bis es ihm zu dumm wird und er sie mit seinem Stock durchhaut. Die Schläge sind so gut bemessen, daß sie nach kurzer Zeit unter die Bank fällt. Ihr Mann jammert darauf sehr und bittet gleich die Anwesenden, sie möchten bei der Beerdigung erscheinen. Die also Eingeladenen geben bei seinen Fragen die verkehrtesten Antworten. Dann legt sich der Witwer aufs Freien und tanzt mit einer Dirne einmal herum. Plötzlich erhebt sich das verstorbene Weib wieder und prügelt ihren Mann zur Türe hinaus.

BAUERNSPIELE

Zur Türe herein treten vier veritable Bauern mit Lederhosen bis zu den Knöcheln, Bauchranzen, geblümtem Leibel, kurzem Janker mit blanken Knöpfen und auf dem Kopfe die schwarze Zipfelkappe unter dem Hut. Sie setzen sich im Kreise auf den Boden und legen die Stöcke neben sich. Einer zieht ein schmutziges Kartenspiel heraus und mischt; während dessen zünden sie die Pfeifen an, und das Spiel beginnt. Man bemerkt, daß gemogelt wird; da gibt's Streit, und die Stöcke treten in Aktion. Die Spieler beruhigen sich wieder, machen ihre Witze und beendigen das Spiel mit einem Spottlied auf die Tschechen:

Der böhmische Wenzel

Wenzel, mi glaubst, die Böhm san dumm,
So bist mi wie angschmierte;
Denn die Böhm san gscheite Leut,
Die san als wie Gstudierte.

Alle Wenzel bovidek, alla dakidudadra,
Was für eine ganz die neuche, umdadra,
               umdadra, umdadra;
Schnaps ist gut für die Cholera,
Schnaps ist gut für Gicht.

Wanns mi kumt zum Militar,
Kriegt mi lange Sabel.
Mußt mi exestieren (exerzieren) gehn
Um die Kommislabel.
    Alle Wenzel usw.

Waschmadel, Waschmadel,
Wo bist mi so lang gwesen?
Bist mi wieder ganze Nacht
Bei die Knudel gwesen.
    Alle Wenzel usw.

BÖHMISCHE MUSIK

Die böhmische Musikanten waren auf dem Lande eine häufige Erscheinung. Nicht nur als Adventbläser, sondern auch als Straßen- und Bettelmusikanten, mit der charakteristischen österreichischen Militärmütze auf dem Kopf, zogen sie durch die Länder des vielsprachigen Staates. Eine solche Musikbande ahmen die Burschen mit allen ihnen zu Gebote stehenden Mitteln nach. Der Dirigent ist zu gleicher Zeit auch der Tonangeber; er lehnt sich an die Türe, in der rechten Hand einen Topf mit Blechlöffeln, in der linken die landesübliche Mundharmonika, und mit dem Fuß schlägt er, den Takt angebend, rückwärts an die Türe. Ein zweiter ahmt den Brummbaß nach, indem er mit dem Besenstiel den Boden streicht. Ein dritter bläst in einen Trichter und ein vierter auf einem Kamm.

„Ich habe mich von der großen Wirkung, die durch diese einfachen Mittel erzielt wird, selber überzeugt", sagt Preen.

STUMMENSPIELE (PANTOMIME)

Unter diesem Titel hat sich die italienische Pantomime unter die Bauernspiele eingeschlichen und ist für den bäuerlichen Geschmack zurechtgeschnitten worden.

Ein Bursche tritt in die Stube, stellt sich in die Mitte, sieht sich um und klopft mehrere Male mit dem Stock auf den Boden. Eilig kommt der Diener herein und sucht an dem lebendigen Gebärdenspiel seines Herrn zu erraten, was dieser wünscht. Er bringt natürlich zuerst das Falsche. Endlich erscheint er mit einem Schusterstuhl, dann mit einer Bank, die als Tisch gilt. Der Herr nimmt Platz und erteilt weitere Befehle. Der Diener bringt einen Teller, auf dem zwei Späne als Besteck liegen, und legt Brot neben den Teller. Der Herr beginnt zu essen, schläft aber plötzlich ein, den Bissen noch auf der Gabel. Der Diener bemerkt dies, verzehrt heimlich den Bissen, erhält aber, als er zu dreist wird, von dem inzwischen erwachten Herrn Prügel. Der Herr verlangt jetzt Suppe. Der Diener bringt einen Teller mit Mehl. Wenn der Herr die heiße Suppe blasen will, bekommt er das ganze Gesicht voll Mehlstaub. Darob erbost, prügelt er wieder den Diener, es entsteht die bekannte Raufszene, bei welcher Gelegenheit der Herr von dem Stuhl auf den Boden geworfen wird.

PANTOFFELSUCHEN

Männlein wie Weiblein sitzen, die Knie hochgezogen, im Kreise auf dem Boden. Eine Dirne hat ihren Schuh ausgezogen und läßt ihn unter den gekrümmten Knien der Gesellschaft kreisen. Außerhalb des Kreises steht einer und hat die Aufgabe, den Schuh zu erwischen. Derjenige, der den Schuh gerade in Händen hat, muß mit ihm auf den Boden klappen, damit der Suchende immer seine Spur hat. Mitunter wird er auch durch falsches Klappen geführt. Der Suchende muß aber sehr flink sein; er wirft sich oft, wenn er ihn gerade bei einer Dirne gesehen hat, mit solcher Heftigkeit auf diese, daß sie hell aufschreit. Der, bei dem der Pantoffel gefunden wird, muß aus dem Kreise treten, und das Spiel beginnt von neuem.

HOBELN

Der uralte Brauch des Hobelns findet nicht nur Anwendung bei den Jagden, wo er jetzt noch im Schwange ist, sondern auch bei den bäuerlichen Festen. Auf der Jagd werden diejenigen gehobelt, die zum erstenmal einen Schießprügel tragen oder zum erstenmal auf dieser oder jener Jagd eingeladen sind. Sogenannte „noblichte" Leute kaufen sich los, andere aber, die zum gemeinen Weidhaufen gerechnet werden, müssen daran glauben. Am Sammelplatz beim Knödelbogen oder beim letzten Trieb im Kruge holt man nach Verabredung den Neuling, der nichts ahnt, aus der Gesellschaft heraus. Vier handfeste Jäger schleppen ihn an Händen und Füßen haltend zu einem Treiber, der auf allen vieren schon bereit steht. Hier wird er so oft mit seinem Hinterteil auf das des Treibers gestoßen, bis beide Teile genug haben. Dieser Prozedur sieht die ganze Gesellschaft mit Lachen zu und macht ihre Witze dabei. Das Spiel ahmt einen eigenartig konstruierten Hobel nach, auf dem einst die zur Beleuchtung bestimmten Späne gehobelt wurden. Das Scheit Holz wurde in einen auf vier Füßen stehenden Schragen eingeklemmt, dann kamen vier Personen, die den Hobel bedienen mußten. — Das bei unseren Drischlegspielen geübte Hobeln weist eine kleine Abweichung vom weidmännischen Gebrauch auf. Dem auf allen vieren stehenden nämlich werden die Augen verbunden, und er muß den erraten, der auf ihn gestoßen wird.

Gar viele, ja die meisten der angeführten Spiele sind in den Spinnstuben heimisch geworden, und sie waren noch die harmlosesten unter den dort üblichen[1].

Die Behörden und die Geistlichkeit überboten sich in Verboten, um die Ausgelassenheit in den Spinnstuben einzudämmen, ohne daß es ihnen je gelungen wäre, nachhaltige

---
[1] Bauer, Geschlechtsleben, S. 300.

Erfolge zu erzielen. Derb erotisch, ja lasziv ist die Signatur des Treibens in den Spinn-, Licht- oder Kunkelstuben, wie das nachfolgende charakteristische Spiel aus Wiedersbach bei Schleusingen im Thüringer Wald deutlich zeigt.

„Das schändlichste Manöver ist hier der „Fleischhaufen". Dabei stellt ein Bursche einem Mädchen einen Fuß, so daß das Mädchen fällt. Auf sie stürzt sich der Bursche, und unter wildem Geschrei folgen sämtliche Mädchen und Burschen der Lichtstube durcheinander nach, bis sie alle auf einem Haufen liegen. So tummeln sie sich eine Zeitlang unter wildem Geschrei auf den Dielen herum[2]."

NIPHAUN UND STOPPEGÂS

In den Spinnstuben von Grubenhagen bei Hildesheim und anscheinend auch im Braunschweigischen war das Spiel des Niphaun beliebt.

Ein Mädchen wurde zwischen zwei Stöcken eingeklemmt und ihre Arme so dicht wie möglich an die Knie gebunden. Dann wurde aus ihm mit Kissen und Stroh ein sogenanntes Niphaun (Nickhuhn) oder eine Stoppegâs (Stopfgans) geformt d. h. der Körper mit einem weißen Laken derart vermummt, daß es nur den Kopf frei bewegen und mit ihm nicken konnte. Jetzt wurden ihm allerlei Fragen vorgelegt, zumal wurde nach den Schätzen der anwesenden Mädchen gefragt, wobei das Huhn, wenn der richtige Name fiel, nickte[1].

DIE HÖGE DER HAMBURGER BRAUERKNECHTE

Die hamburgischen Brauerknechte bildeten vormals eine ungemein zahlreiche zünftige Genossenschaft mit Würden und Ämtern. Zu den Privilegien dieser nach St. Vinzent, ihrem Schutzpatron, benannten Brüderschaft gehörte das Recht, alle zwei Jahre eine sogenannte Höge zu halten.

---

[2] Zeitschr. des Ver. für Volkskunde, 6. Jahrg., 1896, S. 14. — [1] Richard Andrèe, Braunschweiger Volkskunde, Braunschweig 1901, S. 231, Meyer, Deutsche Volkskunde, S. 157.

Dies war ein großes, acht Tage währendes Fest, mit Tanz und Spiel, Essen und Trinken, öffentlichen Umzügen durch die Stadt. Die Höge währte vom Sonnabend vor bis Sonnabend nach Lichtmeß (2. Februar). Die Höge soll die dankbare Stadt Hamburg den Brauerknechten für die tapfere Abwehr eines feindlichen Angriffs verliehen haben.

Den Verlauf der Höge um das Jahr 1700 beschreibt Dr. Otto Beneke[1] wie folgt:

„In dem Högehause der Vinzentsbrüder am Rödingsmarkt, wo fast jedes Haus ein Brauerbe war, da ging's um Lichtmeß hoch her. Fahnen bedeckten das Haus, Musik und Gesang erscholl unaufhörlich. Die fleißigen Brauknechte vergaßen für eine Woche des Kessels, der Darre, ihrer achtundzwanzig Braupflichten und all der schweren Arbeit; sie machten sich eine Gemütsergötzung in ihrer Weise, indem sie aßen, tranken, sangen, miteinander tanzten und eine derbe naturwüchsige Kurzweil trieben, wie der Volkswitz sie eingibt. Jeder Brauherr mußte seinen Knechten mit dem achttägigen Urlaub auch ein tüchtig Stück geräuchert Ochsenfleisch zur Höge geben; da galt kein Knausern, denn ein mageres Stück wurde sofort vom ganzen Haufen mit Trommeln, Pfeifen und Spottgesang dem filzigen Schenker zurückgebracht.

Sowohl zur besseren Ordnung der Festlichkeiten als auch zur Kurzweil der Brüder diente eine Reihe sogenannter Ämter, die sie zur Högezeit für deren Dauer aus ihrer Mitte besetzten. Da war zuvörderst der Großvogt, der gestrenge Richter über alles, was im Högehause vorfiel, welche Jurisdiction ihm, alten Herkommen gemäß, wirklich und ersthaft zustand, so daß er sie im Namen E. H. Rats ausübte. Eine schwere eiserne Kette, die dem Großvogt vom Bauhofe überliefert wurde, war sein väterliches Mittel, die übermütigsten Ruhestörer zu bändigen. Mit ihr konnte er sie sechs bis acht Stunden lang belasten und anschließen.

---

[1] Dr. O. Beneke, Hamburgische Geschichten und Sagen, IV. Aufl., Berlin 1888, Nr. 34, S. 83 f.

— Zwei Beisitzer halfen ihm die Händel zu untersuchen und Recht zu finden. Seine Befehle vollstreckten dann der große und der kleine Raspelvogt, jeder mit acht Gehilfen. Wenn nun der Großvogt, der auf einer erhöhten Bühne, „das hohe Recht" genannt, präsidierte, unter den Knechten Zank und Streit gewahrte, so schlug er so mächtig auf eine leere Biertonne, daß vor dem Gedröhne Alles im Hause still wurde. Dann rief er den Raspelvögten zu: „Bringt den Keerl up't hoge Recht." Wenn nun der Maleficant nur mäßig schuldig befunden wurde, wofür eine kleine Geldbuße genügte, dann erkannte der Großvogt: „Bringt den Keerl wedder in die Dönns, he schall in de Büß blasen." In der Dönns hielten ihm dann die Vorsprachen die Armenbüchse vor, dahinein er opfern mußte. Dem böseren Sünder aber legte man die Kette um den Leib und schloß ihn so an einen Pfeiler der Diele, wo die andern lustig waren, tanzten und jubelten. Der Schlummervogt mußte auf der Höge acht geben, ob jemand einschliefe, was besonders gegen Ende der Festwoche wohl vorzukommen pflegte. Wem dies Vergehen gegen die Höflichkeit passierte, dem pfändete er die Mütze oder dergleichen, die der müde Gast unter Spottgesang der übrigen zwei Drittel einlösen mußte. — Der Bäcker mußte für hinreichendes und gutes Brot sorgen und mit zwei Knechten es herbeibringen. — Der Koch besorgte mit einigen Gehilfen die Mahlzeit, die Kerzengießer die Erleuchtung. — Der Schreiber und der Buchträger mußten Rechnung führen und alles zu Buch bringen. Die Schaffer beaufsichtigten das Arrangement der Tafel und die Aufwartung; unter ihnen standen die Bierzapfer. — Der Bartscherer, einer der Lustigmacher wie der Schlummervogt, hatte die Knechte scherzweise zu barbieren, mit Bierschaum statt der Seife, und mit dem Brot- oder Fleischmesser. Er bekam zwei Drittel von Jedem, der sich gefällig dazu hergab, von ihm unter tausend Possen zur Ergötzung der anderen gemißhandelt zu werden; zwei Gesellen halfen ihm bei seinen Dienstleistungen, die sich auf Haarschneiden und dergleichen erstreckten. — Ein Hauptwitzbold aber war der „Doctor in der Medizin", ein naturtreues Abbild der vormaligen Quacksalber und Marktschreier. In pomphafter Kleidung mit der verdächtigen Spritze einherstolzierend und bombastische Redensarten um sich werfend, unterhielt er die Gesellschaft durch seinen spaßhaften Sermon nicht minder als durch seine Wunderkuren. In jeder größeren Gesellschaft, wess' Standes sie auch sein mag, gibt es einige gutmütige Menschen, die nun einmal dazu ausersehen scheinen, dem Witze der andern als Zielscheibe zu dienen. Solche hatten vorzüglich von der Praxis des Doctors zu leiden, der ihnen Zähne ausziehen, sie zur Ader lassen, ihnen Warzen und dergleichen wegschneiden wollte, usw. Auch innerlich behandelte er seine Kranken, er tröpfelte bittere Essenzen oder Öl und Tran auf Stückchen Zucker, er drehte aus Brotkrumen und Klößen große mit Senf gefüllte Pillen, er bereitete Mixturen von Heringslake und dergleichen und nötigte sie, wohl oder übel, seinen unglücklichen Patienten ein, die ihm obendrein für jede Arznei zwei Drittel Honorar entrichten mußten. Die andern Rollen der lustigen Högebrüder können wir übergehen und nur noch des sogenannten Esels up'n Plummenboom gedenken, nämlich desjenigen Festgenossen, der die Zeit verschlafen hatte, und nun zur Strafe, rittlings auf einem Wunderbaum sitzend oder balancierend, von zwei Kameraden unter Trommelschlag durch die Gasse getragen wurde.

An zwei Tagen während der Festwoche fand die Prozession statt durch die vornehmsten Straßen der Kirchspiele. Es gab eine Zeit, wo der Brauerknechte so viele waren, daß sie sich in zwei Högehaufen teilen und auch in zwei Häusern gastieren mußten. Bei dem Umgange schritten die Vorsprachen, die wirklichen Vorsteher der Brüderschaft, in ihrem Ehrenkleid voran; in ihren langen schwarzen Röcken, krausen Herrenkragen, spitzen Hüten und ernsthaften Amtsgesichtern, machten diese ehrsamen Gesellen einen ergötzlichen Gegensatz zu den ausgelassenen lustigen Scharen, die ihnen folgten. Zunächst hinter den Vorsprachen gingen einige Knechte als Trabanten mit mächtigen Deckelgläsern, woraus jene von Zeit zu Zeit einen erfrischenden Schluck taten. Der Großvogt, mit einer tüchtigen Wildenmannskeule in der Hand, ging neben der Prozession, in der die übrigen obengenannten Ämter ihre bestimmten Plätze hatten. Umschwärmt war der ganze Zug von Plänklern oder Platzmachern, die man „Dövekenschläger" nannte. Sie mischten sich auch unter das gaffende Volk, neckten und hänselten rechts und links, besonders aber die Frauenzimmer. Ihren Namen hatten sie von einem hölzernen Bierzapfen, Hähnchen, damals Täubchen oder plattdeutsch Döveken genannt. Ein ähnliches Instrument setzten sie unvermerkt den Frauen, Mägden oder andern Leuten auf den Arm, Rücken oder sonst wohin, schlugen dann mit einem hölzernen Schlägel darauf, leicht oder schwer, je nach ihrem Muthwillen, indem sie zugleich ein schrilles Pfeifchen ertönen ließen, daran Jedermann merkte: jetzt hat wieder ein Dövekenschläger ein Weibsbild gefoppt. Das ergötzte dann die arge Welt, die, urplötzlich durch Schlag und Pfeifen erschreckt und beschämt, zum eiligen Rückzug getrieben wurde. Es ist mit diesem Brauch viel Mißbrauch getrieben. Der Mutwille der kecken Dövekenschläger ging zu weit. Sie schlichen sich in die vornehmsten Häuser, bis hinter die Frauen und Jungfern, die der Prozession zuschauend am offenen Fenster standen, — wenn dann die Damen den Schlag fühlten und sich bestürzt umdrehten, so waren die Kerls längst wieder draußen, und das Volk lachte die Geneckten aus. Zu dieser „unleidlichen Vermessenheit", heißt es, wären die guten Vinzentsbrüder aus sich selbst niemals gekommen, wenn sie nicht von jungen Herren dazu angestiftet gewesen wären. Selbige Herren, wenn sie ihren Herzgespielinnen in solcher Weise eine Überraschung haben bereiten wollen, müssen an sonderbaren

Ansichten von Galanterie gelitten haben. Genug, diese Unbill, in einigen Ratsherrnhäusern verübt, veranlaßte 1698 das gänzliche Verbot alles und jedes Dövekenschlagens. Weil dieses jedoch nicht ganz ohne Nutzen, indem es der Prozession Raum schaffte, und das stets neugierig sich andrängende Weibsvolk in gebührenden Schranken hielt, so wurde es später, unter harter Bedrohung des frechen Mißbrauchs, wiederum verstattet.

Im Jahre 1747 begann der Verfall der Höge durch Einschränkung der Festzeit, und 1787 wurde ihre Aufhebung beschlossen und völlig und für immer durchgeführt[2]."

DIE STUDENTISCHE DEPOSITION

So verdammenswert die Roheiten der Deposition, des ärgsten unter all den vielen Mißbräuchen des akademischen Lebens in der Vergangenheit waren, so darf der Brauch doch in einer Aufzeichnung des Grotesk-Komischen nicht vermißt werden. Er erschien doch den derber organisierten Menschen von ehedem als geheiligte Institution, aber auch als Gipfel des Humors. Wir müssen die Zeit aus der Zeit verstehen und an alte Gebräuche niemals den Gradmesser unseres feinnervigen Empfindens anlegen. Was uns anekelt, galt ehemals als Witz, den man dröhnend belachte.

So war die Deposition nichts als ein Gemisch von abstoßender Gewalttätigkeit, und dennoch wurde sie durch Jahrhunderte an vielen Generationen akademischer Bürger geübt und von den Lehrern als Notwendigkeit angesehen.

Selbst Luther fand an diesen Depositionsgebräuchen so gar nichts Abstoßendes, daß er in amtlicher Stellung als Dekan wiederholt daran teilnahm und sie in seinen Ansprachen durch eine ihnen etwas gewaltsam unterschobene Symbolik zu rechtfertigen suchte[1].

---

[2] Hamburger Geschichten und Denkwürdigkeiten, 3. Aufl. Berlin 1890, S. 276 f. — [1] Ernst Berkowsky, Das alte Jena und seine Universität, Jena 1908, S. 56.

Die Deposition
Kupfer aus De origine causis, typo, et cerem oniis illius
ritus, qui vulgo in Scholis Depositio appellatur, Oratio
M. Joh. Dinckelij (Erfurt 1578)
Aus dem Besitze des Herrn Antiquars Martin Breslauer in Charlottenburg

Wann und wo sie entstanden sind, weiß man nicht recht. Offenbar kamen sie von französischen Hochschulen nach Deutschland, wo sie bereits im Mittelalter allgemein verbreitet waren.

„Der Sinn dieser seltsamen Sitte war, daß der Neuankömmling auf Universitäten, der Bacchant oder Beanus — französisch bec jaune, d. h. der Gelbschnabel — als ein ungefügiges Stück Vieh angesehen wurde, oder wie ein geläufiges Anagramm um 1600 das Wort erklärte: Beanus est animal nesciens vitam studiosorum, der Bean ist ein Tier, unbekannt mit dem Leben der Studenten. Mit diesem einfältigen, unförmlichen Tiere mußten nun allerlei Prozeduren vorgenommen werden, damit ein ordentlicher Bursch und überhaupt ein Mensch daraus würde. Zu diesem Zwecke sammelte sich eine Schar älterer Studenten — auch Magister, namentlich jüngere, fehlten nicht — um einen oder mehrere junge Füchse, die in feierlichem Zuge etwa in die Hauptstube einer Burse oder in den Universitätshof geschleppt wurden. Die ganze Gesellschaft befindet sich in einer seltsamen Vermummung. Der Depositor ist in einem besonderen Kleid, wie es die Schauspieler und Pantomimiker trugen. Wenn er die erforderlichen Instrumente ausgebreitet und geordnet hatte, bekleidete er die Bacchanten mit dem Bacchantenrock, einem abenteuerlichen Kleidungsstück, das zum Lachen reizte[2]. Das geschah deshalb, „als wenn er nicht ein Mensch, sondern ein unvernünfftiges, gehörntes Tier were"[3]. Ihr Gesicht ist geschwärzt, auf dem Hut tragen sie Hörner, die Ohren sind künstlich verlängert, im Munde stecken ihnen gewaltige Schweinszähne, die sie bei Strafe von Schlägen im Munde halten müssen. Daher können sie nicht ordentlich sprechen, sondern grunzen, wenn sie gefragt werden, wie die Schweine. Man sieht, daß man es nicht mit

---

[2] Oskar Dolch, Geschichte des Deutschen Studententums, Leipzig 1858, S. 157. — [3] Operationes duae de ritu et modo depositionis Beatorum, 1730, S. 48.

Menschen, sondern mit unvernünftigen gehörnten Tieren zu tun hat, von denen angeblich zudem ein greulicher Gestank ausgeht.

Der Depositor, meist ein älterer Student, zu Altdorf laut obrigkeitlicher Verordnung ein Landeskind und eine Art Universitätsbeamter, oder auch der Universitätspedell, beginnt die Zeremonie. Der Depositor rezitiert im Beisein des Dekans und anderer Zuschauer eine Rede. Ist diese geendet, läßt er die Novizen verfängliche Fragen und Formeln lösen oder über irgendein Thema sprechen. Dabei hat er eine Wurst mit Sand oder Kleie gefüllt. Antwortet jemand nicht nach seinem Geschmack, so schlägt er ihn damit oft bis zu Tränen. Ist das vorbei, so müssen sich die Bacchanten auf die Erde legen, so daß ihre Köpfe in einen Kreis fallen und ihre Körper einen Stern bilden, „daß sie solten haben ein Denckzeichen der Demuth vnd Vnderdiensthafftigkeit"[4].

Den Beanen werden nun die Haare geschnitten, die Ohren mit einem mächtigen Ohrlöffel gereinigt, die Zähne ausgezogen, die Hände und Nägel glatt gefeilt. Man malt ihnen einen Bart an, auf daß sie nicht aussähen wie die Kinder. Ein widerliches Mundwasser wird ihnen gereicht — Kräuter, die am Abtritt wachsen, haben es gewürzt —, auch ekelhafte Pillen und Salben fehlen nicht. Man droht den Geängstigten, sie in der Kloake aufzuhängen. Der Länge nach werden sie auf den Boden gelegt und gleich groben Klötzen gründlich behauen und behobelt. Ein Bohrer bearbeitet einen nicht sehr anständigen Körperteil. So sollen die Beane lernen, die dicken Bretter der schönen Künste zu bohren. Eine lange Litanei, ein Sündenbekenntnis nach Art der Beichte, müssen sie hersagen, die Hörner werden ihnen abgeschlagen — an einigen Orten mußten sie sich diese durch Rennen mit dem Kopfe gegen eine Tür ablaufen — daher die Redensart, die schon Moscherosch zu einer geflügelten machte — und als besonders zweck-

---

[4] Orationes duae S. 53. Dolch S. 158.

dienlich erachtet man es, den Neuling eine Zeitlang im „Schülersack" herumzutragen. Aus Zirkel und Richtscheit sollen sich die Beanen noch allerlei gute Lehren nehmen, sie werden mit Wasser begossen und unsanft abgetrocknet.

Endlich gibt der Depositor das Zeichen, daß der Gequälte von seinem Beanismus geheilt ist.

Darauf dankt der neue Student seinem Meister: „Accipe, depositor, pro munere munera grata, Et sic quaeso mei sis manesque memor."

Man sang auch wohl:

> Salvete candidi hospites
> Conviviumque sospites,
> Quod appratu divite
> Hospes paravit, sumite.
>
> Beanus iste sordidus
> Spectandus altis cornibus,
> Ut sit novus scholasticus,
> Providerit de sumtibus.
>
> Mos est cibum magnatibus
> Condire morionibus,
> Nos dum jocamur crassius,
> Bonis studemus moribus.
>
> Lignum fricamus horridum,
> Crassum dolamus rusticum,
> Curvum quod est, hoc flectimus.
> Altum quod est, deponimus.
>
> Ut hunc novum seu militem
> Nostrum referre in ordinem
> Queamus, atque stipidem
> Formare doctam Palladem.
>
> Contraiis contraria
> Curanda pharmacis mala,
> Ferox asellus esurit,
> Lactua labris convenit.

Ubi maglignus nodus est,
Quaerendus asper clavus est,
Ut haec dometur bestia,
Addenda verbis verbera.

Vos interim dum ludicro
Tempus datis spectaculo,
Vultus severos ponite,
Frontem serenam sumite[5].

Nun muß er noch zum Dekan der philosophischen Fakultät, der dem andächtig Knieenden mit ermahnenden Worten in etwas frecher Nachahmung der christlichen Sakramente das Salz der Weisheit reicht und ihm den Wein der Reinigung aufs Haupt gießt.

Ein solenner Schmaus, dessen Kosten natürlich die Deponierten tragen mußten, beschloß die ganze seltsame, symbolische Handlung.

Aus der Tätigkeit des Dekans ersieht man schon, daß die Deposition, wenigstens in späteren Zeiten, durchaus als offizieller Akt angesehen wurde, ja es durfte wohl nach den Universitätsstatuten niemand immatrikuliert oder zum Baccalar befördert werden, der nicht seinen Depositionsschein vorwies.

Im einzelnen fanden sich in dem Ritus an den verschiedenen Universitäten und zu verschiedenen Zeiten natürlich mannigfaltige Abweichungen, immer aber blieb die Hauptsache, daß der studentische Neuling ordentlich gequält und „vexiert", ja manchmal förmlich gefoltert wurde. Dem Bartholomäus Sastrow wurde bei der Deposition zu Rostok mit dem hölzernen Schermesser die Oberlippe durchschnitten[6].

Während der widerlichen Szenen, in denen der arme Bachant mit „O beane, o asine, o foetide hirce, o olens capra, o bufo, o cifra, o figura nihili, o tu omnino nihil" angeredet wurde, tönte ein lateinischer Chorus:

---

[5] de origine, causis, typo et ceremoniis illius ritus, qui vulgo depositio appellatur. Erfurt 1578. — [6] Emil Reicke, Lehrer und Unterrichtswesen in der deutschen Vergangenheit, Leipzig 1901, S. 90 ff.

Deposition im 17. Jahrhundert

Beanus ille sordidus,
spectandus altis cornibus,
ut sit novus scholasticus
providerit de sumptibus,
signum fricamus horridum,
crassum dolamus rusticum,
curvum quod est deflectimus,
altum quod est deponibus.

An manchen Orten gestaltete sich die Deposition zu einem öffentlichen Fest, an dem die Eltern der Bacchanten und sogar zartfühlende Jungfräulein teilnahmen.

Es wird begreiflich sein, daß bei der Wichtigkeit, die man der Sache beilegte, maßgebende Stimmen sich mit der Mahnung erhoben, die Behörden sollten das Ihre dazu tun, die Verlockung zu Ausschreitungen rechtzeitig zu beseitigen. So gab es Universitäten, wo die Deposition geradezu amtlich geregelt wurde (was sicher weiser war, als sie, wie es anderswo geschah, einfach gesetzlich zu unterdrücken, wo sie dann heimlich und doppelt roh getrieben wurde). In Kursachsen war z. B. die Deposition per decretum visitationis aulicum öffentlich bestätigt. Es stand dort nicht etwa jedem zu, ein Depositor (domitor cornutorum monstrorum, pater beanorum) zu sein sobald die Studenten ihn erwählten, sondern es wurde ein bewährter, zuverlässiger Charakter dazu ausgesucht, und er führte sein Amt auf Weisung und mit Zustimmung der philosophischen Fakultät, zu deren Obliegenheiten die Ordnung der Deposition gehörte, und verwaltete es fünf Jahre hindurch. Vielleicht war es ein gelehrter Magister, sonst ein alter Student, und erst später, als die Deposition verfiel, zog man Pedelle hinzu, die dann auch zur Haltung der Geräte verpflichtet waren. An einigen Orten wurde der Depositor eidlich verpflichtet, er dürfte die Handlung niemals außerhalb der Universität vornehmen, die bewährten Vorschriften nicht überschreiten, auch nicht beliebig Stellvertreter für sich einschieben. Für seine Arbeit erhielt er dann besondere

Besoldung. Natürlich war er Versuchen, ihn zur milderen Amtsführung zu bewegen, seitens der ängstlichen Beanen ausgesetzt; er nahm dann wohl das Geld und wandte es den allgemeinen Gelagekosten zu, zog den Feigling aber nur um so stärker heran. Verbarg er die Summe und es kam heraus, so unterlag er dem Urteile der Studenten und mußte wenigstens Schorum geben, das heißt einen Schmaus für die Schoristen[7]."

Um seinen für das Studium bestimmten Söhnen die Unannehmlichkeiten der Deposition zu ersparen, verfiel man auf den Ausweg, Knaben schon im Alter von 3 bis 16 Jahren deponieren zu lassen. Man nannte diese nur sanft angetasteten Bürschchen „non jurati". 1543 war an der Leipziger Universität ein fünfjähriger „non juratis" inskribiert.

Von den Ansprachen des Depositors an den oder die Beanen liegen verschiedene im Druck vor. Eine der seltensten und charakteristischsten lasse ich hier in ihrem ganzen Umfang folgen. Sie ist dem Büchlein: „Abbildung der beim Deponiren auf Universitäten zu Abwendung der unanständigen und groben Bacchanterei und zu Förderung des reputirlichen und zierlichen Studentenlebens gebräuchlichen Ceremonien, deren eigentliche Bedeutung und Absicht zu Jedermanns Nachricht enthalten ist in folgender Depositions-Rede" (o. O. 1713) entnommen.

1. DIE UNFÖRMLICHE GESTALT

> Kommt Bacchanten, trett herbey
> Merckt, was abzulegen sey,
> Euch will ich auf euer Fest
> Deponiren auf das best.

Die garstige, grobe und törichte Aufführung, womit ihr Bacchanten bisher euren Lehrmeistern manchen Verdruß gemacht, und in der ihr jetzo anhero gebracht worden, muß ganz und gar geändert werden, damit ihr nicht ebenso, wie ihr anhero kommen, wiederum vom Platze geht. Gleich-

---

[7] C. Beyer, Studentenleben im 17. Jahrh. Schwerin i. M. 1899, S. 41 f.

wie aber eben dasjenige, was euch äußerlich übel ansteht, jetzt von euch abgesondert und weggeschafft werden muß, also müßt ihr auch stets innerlich am Gemüt gebessert und von allen unanständigen und unartigen Lappereien befreit werden. Hiec dies aliam vitam alios mores postulat. Ihr müsset von nun an das unförmliche Leben und alle Untugenden ablegen, hingegen neue und zierliche Sitten annehmen. Bei künftigem Studieren ist es nicht genug, daß ihr die Wissenschaft in Künsten, Sprachen und weltlicher Weisheit erlangt; es müssen auch die Tugenden und guten Sitten dabei sein. Es wird euch der gemeine Spruch bekannt sein: Qui proficit in literis et deficit in moribus, plus deficit quam proficit. Das ist: Wer an Wissenschaft und Künsten zunimmt, und an Geschicklichkeit und guten Sitten abnimmt, der nimmt mehr ab als zu. Darum muß beides beisammen sein. Laßt ihr es an einem und dem andern fehlen, so tragt ihr nicht das rechtschaffene Bild der Musen an euch, sondern das gegenwärtige Bacchantenbild, ja das Bild eines abscheulichen, ungeheuren Wundertiers, dergleichen von Poëten Chimära genannt wird. Ihr wollt und sollt künftig das Studium philosophicum antreten; damit ihr nun dieses nicht mit ungewaschenen Händen angreift, noch damit umgeht wie ein Schwein mit dem Bettelsack, so müßt ihr euch recht dazu accomodiren, und wissen, in welch feinen Moribus ihr erscheinen sollt, wenn ihr wollt den Ruhm eines honetten Menschen und wahrhaften Studiosi haben.

II. DER SCHUL- UND BACCHANTEN-HABIT

Wenn du den Schülersack und das Bacchantenkleid
Hast abgelegt, so folgt alsdann viel Ehr und Freud.

Nicht umsonst wird hier die alte Schul- und Bacchantenkleidung an- und ausgezogen. Ihr müßt euch bei dergleichen Ornat erinnern, daß, wenn ihr keine christliche Erziehung hättet, ihr nicht als vernünftige Menschen, sondern viel ärger als die wilden Tiere sein würdet. Es fällt mir jetzt ein, was Homer von der Circe schreibt, daß diese durch ihren zauberischen Trank des Ulysses Gesellen ihrer menschlichen Gestalt beraubt, und etliche in Schweine, etliche in Hunde, etliche in Esel, etliche in andere Tiere verwandelt habe. Unsere verderbte Natur ist nichts anderes als eine solche Circe. Wer ihr nachhängt, der wird entweder ein garstiges Schwein, oder ein unreiner Hund, oder ein fauler Esel, oder ein stolzer Pfau und dergleichen Bestie und Bacchant. In dem Namen eines Bacchanten ist fast all dieses alles eingeschlossen. Denn das Wort stammt her von bacchari, das so viel heißt wie schwärmen, wüten und toben, oder sich anstellen wie die Bacchä oder rauh bekleideten Bacchusgäste, die mit unsinnigem Geschrei und lauter tollem Wesen dem Baccho gedient haben. Ihr müßt aber mit der Schul- und Kinderkappe nunmehr zugleich die Narrenkappe ablegen, und indem ihr euch hinfort einer ehrbaren Tracht und Kleidung befleißigen sollt, so vergeßt dabei nicht, daß ihr euch der vorigen Bacchanten-Possen entschlaget und euch an solche Dinge gewöhnt, die manierlich herauskommen. Damit jedermann auch aus euren Kleidern erkennen möge, daß ihr die Kinderschuhe zerrissen, eine andere Figur angenommen und nun als würdige Studiosi die Zeichen der menschlichen Leutseligkeit an euch tragt.

III. DER KAMM UND DIE HAARSCHERE [8]

Des Kämmens kannst du nicht, du Zottelbock, entbehren,
Die Haare muß ich auch auf deinem Kopf bescheren.

Daß man mit dem Kamm eure Haare kämmt und dazu die Schere gebraucht, hat die Bedeutung, daß ihr eure Haare und euren Kopf sollet sauber halten, und weder zum stolzen Überfluß noch zum abscheulichen Gräuel die Haare ziehn. Der Apostel Paulus schreibt an die Corinther, daß es gar nicht fein sei, wenn ein Mannsbild lange Haare trage. Heut-

---

[8] Die beim Deponieren üblichen Marterinstrumente waren alle den gebräuchlichen nachgebildet nur bis ins Groteske vergrößert.

zutage aber ist es dahin gekommen, daß es scheint, als ob man sich mit Fleiß entweder mit eigenen oder mit entlehnten Haaren und großen Perücken wild machen wolle. Wenn der alte Philosophus Pythagoras jetzo wieder käme, und die Leute auf hohen Schulen betrachtete, so würde er seine Metempsychosin oder Transmigationum animarum auch damit bestätigen, wenn er so ungeheure Haare und Locken bei vielen ansichtig würde. Er würde sagen, daß entweder die Seelen der Pferde, die ihre Mähne lassen so lang über den Hals herunter hängen, oder die Seelen der Löwen, die ihre Brust auch mit ihren Haarlocken bedecken, oder die Seelen anderer zottiger Tiere in solche Leute gewandelt wären. Darum meidet allen Übelstand des Hauptes, und haltet euch auch darin der Ehrbarkeit gemäß.

IV. DER OHRLÖFFEL

Was den Ohrlöffel betrifft, hat es diese Meinung, daß euer Gehör soll aufmerksam sein zur Lehre der Tugend und Weisheit, und soll sich von aller Unsauberkeit der Narreteiung und schädlichen Reden entziehn. Die Ohren sind der Trichter, durch den die Wissenschaften und Künste eingegossen werden. Die Herrn Präceptores und Professores haben sonst keinen andern Trichter etwas einzuflößen. Haltet ihr solchen Trichter nicht sauber und rein, so wird alles verderbt, was euch vorgesagt wird. Darum seht zu, daß eure Ohren allzeit offen stehn, und wohl zubereitet sind, gute und heilsame Lehre zu fassen. Hingegen sollen sie vor unzüchtigem Geschwätz und liederlichen Possen, auch anderen schädlichen Stimmen zugeschlossen und verstopft sein.

V. DAS ZAHN-AUSBRECHEN

Laß dir der Lästerung Bacchantenzahn ausziehen
Verläumdung sollst du stets gleich als die Hölle
fliehen.

Es muß auch ferner mit einer langen Zange ein Eberzahn aus dem Munde herausgerissen werden, anzuzeigen, daß ihr nicht sollt zänkisch oder beißend sein, auch niemand guten Namen und Leumund mit schwarzen, verläumderischen Zähnen benagen. Alle üblen Nachreden, alle Schmähungen und Lästerungen sind nichts anders als Bacchantenzähne, und wäre zu wünschen, daß sie jedermann könnten ausgezogen oder ausgebrochen werden.

VI. DIE POLIERUNG DER NÄGEL UND FINGER

> Ich feile dir die Händ und Nägel, anzudeuten,
> Daß du sollst seyn geschickt zum künstlichen Arbeiten.

An euren Händen werden überdies die Nägel und Finger mit einer Feile poliert und glatt gemacht, und damit wird zu verstehn gegeben, daß ihr nicht nur keinen Unflat daran leidet, sondern sie auch nicht gebrauchen sollt zu Waffen der Ungerechtigkeit, zum Raufen und Schlagen, zum Rauben und Stehlen, sondern zu euerm Bücherlesen, zu nützlichen Schreiben und zu solchen Arbeiten, die von einem Studierenden erfordert werden. Ex ungue leonem, heißt das lateinische Sprichwort: Man kennt den Vogel an den Federn und den Bären an den Klauen. Seht wohl zu, daß ihr keine garstigen Bacchantennägel habt. Tut niemanden unrecht, greift nicht zu weit, und laßt einem jeden das Seine.

VII. DER ANGESTRICHENE BART

> Sieh da! Jetzt kriegest du von mir auch einen Bart,
> Daß du nicht kindisch seyest nach eitler Kinder Art.

Es werden auch mit schwarzer Farbe allerhand Bärte angemalt. Was hat denn wohl das zu bedeuten? Der Apostel Paulus spricht an einem Ort: da ich ein Kind war, da tat ich wie ein Kind und hatte kindische Anschläge. Als ich aber ein Mann wurde, tat ich ab, was kindisch war. Also auch ihr denkt daran, daß ihr zuvor Kinder gewesen, und daß ihr euch von nun ab nicht mehr mit Kinderpossen schleppen sollt. Ihr geht nun allgemach dem männlichen Alter zu, da ihr euch nun selbst solltet klüglich regieren und die unziemlichen Affekten und Eitelkeiten im Zaun halten. Seneca sagt: Es ist ein gemein Laster bei der Jugend, sich selbst nicht zäumen zu können. Wie es die unbärtigen Jünglinge gewohnt sind, davon schreibt Horaz: Ein noch bartloser Jüngling, wenn sein Zucht- und Hofmeister endlich von ihm geht, hat seine Lust am Reiten und Hetzen und an Spazierengehn. Er ist wie Wachs, läßt sich in allerlei Lasterformen drücken, ist mit denen, die ihm zureden und erinnern nicht zufrieden, sieht nicht leicht auf das, was Nutzen schafft, verschwendet das Geld, fährt hoch in seinem Sinn, hat starke Einbildung und Begierde, und läßt doch bald wieder fahren, was er erwählt hat. Seht, das tun die unbärtigen, ja wohl ungebärdigen Jünglinge. Ihr aber sollt als Leute, die einen Bart haben, entweder anfangen euch selbst recht zu regieren, oder zum wenigsten euch von bärtigen Männern, die euch vorgesetzt sind, wohl regieren lassen.

VIII. DIE ABGESTOSSENEN HÖRNER

Mit dem Bacchantengeist solls jetzund seyn schabab,
Deßwegen schläget man die stolzen Hörner ab[9]

Damit ihr nicht dem stößigen Hornvieh gleich sein mögt, so werden euch auch die Hörner abgeschlagen. Das geschieht zum Zeichen, daß der vorige Bacchantentrotz und das alte störrige Wesen gänzlich in euch soll erstorben und getötet sein. Wir haben in unserm Christentum die Lehre, daß der alte sündliche Mensch in uns ersterben soll, und täglich ein neuer Mensch wieder auferstehen soll, der für Gott in Gerechtigkeit und Reinheit lebt. Eben dasselbe wird auch in der Deposition gewiesen. Drum hütet euch mit allem Fleiß, daß euch nicht durch Fahrlässigkeit oder durch sündliches Schandleben die alten Bacchantenhörner wieder hervorwachsen, sondern seht vielmehr zu, daß, da ihr euch jetzt müßt auf die Erde hinstrecken, ihr vollends als Bacchanten sterbt, um als heilige und wohlgefällige Studiosi wieder aufzustehn.

---

[9] Daher die noch lebende Redensart, von einem jungen Mann, „der sich die Hörner abstoßen muß," d. h. austoben soll.

IX. DIE APPLIZIERUNG DES BEILS, DES HOBELS, DES BOHRERS UND ANDERER INSTRUMENTE

1. Bacchanten Axt und Beil muß dich mit Ernst behauen
   Mit groben Spänen taugt das Holz zu keinem Bauen.
2. Die Hobelbank nimmt weg die lieben Halbstudenten,
   Die Mängel, welche dich in Schande bringen könnten.
3. Schlichthobel fahre fort! was sich noch nicht will fügen
   Zum Bau der Ehrbarkeit, das hoble nach Genügen.
4. Wer recht verfahren will in allen seinen Thaten,
   Der zirkelt ab zuvor, was ihm nicht soll mißrathen.
5. Den Bohrer mußt du auch durch dicke Bretter drehen;
   Durch saure Mühe kannst du manch Kunstgeheimniß sehen.
6. Der schicket sich zur Kirch, der zum Regentenhaus,
   Der dienet in die Schul, da fehlts, da wird nichts draus.

Weil ihr euch also müßt niederlegen, so wisset, daß darin das Hauptwerk bestehe, und daß hiervon das Deponieren eigentlich seinen Namen hat. Ihr liegt da als Bauhölzer, zu deren Zubereitung das Beil oder die Zimmeraxt, der Grob- und Schlichthobel, der Zirkel, der Bohrer, der Maßstab, lauter nötige Instrumente, gebraucht werden, damit man erkenne, was für Mühe es kostet, ehe daß ein Studierender wohl zugerichtet sein möge, und wie das von euch, was euch übel ansteht, es sei am Leib oder Gemüt, müsse gleichsam abgehauen, abgehobelt und mit allem Fleiß ausgemerzt werden. Es sagen zwar die Lateiner: Non ex quovis ligno fit Mercurius, man kann nicht aus jedem Holz ein künstlich Bild schnitzen. Es ist wahr. Denn es ist mancher Klotz so grob und so hart, daß er sich nicht wohl behauen läßt. Er taugt nirgends zu als in den Ofen. Allein es ist auch wahr: Malo nodo malus est quae rendus cuncus, auf einen harten Klotz gehört ein harter Keil. Ihr aber sollt keine groben Klötze sein, sondern sollt an euch lassen hantieren und arbeiten, auf daß ihr heute oder morgen taugliche Bauhölzer und Bilder werdet, die man zum Bau des Gemeinwesens oder zu dessen Zierde in unterschiedlichen Ständen nach Maß der erlangten Geschicklichkeit füglich gebrauchen könne. Seht wohl zu, daß euch fürder keine Bacchantenspäne ankleben, sondern meidet alle disreputierlichen Dinge, alle Unhöflichkeit und schändlichen Werke. Vielmehr macht euch durch angenommene Tugend und Weisheit geschickt zu gewissen Ämtern, in denen ihr dermaleinst stehen und dienen sollt.

X. DAS AUFSTEIGEN DER NIEDERGELEGENEN

Wer ein Bacchant noch ist, der bleibt fein lange liegen.
Wer ein Student will seyn, ist hurtig aufgestiegen.

Ihr habt jetzt allen zu Füßen liegen müssen, die diesem Actui zuschauen. Dabei sollt ihr ein Denkzeichen haben der Demut, der Unterthänigkeit und der Dienstbeflissenheit. Obsequium amicos parit, sagt Terentius: Dienstfertigkeit bringet Gunst. Wer willig und leutselig ist, bekommt bald gute Freunde. Drum lernt hiebei euern Obern und Vorgesetzten in tiefschuldiger Observanz zu ehren und mit Euresgleichen also zu leben, daß ihr ihnen mit Ehrerbietung zuvorkommt, und euch nicht über sie erhebt. Bildet euch ja keine Hoheit oder solchen Vorzug und Geschicklichkeit ein, daß ihr andere verachten wollt, sondern gebt Ehre dem Ehre gebührt. Bleibt aber nicht stets auf der Erde liegen, sondern schwingt eure Flügel empor, auf daß ihr mit der Zeit in geziemender Ordnung auch zu Ehrenstellen schreiten und kommen mögt. Ihr seid hier als Bacchanten gestorben und als Studenten wieder auferstanden. O so verwahrt euch, daß ihr euer Lebtag nicht wieder in diejenige Laster fallet, denen ihr einmal gute Nacht gegeben.

XI. DAS VERBOTENE WÜRFEL- UND KARTENSPIEL

Sey nicht zum Spiel geneigt, da Geld und Zeit zerrinnet,
Da man durch Bücherfleiß viel größern Nutz gewinnet.

Würfel- und Kartenspiel wird euch nur zur Probe vorgelegt, um zu sehen, ob ihr etwa zu solch schädlichen Dingen Lust habt. Aber ihr sollt daran keinen Gefallen haben. Laßt euch nicht durch böse Gesellschaft zu solchem Zeitvertreib und Geldverderb verblenden und verführen. Fliehet vor den Spielern wie vor den ärgsten Feinden. Ihr könnt eure jungen Jahre viel besser anlegen, wenn ihr über guten Büchern sitzt, und daraus einen immerwährenden Nutzen schöpft.

XII. DIE RECOMMENDIRTE MUSIK

Lern Jüngling dein Gemüth nach guter Harmonie
Einrichten, welche nicht ausgeht auf eine Lamy (l'amie)

Ein großes musikalisches Buch wird euch zu keinem andern Zweck vorgehalten, als daß ihr, wenn ihr über dem Studieren müde worden, wissen sollt, daß in der Musik eine Ergötzlichkeit und Ermunterung des Gemüts zu finden sei. Doch müßt ihr auch dabei den wollüstigen Ton der Sirenen und die unkeuschen Buhllieder wohl unterscheiden lernen von dem rechtmäßigen Musizieren, sonderlich von andächtigen Gesängen, geistlichen Psalmen und lieblichen Liedern. Denn jene Musik gibt Anlaß zum Bösen. Diese aber ist ein angenehmer Klang in den Ohren Gottes und erlangt von oben herab alle guten und vollkommenen Gaben.

XIII. DER NEBST DEM SALZ ZULETZT GEBRAUCHTE WEIN

Nehmt hin der Weisheit Salz! Nehmt hin den Wein
der Freuden!
Ich wünsche, daß euch Gott vermehr an allen beiden!

Nachdem ihr die Erinnerungen gehört, die bei den Depositions-Ceremonien in acht zu nehmen, so ist nun nichts übrig, als daß man auch noch Salz und Wein gebrauche, dessen besondern Gebrauch die Universität zu Halle, obgleich sie die andern Ceremonien beiseite gesetzt, dennoch nebst einiger Examinierung zur Einweihung eines neuen Studiosi beibehalten, wie aus dasigen Legibus klärlich erscheint. Est sal sapientiae et vinum laetitiae: es ist das Salz der Weisheit, das euren Zungen zu kosten gegeben wird, und es ist der Wein der Freuden, der über eure Häupter gesprengt wird. Unser Herr Jesus Christus sagt selbst zu seinen Jüngern: Habt immerdar Salz bei euch! Es wird aber durch das Salz gute Lehr und Weisheit verstanden, mit denen alle unsere Taten gewürzt sein sollen.

Das Salz hat sonst auch die besondere Kraft, das Fleisch zu erhalten, damit es nicht beschlage und bald faul werde. Seht zu, daß ihr ein schmackhaftes und nützliches Salz der Erde sein mögt, womit man das, das sonst verderben möchte, salzen kann. Laßt aber kein faul Geschwätz aus eurem Munde gehn und verhütet alles Ärgerniß. Von dem Wein ist bekannt, daß er des Menschen Herz erfreut. Bekommt jemand etwa eine Wunde oder fällt sich eine Beule, so ist der Wein sehr gut und dienlich dazu. Beides kann hier wohl appliziert werden. Wenn euer Gewissen durch Mißhandlung verwundet wird, so muß euch ein scharfer Wein Hilfe bringen, das ist, ihr müßt die nötige Correction, den Verweis und die Vermahnung wohl auf- und annehmen. Thut ihr das, und studiert fleißig, so wird der Freudenwein nicht ausbleiben. Der vielfältige Nutzen, so das Studieren mit sich bringt, wird euer Herz, Mut und Sinn, ja Leib und Seel erfreuen.

Weil ihr nun versteht, was es mit der Deposition sei und heiße, und auch sonder Zweifel festiglich vorgesetzt habt, den angehörten Ermahnungen nachzuleben, so creïre ich euch hiermit auf Befehl und im Namen des Herrn Rectoris Magnifici zu Studenten und rufe euch dafür aus mit herzlichem Wunsch, daß der gütige Gott, als Brunnquell aller Weisheit, eure Studia segnen wolle und dermaßen fördern, damit sie dermaleinst gedeihen zu seines heiligen Namens Preis und Ehren, zum Dienst der christlichen Kirche und des gemeinen Wesens, zu Nutz des Nächsten, zur Freude eurer Eltern und Verwandten, und euch selbst zu zeitlichem und ewigem Wohlergehen!

Um daß Er meiner soll zum besten stets gedenken
Will, Herr Depositor, ich Ihm die Gabe schenken.

Aus dem Beanen wurde durch die Deposition der Pennal, der Fuchs der Burschen, und ein Jahr, sechs Monate, sechs Wochen, sechs Stunden und sechs Minuten war er der brutalsten, entwürdigendsten Sklaverei durch seinen Peiniger ausgesetzt. Dann kam der Erlösungsschmaus, bei dem er ein Ragout aus zerschnittener Wurst, Salz, Brot, Nesseln, Tinte, Butter, Scherben und anderen besser nicht angeführten Abscheulichkeiten mehr hinunterwürgen mußte. Nun wurde er zum freien Burschen erklärt und konnte sich selbst Opfer unter den Pennälern suchen.

DIE HANSEN-SPIELE IN BERGEN

Im Jahre 1445 errichteten die deutschen Hansestädte zu Bergen in Norwegen die größte und bedeutendste ihrer vier Handelsniederlassungen, durch die sie sich in den ausschließlichen Besitz des ganzen Handels dieses für den europäischen Norden so wichtigen Platzes setzten.

Die Kaufleute, Prinzipale und Angestellte dieses Kontors unterzogen ihre neuen Lehrlinge allerlei Aufnahmeproben, angeblich um festzustellen, ob die Neulinge standhaft und kräftig zur Erduldung großer Körperbeschwerden seien. Weichliche Muttersöhnchen konnte man allerdings in den festungsartigen Kaufhöfen, die Seeräuber und andere arglistige und beutegierige Feinde ständig bedrohten, nicht gut brauchen. Vielleicht wollte man auch reiche Jünglinge von der Niederlassung in Bergen abschrecken und sich dadurch Konkurrenten vom Halse halten.

Wenn dies der Zweck der Übung war, dann wurde er allerdings erreicht; denn ein zartes Patrizierkind wird sich kaum den sogar lebensgefährlichen Martern ausgesetzt haben, die von den Herren und Gesellen als belustigende Spiele veranstaltet wurden.

„Anno 1599 besuchte König Christian IV. von Dänemark seine Stadt Bergen. Von Natur sehr munter und damals noch im Jugendalter, trieb er dort so viel Kurzweil und Ergötzung, daß noch hundertfünfzig Jahre später die Einwohner voll davon waren. Auf einem Gastmahl im Hause des Statthalters Milzow wurden der König und sein Bruder also lustig, daß sie, nach Art der deutschen Studenten, alle Fensterscheiben im Hause einwarfen und durch neue ersetzen ließen. Am 25. Juni geruhte der König ein Festmahl der hansischen Kaufleute in deren Hauptgebäude einzunehmen. Um ihn gut zu unterhalten, wurden zu seinen Ehren nach Tische einige dieser „berühmten Spiele" aufgeführt, wobei den armen Lehrlingen der Spaß so wenig ehrenvoll wie vergnüglich vorkommen mochte. Der König aber fand die Spiele so ergötzlich, daß sogleich einer seiner Lakaien einem solchen sich unterziehen mußte. Der arme Mensch wurde dabei sehr übel zugerichtet, und da der König ihn zu einer zweiten Probe durch einen Rosenobel locken wollte, bat er demütig um Schonung und vermaß sich, lieber hundert Taler einzubüßen, als solch' Teufelsspiel nochmals zu probieren[1]."

Wer auch nur in die drei hauptsächlichsten dieser Spiele eingeweiht ist, wird den Widerstand des Hofdieners begreiflich finden.

Da war zuerst so eine Art Fegefeuer auf Erden, das „Rookspill" genannt.

„An einem Feierabend um 10 Uhr holte unter Trommelschlag eine Abordnung von Gesellen, darunter einige als Bauern, alte Weiber und Narren verkleidet waren, allerlei Holzspäne, Haare, Lederstücke und Gerümpel. Damit zogen sie in ihren Schütting, die große Halle jeder der in einzelnen Höfen zusammenwohnenden Abteilungen der Gesellschaft. Dann wurde der Lehrling, dem's galt, in einen Sack gesteckt und in den großen Schornstein des Schütting-Kamins hinaufgewunden, während man das mitgebrachte Holzgerümpel, die Haare und das Leder unter ihm in Brand setzte. Diesen stinkenden Qualm und Rauch auszuhalten, war des Neulings erste Probe. Damit er aber auch viel Rauch in den Hals bekäme, mußte er, während er so hing, auf gewisse vorgelegte Fragen laut antworten und singen. Glaubte man ihn genügend durchräuchert, nahm man ihn herab und begoß den wohlgeschmäuchten, halb erstickten Burschen zur Abkühlung und Erfrischung mit sechs Tonnen

---

[1] Dr. Otto Beneke, Hamburgische Geschichten und Sagen, IV. Aufl. Hamburg 1888, S. 242 ff.

Wasser. Bei diesem „lustigen Rookspill" ist einmal einer jämmerlich erstickt, weshalb der Hof, in dem es geschah, der Stadt Bergen eine jährliche Buße entrichten mußte.

Nach dem Feuer- kam ein Waterspill, das alljährlich am zweiten Mittwoch nach dem Pfingstsonntag stattfand.

Die Lehrlinge wurden mittags gut bewirtet und um drei Uhr in Kähnen aufs Meer gefahren, bis in die Gegend des Schlosses. Dann wurden sie entkleidet, ins Wasser geworfen und dreimal untergetaucht, wobei man sie an den Armen festhielt. Sodann wurden sie, noch im Wasser liegend, von den Gesellen mit Ruten auf den bloßen Rücken gepeitscht, wobei es aber nicht gar zu hart zuging, indem jeder der einzuweihenden Lehrlinge einen Sekundanten hatte, der mit einem dickbelaubten Maienzweig sowohl die Schläge abwehrte wie seine Blöße bedeckte. Wenn diese Lust gebüßt war, kleidete man sie wieder an, fuhr zurück und bankettierte abends in den Schüttingen herrlich, wobei die Lehrburschen, wie gewöhnlich, ihre Prinzipale und Gesellen bedienen mußten.

Früher schien das Wasserspiel in anderer Weise, nämlich so abgehalten worden zu sein, daß die Lehrlinge von einem Felsen hinab in die See gestürzt wurden, worauf man sie an einem um ihren Leib befestigten Seil wieder in die Höhe wand und noch zweimal diese artige Kurzweil wiederholte.

Diesem launigen Zeitvertreib, dem wohl auch einmal ein Menschenleben zum Opfer fiel, schloß sich als würdiger Schluß „Die Stupe" oder das „Stupenspill" (der Staupenschlag) an. Er fand am Sonntag nach dem Wasserspiel statt.

Am Vorabend mußten die Lehrlinge in langen Booten nach der nächsten Holzung rudern und die Maien- oder Birkenzweige holen, aus denen die Ruten gemacht wurden, mit denen sie gestrichen werden sollten. Am andern Morgen führte man alle Lehrburschen unter Trommelschlag nach einem Garten vor dem Tore. Dabei war viel Kurzweil.

Zwei Prinzipale, herrenmäßig gekleidet, waren die Anführer, andere fungierten als sogenannte Rechenmeister und besorgten die Bewirtung. Der Narr oder Hanswurst und seine Kumpane, ein als Bauerntölpel verkleideter Gesell und ein als Bauernmagd vermummter Lehrling fehlten nicht. Sie redeten in Reimen, foppten und neckten alle Welt und trieben grobkörnige Possen, zumal mit der Bergenschen Einwohnerschaft, die neugierig dem Zuge zusah. Im Garten trieb man sich eine Weile herum, dann kehrte man mit Maienzweigen in der Hand in derselben Ordnung auf die größte der Schüttingsstuben zurück, wo um 12 Uhr ein Mahl gehalten wurde. Dann kam für die armen Neulinge die Katastrophe. Ein Narr und einige als Herren verkleidete Gesellen fingen zum Schein einen Streit an, worauf den Lehrlingen befohlen wurde, den Narren in das sogenannte Paradies zu bringen, einen Winkel oder Alkoven am Schüttingssaale, den man zuvor heimlich zur Marterkammer umgewandelt hatte. Gewöhnlich hatte man zuvor bei der Mahlzeit die Lehrburschen sich ziemlich berauschen lassen, so daß sie beim Eintritt ins Paradies ihre vierundzwanzig als Bauern vermummten Peiniger nicht erkennen konnten. Einer von ihnen redete die erstaunten Opferlämmer mit diesem Spruche an:

Ehre sei Gott, ja, Ehre sei Gott,
Das rede ich wahrhaft und sonder Spott.
Nu krupt in dat hillige Paradies,
Da schölt jü schmecken söt' Barkenries,
Ja so veel Barkenries schölt jü supen,
Als 24 Bauern up de Steert könt stupen.

Dann erscholl draußen ein betäubender Höllenlärm von Pauken, Trommeln und Becken, während die vermummten Bauern wie die Henker über die Lehrlinge herfielen, sie packten, über eine Bank warfen und mit Birkenruten aus Leibeskräften so lange bearbeiteten, bis es genug war, d. h. bis das Blut der armen Jünglinge floß, deren Jammergeschrei und Gestöhn die laute Musik übertönte.

König Christian V. von Dänemark und Norwegen hat 1671 durch ein ausdrückliches Gesetz solche Spiele der Hansen zu Bergen bei schwerer Geldstrafe gänzlich verboten, nachdem schon manche Befehle der Hansastädte erlassen waren, die dem Unwesen steuern sollten[2]."

DAS STUTZEN IN WEISENHEIM

In die Gruppen der Depositionsgebräuche ist auf das Stutzen — nicht Zustutzen, wie es H. W. Riehl und nach ihm Moritz Busch irrtümlich benennen — in Weisenheim am Berg in der Pfalz zu rechnen.

Herr Pfarrer Fr. Mechtersheimer in Weisenheim war so liebenswürdig, mir über diese Sitte die nachstehenden Angaben zu machen, die ich wörtlich wiedergebe:

„Wann die Sitte zur Einführung kam, konnte ich nicht feststellen, zum letzten Male wurde sie ausgeübt im Jahre 1832 und aufgehoben, als ein dazu Bestimmter sich hartnäckig weigerte, sich der Prozedur zu unterziehen. Die Sache ging so vor sich: An einem vom Bürgermeisteramt festgesetzten Tage des Spätjahres fanden sich die während des Jahres in den Ehestand getretenen Männer mit dem Bürgermeister und Gemeinderat und zahlreich erschienenen Zuschauern (sogar von auswärts) vor dem Schul- und Gemeindehaus ein, wo zwei Steine standen, der eine ungefähr 1 m hoch und 40 cm im Durchmesser, der andere nur 50 cm hoch und 60 cm im Durchmesser, ersterer aus weißem Sandstein, letzterer aus blauem Pechstein vom nahen Berg „Pechsteinkopf". Auf dem niedrigeren, breiten Stein stand der Bürgermeister und hielt eine Ansprache an die Versammelten. Um den höheren stand der Gemeinderat, um die Jungverheirateten zu stutzen. Zwei bis vier Mann packten den zu Stutzenden, hoben ihn in die Höhe und stießen ihn mit einem gewissen Körperteil (dem

---

[2] Dr. Otto Beneke, Hamburg, Geschichten und Sagen. IV. Aufl., Berlin 1888, S. 242 ff.

Unaussprechlichen) kräftig auf den Stein auf, damit war er zum vollberechtigten Gemeindebürger erklärt.

Die Feierlichkeit endete damit, daß auf dem Gemeindehause der von dem Gestutzten gelieferte Wein, das Brot, Käse, Wurst und ein Körbchen Wallnüsse verzehrt wurden, was oft zu einem wüsten Zechgelage ausartete. Letzterer Umstand und der oben erwähnte, führten zur Aufgabe dieser Volkssitte.

Die beiden Steine standen an ihrem ursprünglichen Platze bis zum Jahre 1872. Der Festplatz wurde verbaut durch Aufführung eines Schulhauses, und die Steine zerschlagen und zur Pflasterung des Schulhofes mit verwendet.

Geschichtliches Material über diese Volkssitten ist sehr dürftig, weil zur Franzosenzeit unsere Akten nach Mainz wanderten und dort größtenteils verschleudert wurden. Außerdem ist es auch behördlicherseits streng untersagt, altes Aktenmaterial leihweise abzugeben, da in letzter Zeit verschiedentlich Mißbrauch mit solchen alten Akten und ihrem Inhalt getrieben worden ist. Was ich Ihnen mitteile, geschieht auf Grund der Aufzeichnungen, die die früheren hiesigen Pfarrer im Pfarrbuche gemacht haben."

BURSCHENAUFNAHME

Bis vor etwa einem Vierteljahrhundert gab es in vielen Dörfern Mitteldeutschlands sogenannte Burschenvereine, die am Fastnachtstage ihr Hauptfest feierten. Den Glanzpunkt und Hauptinhalt ihres Fastnachtsfestes bildete die Aufnahme neuer Mitglieder.

Die dabei streng innegehaltenen Zeremonien erinnern an die Deposition und ähnliche robuste Sitten[1].

Jeder siebzehnjährige Bursche hatte das Recht, sich bei dem Vorsteher zum Eintritt in den Verein zu melden. War er als Mitglied willkommen, so wurde er eingeladen, sich am Fastnachtsabend der vorgeschriebenen Formalitäten zu unterziehen.

---
[1] Rud. Reichhardt, a. a. O., S. 92 f.

Zur festgesetzten Stunde erschienen die Burschen. Die Fenster der Gaststube wurden verhängt, und bei düsterem Lampenschein ging die geheimnisvolle Prüfung in Szene. Zuerst wurde der junge Bursche gefragt nach Alter und Herkunft, sodann nach seiner Wissenschaft in bezug auf die Einrichtungen des Burschenvereines. Nun wurde ihm besonders ans Herz gelegt, bei vorkommenden Händeln und Raufereien der Burschen mit Fremden den echten Burschengeist zu pflegen, welche Mahnung meist mit dem Gelübde des Aufzunehmenden beantwortet wurde, daß er sich in keiner Not und Gefahr von seinen Genossen trennen wolle. Sodann mußte der Probekandidat eine Zigarre rauchen, gewisse Quantitäten Branntwein oder Bier auf einen Zug trinken und schließlich ohne Anstoß ein Lied singen. Gelangen diese Proben der Trink- und Singfähigkeit, so wurde ihm das Gesicht geschwärzt und mit Borstbesen tüchtig bearbeitet. Hatte er auch diese Prozedur ohne Mucksen über sich ergehen lassen, wurde er feierlichst zum Burschen gesprochen und auf die Satzungen verpflichtet.

Nach der Aufnahmeprüfung begann ein fröhliches Trinken meist auf Kosten der Neuaufgenommenen, und mit allerlei Scherzen und Aufführungen vertrieb man sich die Zeit. Obenan stand das Barbieren des Handwerksburschen.

Ein als Handwerksbursche verkleideter Bursche mit langem Flachsbarte kommt zum Dorfbarbier und verlangt von ihm rasiert zu werden. Dieser nötigt den Gast mit drolligen Gebärden auf einen Stuhl, schlägt Schaum in einen großen Backtrog, seift damit das Gesicht des Handwerksburschen ein und kratzt ihm mit einem langen Holzmesser das Gesicht so derb, daß dieser laut schreit. Der Barbierjunge bringt eine Schubkarre herbei, wirft Bart und Schaum hinein, setzt den Handwerksburschen darauf und fährt ihn unter dem Jubel der Anwesenden aus dem Zimmer. Diese Aufführungen wurden später, da sie oft zu Auschreitungen führten, behördlicherseits untersagt.

DIE LINIENTAUFE

Alle Neulinge, die zum erstenmal den Äquator passieren, werden auf den Kriegs- und Handelsfahrzeugen der großen nordeuropäischen Nationen einer sogenannten Linientaufe unterzogen.

Hier die Beschreibung der Zeremonie an Bord eines österreichischen Kriegsschiffes, der Korvette „Donau", im Jahre 1900[1]:

„Schon mehrere Tage vorher sind in aller Stille Vorbereitungen gemacht worden, um den Einzug Neptuns und seines Gefolges festlich zu begehen; natürlich alles mit „Bordmittel", denn es sind ja keinerlei geeignete Sachen da, und man ist ja auf Kriegsschiffen schon daran gewöhnt, die undenkbarsten Dinge „mit Bordmittel" herzustellen, da kein Geld für derlei Anschaffungen vorhanden.

Am Vortage dieser Veranstaltung erschien ein Bote Neptuns in der Abenddämmerung in den Rüsten und fragte nach dem Namen des Schiffes, dessen Kommandanten, Ziel der Reise usw. Schließlich kündigte er Neptuns persönliches Erscheinen für den nächsten Tag an.

Am Nachmittag des 19. erfolgte Neptuns Einzug. Aus der Lafette des Landungsgeschützes war ein Wagen für den Meeresgott hergestellt worden; neben Neptun saß dessen Gemahlin, ein mit aller Kunst hergerichteter Artillerie-Instruktor. Vier Meeresjungfern, die abwechselnd einen Sprößling des Götterpaares trugen, folgten unmittelbar dem Wagen, und dann erst kam das übrige Gefolge. Die schwarz gefärbten Musikanten bliesen einen jämmerlichen Marsch; sechs schwarze Männer aus dem Gefolge bemächtigten sich des Steuerrades, während Neptuns Leib-Astronom samt Gehilfen und einem Riesenfernrohr die Kommandobrücke bestiegen und die Beobachtung des Äquatordurchganges einleiteten. Andere schwarze Gehilfen bereiteten den Sitz

---

[1] A. Viktor, Reise-Erinnerungen eines Seemannes, Berlin-Leipzig 1912, S. 26 ff.

für den Leibbarbier vor. Eine mit Seewasser gefüllte Balje (großes Schaff) wurde mit einem Brette überdeckt und der Korvettenarzt, als jüngster bärtiger Schiffsgenosse, eingeladen, sich zur Feier der Überschreitung des Äquators den Vollbart abnehmen zu lassen.

Während nun Neptuns Zug vor der Kommandobrücke Halt machte und Neptun eine Rede an die Versammelten hielt, die der Bedeutung der Äquatortaufe angepaßt war und die Bitte an den Kommandanten enthielt, die Taufe derjenigen vornehmen zu dürfen, die den Äquator das erstemal überschreiten, seiften die Barbiere den Korvettenarzt ein, und der Astronom gestikulierte fortwährend, zum Zeichen, daß der Moment der Äquatorüberschreitung immer näher rücke.

Endlich meldete er dies mit entsprechender Gebärde, und Neptun gab das Zeichen zum Beginn der Taufe. Die Barbiere zogen das Brett unter dem eingeseiften Doktor weg, und dieser saß in der gefüllten Balje — als erster Täufling. Hierauf ergoß sich eine wahre Flut von Wassermengen über uns Kadetten, und bald entstand ein gegenseitiges Anschütten, das nur dadurch ein frühes Ende fand, weil die an den Pumpen befindlichen Leute heraufkamen, da auch sie etwas von dem Trubel zu sehen wünschten. Die Schwarzen und das weibliche Gefolge Neptuns haben arg unter dem Wasserbade gelitten.

Die Täuflinge erhielten von Neptun gefertigte Diplome, als Andenken an den Taufakt, ausgefolgt. Natürlich kamen Neptun und Gefolge auch auf ihre Kosten, indem Kommandant, Offiziere und Kadetten etliche Flaschen Wein und Bier als Gegengabe verteilen ließen. Der gestrenge Erste Leutnant aber bewilligte der Mannschaft eine Extra-Weinration."

Daniel Chodowiecki, Heimführung der Braut

HOCHZEITS-CHARIVARI

Als eine Abart des noch allgemein üblichen Polterabends ist der Gebrauch anzusehen, bei irgendeiner Gelegenheit der Hochzeit mit Schellen, Glocken oder anderen schallenden Geräten, dann durch Peitschenknallen, Schießen recht kräftig Lärm zu schlagen.

Ursprünglich bezweckten diese Bräuche, die bösen Geister zu erschrecken und zu verjagen, später arteten sie aus und wurden den Brautleuten oder jungen Eheleuten zum Spott und Ärger geübt. Diese Ausartung bezeichnet die Volkskunde mit dem Sammelnamen „Hochzeitscharivari", zu dem besonders die Katzenmusiken bei Hochzeiten gehören.

Hochzeitscharivari sind die von Vermummten ausgeführten Verhönungen und Beschimpfungen der Brautleute zu irgendeiner Gelegenheit der Hochzeit, besonders bei Verheiratungen von Witwen oder mißliebigen Paaren. Der Wiedervermählung der Witwen war das Gefühl der Völker von uralter Zeit her abhold. Schon bei den alten Deutschen gebot die Sitte den Witwen, sich einer zweiten Ehe zu enthalten. Das Charivarium hatte im 14. und 15. Jahrhundert in romanischen Ländern, so in Frankreich, bereits einen solchen Umfang angenommen, daß die Diözesanstatuten und Synodalbeschlüsse dagegen eingriffen und Ausschreitungen dieser Art im Gotteshause mit Exkommunikation belegten.

Auch in Deutschland, einschließlich Tirols, war das Charivari verbreitet und existiert heute noch in mehr oder minder ausgeprägten Resten.

Zum tirolischen Hochzeitscharivari gehört gewiß „die wilde Hochzeit", wie sie I. v. Zingerle im Jahre 1857 (Sitten und Bräuche, S. 141) aus dem Oberinntale schildert. Sie findet statt, wenn eine Braut vom Bräutigam noch vor der Hochzeit verlassen wird. Der Verlassenen wird dann „die wilde Hochzeit" gehalten. Am Tage, an dem das erste Aufgebot hätte erfolgen sollen, machen die Dorfbursche vor dem Elternhause des Mädchens eine Katzenmusik. Zwei von ihnen tragen ein großes Kornsieb in das Haus der gewesenen Braut, was so viel bedeutet wie „durchgefallen". Vor dem Hause wird dann von Masken eine lange, verhöhnende Hochzeitsszene aufgeführt. Zunächst tritt ein Bursche vor und verliest einen satirischen Eheverkündzettel. Hierauf erhebt sich ein höllischer Lärm; es wird gejohlt, Spottlieder werden geschrien, dazwischen knallen Flinten und Pistolen. Dann folgt unter ungeheuerem Getöse, ohrenzerreißend die Katzenmusik, ferner der „Brauttanz" und die eigentliche Hochzeitsszene[1].

DER BADERTANZ IM HENNEBERGISCHEN

Am Abende des zweiten Hochzeitstages, nachdem das Zimmer von Tischen, Bänken und Stühlen gesäubert worden, wird zur Aufführung des sogenannten Badertanz geschritten. Ein hierzu geeigneter Verheirateter oder Bursche übernimmt die Rolle des Baders, wozu er sich vorher in eine entsprechende Kleidung geworfen hat; in seinen Rocktaschen führt er sein Handwerkszeug, das überall hervorragt. Unter Musik, tanzend, ergreift er einen der Gäste, setzt ihn auf einen Stuhl in der Mitte des Zimmers und beginnt sein Geschäft. Er schlägt tanzend Schaum, seift ihn tanzend ein, zieht tanzend das Messer ab und rasiert ihn

[1] F. F. Kohl, Die Tiroler Bauernhochzeit. (Quellen und Forschungen zur deutschen Volkskunde, 3. Bd.) Wien 1908. S. 206 f.

Maskenscherze im Fasching
Kupfer aus dem 16. Jahrhundert

auch tanzend. Auch läßt er seinem improvisierten Kunden zur Ader. Aber, o Jammer! zum Schrecken unseres Heilkünstlers fällt der Rasierte in Ohnmacht. Verzweiflungsvoll und händeringend sucht der Bader in seinen Taschen nach einem Riechfläschen, um ihn wieder ins Leben zurückzubringen. Als ihm das aber nicht gelingen will, bläst er ihm vermittelst eines Blasrohres Luft in den Mund, doch der Patient rührt und regt sich nicht. Da wendet er ein Kraftmittel an, indem er ihm einen derben Schlag auf den Unaussprechlichen gibt, worauf der Totgeglaubte zu aller Freude wieder auflebt und davoneilt. Und damit nimmt der Badertanz sein Ende[1].

---

[1] B. Spieß in „Am Urquell", N. F. 1. Band, Hamburg 1890. S. 140.

Robert Reinicks Ständchen
Titelblatt von Ad. Schroedter (1833)

Faschingslust
Statuette von Ernst Liebermann
(Phil. Rosenthal & Co. A. G. Sell i. Bayern)

VIERTES HAUPTSTÜCK
FASTNACHT UND FASCHING
FASTNACHT

Wie so viele andere Festlichkeiten der Christenheit ist auch die Fastnacht mit ihren stereotypen Erscheinungen ein Überbleibsel aus grauer Vorzeit. Die Art und Weise der volkstümlichen Sitten und Bräuche, die wir an diesem Tag bei allen deutschen Stämmen finden, lassen vermuten, daß unsere Vorfahren an ihnen einst der wiederkehrenden jungen Sonne entgegengejubelt und ihr Spenden der Freude dargebracht haben. Heute fällt die volkstümliche Fastnachtfeier, d. h. das Frühlingsfeuerfest, auf keinen bestimmten Tag. Sie muß in den meisten Gegenden Deutschlands einst im März stattgefunden haben und ist nur in einzelnen Gebieten unter kirchlichem Einfluß auf einen früheren Zeitpunkt festgelegt worden. Daher sind die ältesten volkstümlichen Bräuche auch nicht an die Fastnacht gebunden, sondern wir finden sie ganz allgemein in der Fastenzeit, die ja zum größten Teil in den März fällt[1].

Der alte harmlose Scherz, der die Freude und das Glück über das Wiedererwachen der Natur aus hartem Winterschlaf ausdrückte, artete von Süddeutschland her unter südeuropäischem Einfluß zu Mummenschanz und mit diesem stets eng verknüpften Ausgelassenheiten aus, von denen schon aus früher Zeit wenig Erbauliches überliefert ist.

> Ain vaßnacht on frayden,
> ain messer on schaiden,
> ain munch on Kutten
> ain jung frau on dutten
> und ain stecher on ain pferdt,
> die Ding seind alle nichs wert

lautet eine alte Priamel[2], und:

---
[1] Dr. Hans Meyer, Das deutsche Volkstum, Leipzig u. Wien 1903, I. Bd., S. 303 f. — [2] Adelb. von Keller, Alte gute Schwänke, Heilbronn 1876, S. 23.

Die Faßnacht pringt vns freuden zwar,
    Viel mehr als sonst ein gantzes Jar
singt Johann Fischart, und von diesen Freuden weiß er in
seiner grotesken Manier zu sagen[3]:
„So gehn wir vmb vmschantzen Prassen, rasen, dantzen,
mummen, stummen, Prummen, rennen, fechten, ringen, stechen,
Bagschirrn mit der Trummen, Butzen, mutzen vnnd larfiren,
den Schnabelkönig fuhren, Teuffelentzen, Mönchentzen,
Weibentzen, vnd Turckentzen, Mit todten gespensten vnnd
Fewrschwäntzen, So gibts dann Kleidersprentzen vnd Orensensen:
Gölen, bölen mit Narrnkolben, Scharmutzeln mit
der Wechter Igelskolben, fenster einwerffen vnnd glasiren,
die die bänck verrucken, Kerch verführen, die Glocken
läuten, Schelln abschneiden: Eschermitwochisch beramen:
verkleiden: berusen vnd bekriden: nackende Mummerei
mit eim vbergespanten Netz: Brüteln Narrn auß, halten
Hans Sachssen Faßnachtspiel: Suchen die Faßnacht mit
Fackeln: wie Ceres ihre Tochter: tragen die Hering an
der Stangen inn bach für Erdfortische Essenbitter, da
regen sich die Timmerwürst: da geht man auff hohen
steltzen mit flögeln vnd langen schnebeln, wöllen Storcken
sein vnnd scheissen Hackmesser stil: da gibts Wild Holtzleut,
tragen ein Treck auff eim küssen herumb: ein Pfeiff
drinn: wehrn jm der Fliegen. O sollten sie jhn schneitzen
vnd jm den rotz ablecken: spielen die Schelmenzunfft:
ziehen eim stroern Man Kleider an, zieren jn mit eychenmaß:
vnnd tragen jhn auff der Bar daher, als ob er gestern
gestorben wer, mit eim Leinlach zugedeckt: mit wachsliechtern
besteckt: schau da dort kompt mein Herr von
Runckel pringt am Arm ein Kunckel: die Magd zeucht des
Knechts hosen an: suchen Küchlein inn der Mägd Kammer:
Ja suchen Küchlein vber dem Tisch: da man die Schuh
vnter das Bett stellt, da gibts dann vber ein Jar Mäl vnnd
Milchschreiling. Hie zum Schaurtag, der lieben Weiber
Saufftag, da saufft, daß man einander darvon trag. Ja in

[3] Geschichtsklitterung, herausg. von U. Ulsleben, Halle a. S. 1891, S. 72 f.

summa gar den Teuffel angestellt: mit solcher zucht man Faßnacht helt. Also behelt man das Feld, inn der Faßnachtbutzischen Welt."

Auch Sebastian Brant (1458—1521) hat im 112. Kapitel seines Narrenschiffs den „Faßnachtsnarren" gar vieles am Zeuge zu flicken[4]. Johann Geiler von Kaisersberg ergänzt in seinen Predigten über das Narrenschiff die Ausführungen seines großen Vorbildes und fügt den Brantschen Schimpfereien weitere saftige hinzu.

Am meisten entrüsten sich die beiden Sittenrichter über das Vermummen. „Diese Verbutzung und Mummerei hat nirgends anders her seinen Ursprung, weder (als) von den Heiden und dem Teufel. Der hat die Menschen also verführt, daß sie ihm gleich gemacht haben", meint Geiler. Und doch war dies nur eine der vielen Ungehörigkeiten des Fastnachtstreibens, bei dem, wenn die Berichte nicht übertreiben, alle Bande der Zucht und Sitte zerrissen schienen. So schildert 1534 Sebastian Franck die Fastnacht in Franken: „Etliche machen sich als Teufel ... etliche verputzen sich in Larven und Schönbart (Schembart), daß man sie nicht kenne, nicht sehr ungleich den heidnischen Luperkalischen Festen ... In Summa, man fahnt allen Mutwillen und Kurzweil an. Etliche laufen ohne Scham aller Dinge nackend umher, etliche kriechen auf allen Vieren wie die Tiere, etliche sind Mönche, Könige usw. auf diesem Fest, das wohl Lachens wert ist. Etliche gehen auf Stelzen und Flügeln und langen Schnäbeln, sind Störche, etliche Bären, etliche wild Holzleut, etliche Teufel, etliche Affen, etliche in Narrenkleider gesteckt, diese gehen in der echten Mummerei und sind in Wahrheit das, was sie anzeigen. Wenn sie ein anderer Narr schilt und Eselsohren zeigt, so wollen sie zürnen, hauen und stechen und hier beichten sie willig und öffentlich vor jedermann, selbst wer sie sind... Um Ulm hat man einen Brauch in der Fastnacht, wer an diesem Tage in ein Haus geht und nicht sagt, er gehe mit

[4] Erneut von H. A. Junghans, Leipzig (Reclam), S. 225 ff.

Urlaub (Verlaub, Erlaubnis?) ein und aus, den fassen sie und binden ihm (es sei Frauen- oder Mannsbild) die Hände als einem Übeltäter auf den Rücken, klopfen mit einem Böcken (Becken) voran und führen ihn in die Stadt herum."

Natürlich regnete es Verbote gegen solches Treiben. Im Jahre 1370 erging in Augsburg der Verruf: „Daz nieman sein Antlitz verdeck zu Vasnacht!" Im Jahre 1400 hatte ein großer und kleiner Rat bestimmt: „Es sol nieman mit verdecktem Antlitz in der Faßnacht gan, welcher Pfaff das überfert, die will man bessern, als in dem Stattbuch geschrieben stant!"

Bei Beschreibung des Frankenlandes sagt Franck: „An dem Rhein, Franken und etlichen anderen Orten sammeln sich die jungen Gesellen ihre Tanzjungfrauen, setzen sie in einen Pflug und ziehen ihren Spielmann, der auf dem Pfluge sitzt und pfeift, in das Wasser."

Auf dem Lande zählte ein ähnliches Eggen- und Pflugziehen zu den beliebtesten und verbreitetsten Fastnachtsscherzen[5], nur hatten die „Tanzjungfrauen" wenig damit zu schaffen.

> Was heuer vom Mädchen ist überblieben
> und verlegen,
> Die sein gespannt in Pflug und Eggen,
> Daß sie darinnen ziehen müssen
> Und darinnen öffentlich büßen,
> Daß sie sein kommen zu ihren Tagen ...

und noch keinen Gatten haben, sang man spöttisch, wenn man die armen Dirnen vor das Ackergerät spannte, sie eine Furche ziehen ließ oder sie durch das Wasser trieb.

„Uf die estrichen Mittwochen (Aschermittwoch) war der Prauch einest zu Scheer (bei Sigmaringen), das die meidlin und megt, auch die jungen gesellen die eggen durch die Tonaw ziehen", meldet die Zimmersche Chronik[6].

---

[5] Ad. von Keller, Fastnachts-Spiele, 247, 6, 7, Hans Sachs u. a. m. —
[6] Herausgeg. von Karl Aug. Barack, 2. Aufl., Freiburg und Tübingen 1881—82, II. Band, S. 117.

Die Ackerbürger in den Städten nahmen diesen Gebrauch bald auf, bei dem es, infolge der allgemeinen Roheit, nicht an Ausschreitungen fehlte.

Zu Leipzig trug sich nach dem Chronisten Pfeifer das Folgende zu:

„Es war in dieser Stadt eine alte Gewohnheit, daß in der Fastnacht die jungen Gesellen sich verlarvten und durch die Straßen mit einem Pfluge zogen, an den sie junge Mädchen mit Gewalt spannten, deren sie konnten habhaft werden, um sie dadurch gleichsam zu verspotten und zu bestrafen, daß sie das vorige Jahr nicht geheiratet hatten. Nun geschah es im Jahre 1499, daß einer von diesen vermummten Pürschgen ein mutiges Mädchen mit Gewalt an den Pflug zerren wollte, und als sie sich mit der Flucht in das nächste Haus rettete, und er durchaus nicht von ihr ablassen wollte, sie ihn mit einem Messer auf der Stelle erstach. Sie entschuldigte sich vor dem Richter, daß sie keinen Menschen, sondern ein Gespenst getötet habe [7].

Mit den Jahren wurde das Fastnachtstreiben in der Pleißestadt immer toller und wilder, so daß Verbote über Verbote ergingen, die aber keinerlei Erfolg hatten. So ist in Schneiders Annales Lipsiensis beim Jahre 1608 zu lesen:

„Den 16. Februar hat sich die Universität und der Rat miteinander verglichen, das Mummenlaufen mit höchstem Ernste zu verbieten, welches auch von beiden Teilen geschehen. Weil es aber wenig fruchten wollen, hat man wider die Verbrecher stark zu inquirieren angefangen, aber bald darauf, als es an vornehmer Leute Kinder kommen, den Ernst fahren lassen und also den Hasen am Kopf nicht streifen wollen. Und als den 5. März churfürstliche Commissarien nach Leipzig kamen, worunter auch der Oberhofprediger Polycarpus Lyserus war, tat dieser am Sonntag Reminiscere eine Gastpredigt in der Thomaskirche, schalt heftig auf die Mummer, und tat dieselben als Verächter Gottes Worts, des Ministerii und aller Obrigkeit

[7] Pfeiferi origines Lipsienses, Lib. II, § 51.

öffentlich in den Bann, und befahl dem Ministerio, daß sie solche weder zum Beichtstuhl noch zum Abendmahl lassen sollten, sie hätten denn zuvor Buße getan."

Wenige Jahre später, 1615, mußte Kurfürst Johann Georg einen neuen Befehl erlassen, in dem es heißt: „In der vorigen Fastnacht sind unterschiedliche Rotten in abscheulichen Schandkleidern mit Mordgewehren, mit ausgezogenen türkischen Säbeln und anderen Waffen auf offenem Markt herumgelaufen wie das unsinnige Vieh, bis sie im Scharmützel sich gegenseitig verwundet haben und etliche ermordet worden sind."

Doch nicht auf Leipzig allein waren diese Untaten beschränkt.

„Saufen sich die Leute auf den Kirmessen drei oder vier Tage lang toll und voll, so muß ihnen eine große Fastnacht oftmals fünf oder sechs Tage dauern: da wird bei dem Vermummen nicht selten gehauen, geschlagen, verwundet, daß die Balbiere sagen, die Kirmeß und die Fastnacht sei für sie die gesegnetste Zeit des ganzen Jahres[8]."

Auch im Herzogtum Württemberg wurden ehemals die Fastnachtslustbarkeiten bei Gefängnisstrafe untersagt, ebenso das Mommen und die Butzenkleider, sonderlich die, da sich Frauen in Manns- und Mannen in Frauenkleider verstellen usf.: „So verbieten wir ernstlich, daß Niemand zu einiger Zeit des Jahres mit verdecktem Angesicht, oder in Butzenkleidern gehen soll, bei Strafe des Thurms oder Narrenhäusleins[9]."

Weil Luther von seinen Gegnern oftmals als Fastnachtsbruder geschildert worden, scheint es angebracht, mitzuteilen, wie er die Fastnacht zugebracht und was er davon gehalten habe. Matthesius[10], sein Zeitgenosse, der seine Gewohnheiten durchaus kannte, schreibt darüber: „Als unser Doctor die Lehre von der wahren christlichen Buße anfing

---

[8] Janssen, VIII., S. 288. — [9] Ordin. Provinc. Württemberg., Tit. 102. — [10] Tischreden von Faßnacht-Küchlein und Butzenkleidern, § 3, herausgegeben von Lic. Dr. Georg Buchwald, Leipzig (Reclam), S. 420 ff.

LE CARNAVAL DES RUES DE PARIS

De ces sortes de Mascarades. | Il faut les voir a ces parades! | Chacun rebourre à son ouvrage, | Tout est mange selon l'usage
Les Artisans font leurs plaisirs. | C'est là qu'ils comblent leurs desirs. | Quand Mardi gras est enterré. | Et l'on est toujours altéré

(Borngräbers Verlag, Berlin, cop.)

Das Eggenziehen
Holzschnitt aus dem 16. Jahrhundert

zu treiben, fiel auch zugleich die alte heuchlerische Fasten, samt der Fastnacht, welches ein recht heidnisches Fest war, da man nicht allein die Herzen mit Saufen und mit wüstem und wildem Schwelgen beschweret, sondern auch allerlei Unzucht trieb, und die alten Mägde in Pflug spannte, wie man S. Mertens und Burkhard (14. October) und andere dergleichen Fraßtage und Sandtriegel jährlich und feierlich pflegt zu halten. Da nun die Leute berichtet, daß man das Böse abtun und das Gute behalten sollte, und es gleichwohl nicht unrecht wäre, in Ehren und Züchten fröhlich und guter Dinge sein, und in Liebe und Freundschaft an öffentlichen und ehrlichen Orten, in Rathäusern, Trinkstuben, Hochzeiten zusammenkommen, denket ein ehrsamer Rat zu Wittenberg auf Wege, wie Freundschaft, Einigkeit und guter Wille bei ihnen anzurichten und zu erhalten wäre, beschleußt derowegen, daß sie auf ihrem Rathaus möchten etliche Tage in guter Charitate sich versammeln, und weil zweierlei Regiment da waren, lassen sie die von der Universität zu sich laden. Diesmal wird auch unser Doctor ersucht, und zu dieser ehrlichen, löblichen Gesellschaft eingebeten. Nachdem er aber der Deutschen Fasttag und Fraßtag durch Gotteswort abgeworfen, wollt ihm nicht gebühren, mit seinem Exempel, so von seinen Widersachern hätte können übel gedeutet werden, seiner Lehre einen bösen Namen zu machen, schlägt derwegen die Ladschaft für seine Person ab, und heißt sie im Namen Gottes und christlicher Zucht fröhlich und gutes Muts sein, und Fried und Einigkeit stiften und erhalten. Er aber, als ein Doctor und Prediger, bleibet in seinem Hause, und ist mit seinen Leuten auch guter Dinge. Diese Tage liefen junge Leute nach alter heidnischer und ärgerlicher Weise in der Mummerei, denn böse Gewohnheit ist nicht leicht abzuwerfen; der kommen etliche vor des Herrn Doctors Haus oder Kloster, aber Ärgernis und böse Nachreden zu vermeiden, wird keiner eingelassen. Unter andern ist auch ein gelehrter junger Mann, der nachmals großen Kurfürsten mit Ehren gedienet, der tut sich herfür mit seiner Gesellschaft, die lassen ihnen Bergkleider anschneiden, und rüsten sich wie Schieferhauer mit ihren Scheidhämmern, ohne Leichtfertigkeit, zur höflichen Kurzweil. Wo Tugend innen ist, als bei denen, die fein studiert haben, da kommt sie auch heraus. Ob nun wohl diese ehrliche Companei eine Mummerei anrichtet, und lässet sich beim Herrn Doctor angeben, als der von einem Bergmann geboren, und auf dem Bergwerk erzogen war, weisen sie sich doch selber wie Bergleute, und kommen nicht mit gemalten Königen, Päpsten, Garniffeln, Teufeln und Säuen, oder mit abgeeckten Schemelbeinen vor den großen Mann, sondern staffieren sich mit einem künstlichen Schachspiel, darin Doctor, wie viel große und teure Leute, gern pfleget zu ziehen. Wie es Doctor höret, daß eine Mummerei von ehrlichen Schieferhauern vorhanden, die laßt mir herein, spricht er, das sind meine Landsleute, und meines lieben Vaters Schlegelgesellen. Den Leuten, weil sie die ganze Woche unter der Erde stecken, in bösem Wetter und Schaden, muß man bisweilen ihre ehrliche Ergötzung und Erquickung gönnen und zulassen. Darauf tritt die Gesellschaft vor des Herrn Doctors Tisch, setzt ihr Schauspiel auf. Der Doctor, als ein geübter Schachzieher, nimmt's mit ihnen an. Ihr Bergleute, sagt er, wer in diesem und anderen tiefen Schachten ziehen und nicht Schaden nehmen, oder das Seine mit Unrat verbauen will, der soll, wie's Sprüchwort lautet, seine Augen nicht in die Tasche stecken, denn es gilt an beiden Orten Aufsehens. Darauf mattet Doctor seinen Schachtgesellen, der läßt ihm das Schachspiel, und bleiben bei ihm, und sind in Ehren und Züchten fröhlich, singen und springen; wie denn unser Doctor von Natur gern zur Gelegenheit fröhlich war, und sah nicht ungern, daß junge Leute bei ihm in ziemlicher und mäßiger Leichtsinnigkeit fröhlich und lustig waren."

Ein getreues Abbild einer Fastnachtsfeier mit all ihren übermütigen Ausgelassenheiten überliefert die Handschrift

Ulrich Wirschungs, eines Augsburgers und Gehilfen des Nürnberger Großkaufmanns Bartholomae Viatis. Die Handschrift, Ao. Dom. 1588, wurde zufällig von Christian August Vulpius (1762—1827), dem Bruder Christiana Goethes, entdeckt und in seinen „Curiositäten des physisch-literarisch-artistisch-historischen Vor- und Mitwelt zur angenehmen Unterhaltung für gebildete Leser"[11] veröffentlicht. Die große Seltenheit der genannten Zeitschrift rechtfertigt es, daß ich den ganzen Bericht des Schwerenöters aus dem sechzehnten Jahrhundert ungekürzt wiedergebe. Seine Herzensergießungen, von denen die mitgeteilte Beschreibung nur einen Teil bildet, tragen das Motto:
Mädel sind gute Bissen
Wer sie weiß zu genießen!
„Hatten wir das ganze Jahr gedacht an die Zeit der Fastnachsfreuden, derselben gar sehnlich geharrt, und wenn wir daran dachten, uns herzinniglich gefreut; war in unserm Hause deshalb jedesmal ein großer Rumor. Unser Herr mochte es wohl gern sehen, wenn wir uns freuten, war auch selbst in solcher Zeit gar schimpflich und ließ sich das Schäkern wohlgefallen, taten es auch seine Frau und Töchter. Wir aber der Handlung Diener, Beförderer und Gesellen, auch Söhne und Vettern, so viele deren da waren, (denn der Haushalt war groß;) waren des Dinges gar sehr ergeben. Es war ein beständiges Reden von den Fastnachtsvergnügungen und wer davon sprach, freute sich auch derselben; und als die Zeit näher kam, lächelte Herr Viatis oft, redete auch davon und setzte hinzu: „Jetzt nur fein fleißig und fein vorgearbeitet, daß die Zeit nicht ungenutzt verschwendet werde, bei dem Carnevale." In Venedig, wo er war, soll es in der Carnevals-Zeit sehr schön seyn und auch fein lustig hergehen, wie er oft erzählte, wenn er heiter und vergnügt war. Auch bei mir daheim, in Augsburg, war man am Fastnachtstage sehr vergnügt, aber in Nürnberg war des Lebens gar zu viel, um diese Zeit. Und in unserm

[10] 10. Band, V. Stück, Weimar 1825, S. 390 ff.

ganzen Hause war es ein Erwarten, als ging es auf den Kindles-Markt zu, am hl. Christ-Abend. Nur allein der Rechnungsbesteller Eberhard Schorrler, ein Wimpfner von Geburt, war diesem Vergnügen nicht gewogen und nannte es, wie auch viele Gerndaheimbleiber, der Narren Kirchweih.

Bereit waren unsere Schönbarte und Mummen, und wir hatten uns auch ausgedacht eine lustige Gugelfuhre[12], auf der saßen Ärzte, Urinmänner, Bader mit Schneppern und Apotheker mit großen Spritzen, die gar tapfer zuschießen konnten; auch lag ein Kranker hinten auf dem Schweife der Fuhre, die einen Drachen darstellte, liegend in den letzten Zügen, und zwei Meßpfaffen, sitzend neben ihm, die sangen: Sct. Urbane, da nobis vinum et recipe aegrotum! Darob schüttelte Herr Schorrler gar sehr den Kopf.

Da nun endlich der frohe Tag kam und das Glöcklein von St. Sebald erklang, ließ der edle Rath ausrufen die Eröffnung der Fastnachtsfreude. Alsobald sprangen aus den Häusern heraus die Mummen, gar fröhlich und froh, hatten sich angepuppt als Mohrenweiber, Heidenmänner, als lustfeine, schöne Frauen und fahrende Weiber[13], einige als Vögel, Meerweiber, auch als heidnische Prinzessinnen, Schäferameien[14], Zauberinnen, Nonnen, Klausnerinnen, Besenmädchen, andere als Sänger, Pfeifer, Pickelhäringe, Hofnarren, Leiermänner, Bauern, Mönche, Witzbolde, Gauffdirnen[15], und in allerlei Trachten und Kleidungen. Wo nun da die Musika erklang, formten sich alsobald Springlustige, nahmen die Plätze und Märkte ein und tanzten einen Mummenschanz nach Belieben. Wir, da auch gleich heraus aus dem Viatschen Hause, mit unsere Gugelfuhre, ließen aufspielen den Moriskentanz und sangen dazu. Vor dem Volkshammerischen Hause aber wurde Halt gemacht, trat ich auf, als ein wohlbeleibter Doktor mit Krause und Baret, gekleidet ganz grün, umhangen mit einem roten Mantel, garniert mit gold- und silbernen Franzen und sprach also:

---

[12] Narrenfuhre. — [13] Halbweltlerinnen und Frauenhausweiber. — [14] Ameie, amica – Liebchen. — [15] Maulaufsperrerinnen.

Willkommen werte Schlemmerzunft,
voll Aberwitz und Unvernunft,
herbeigeführt von Ost und West,
zu diesem frohen Narrenfest!
Ich bin der Doktor Unbekannt,
und gar gelehrt und voll Verstand.
Wer krank ist, den kurier' ich gleich
allhier in diesem Narrenreich.
Ich häng ihm seine Schelle an
und treib' ihn auf die Narrenbahn,
da läuft er sich gesund und klug,
daran hat er des Dings genug.
In deinem Sprenzel[16], schöne Frau,
leg ich ein Pflaster dir genau,
das hilft dir gleich und tut dir wohl
viel mehr als Nonnen Sauerkohl.
Dich Dickbauch zapf ich zierlich ab
und lege dich ins kühle Grab.
Es schlägt die Kur bei jedem an,
beim Fürsten wie beim Rittersmann.

Da erstand ein Schreien und Rufen, das gar laut war. Denn es waren vorige Nacht noch angekommen die Markgrafen von Brandenburg und der Bischof von Bamberg, die gar feist und wohlbeleibt waren, die Fastnacht in der Stadt mit zu feiern. Die standen am Fenster des Gasthauses zum Bitterholz und lachten gar schimpflich der Rede und des Lärmens und Schreiens, denn sie lebten gern froh. Auch nahm am Fastnachtstage keiner etwas krumm oder genau.

Ich schwieg zwar nun, aber die Gaukelfuhre ließ ich weiter fahren, hin bis auf den Naschmarkt.

Wie schon gesagt, war das Gerüst geformt als ein Drache, nachschleppend einen großen Sprenzel und Schwanz. Vom Kopf bis dahin saß alles wohlbesetzt mit vermummten und

---

[16] Sprenzel-Springer, ein Kleidungsstück, hier wohl zweideutig.

verluppten Menschen, immer einer sonderbarer geformt als der andere. Voraus aber zog ein gar kurzweiliger Narr (mein Nebengesell, Bastel Niebelunger, der Brandenburger), sitzend auf einem grauen Esel, führend das Narrenpannier; das hatten gestickt und verbrämt mit Spitzen und Bändern, bemalt mit Brillen, Nasen, Affenschwänzen etc. so angeordnet und beschickt unsere Hausjungfrauen, die aber nicht mitzogen. Da schrie der Narr: „Nur alle herbei, ihr Schlecker!" und warf aus das beliebte Backwerk, Hornaffen genannt[17]. Hinter dem Narren her, gingen gar gesträflich, zwei Schreiber mit Papierrollen, anhängend Tintenfässer, in den Händen tragend große Schreibfedern, behängt mit kleinen Schellen und Affenschwänzen, und taten gar wichtig. Diesen folgten zwei Gauffdirnen, bekleidet als Satyrsweiber und trugen große Kandeln nebst Bretzelwerk. Hinter diesen her trabten zwölf wilde Männer. Dann aber kam geritten, die Torheit, gar wohl geschmückt und geziert mit Schellen, Pfauenfedern, Spiegeln und allerlei Kleidern; ein Luchsauge auf der Stirn; nahm sich gar wohl aus, saß festlich auf dem mit lauter Lappenwerk gezierten Zelter und blendete die Zuschauer mit ihrem in der Rechten habenden Spiegel, der umfaßt war mit Narrenköpfen. (In diese Tracht hatte sich der junge Hieronymus, ein Viatis, gesteckt). Da sangen die Jungfrauen, ihn grüßend, aus den Fenstern und auf der Straße:

„O liebe Torheit, schön und fein,
zur Fastnacht, komm zu uns herein!"

Hinter der Torheit kamen zwei Afrikaner mit großen Regenschirmen, die Torheit gegen Schneeflocken zu schützen, dann die Hörner- und Zinkenbläser, die Jungen mit dem Lärmbecken und dann die besprochene Gaukelfuhre, auf der ich, wie gesagt, als Doctor voran stand, mich stets wunderbar geberdend, die Arme umherspreitzend, die Augen verdrehend, allerlei Arcana anpreisend und mich ganz närrich benehmend weil in der Fastnacht doch alles voll Narren

---

[17] Von Hornung, Februar, dem Faschingsmonat.

Wilde Männer, Mohren und Narren in einem Karnevalszug
Aus einem Stammbuch des 17. Jahrhunderts

war, überall vom Morgen bis zum Abend. Hinter mir hatte nun Platz genommen gar mancherlei lustiges Volk, verschanzt, verpuppt und vermummt auf sonderbare Art und Weise. Hinter dem Drachenschwanze aber tobte einher das wilde Heer, gar sonderbare Figuren, gehörnt, geschnäbelt, geschwänzt, bekrallt, bebuckelt, belangohrt, sausend und brausend, schnalzend, pfeifend, zischend, schnarrend, blökend und brummend, hinterdrein, auf einem schwarzen, wilden Rosse, Frau Holda, die wilde Jägerin, stoßend ins Jägerhorn, schwingend die knallende Peitsche, ihre Haupthaare wild umherschüttelnd, wie ein wahrer Wunderfrevel. Sprach der Bamberger Bischof zum Markgraf Albrecht: „Das ist eine Jagdgöttin", lächelt der Fürst, neigend gegen ihn den Becher und spricht: „Bannt das Ungetüm; aber nur heute nicht, um die Narren nicht irre zu machen. Bibimus!"

Es bestand aber das wütende Heer aus lauter fröhlichen Zechgesellen und Lustigmachern, Kaufherrnsöhnen, Kaufmannsdienern, Studiermachergesellen und drei Schulmeistern, die ihre Stimmen gar wohl und stark hören ließen. Das ganze Unwesen zusammen aber sang, in der bekannten süßen Vogel-Weise[18]:

Trarah, trarah, trarah,
Der wilde Schatz ist da!
Kömmt ihr ein feiner nah,
Dem sie sich gern ersah,
Führt sie ihn fort. Trarah!

Das gefiel dem Fürsten gar wohl, deshalb ließ er es sich auch des Abends auf dem Rathause, bei dem Mummentanz, von den Stadtsängern singen und mit Musika aufspielen. Sprach der alte Lohsunger Herr: „Es sind Blitzbuben die Nürnberger Kaufdiener! Sie haben immer etwas Neues und Sonderbares in der Lustigkeit." Lachte der Markgraf: „Deshalb sind's keine Schlafhänse!" — Da wir das erzählen hörten, freuten wir uns dessen gar sehr.

[18] Die Weise des Meistersängers Nikolaus Vogel.

Auf dem Naschmarkte aber hatten unsere Narren und Hanswürste gar sehr darein zu pritschen unter das Volk und Getümmel der Leute, hatten auch recht ihre Not durchzudringen und dem Zuge Platz zu verschaffen. — Gleich nach dem wilden Heere aber, kamen sechs Springer mit Panflöten, darauf zwölf Hirten mit Schallmeien und vier und zwanzig Hirtenmädchen, die sangen das feine Lied:
 O! daß mein Liebchen ein Nelkenstock wär! etc.
Dann aber intonierten vier Lorenzenschüler (waren angezogen als Hirtenmädchen) den Gesang:
> Hoc in monte
> Viva fonte
> Potantur oviculae! etc.

der gar sehr gefiel. — Dann aber kam angezogen, gar schön herausstaffiert, der Venusberg mit dem ganzen erfreulichen Venushofe. — Es saß die zärtliche Frau Venus auf einem mit Tauben bespannten Muschelwagen, umgeben von ihren schönen Jungfrauen (wozu die Tändlerinnen ihre Töchter und feinen Knaben hergegeben hatten), die alle gar fein angepuppt, geschminkt und zugeschickt worden waren. Aber mitten unter ihnen saß (wie die Fabel sagt) der edle Ritter Tannhäuser. Diesen stellte mein Bruder vor, der immer so etwas Eigenes habende Fant. Die Frau Venus aber, war die gar nicht unebene Tochter der Schlangenwirtin, die älteste Liebermannin, die oft bei den Commödianten die Judith, Esther und andere Parthe darstellte. Ihr Schwesterlein aber war das Gretle, das in der Commödie der Doktor Faust entführte, mit Hülfe seines Teufels Rabuntikus. Diesen stellte des alten Schwerdtfegers Sohn, unser Auslaufer, vor; wußte sich gar unwirsch zu stellen, hatte Hörner und schrie immer: „Ahi, ahi!"
> Tat gar begierig und fuhr umher,
> als ob er selbst der Böse wär,
> griff manchem gleich nach seinem Schopf
> und mancher Jungfrau an den Kopf;
> die schrie wohl Zeter Mordio!

Er aber war der Fastnacht froh.
Und Klügling sprach: Was hilft dir das?
Behalt dein Geld und kauf dir was.

Die andern Sänger und Witzbolde aber, die am Venusberge herumlagen und den Tannhäuser umgaben, sangen:

Bibant, bibant
Vivant, vivant,
Omnes aeternaliter!

Waren lustige Zeisige und leerten manchen Becher aus. Das half alles nichts.

Ein anderer Zug aber hatte sich angeschlossen, lauter Mönche und Nonnen. Diese verführten gar ein seltsames Geplärr, sagten, sie wären Geißeler, und schlugen derb aufeinander los, daß die Kappen und Schleier tüchtig umherfuhren, so, daß man ihre Gesichter sah. In der Mitte aber trugen zwölf Pfaffenköchinnen, verpuppt in gelbe[19] Schleier, aus welchen sie herausglotzten wie ein Stück Kalbfleisch in einer gelben Brüh, an einer Stange eine sechs Ellen lange Wurst; waren fastnachtlustige Fleischergesellen. Die geberdeten sich sehr übel. — Da ich das sah, ergriff mich der Unmut gar sehr, rief ich den Lenkern der Gaukelfuhre zu, drängte mich mit derselben unter die Wurstpfaffenköchinnen hinein und ließ meine Badergesellen mit ihren Klystierspritzen unter sie hinspritzen, so kräftig, daß bald alle davon liefen und uns den Platz ließen. Da sprach ich:

Seht, so muß ein Doktor operieren,
die Köchinnen gleich davon zu spargieren
und sie zu jagen von dem Platze.
Das heißt die Konkubinen Hatze
Wo man den Venushof läßt sehn,
da müssen die Gestalten gehn,
die das Fastnachtwesen schlecht verstehn.

---

[19] Gelb war die Farbe und das Symbol der Geilheit und der Schande. Dirnen und Juden mußten gelbe Lappen an ihren Kleidern tragen. M. Bauer, Das Geschlechtsleben in der deutschen Vergangenheit, S. 171 ff.

Wir aber schlugen nun ein Theatrum auf, und stellten dar, gar kurz und fein, die Reisen und Gefährlichkeiten des jungen Tobias. — Wie wir das Spiel geendigt hatten, hörten wir, es sey gekommen, eine gar vornehme Frau, zu halten Fastnacht mit den zarten Nürnbergerinnen. Dachte ich, wer muß sie seyn?

Indem ich so darüber nachsann, rollte unsere Gugelfuhre weiter fort, unter allerlei Geschrei und Spaß der darauf Sitzenden. Da kamen aber aus der nächsten Straße viele Scharwenzler, Mummaffen und Witzbolde herbei, auch einige Raufbolde mit hölzernen Waffen und schrien auf mich los: „Heda! Der Doktor muß herbei; wir wollen ihn morixeln[20]." Da zog ich meine blanke Wehre heraus und sprach: „Kommt her! Versuchet diesen Flederwisch. Ich will euch gleich kurieren, da ich höre, was euch fehlt. „Indem wurden diese Raufbolde aber verdrängt von einem frohen Zuge von Winzern und Winzerinnen, die tanzten und sangen:

Der Wein, der Wein ist immer gut!
Er gibt dem Menschen frohen Mut.
Und sollt' ein Mensch nicht fröhlich seyn,
Der schenke sich ein Kännlein ein.

Lachten die Fürsten: „So recht, ihr frohen Winzer!" Schrien diese: „Werft den Doctor von der Gugelfuhre, mit seinen Froschgetränken!" Kam der Markolfus[21], und sprach: „Arzt, hilf dir selbst." Ich aber wendete mich zu einigen Bäuerinnen und fragte: „Nicht wahr, ihr liebt die Ärzte?" Sprach die eine ganz patzig: „Ja, wie die Nacht, wenn wir schlafen wollen." War so eine rechte Gauffdirne; und in der Mumme steckte ein Bekannter sicher von mir. Mehrere Beguinen-Nonnen kamen heran; da schrieen unsere Gugelnarren: „Fastenfleisch, Fastenfleisch! Was kostet's?" Sprach die eine: „Für Narren ist's zu teuer." Der Markolfus schrie: „Das ist Bischofsfleisch!" Lachte der Bamberger und sprach: „Wir lassen dir's, Markolfus, sind gar nicht neidisch. Die

---
[20] von mors, also zum Sterben bringen. — [21] Nach der mittelalterlichen Sage König Salomos Narr.

Fastnacht erlaubt alles das. Küchenmeister! erfrisch des Doctors Kehle, auf der Gugelfuhre, daß er etwas von sich hören lasse."—

Der Küchenmeister brachte mir sogleich einen gefüllten Becher und sprach: „Das ist eine ganz andere Medizin als die eurige, Herr Doctor! Die ich euch jetzt reiche, wird von der lieben Sonne gekocht und wächst auf der Leiste." Da ich das hörte und bekam, ließ ich mir es wohlschmecken und sprach:

> Das laßt mir einen Hirten seyn!
> der gibt den Schafen Leistenwein.
> Zum Doctor hab ich mich kreirt;
> zu Bamberg aber promovirt
> hätt' ich gar gern. Da trinkt man Wein;
> wofür Gott mag gepriesen seyn!
> Gott labe in der Christenheit
> den frommen Bischof weit und breit.

Da sprengten zwei wohlgewappnete Ritter herbei, neben deren Rossen her liefen zwei wilde Männer, welche die Wappen der Ritter trugen, als Schildhalter. Das eigene Schildzeichen war ein grüner Vogel. Darüber stand:

> Kein Sittich, doch ein grüner Specht
> bin ich, und meinem Herrn gar recht.

Das andere Schildzeichen war ein silbernes Rad, stehend in einer Felsengegend, mit der Losung:

> Zu Felsen streb' ich nicht hinauf,
> doch geb ich nicht mein Rollen auf.

Dann kamen sechs Markolfen, hatten Hahnenkämme auf den Kappen und rote Federbüsche, die sprachen: „Wohl aufgeschaut! Es kommt der Zwergenkönig." Und so war es. — Auf einem feinen Throne, geschmückt mit roten Vorhängen, saß, ganz streitbar angekleidet, Laurin, der Zwergenkönig, gestützt auf ein blankgezogenes Schwert, mit der Linken; in der rechten Hand einen schönen Pfauenwedel, mit welchem er sich fächelte, als sei es ihm zu warm und schwül. Das stand auf einem Gerüst, welches gar breit war. Rund herum aber eine feine Gegend mit Hecken, Bäumen und Rosenbüschen. Die stellten den Rosengarten vor. Das war alles gar wohl ausgesonnen und nachgeahmt, wie es beschrieben steht in dem Heldenbuche. Es stand ein Herold mit einem Szepter an dem Rosengarten und las von einem Rodel ab:

> Allhier erscheint mit Pracht und Glast
> Laurin, der edle Zwergen-Gast.
> Er ist den zarten Frauen hold,
> Gebieter über Schätz und Gold,
> die liegen in der Erde fein
> bei Erz und Adamantenstein[22].
> Die Fastnachtschlemmer sieht er gern:
> sie sollen kommen zu dem Stern,
> der an der Stube glänzen tut,
> wo Herrn sich trinken frohen Mut.
> Dort ist Laurin, läßt schenken ein
> aus Kellerschluchten Pfälzer Wein.

Aber Laurin grüßte mit seinem Spiegelwedel[23] die Fürsten und die zarten Jungfrauen gar zierlich, mit feiner Gebärde. Es war der kleine Ritter von Kornburg, der in dieser Laurin's Mumme stak, und den ganzen Spaß hatten die beiden gewappneten Ritter bereitet, die lustigen Junker Löffelholz und Holzschuher. Darüber erfreuen sich die Fürsten und Ratsherrn gar sehr.

Darauf zog der Zug des Rosengartens dem Sterne nach, den der vermummte Schenkwirt trug und ihn aufstecke als Weinzeichen, an der Herren Trinkstube. Dort ist es lustig hergegangen. Ich wär auch gern fortgewesen von unserer Gugelfuhre, das konnte aber nicht seyn, wiewohl ich lieber gewesen wär in der Zwergenkönigs-Gesellschaft, dahin endlich auch die Fürsten gingen mit einem großen

---

[22] Edelstein. — [23] Ein flacher, nicht klappbarer Federfächer, der einen Spiegel in der Mitte trug.

Gefolge, indem ihre Schenken ihnen Becher und Kandeln nachtrugen, auch auf einem Wäglein ihnen zwei schwere, gefüllte Fässer nachgeführt wurden; die waren rot bemalt mit grünen Reifen, gefüllt, wie es hieß, mit Leistenwein und Sommeracher Katzkopf. Eine gar edle Sorte!

Unsere Gugelfuhre rollte nun bald dahin, bald dorthin und gefiel allenthalben. Sprachen Viele: Das hat der lustige Augsburger Würschung veranstaltet, der ein gar schwankhafter Lauerer ist. Das hörte ich gern. Dann kam ein Trupp böhmischer Zigeuner und fingen an, den Guglern zu weissagen, war eitel dummes Zeug. Schickte ich sie fort in die Apotheke, da lebten drei Töchter, wovon die eine Corona hieß; wir nennten sie also die drei Apotheker Krönchen; denen ließ ich gar Vielerlei wahrsagen; wußten sie nicht, woher es die Zigeunerinnen wissen konnten, denn sie wollten immer gar heimlich seyn. Ich aber ergötzte mich, daß ich so manches anbringen konnte, worüber sie stutzig werden mußten.

Nun kamen drei Blümlerinnen und verschenkten Blumenschnecken[24] unter meine Gugler. Da gab es ein großes Gelächter. Denn wenn die Gugler die Schnecken an die Nase brachten, stachen sie sich, weil Nadeln verborgen drinne staken. Rief ein Narr und nies'te: „Nun weiß man, wie ihr Mädchen schmeckt!" Fragte die eine: „Sauer oder süß?" antwortete er: „wie die Verstellung; überall wurmstichig." Kam ein Wasservogel[25] einhergestelzt und sprach zu den Blümlerinnen: „In der Walpurgisnacht sehen wir uns wieder"; antwortete die eine: „Wir sind keine Gabelreuterinnen[26], sonst nähmen wir dich mit." Sang ein Markolfus:
Bringt mir nur die Gabel h'rauf,
setz' ich euch die Puppe drauf.
Rieb ihm das Mädchen mit einem Beslein das Gesicht, nießte er und sprach: „Da hast du meinen Gruß!" Ich aber wendete mich zu den Blümlerinnen und sprach:

[24] Blumenmädchen verteilten Sträuße aus duftenden Blumen. — [25] Ein als Vogel maskierter und mit Schilf behängter Mann. — [26] Hexen.

>Ihr Blümlerinnen schön und fein
>sollt mir allhier willkommen seyn!
>Wenn ihr auch noch fein spitzig seyd
>mit euern Schnecken; mit der Zeit
>kommt's sanfter, und der Doctor spricht:
>Mit euch verderb' ich's freilich nicht.
>Ich nehm euch willig in die Kur,
>ich geb euch gute Fleischtinctur,
>und Pillen, die vergoldet sind;
>kommt her und schlucket fein geschwind!
>Es findet sich nicht jeder Tag,
>da man den Fastnacht feiern mag;
>jetzt aber sollt ihr lustig seyn,
>drum nehmet goldne Pillen ein!

Sprach die eine: „Das ist der Doctor, dem die Jungfern Viatis den Laufpaß gegeben haben. Er ist ein Doctor, daß sich Gott erbarme! für die Hauskatzen, die haben ein zähes Leben." Da sagt ein vorbeiziehender Waller: „Herr Doctor! zieht der Blümlerin den Spottzahn heraus, den sie zuviel hat, das wird heilsam seyn." Fuhr sie ihm mit einer Schnecke unter die Nase, sprechend: „Warte, ich will dich karnöffeln!" Der Waller wendete sich und lachte: „Ja, ihr kennt das Spiel!" — ich aber ließ die Gugelfuhre wenden und drehen, bis wir an das Haus des alten fröhlichen Herrn Losungers Hallers kamen. Dem brachten wir eine schöne Musik, bei der die Egidien-Cantorei gar feine Lieder sang, z. B. die Filia zur Mater sprach etc. Den Fastnachtskranz kein Mädchen will etc. Jungfer Bäschen, wo gehst du hin etc? Als aber zum Chor die Trompeten schmetterten, sendete der Herr uns durch seine Schützen zwölf Kandeln Wein und sechs Schüsseln voll Bratwürste. — Dann aber mußte mein Herr Viatis herhalten. War nicht viel, was er gab, aber er stellte sich freundlich in die Haustür und sagte: Poco con amore! Sprach der Narr: „Die amore ist Elschen, seine Tochter." Ich aber dachte: Für mich nicht. — Da erschienen zwölf Engel mit großen goldenen rauschenden Flügeln, denen einer vorging, dessen Name stand auf seiner Leibbinde, hieß Gabriel. Der neckte Elschen, die am Fenster stand, als eine Bekannte, und sprach:

Ich nehme dich mit Leib und Seel,
und bin der Engel Gabriel!

Die Leute aber sagten: „Die Engel sind das Gefolge der fremden vornehmen Frau, die des Bischofs von Bamberg —"
Hier bricht die Schilderung leider ab.

Man war zu Fastnacht nicht immer wohlerzogen und taktvoll. Aber die Ehre, am Fastnachtstag den Gipfel der Gemütsroheit erklommen zu haben, dürfen die Lübecker Patrizier für sich in Anspruch nehmen:

Hermann Corner berichtet zum Jahre 1386: „Die Junker (domicelli) der Stadt Lübeck wählten zu Fastnacht zwölf kräftige Blinde aus, die sie erst durch Schmaus und Trunk erquickten, heiter und keck machten, wie in der Lübecker Chronik steht. Dann legten sie ihnen alte Harnische und Panzer und die übrigen Waffenstücke an, setzten ihnen verkehrt Helme auf, damit die, welche sich blind stellten, nicht sehen konnten, und rüsteten sie zum Kampfe aus. Als sie so gewappnet waren, gab man ihnen Keulen in die Hand und führte sie an einen zu diesem Zweck mit Brettern umgebenen viereckigen Raum auf dem Marktplatz. Aber als sie gewaffnet zum lächerlichen Kampfe dastanden, wurde ein starkes Schwein hineingelassen, das sie mit ihren Hieben erlegen und dann verzehren sollten. Zu diesem ungewöhnlichen Spaße versammelten sich nicht allein Kinder und junge Leute, sondern Greise und Männer in vorgerücktem Alter, Frauen und Jungfrauen, Geistliche und Laien, zu sehen, was besagte Blinde mit dem Schwein treiben würden. Das Schwein jedoch merkte, daß es zwischen jenen eingeschlossen sei und wich den Schlägen aus, so viel es konnte, und wenn es von einem mit der Keule getroffen wurde, lief es wütend mitten durch die Blinden und warf zuweilen drei oder vier zugleich durch seinen rasenden Lauf zu Boden. Die übrigen aufrecht stehenden Blinden aber suchten, da sie merkten, daß ihre Gefährten hinfielen und glaubten es sei das Schwein, heftig darauf loszuschlagen und streckten mit ihren Hieben statt des Schweines die Gefährten zu Boden. Als sie sich länger so bemüht und sich untereinander mehr als das Tier ermüdet hatten, wurde eine Glocke an den Hals des Schweines gebunden, damit sie es so wenigstens treffen konnten. Dann schlugen die Armen nun um so heftiger und mehr als sonst aufeinander los, denn da das Schwein mit der Glocke klingelte, glaubte jeder, es sei dicht bei ihm, und stürzten zuweilen drei oder vier auf einen mit ihren Keulen los und streckten ihn verwundet zu Boden. Endlich wird das Schwein, mehr durch die Hetze als die Hiebe ermüdet, von den Blinden hingestreckt und getötet und so das Spiel geendet[27]."

DER SCHÖNBARTLAUF UND ANDERE FASTNACHTSGEBRÄUCHE DER HANDWERKER

Fastnacht war alles erlaubt, wenn es nur witzig war. Und was sah man nicht alles für Witz damals an, wo, wie Hippel treffend bemerkt, noch nicht jene unnatürliche Mode, die man Tugend nennt, im Schwange war. „Alle wollten an diesem Tage Narren heißen, und jeder trug seine Schelle", sagt Geiler von Kaisersberg, und die obligate Verlarvung sorgte dafür, daß die Schellen zu Sauglocken wurden.

Die Larven, die man umband, nannte man in Nürnberg Schönbart, Scheinbart, Schembart, Schönpart oder Schenbart, und davon trägt eine der interessantesten Lustbarkeiten der Vorzeit ihren Namen. Schönbarten ist gleichbedeutend mit Vermummen, Verlarven, und mit Masken vor den Gesichtern liefen zwei Jahrhunderte hindurch die Schönbärte durch die Straßen der versteinerten deutschen Chronik.

---

[27] Alwin Schultz, Deutsches Leben im XIV. und XV. Jahrh., Wien 1892, S. 278 f.

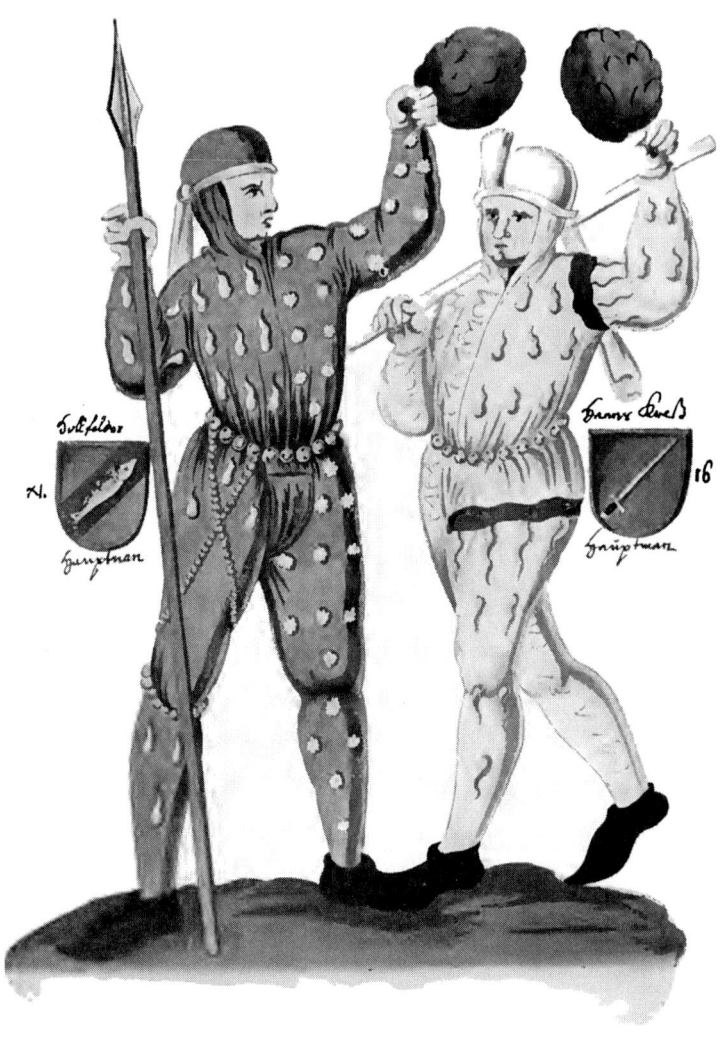

Schönbartläufer
Im Besitze des Herrn Antiquar Martin Breslauer in Berlin

Über den Ursprung dieser Lustbarkeit kündet die Sage: Im Jahre 1349 standen die Zünfte gegen den Rat auf. Sie wollten ihn insgesamt überfallen und töten. Ein Mönch verriet den Anschlag, und dem Rate gelang es, sich aus der Stadt zu flüchten. Die Zünfte setzten einen neuen Rat ein, und der vertriebene blieb mehr als ein Jahr in Haidack, gleichsam in Verbannung. Da erschien Kaiser Karl in Nürnberg. Er setzte den alten Rat wieder ein und ließ die Rädelsführer hinrichten. Die Fleischerzunft und die Messerer hatten treulich zum Magistrat gehalten. Sie erhielten deshalb das Privilegium einer eigenen Fastnachtslustbarkeit, eben des Schönbartlaufens und Tanzens, während alle anderen Vergnügungen untersagt wurden.

Im Jahre 1350 oder 1351 sollen die beiden Gewerke zum ersten Male ihre Tänze abgehalten haben. Geschichtlich nachweisbar sind sie jedoch erst ein Jahrhundert später, und da waren es nicht die Handwerker, sondern die Geschlechter, die sich beim Schönbartlaufen vergnügten. Die Zünfte verkauften nämlich vom Jahre 1457 an in der Regel ihr Recht am Schönbartlaufen an die Patrizier, da ihnen die Ausstattungskosten zu hoch waren. Sie machten allerdings meist das Fest mit, aber nur im Schönbartzuge und nicht als Schönbartläufer. Die Metzger erhielten zuweilen bis zu zwanzig Gulden, eine für damalige Geldverhältnisse recht erhebliche Summe. Die Patrizier zahlten sie gern, denn die Schönbarts-Lustbarkeiten boten die beste Gelegenheit, ordentlich zu protzen, und nichts war ihnen lieber als dies, wenn auch dadurch Anlaß zu Hader und Zwist gegeben wurde.

Dazu kam es im Jahre 1507.

„Dem Herkommen und alten Rechte nach durften nur diejenigen, die vom Rate die Erlaubnis erhalten und von den Metzgern das Recht erkauft hatten, zu Fastnacht vermummt gehen. Aber es hielten sich damals viele reiche Wallonen in der Stadt auf, denen es einfiel, aus eigener Macht Schönbart zu laufen. Einer von ihnen war als

Türkischer Kaiser prächtig gekleidet und hatte seine eigenen reitenden Diener hinter sich, denen 60 Türken, teils in Seide, teils in Goldbrokat gekleidet, mit Säbeln, Spießen und Fahnen bewaffnet, folgten. Es wurden ihm auch einige Pferde nachgeführt, die kostbare Truhen trugen, in denen Ringe, Kleinodien von Gold, Perlen und Edelsteine lagen, etliche tausend Gulden wert. Dieser Zug, wohl hundert Personen stark, versammelte sich vor der Stadt, zog zum Spitaltore hinein und vor das Rathaus, wo der Türkische Kaiser hielt. In der Losungsstube, ließ sich die Gesellschaft die Kleinodien auf schön bedeckten Tafeln auslegen und schenkte sie ihrem Sultan, der sie dem Rate zusendete.

Indessen war der eigentliche privilegierte Schönbart in Stephan Paumgärtners Hause auf dem Markte angelaufen und vernahm, was geschah. Alsobald sendeten die Hauptleute zu den Wallonen und ließen sie fragen: Wer Ihnen die Erlaubnis gegeben habe, sich so zu benehmen? Die stolzen Krämer antworteten: Darüber wären sie nicht schuldig, Rechenschaft zu geben. Sogleich wurde beschlossen, ihre Herzhaftigkeit auf die Probe zu stellen, und der Schönbart rückte gegen sie an. Die Wallonen hielten aber nicht stand, fielen von den Pferden und liefen davon, so gut sie konnten. Doch kamen nicht alle unverletzt und mit heiler Haut davon. Der Rat sendete, um größeres Unglück zu verhüten, Herrn Andreas Tucher ab, der den Aufruhr stillte. Aber nach etlichen Tagen wurden Schönbarts Hauptleute vor den Rat gefordert, hart angelassen und nebst ihrer ganzen Gesellschaft, aus Gnaden, drei Tage lang mit Gefängnis auf dem Turme bestraft[1]."

Die Schönbartzüge waren die geschmackvollsten Schaustellungen, die es in jener Zeit gab, und die enthusiastischen Schilderungen der Augenzeugen sind wohl begreiflich.

„Nach alter deutscher Sitte liefen dem Zuge voraus etliche vermummte Narren, die mit Kolben und Pritschen Platz

---
[1] Vulpius, Curios., 3. Bd., Weimar 1813, S. 237 f.

machten, andere warfen Nüsse unter die Buben aus, und dann kamen welche zu Rosse, die trugen Eier in Körben, die mit Rosenwasser gefüllt waren. Ließen sich nun Frauenzimmer an den Fenstern oder vor den Türen sehen, so wurden sie mit diesen Eiern geworfen. ‚Das hat — sagen die Schönbart-Bücher — gar schön geschmeckt', d. h. geduftet. Dann kamen die Schönbart-Leute selbst mit ihren Hauptleuten, Schutzhaltern und den Musikanten; einer wie der andere gekleidet, so wie für dieses Jahr die Kleidung gewählt worden war. Mitunter lief einer nach eigenem Sinn, als wilder Mann gekleidet, als wildes Weib, als Mensch mit einem Wolfkopf, mit Spiegeln, mit Kastanien etc. behängt, versehen mit angefügten Reimen, z. B.:

> In eines wilden Manns Gestalt ich
> bei dem Schönbart ließ finden mich.

Das wilde Weib:
> Dieweil mein Mann sich macht' auf
> d' Straßen,
> will ich ihm folgen gleichermaßen.

Oder:
> Von Tannenlaub und Spiegeln klar,
> ich auch ein Zier dem Schönbart war.

Zur Kastanien-Kleidung:
> Mein Kleidung was von Kesten ganz,
> Darin ich ziert den Schönbart-Tanz

und dergleichen mehr.

Im Jahr 1523 machte ein Schönbart großes Aufsehen. Der lief in einem Kleide, zusammengesetzt aus Ablaßbriefen mit anhängenden Siegeln, dergleichen er auch in der Hand trug. Die Verse sagten:

> Ich war umhängt mit Ablaß-Brief,
> also ich mit dem Schönbart lief.

Auf den Armen und um den Leib standen die Reime
> Hierinn man find
> mancherlei seltsam Gesind,

die sich haben begeben
in der Fastnacht Leben.
Wer nun solches Alles wissen will,
les' meine Brief, wird finden viel;
wie sich die Fastnachtbrüder gut
gehalten haben bei gutem Muth.

Den Beschluß des Zuges machte meistens eine sogenannte Hölle, nachgezogen von Menschen oder Pferden, auf einer Schleife, eine große Maschine, in der ein Kunstfeuerwerk verborgen war, das vor dem Rathhause als Ende der Lustbarkeit, wenn die Hölle gestürmt wurde, sich entzündete und das Ganze einäscherte.

Die einzelnen Teile dieser sogenannten Hölle zeigten: ein Haus, einen Turm, ein Schloß, ein Schiff, eine Windmühle, einen Drachen, einen Basilisk, ein Krokodil, einen Elefanten mit einem Turm, ein menschliches Ungeheuer, das Kinder fraß, einen Venusberg, einen Teufel, der die bösen Weiber verschluckte, einen Narren-Kram, einen Backofen, in dem Narren gebacken wurden, eine Kanone, aus der man böse Weiber schoß, einen Vogelherd, Narren und Närrinen zu fangen, eine Galeere mit Mönchen und Nonnen, ein Narren-Glücksrad und dergleichen mehr. Zuweilen fuhren Schlitten nach, auf denen Gewappnete saßen, die mit Turnierlanzen gegen einander rannten. Dies hieß man das Gesellenstechen."

Von 1524 bis 1538 unterblieb der Schönbartlauf wegen Kriegs- und anderer Not. 1539 war der Schönbart um so prächtiger. Anführer waren Martin von Ploben, Jakob Muffel und Joachim Tetzel.

Es wurde nicht nur auf dem Rathause ein Gesellentanz mit Stechen gehalten, sondern es begingen auch die Messerer ihren Tanz, der seit sechs Jahren nicht stattgefunden hatte. Aus den Geschlechtern liefen 135 Personen mit. Ihre Kleidung war ganz aus Atlas, mit goldenen Flügeln auf weißen Hüten. Noch andere aus vornehmen Geschlechtern, 49 an der Zahl, liefen in Teufelskleidern. Es

Die Hölle im Schönbartlaufen vom Jahre 1504,
verteidigt von Teufeln und Narren
aus der Sammlung Martin Breslauer, Antiquar, Berlin W

fuhren verschiedene Schlitten mit, und die Platner, eine vornehme Kaufmannsfamilie hielten ein Stechen auf Schlitten.

„Alles dieses würde hingegangen sein, aber die Hölle verderbte die ganze Schönbartslustbarkeit auf immer. Es befand sich damals der berühmte Doctor Andreas Osiander in Diensten der Stadt Nürnberg. Dieser Mann verband mit seiner natürlichen Hitze einen ganz besonderen geistlichen Eifer, auf der Kanzel und in Predigten; wodurch er sich das Volk und den Pöbel zum Feinde machte. Daher suchte sich dieses Mal die Schönbartgesellschaft an ihm zu rächen. Sie machten eine große Hölle, die ein Schiff auf Rädern vorstellte, welche von Rothschmidts- und Messererbuben gezogen wurde; in demselben stund ein feister Pfaff, der ein Bretspiel statt des Buches in der Hand, und einen Doctor und Narren zur Seite hatte; es befanden sich auch allerhand Narren und Teufel darinn."

Der Geistliche war „allermaßen wie Herr Andreas Osiander, er hieß eigentlich Hosemann und war ein echter Eiferer und Geiferer vor dem Herrn —; denn zu der Zeit predigte er vom Amt der Schlüssel und der Absolution so gewaltig, daß er nit jedem Gefallen tat, wurde also des Evangeli fein tapfer gespottet, liefen dem Herrn Osiander vor sein Haus, schossen ihm mit Röhrlein in dasselbe hinein, hätten ihm das Haus gar aufgestoßen, wenn es nicht mit Weinleitern und anderem wär vermacht worden. Hat mir", setzt der Verfasser der Chronik hinzu, „Osiander selbst gesagt. Danach liefen sie enhinder ins Frauenhaus, wie der Leut Art ist. Herr Jacob Muffel wurde auf Ostern aus dem Rat gesetzt[2]." Davon, daß der Rat die Hauptleute des Schönbart mit dem Turm gestraft und wegen der Ausschreitungen den Schönbart abgesetzt habe, wissen die gleichzeitigen amtlichen Quellen nichts.

Der Schönbartlauf war nur in Nürnberg üblich, ebenso wie die Münchener Fleischer zuerst das Privileg des Metzger-

---
[2] Mummenhoff, S. 128 f.

sprunges und die dortigen Schäffler das alleinige Recht des Schäfflertanzes besaßen.

Die Pest zog wieder durch Europa, und in den Jahren 1517 und 1519 wütete sie auch in München sehr arg. Besonders im letzten Jahre war die Sterblichkeit eine große. Furchtbare Mutlosigkeit und starres Entsetzen hatten die Einwohnerschaft ergriffen. — Niemand getraute sich mehr auf die Straßen. Die Stadttore waren nur zu bestimmten Stunden geöffnet, das Zusammenstehen von Menschen in Gruppen von mehr als zwei Personen war vom Magistrate strenge verboten, aller Handel und Verkehr stockte. In diesem allgemeinen Jammer sollen beim Erlöschen der Seuche die wackeren Schäffler die ersten gewesen sein, die gegen diese allgemeine Mutlosigkeit anzukämpfen suchten; mit Trommel- und Pfeifenklang zogen sie aus ihrem Zunfthause und führten auf Straßen und Plätzen ihren Reifentanz auf. Und wie die Sage berichtet, gelang es ihnen auch, die Geister wieder aufzurütteln und lebensfroher zu machen.

Der Schäfflertanz ist aber ohne Zweifel viel älter. Er verdankt sein Entstehen kaum dem von der Sage angeführten Grund. Ähnliche Tänze aus früherer Zeit als dem sechzehnten Jahrhundert finden sich als Zunftgebräuche, an vielen Orten.

Daß die lustigen Schäffler in jenen traurigen Zeiten vielleicht als die ersten zu dem Entschlusse kamen, der allgemeinen Traurigkeit durch lustige altbekannte Tänze zu trotzen, wird wohl das Richtige sein.

Und so wie damals zogen sie noch Jahrhunderte hernach kraft eines kaiserlichen Privilegiums vor die Häuser angesehener Bürger und ihrer Hauptkunden, um dort den charakteristischen Reifentanz, „großer Achter" genannt, unter origineller Musikbegleitung, die sich seit Jahrhunderten erhalten hat, aufzuführen. Zum Schlusse, nach dem „Reifenschwingen", trank dann der erste Reifenschwinger das Wohl des Gefeierten aus einem kleinen Glas.

Böttchertanz in Nürnberg
nach dem Hamburger Schönbartbuch aus dem 16. Jahrhundert

Früher war dabei noch eine komische Figur, die sogenannte „Gretel in der Butten", zu sehen, über die Mayen erzählt: Diese war ein Lustigmacher, der ein „ausgestopftes" altes Weib in einer Butte auf dem Rücken trug und eine lange Wurst in der Hand hielt, die er den Buben um das Maul schlug. Hierbei wurde nachstehendes Lied mit Trommel- und Pfeifenbegleitung gesungen:

> Gretel in der Butten,
> > Wie viel gibst du Oa (Eier)?
> Um a'n Batzen achte,
> Um a'n Kreuzer zwoa.
> Gibst du mir nöt mehra,
> > Als um a'n Kreuzer zwoa,
> So b'halt du no dein Butten
> > Und alle deine Oa.

„Gretel in der Butten" soll der Sage nach daher rühren, daß nach überstandener Pest ein Bauernweib mit Eiern in ihrer Butte sich zuerst in die halb entvölkerte Stadt hineinwagte. Im Jahre 1802 befand sich die „Gretel in der Butten" zum letzten Male beim Schäfflertanze.

Der letzte Schäfflertanz in München fand 1900 statt. Der Reiftanz der Halleiner Küfer, fast gleich mit dem Schäfflertanz, war nur bis zum Ende des achtzehnten Jahrhunderts in Übung[3].

Wie lange wird sich wohl der Münchener Schäfflertanz halten? Sein Gegenstück, der Metzgersprung, ist 1898 das letztemal aufgeführt worden. Er war eine spezielle Zunftfeier der Metzgerinnung, die alljährlich anläßlich des Freisprechens der Lehrlinge am Fastnachtsmontag stattfand. Es heißt darüber:

Vierzehn Tage vorher versammelten sich die Gesellen und Lehrlinge des ehrsamen Handwerks auf ihrer Herberge im Kreuzbräu zum sogenannten Büscheltanz und verabredeten mit den Meistern, was in bezug auf das bevor-

---

[3] Karl Adrian, Salzburger Volksspiele, Aufzüge und Tänze, Salzburg 1908, S. 147 f.

stehende Fest zu geschehen, wer beim feierlichen Umzuge Kanne und Becher zu tragen habe. Die Auserwählten hießen für diese Zeit „die Hochzeiter" und hatten Kanne und Becher mit Blumen, Bändern und goldenen und silbernen Schnüren und Quasten zu zieren. Am Festmorgen selber kamen alle Gesellen im Feiertagskleid, mit einem blauen Mantel darüber und frischen Blumen am Hut und im Knopfloch, auf der Herberge zusammen. Dann hob man einige Meistersöhnchen in scharlachroten altfränkischen Röcken und Westen, schwarzsamtenen Beinkleidern und grünen Hütchen auf wohlgenährte, mit Blumen und Bändern stattlich herausgeputzte Rosse, für die die Königliche Sattelkammer reiche Samtsättel abgab. Die Lehrlinge, die den Sprung zu machen hatten, in roten Jacken und weißen Schürzen, schwangen sich auch auf ihre Pferde, und nun ging der Zug zu den „Hochzeitern", von da zum Altgesellen und darauf zur Peterskirche, in der für das Handwerk eine Messe gelesen wurde. Die Kannen- und Willkommsträger und der die Freisprechung vornehmende Altgeselle trugen silberbordierte Röcke, ebensolche dreieckige Hüte und Degen.

Von der Kirche weg begab sich der Zug in die Residenz, brachte dort die Huldigung des ehrsamen Handwerks dar und kehrte dann auf die Herberge zurück. Mittags erschienen die Lehrlinge, nun vom Fuß bis zum Kopf weiß gekleidet und mit Kälberschwänzen behangen, unter Anführung des Altgesellen am Fischbrunnen. Nachdem sie das Becken des Brunnens erstiegen und dreimal umwandelt, brachte der Altgeselle eine Reihe von Gesundheiten aus und vollzog die Freisprechung mit folgenden Versen:

Altgeselle:
Woher kommst du, aus welchem Land?

Lehrling:
Allhier bin ich gar wohlbekannt.
Allhier hab' ich das Metzgerhandwerk aufrichtig
              und redlich gelernt,

Ebendarum will ich auch ein rechtschaffener
Metzgerknecht wer'n.
Altgeselle:
Ja, ja, allhier hast du das Metzgerhandwerk
aufrichtig und redlich gelernt,
Sollst auch ein rechtschaffener Metzgerknecht wer'n.
Du sollst aber getauft wer'n zu dieser Frist,
Weil du gern Fleisch, Bratwurst und Bratel ißt.
Sag' mir deinen Namen und Stammen,
So will ich dich taufen in Gottes Namen.
Lehrling:
Mit Namen und Stammen heiß ich N. N. in allen
Ehren,
Das Taufen kann mir niemand wehren.
Altgeselle:
Nein, nein, das Taufen kann dir niemand wehr'n.
Aber dein Namen und Stammen muß verändert wer'n;
Du sollst hinfüro heißen Johann Georg Gut,
Der viel verdient und wenig vertut.

Während des Spruches schlug der Altgeselle die Lehrlinge öfter mit der flachen Hand zwischen die Schultern, um sie daran zu erinnern, daß es im Leben manchen Schlag und Puff absetze. Darauf sprangen die nunmehrigen Gesellen in den Brunnen, warfen Nüsse und Äpfel unter die umstehenden Zuschauer und begossen die sich darum Balgenden tüchtig mit Wasser. Dann schwangen sie sich neuerlich auf den Brunnenrand und erhielten reine Servietten um den Hals gebunden und von einem der kleinen Meistersöhnchen breite rote Bänder mit Talern umgehängt.

In alter Zeit hatten neben den Schäfflern und Metzgern auch noch die Schmiede- und Schlossergesellen am Tage Johannes des Täufers ein eigenes Zunftfest, das „Jackelschutzen", von dem aber nur sehr wenig bekannt ist[4].

---

[4] Ferdinand Kronegg, Illustr. Geschichte der Stadt München, München 1903, S. 492 ff.

Salzburg kannte gleichfalls den Metzgersprung. H. F. Wagner berichtet darüber in „Volksschauspiel in Salzburg": „Am Aschermittwoch wurden in Salzburg die Metzgerknechte mit Pfeifen und Trommeln aus ihrer Herberge abgeholt; ein Knecht ritt mit der wehenden Metzgerfahne voran und dem Zuge folgten Schalksnarren, Mägde und Jungen. Auf dem Marktplatz nahm jeder Knecht einen Trunk süßen Weins und sprang dann in den Brunnen, die Fastnacht abzuwaschen."

Der Tag des Metzgersprunges wurde wiederholt verlegt, bis schließlich der Faschingsmontag festgehalten wurde.

Unter rauschender Musik, in Begleitung der Hanswürste zogen an dem genannten Tage die Gewerke zum schönen Florian- oder Marktbrunnen, dessen prächtige Gitter an diesem Tage abgenommen worden war. Im Zuge ritt der Träger des Trinkhorns auf einem roten Balken, den zwei stämmige Burschen auf den Achseln trugen. Wie oft mag er das Gleichgewicht verloren haben!

Aber auch andere Missetäter wurden auf diese umständliche Weise zum Brunnen gebracht. Auf einer Zeichnung im Salzburger Museum ist zu sehen, wie: „ein Metzgerknecht am Fastnacht-Montag zum Marktbrunnen getragen wurde, wo er wegen sogenannten Brauch wegen der beim Handwerk begangenen Fehler etliche male in den Brunnen springen mußte."

Zu Beginn des neunzehnten Jahrhunderts scheint der Salzburger Metzgersprung aufgehört zu haben, um dieselbe Zeit auch der Halleiner auf dem Richterplatz.

SCHWEIZER NARREN- UND AFFENRÄTE

„Es ist noch nicht lange her," schreibt Eduard Osenbrüggen 1868[1], „daß in Appenzell am Tage nach einer Landgemeinde im Freien ein Narrenrat gehalten wurde, der den Landrat parodierte. Privatleute übernahmen scherz-

---

[1] Studien zur deutschen und schweizerischen Rechtsgeschichte, Schaffhausen 1868, S. 407.

weise die Funktionen und Titulaturen der Beamten. Sie berieten und entschieden Prozesse nicht nach juristischen Gesichtspunkten, sondern waren nur bemüht, recht und gerecht zu urteilen, alles zwar in komischen Formen, aber doch war das ‚ridendo dicere verum' nicht zu verkennen, und Urteilssprüche dieses Tribunals sollen nicht selten in wirklichen Streitfällen als rechtsgültig anerkannt worden sein, weil sie das Rechte trafen."

In dieselbe Kategorie gehörte der „großmächtige Rat" von Zug. Er fand sich vor der Mitte des vierzehnten Jahrhunderts und währte bis 1798. Dieser lustige Geselligkeitsverein übte auch eine Art sittenrichterliche Gewalt aus. Alljährlich am Donnerstag vor Fastnacht, dem sogenannten „schmutzigen Donnerstag", wählte er auf dem Gerichtsplatz unter der großen Linde den „frommen ehrlichen" Schultheiß und seine Beamten, die seltsame Namen führten: der Isengrind, das Hühnerbrett, der Idensprieß, das Leiterli und ähnliche mehr. Der Schultheiß hatte auch Einkünfte. Jeder, der in seinem Amtsjahr eine Frau mit einer Mitgift von 200 Pfund freite, hatte ihm eine Hose, wer weniger durch die Frau bekam, ein Paar Schuhe zu verehren. An Festtagen zogen die Mitglieder
    In die Häuser frei,
    zu ersuchen, was kochet sei.
Aber wenn Untreue oder Unzucht zu rügen waren, dann wurden Strafen neckender oder beschämender Art verhängt.

In dem vormaligen Luzern wählten die jungen Bürger am St. Johannistag aus der Gemeinde einen Amtsmann, der etwas Spottwürdiges begangen hatte. Dieser amtierte bei dem Umzug, bei Mahlzeiten und in Zunftgesellschaften und wurde wie ein Ratsherr behandelt. Die Stadt beschenkte ihn mit einem Rock, jeder Bürger, der sich verheiratete, gewöhnlich mit einer Hose[2].

―――――
[3] Simlers Regiment der loblichen Eydgenossenschaft. Zürich 1722, S. 512.

Eine ähnliche Gesellschaft übte in Graubünden, besonders in Domleschg, sittenrichterliche Gerichtsbarkeit in grotesk-komischer Weise aus.

„Die sämtlichen ledigen Mannspersonen eines Dorfes von zwölf Jahren an und darunter treten in eine gewisse Gesellschaft, welche sie die Knabenschaft nennen. Jeder muß sich mit einigen Maßen Wein in die Gesellschaft einkaufen. Diese wachen über ihre eigenen und der Mädchen Sitten; sie erlauben Fremden bei Nachtzeit keinen Zutritt, es wäre denn, daß man redliche Absichten auf die Mädchen hätte und sich die Erlaubnis, sie zu besuchen, von ihnen mit ein paar Quart Wein erkaufte. Sie verspotten und verhöhnen mit entsetzlichem Geschrei und Geschelte Eheleute, die sich zanken oder schlagen, oder auch alte Witwer und Witwen, die auf Aventüren ausgehen. Erwischen sie jemand zur Unzeit an einem verdächtigen Orte bei einem Mädchen, so schleifen sie ihn zum Brunnen und kühlen ihn mit dreimaligem Eintauchen ab; öfters verüben sie aber auch aus bloßer particularer Feindschaft die größten Bubenstücke und entgehen gemeiniglich der Strafe. Sie erwählen ein sogenanntes Knabengericht, welches eine Nachäffung der gewöhnlichen Obrigkeit ist, setzen einen Landvogt und halten Gerichtstag. Sonderbar aber ist es, daß sich ein jeder Richter auch ein Mädchen wählt, das mit zu Gericht sitzt und Anteil am sittenrichterlichen Amt hat. Es ist fast unglaublich, wie eingezogen, still, arbeitsam, reinlich und fromm sich diese Mädchen aufführen, denn ihr Herz-Liebster muß für ihre Vergehungen wider die Gesetze die doppelte Strafe erlegen. Ihr Gesetzbuch ist zum Teil vortrefflich, enthält aber auch viel Albernes. Da sie kein eigenes Gerichtshaus haben, so verlegen sie ihre Sitzungen in die Häuser der Reichen und Vornehmen, welche das Vermögen haben, sie anzuhören und — sie zu bewirten. Heiratet ein Mädchen, so versammelt sich die Knabenschaft in Ober- und Untergewehr, zieht vor das Hochzeitshaus, gibt eine dreimalige Salve und erhält dafür eins zu trinken. Gibt es Spielleute im Dorfe, so wird getanzt, und um Mitternacht erfolgt eine Serenade und öfters singt ein Witzling ein Sonett aus dem Stegreif. Ist man unzufrieden, so rauet und mauet und kreischt man, daß einem die Ohren gellen. Wenn Hochzeitsleute zur Ersparung der Unkosten sich an einem anderen Orte kopulieren lassen, oder man sonst weiß, daß selbst aus entfernten Orten Brautleute durch ein Dorf passieren, so ziehen die Knaben eine Schnur und lassen sie ohne ein gutes Trinkgeld nicht durch. Fast jedes Dorf hat seinen oder mehrere Dichter. Fällt etwas Lächerliches oder Seltsames vor, gleich wird ein Spottlied verfertigt und abgesungen, und gemeiniglich folgt eine Antwort darauf, die eine Gegenantwort erfordert. Besitzt das Dorf einen beißenden Dichter, so glaubt es sich reich genug[3]."

DAS PERCHTENLAUFEN

Der Volksglaube der Gegenwart bewahrt noch viele Züge aus der altgermanischen Vorzeit. Sogar eine germanische Gottheit haben das Märchen, die Sage und der Aberglaube mehr als ein Jahrtausend hindurch in treuem Andenken gehalten, nämlich Frau Holda, auch Holle benannt[1].

In den meisten deutschen Gebieten[2] kennt und liebt das Volk die lohnende oder strafende Fee, die Kinderspenderin, die Brunnennymphe, die Schützerin des Hausfleißes. Als Frau Bertha oder Berchta wurde sie zur Schicksalskünderin der Mächtigen, die als weiße Frau in den alten Schlössern ihr Wesen treibt. Nirgends aber ist das Andenken an Holda so frisch geblieben wie in der salzburgischen Volksüberlieferung.

Dort tritt die ehemalige Göttin Freya, wenn auch jetzt anders benannt, als steinaltes Mütterlein mit glänzenden

---
[2] Lehmann, Patriotisches Magazin von und für Bündten, Bern 1790, S. 239. — [1] Grimm, Mythologie, IV. Ausg., Güterloh, 1. Bd., S. 221 f. — [2] Felix Liebrecht, Zur Volkskunde, Heilbronn 1879, S. 512.

Augen, langer Adlernase und wirren, aschgrauen Haarsträhnen auf. An dem zerlumpten Kittel klingelt ein mächtiges Schlüsselbund.

Frau Bercht, Percht oder Perchta streut in den Winterstürmen, mit den Flocken aus ihren Kissen, Segen für das kommende Jahr aus. Sie tritt an Kreuzwegen dem einsamen Wanderer entgegen, stellt ihm in geheimnisvoller Weise die Entscheidung über sein Glück oder seinen Tod anheim. Bald guter Geist, bald Dämon, übt sie hier Wohltaten aus, belohnt die Fleißigen, Guten, dort stiftet sie boshaft Unheil.

Der Glaube an Berchta ist über das ganze Gebiet der Ostalpen verbreitet, dann im benachbarten Bayern bis an die Donau. Und überall hat dieser Perchtamythus eigenartige Sitten gezeitigt. Den Perchtgang in Bayern, das Perchtjagen in Kärnten, den Perchtenlauf und Perchtentanz im Salzburgischen. Die reichste Ausbeute an Grotesk-Komik liefern die beiden zuletzt genannten Bräuche.

Einer der großartigsten Perchtenläufe fand im Jahre 1892 in St. Johann im Pongau statt, nachdem sich dort fünfundzwanzig Jahre hindurch kein Percht gezeigt hatte.

Die Hauptpersonen des Umzuges sind die Perchten, die „Schönperchten" und die „schiachen" (häßlichen) Perchten.

„An dem Perchtenlaufen im Februar 1892 beteiligten sich ungefähr zwanzig schöne und über hundert schiache Perchten[3].

Der Typus der Pongauer Perchten ist die Tafelpercht, eine Schönpercht. Der als Perchtenläufer kostümierte Bauernbursche trägt die ortsübliche Tracht, bestehend aus dem kurzen, dunkelgrünen Lodenrock, der schwarzledernen, mit grüner Seidenstickerei verzierten Kniehose, den schweren Bergschuhen, dem weißen Hemd mit rotem Halstuch nebst dem kielfedergestickten Ledergürtel. Hohe weiße Strümpfe und eine ebensolche Schürze, von der ein Zipfel an der

---

[3] Karl Adrian, Salzburger Volksspiele, Aufzüge und Tänze, Salzburg 1908, S. 53 f.

Ein Perchtentänzer
Nach einer Kostümfigur im Salzburger Carolino-Augusteum

rechten Hüfte in den Gürtel gesteckt wird, vervollständigen den Anzug. Auf dem Kopfe hält er den sonderbarsten Kopfschmuck, der wohl je erdacht wurde. Es ist dies die Perchtenhaube oder auch Perchtenkappe.

Sie besteht aus einer hohen Bischofsmütze, aus der ein nahezu zwei Mannshöhen messendes Holzgestell emporragt. Auf diesem sind zwei quadratförmige Bretter, jedes auf eine der Ecken gestellt, übereinander angebracht. Eine hinten durchlaufende Eisenstange sichert die Verbindung und dient, passend hergerichtet, in ihrem unteren Teile als das auf den Schultern des Perchtenläufers ruhende Traggestell der Perchtenkappe. Die Vorderseite der beiden Bretter ist mit scharlachrotem Tuch überzogen und mit allerlei Silber- und Goldschmuck aufs reichste verziert, der auf jedem der beiden Teile symmetrisch um den in der Mitte befestigten Spiegel gruppiert ist.

Eine ganze Sammlung von Taschenuhren, mit den dazugehörigen Ketten, reichgegliederte, vielgängige Frauenhalsketten mit großen Schließen, silberplattierte Blätter, Metall- und Stoffblumen, sowie aus Silberdraht gestickte Rosetten, erhöhen nicht nur die Pracht der Kappe, sondern bilden auch die Freude und den Stolz des Perchtenläufers und führen zugleich seinen Reichtum den Zuschauern vor Augen. Die oberste Spitze der Perchtenkappe erhält allerlei passende Abschlüsse, wie Sterne, Spitzen, Adler, Kronen usw.

In ähnlicher Weise wie die beiden Bretter ist auch der Kopfteil der Perchtkappe mit Silberschmuck verziert. Grellfarbige Seidentücher an den Verbindungsstellen zu ihrer Verkleidung, ebenso grellfarbige, flatternde Bandbüschel an den Kanten beleben das höchst eigentümliche Gesamtbild. Die Rückseite der beiden Quadrate ist mit Leinwand überspannt, auf der in plumper Weise von einem ländlichen Maler die Almauffahrt dargestellt ist. Hoch oben an der Grenze des ewigen Schnees weidet eine Schafherde, ihr folgen auf dem aus der untersten Ecke in Schlangenlinien aufwärts ziehenden Weg die Rinder und schließlich die Pferde des Bauern, während dieser mit der Bäuerin seinem wandernden Reichtum vergnügt nachsieht.

Es ist erklärlich, daß die „Schönperchten" nur von reichen Bauern dargestellt werden können, denn der Gesamtwert des zum Putze der Perchtenkappe verwendeten Schmuckes stellt sich in manchen Fällen auf 600, selbst auf 1000 Kronen.

Jede Schönpercht wird von einem als Mädchen verkleideten Burschen — der G'sellin — begleitet. Die Verkleidung dieser letzteren wird von den Burschen so gelungen durchgeführt, daß die Betreffenden oft selbst von ihren Verwandten nicht erkannt werden. Die G'sellin ist in der landesüblichen Mädchentracht und benimmt sich in der Tat so sehr wie eine ländliche Schöne, daß in ihr niemand einen übermütigen Bauernburschen vermuten würde. Die G'sellin trägt ebensowenig wie die Schönpercht eine Maske vor dem Gesicht."

Als Zugsleiter fungiert ein Hanswurst. Sein Unterleib steckt in dem Körper eines Pferdes aus bemalter Pappe. In der einen Hand schwingt er einen mit Sand gefüllten Kuhschweif, den er zum Auseinanderjagen der Zuseher verwendet, in der anderen hält er einen Schellenkranz. Dem Narren folgt der Vorteufel in Festgewand und Hörnermaske.

Hinter diesem kommt die schönste, reichstgeschmückte Schönperchte mit der G'sellin. An diese schließt sich die erste der schiachen Perchten.

Sie ist ebenfalls eine Tafelpercht wie die Schönpercht, doch ist ihr Kopfputz mit alten Lumpen, toten Vögeln, Mäusen, Fledermäusen und ähnlichen Abscheulichkeiten behängt.

Nach den Schön- und schiachen Perchten wimmelt dann das übrige Volk der Perchten einher, gekleidet als Jäger, Bärentreiber, Zigeuner, Wildschützen, Teufel, Ungeheuer, Soldaten, Narren, Bauern und in vielen anderen Charaktermasken mehr.

Sie alle sind mit Juxgegenständen versehen. Mit meterlangen Holzscheren greifen sie nach den Kopfbedeckungen der Zuschauer. Sie tragen Pritschen, Stangen, Stöcke, selbst Schleiferkarren, Spinnräder, Radelböcke und selbstverständlich fürchterliche Lärminstrumente, selbst größere Glocken auf eigens hierzu erbauten Gestellen.

Stockt der Zug, dann treten die Tafelperchten zu einem Tanze an, der aber infolge des Gewichtes ihres Schmuckes nur langsame, gravitätische Schritte aufweist, während die schiachen Perchten alle möglichen Tollheiten ausführen und lustig in üblicher Weise das Tanzbein schwingen, wenn die Musik die Ländler aufspielt.

Von diesen Pongauer Perchten unterscheiden sich die Pinzgauer ganz wesentlich. Kürsinger beschrieb sie im Jahre 1841:

„Sie sind vorzüglich wegen ihres eigentümlichen Anzuges und ihres Tanzes, ‚Trestern' genannt, berühmt. Gewöhnlich sind es 12 bis höchstens 18 Perchten, darunter 6—10 schöne, die allein den Tanz ausführen. Die andern sind abschreckende Masken, sie dienen nur zum Gelächter der Zuschauer und haben den Zweck, die Umstehenden auseinander zu halten, damit der Tanzplatz leer bleibe. Unter den letzten ist oft ein Narr, eine Närrin mit einem in Lumpen eingewickelten hölzernen Kinde, ein Kaminkehrer, um die Leute, vorzüglich die Weibspersonen, zu schwärzen, ein Gassenkehrer, der den Tanzplatz auskehrt, ein Teufel und öfters auch ein Einsiedler. Die Kleider der schönen und eigentlichen Perchten bestehend aus enganliegenden, buntfarbigen, meistens aus rotscheckigem Stoffe bestehenden kurzen Hosen, die mit Goldtressen oder Borten geschmückt sind, weißen Strümpfen, welche wieder mit roten, grünen und blauen Seidenbändern verziert sind und leichten Schuhen. Der kurze Rock, Spenser, ist ebenfalls enganliegend, von rotgeblumtem Stoff mit aufgenähten Goldborten. Die Hauptzierde dieser Perchten ist ein rundes Strohhütchen, hierzulande unter dem Namen ‚Geinzl' bekannt, das mit Seidenzeug überzogen ist; darauf sind weiße, lange Hahnenfedern, rechts und links sichelförmig aufgesteckt; vom Hute hängen herab rundherum über Gesicht und Nacken ellenlange, breite Seitenbänder von bunten Farben, die das Gesicht statt der Maske verdecken.

Um die Mitte haben sie einen Ledergürtel, an dem auf dem Rücken des Trägers eine Metallglocke hängt, oft 4 bis 6 Kilogramm schwer, hier „Zinngießer" genannt, die auf dem Wege geläutet wird, so daß oft 6 bis 10 solche Glocken zusammen schallen und schon von weitem, oft mehr als eine halbe Stunde, gehört werden. Diese Glocken werden während des Tanzes abgenommen. Kommen nun die Perchten zu einem Hause, wo sie schon früher eingeladen und angemeldet worden, so hüpfen zuerst die schiachen Perchten hinein, kehren aus und treiben verschiedene Possen, bis alles ruhig wird. Ist der Tanzplatz geräumt, so springt die Vorpercht, der Anführer, meist der Beste unter ihnen, hinein, macht einige hohe Luftsprünge, trestert den ganzen Platz vorwärts und rückwärts, worauf sie den anderen Perchten ein Zeichen gibt, die nun alle hineinspringen und den Tanz, das Trestern, beginnen. Dieses Trestern geht ganz nach dem Takt und auf das Tempo der Vorpercht. Sie drehen sich alle auf einen Schlag um, knien dann wieder mitten unter dem Trestern auf ein Knie und hüpfen dann hoch auf.

Ist dieser Trestertanz vorüber, so macht die Vorpercht einen kleinen Juchezer und dann bläst ein Klarinettist einige Tänze im Dreivierteltakt im langsamen Tempo nach folgender Weise:

wozu nun die Perchten trestern, schuhplattln und ihren Tanz vollenden. Hernach führt sie der Hauswirt in ein

Zimmer, wo er sie mit Bier, Branntwein und wohl öfters mit einem Essen bewirtet.

Die Zeit, in welcher die Perchten laufen, ist vom heiligen Dreikönig an bis Fasching-Dienstag."

So wird der Perchtentanz mit kleinen Abweichungen auch jetzt noch ausgeführt. Nur die alten Masken aus Linden- oder Zirbelholz verschwinden leider immer mehr, und mit ihnen ein Stück Volkskunst, das Anlaß zu hochinteressanten Parallelen gab.

„Die große Ähnlichkeit dieser Masken in Form und Auffassung mit den Tanz-, Beschwörungs- und Teufellarven verschiedener Völker verleiht ihnen nicht bloß eine österreichische oder mitteleuropäische volkskundliche Bedeutung, sondern stellt sie in eine Linie mit jenen Erzeugnissen, in welchen sich allerorts der Menschengeist in gleicher Weise offenbart; sie bilden daher ein unentbehrliches Glied in der Gesamtheit der Gesichtsvermummungen, wie sie bei allen Völkern des Erdballs geübt werden", sagt Dr. Heins.[4]

RIESENWÜRSTE

In den Trinkstuben der Zechen, Gilden und Zünfte, wo sonst ernste Beratungen über das Handwerk gepflogen wurden, entfaltete sich zu Fastnacht reges Treiben. Die Meister und Meistersöhne vergnügten sich mit Frauen und Töchtern bei Tanz und Trunk. Und wurden die Räume zu eng für die überschäumende Freude, dann zogen die Tänzer nach dem Platz vor der Kirche oder vor das Rathaus. Durch die winkligen, schmalen Gassen eilte die ausgelassene Jugend, lachend, schwatzend, glühend trotz der Winterkälte, indes die ehrsamen Meister und gestrengen Meisterinnen kopfschüttelnd, doch ein verstohlenes Lächeln um die mahnenden Lippen, folgten. Genossen fanden sich auf der Straße in Fülle, und das helle Jauchzen und die Musik lockten immer neue herbei. Die Maske verwischte die sonst so ängstlich aufrecht erhaltenen Rangunterschiede. Der Lustige, Witzige

---

[4] Zeitschrift des Vereins für deutsche Volkskunde, Berlin.

hatte heute mehr Geltung als der Reiche und Ahnenstolze. So wurde Fastnacht zu einem Volksfest, dessen Beginn schon auf den Morgen des Fastnachttages verlegt wurde, um ihn voll und ganz auszukosten.

Den Handwerkern genügte es bald nicht mehr, sich als Hauptakteure am Fastnachtstage in Verkleidungen zu zeigen, sie wollten auch durch groteske Erzeugnisse ihres Gewerbefleißes die Aufmerksamkeit und Bewunderung ihrer Mitbürger erregen und nicht zum wenigsten durch ihren Wohlstand imponieren. Das war immer doppelte Freude, wenn man mit seiner Freude noch einen anderen ärgern konnte.

Diesem löblichen Bestreben danken die Riesenwürste ihr Entstehen, jene Monstra, unter deren Last die Metzgerknechte keuchten.

Einer solchen Bratwurst gedenkt Wagenseil. Sie wurde 1583 von den Fleischern der Stadt Königsberg gestopft. Das Ungetüm wog 434 Pfund. Es enthielt unter anderen Zutaten sechsunddreißig Schweineschinken. Einundneunzig Fleischerknechte schleppten auf hölzernen Gabeln die Wurst unter fröhlichem Gesang durch die Straßen.

Achtzehn Jahre später entsprang dem schlachterischen Ehrgeiz eine noch größere Wurst. Sie maß 1005 Ellen und wog beinahe 900 Pfund, so daß hundertdrei Knechte an ihr zu tragen hatten; neben einundachtzig geräucherten Schinken barg ihr Inhalt $18^{1}/_{2}$ Pfund Pfeffer. Am Neujahrstage des Jahres 1601 verspeisten ihre Verfertiger diesen Giganten in Gesellschaft der Bäcker Königsbergs. Diese hatten sich nicht lumpen lassen und aus zwölf Scheffeln Weizenmehl gebackene acht große Strietzel beigesteuert, jeder fünf Ellen lang, dann noch sechs große Brezel. Auch diese Monstrositäten waren erst in feierlichem Aufzug den Einwohnern Königsbergs vor Augen gebracht worden. Diese seltsame Begebenheit hat einen Poeten mit großer Allongeperücke zu einem lateinischen Heldenepos begeistert, das unter dem Titel gedruckt wurde: Historia de Botulo, mille et quinque ulnas longo, qui Calend. Januar a Lamis: nec non de Panibus octo (quos Struetzlas vocant) longis quinque ulnas qui 6. Januar a Pistoribus circumfevebantur Regiomont. Borussiae, Anno 1601. Carmine heroico comprehensa a Josua Neigshorn.

Nürnberg war gleichfalls so glücklich, seine Wurstungetüme aufzuweisen, nicht aber solche Sänger auf diese.

1614 trugen zwölf Knechte der Nürnberger Schweinemetzger unter dem Klange von Schalmeien und Sackpfeifen eine Wurst mit guter Bratwurstfüllung in einer Länge von 493 Ellen. Sie hätten sie gern auf 500 Ellen gebracht, aber es zerriß ihnen leider das Gedärm. Fünf Meister hatten sie angefertigt, und es waren darauf gegangen 183 Pfund gutes Schweinefleisch und Speck und zwanzig Pfund ganzer Pfeffer. Mit Rosmarin und Kränzen belegt und geziert, hing sie an einer langen, in den Stadtfarben angestrichenen Stange, die in der Mitte mit zwei Eisen zusammengefaßt war, damit sie sich bei der Wendung von einer Gasse in die andere und auch sonst biegen konnte. Unten an der Stange waren in der Quere zwei Träger angebracht, und diese wurden von den Knechten auf die Schultern genommen. Vorauf gingen Spielleute, die wacker musizierten. In allen Gassen war großer Zulauf und Gedränge von Manns- und Weibsleuten, von jung und alt, von groß und klein. Jedermann wollte die große und lange Wurst sehen, wie denn in Wahrheit diese Wurst, als von jungen Leuten erdacht und gemacht, „wohl zu sehen gewest".

Noch am Aschermittwochsabend wurde sie zerschnitten und den Herren Eltern — dem obersten (geheimen) Rat der Stadt — und anderen Herren des Rats, auch Freunden und Bekannten einige Ellen verehrt, die übrigen Trümmer aber beim Tanz, den die Metzger beim Wirtshaus zur blauen Flasche am Kohlenmarkt hielten, in Fröhlichkeit miteinander verzehrt und damit gute Fastnacht gehalten [1].

Die Nürnberger Stadtbibliothek bewahrt das hier wieder-

[1] Ernst Mummenhoff, Der Handwerker in der deutschen Vergangenheit, Leipzig 1901, S. 129 ff.

gegebene Bild einer Wurst von 658 Ellen Länge und 514 Pfund Gewicht, die am 8. Februar 1658 das Staunen der Nürnberger erregte.

Wie Königsberg und Nürnberg übten auch noch andere Städte, so Zittau und Wien, die Sitte des Wursttragens.

GROTESKKOMISCHE FASTNACHTGEBRÄUCHE IN DER DEUTSCHEN SCHWEIZ

Die dörflichen Lustbarkeiten setzten im Oberland um Zürich schon vor Weihnachten ein.

Am Abend vor dem Christfest war die „Chrungelinacht". Diese Chrungeli waren häßlich maskierte Burschen. Die ältesten und verlumpetsten Kleidungsstücke wurden angezogen, „Vilibeicher", d. h. Bienenkörbe, wurden als Höcker unter die Röcke geschoben, Kissen vor den Leib gebunden. Alle möglichen Kopfbedeckungen, Tellerkappen, Strohzylinder, alte Tschakos, ausgestopfte Zipfelmützen aufgestülpt. Die Hauptsache war, „recht wüst" auszusehen.

Das Chrungeli war eine Art Narrengericht und hatte sittenpolizeiliche Bedeutung. Hatte sich im verflossenen Jahr jemand in sittlicher Beziehung oder sonstwie vergangen, so kamen die Chrungelenen als Nemesis vor das betreffende Haus. Trafen sie eine der proskribierten Personen auf der Straße, dann wurde öffentlich Gericht gehalten. Diese Gerichtssitzungen, von maskierten Anklägern und Richtern abgehalten, verliefen für die Betroffenen oft gar nicht harmlos. In jedem Fall war es eine große Schande und noch lange wurde mit Fingern auf sie gedeutet: „D' Chrungelenen waren bei ihm — oder ihr!"

Diesem ernsten Auftakt folgte das weit lustigere und harmlosere Fastnachttreiben.

„Die Fastnacht wird im züricherischen Oberlande acht Tage nach der im Kalender verzeichneten Herrenfastnacht gefeiert. Indessen waren es der Samstagabend und der Montagabend dieser letzteren, wo Knaben und Meitli von 16 bis 25 Jahren sich besonders belustigten. Am ersten

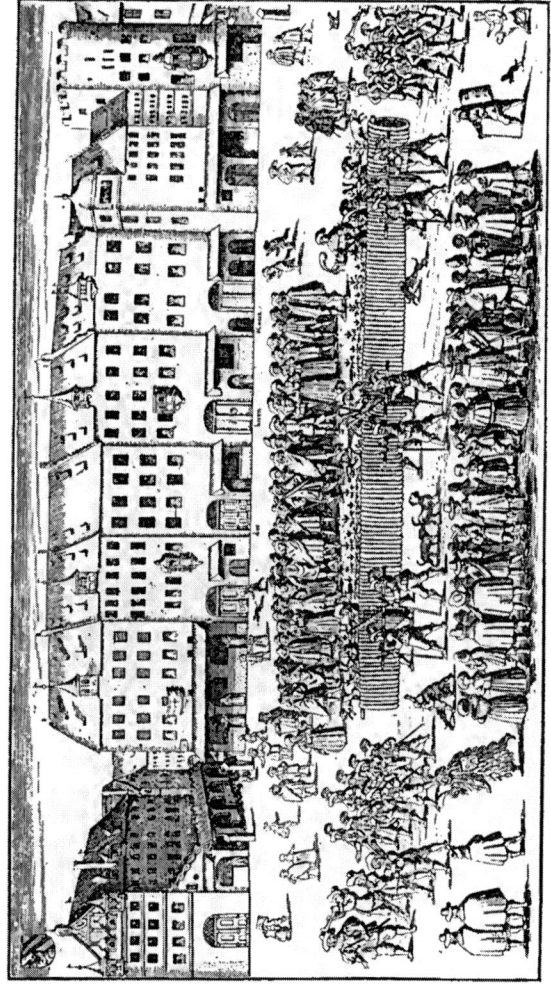

Lukas Schnitzer: Umzug der Großen Wurst in Nürnberg im Jahre 1658

Sonntag war es Aufgabe der Mädchen, die Knaben ins Haus hinein zu jagen, am zweiten Tage trieben die Knaben die Mädchen heim. Sobald an diesem Abend sich jemand zeigte, wurde er angepackt und heimgeleitet. Das ging in der Regel bis nachts 11 Uhr. Es waren fröhliche Nächte! Diese Art Vergnügen ging erst Ende der 40er Jahre verloren. Sie waren die Einleitung der Fastnachtsfreuden.

Mit dem folgenden Dienstag, dem „Schübligzistig", ging die „Böggerei" los.

Schon am Vormittag versammelte der Lehrer seine Schüler zum „Bogenspringen", d. h. die Schüler wurden je zu zweien aufgestellt, die dann auf ein gestecktes Ziel springen mußten. Am Ziel angelangt, bekam jeder Schüler vom Lehrer als Geschenk einen Bogen weißes Schreibpapier; wer zuerst ankam, erhielt zwei Bogen. So ging es je zu zweien, bis alle Schüler am Ziele waren. Viele Erwachsene schauten zu und freuten sich über die Leistungen. Es gab viel zu lachen.

Den Namen Schübligzistig hat der Tag von dem uralten Brauche, an diesem Tage Schüblinge (Würste) zum Mittagessen zu haben. Nun waren die Knaben, jüngere und ältere, darauf erpicht, die Würste jemanden aus der Pfanne zu stehlen und auf der Straße zu verzehren. Am Vormittag war niemand sicher, ob nicht jemand in der Küche versteckt war, um den Diebstahl auszuführen, namentlich waren die Mädchen Aufseherinnen und machten dann schließlich die Freude mit. Ferner schwärzten die Knaben und Mädchen einander mit Ruß das Gesicht, was ein großes Gaudium im Haus und auf der Straße absetzte, besonders wenn das Schwärzen unbemerkt geschehen konnte. Auch diese Sitte erstarb um 1840.

Aus Jux wurden manchmal Vexierschüblinge bereitet, d. h. es wurde ein Darm anstatt mit Fleischbrät mit Sägemehl gefüllt und dann hinterrücks ein richtiger Schübling aus der Pfanne genommen und an seine Stelle jener aus Sägemehl gebracht. Beim Mittagessen war dann im ersten

Momente der Ärger auf der einen Seite groß, auf der anderen die Freude an dem gelungenen Streich um so größer.

Die Masken dieses Tages sind die abschreckendsten der ganzen Fastnachtszeit: Männer in Weiberkleidung, zerrissen, zerfetzt, beschmutzt, mit hundert Löchern und „Schwänzen". An den Füßen „Schlarpe", total „Ausgeschienggete" (ausgetragene Schuhe); Unterröcke und „Bettschlutte" (Nachtjacken); in Ermangelung von Larven über dem Gesicht ein Tüchli mit ausgeschnittenen Löchern für Augen und Mund, auf dem Kopfe eine alte Tellerkappe oder ein Frauen-Trauerhut; in der Hand ein geöffneter Schirm ohne Überzug oder eine vermittelst Schnur an einen Stecken gebundene „Söublotere" (Schweinsblase), womit das „Kudi" (Name der Maske) den Passanten auf den Rücken schlägt. Mit den Großen wetteifert die Schuljugend in möglichst abscheulicher Kostümierung und entsprechendem Benehmen.

Eine Maske, die viel zur Belustigung beiträgt, ist das „Chrätze-Fräuli". Ein Mann steigt in eine „Chrätze", von der man den Boden entfernt hat, und zwar so weit, daß oben sein Kopf herausschaut. In den „Chrätzenrücken" werden zwei Löcher für die Arme gemacht. Nun wird aus alten Lappen vor dem „Chrätzenruggen" eine weibliche Figur geformt, und zwar derart, daß sie gleichsam in gebückter Haltung die Chrätze trägt. Der künstliche Kopf ist maskiert, der ganze Körper, inbegriffen die Beine des Mannes, mit richtiger weiblicher Kleidung bekleidet, so daß die Täuschung des Chrätzenfraueli eine vollkommene ist. Um der Figur noch mehr Humor zu geben, bringt der Maskierte an seinem Hinterkopfe ebenfalls eine Maske an. Wieder andere kleiden sich ganz einfach in grobes Sacktuch, wobei der Bauch durch Auffüllen mit Stroh möglichst groß gemacht wird usw. Die Maskierten ziehen sich dann gewöhnlich zu einem regellosen Zuge zusammen, durchziehen das Dorf und machen mehr schlechte als witzige, möglichst handgreifliche Späße[1]."

---

[1] H. Messikommer, Aus alter Zeit, Zürich 1909, S. 135 ff.

Im Appenzellerland entfaltet sich stellenweise am Silvester ein echtes Karnevalstreiben durch das sogenannte „Klausen". Früh am Morgen — bis gegen Mittag und Abend — durchwandern Knaben und Männer die Dörfer in einem bunten und lauten Aufzug. In farbigem Kostüm und Maske tragen sie große und kleine Treicheln (Kuhglocken), tanzen in leicht hüpfender Bewegung, um die Glocken zum Klingen zu bringen, vor den Häusern hin und her und erwarten eine Spende. Das Interessanteste an diesen Klausmännern ist ihre Kopfbedeckung, die von einer eigenartigen Phantasie zeugt. So war z. B. in diesem Jahre ein Hut zu sehen, der einen Durchmesser von 50 bis 70 cm haben kann, in der Form eines Zeppelinschen Luftschiffes en miniature oder des großen Viaduktes der Bodensee-Toggenburg-Bahn bei Bruggen. Wie alt der Brauch ist, welcher Sinn ihm zugrunde liegt, dürfte schwer in Erfahrung zu bringen sein. . . . Es sei noch beigefügt, daß es in Urnäsch einen „alten Silvester" gibt, d. h. einen Silvester nach dem alten Kalender, der auf den 13. Januar fiel und an dem es sehr lebhaft zuzugehen pflegt[3].

Im Entlebuch war die Feier des Hirsmontags, des ersten Montags nach Aschermittwoch, berühmt. In den größeren Dörfern des Entlebuchs, besonders Schüpfheim und Escholzmatt, erschien hoch zu Roß ein junger Mann, der Hirsmontagsbote. Pomphaft aufgeputzt, verlas er der versammelten Menge den in Reimen abgefaßten Hirsmontagsbrief, in dem alle Vergehen und Torheiten der Bewohnerschaft und politischen Angelegenheiten scharf satirisch behandelt waren, oft so bissig, daß sich die „gnädigen Herren von Luzern" bemüßigt sahen, die Feier als „der christlichen Liebe zuwiderlaufend" zu untersagen. So 1740 und später bis zum Jahre 1821, wo der Hirsmontag aufhörte. Ebenso ergingen 1754 und öfter Verbote gegen die Hirsnarren und Hirsjäger, die am Hirsmontag allerlei Narreteien und Unfug

[3] Die Schweiz, XVII. Jahrg. 1913, Nr. 3.

verübten und sich sogar erfrechten, Eßwaren aus den Häusern zu stehlen[1].

DER MAXGLANER HEXENZUG IN SALZBURG

Über diesen sonderbaren Karnevalszug lese ich bei Adrian[2]:

Zur Zeit der Erzbischöfe war der Ludwig-Viktorplatz, damals Marktplatz geheißen, der Sammelpunkt toller Faschingslust. Dorthin nahmen die Maskenzüge ihren Weg und gruppierten sich um den Marktbrunnen, an dem der Faschingsbrief verlesen wurde. Das Landvolk zog einmal im Jahre auf den Marktplatz und gab dort ein Fest, zu dem die Städter gerne kamen, um die bäuerlich derben Trümpfe und Scherze zu belachen. Von den Figuren, die dabei nie fehlten, ist zu nennen die Habergeiß, der schöne Schimmel, der jeden Reiter abwarf und vor- und rückwärts laufen konnte, und endlich der Mann, der seinen Hals ins Unendliche verlängerte.

Außerdem fanden sich auf Wagen die verschiedensten Vorstellungen, die ländliche Musik, die Hochzeit mit allem, was dazu gehörte, die Altweibermühle, der Einsiedel, vom Teufel geplagt und gelockt von schönen Mädchen, die Wäscherinnen, die mit ihrem Waschwasser viele Possen trieben, und endlich der hochweise Rat, der in großen Büchern blätterte und nirgends das Rechte fand usw. Diesem Treiben wurde aber 1788 durch ein Verbot der erzbischöflichen Regierung ein Ende gemacht; trotzdem lebt es mit den zwanziger Jahren des 19. Jahrhunderts als Maxglaner Hexen- oder Faschingszug neu auf und erhielt sich bis ungefähr in der Mitte dieses Zeitraumes. In seinen Formen womöglich noch derber, fiel der letztere einem neuerlichen Verbote zum Opfer. Der Verlauf dieses Hexenzuges wird uns folgendermaßen geschildert:

---

[1] Ed Osenbrüggen, Studien zur deutschen und schweizerischen Rechtsgeschichte, Schaffhausen 1868, S. 411. — [2] a. a. O., S. 69 f.

Der Nürnberger Possenreißer Hans Ammann, genannt Leberwurst

Perchten-Masken
Nach Originalen im Salzburger Städtischen Museum

„Am Faschingsdienstag strömte ganz Salzburg hinaus, um den Hexenzug der Maxglaner in Augenschein zu nehmen. Auf mehr als hundert Leiterwagen und Karren sah man nichts als Possenspiele und Narrentand der buntesten Masken und Gestalten. Dazwischen ritten manche auf Ochsen, Kühen oder verkehrt auf elenden, ebenfalls maskierten Kleppern, und nur wenige gingen zu Fuß. Auf einem Bauernwagen wurde gepflügt und gesäet, auf dem anderen gedroschen; auf dem dritten war ein großes Schiff, von dem man Netze auswarf und Fische in der Luft fing, auf dem vierten und fünften wurde getanzt und Hochzeit gehalten, auf dem sechsten mit Karten und Würfeln gespielt und dabei zum Scherze viel gezankt, gestritten und herumgerauft, wie überhaupt Schlagen, Balgen und Prügeln dem Ganzen unentbehrlich war. Hier hielt man Schule, in welcher der Lehrer durch ein Kind, die Schüler durch Erwachsene vorgestellt wurden, da übten Maurer, Zimmerleute, Schmiede, Schneider, Schuster usw. charakteristisch ihr Handwerk aus und verspotteten sich wechselseitig zur allgemeinen Belustigung. Auf diesem Karren zechten, taumelten und fabelten Betrunkene, auf jenem kochten hübsche Mädchen und buken Faschingskrapfen.

Hier brannte man Lichter und Laternen, dort spielten Burschen und Mädchen blinde Kuh; der eine war so dick und plump als trüge er zehn Polster am Leib, der andere stellte irgendein Tier vor, der dritte hatte eine Larve, bei deren Anblick man vor Lachen bersten mußte. Auf dem freien Platz in der Gstätten hielt der Zug still und versammelte sich um einen Mann, der von einem erhöhten Orte alle die dummen Streiche, lächerlichen Ereignisse und lustigen Schwänke vorlas, die er seit einem Jahre in der Umgebung beobachtet hatte. Dabei nannte er nicht nur ausdrücklich den Namen, sondern zeigte auch mit dem Finger auf den gegeißelten Gegenstand hin und erregte dabei ununterbrochen gellendes Gelächter. Bei Verlesung dieses Faschingsbriefes gebrauchte der Betreffende gewöhnlich die Formel:

Ei, was is nu doas —
Über den N. N. wüßt i a no woas

und er nahm dabei oft den Nächstbesten, der gerade in den Wurf kam, zur Zielscheibe des Spottes und Witzes. Nach Beendigung dieser Vorlesung, während der Zeit einige Genossen von den Bräuern und Wirten absammelten, begab sich der Zug nach Mülln und verlor sich dort in Schenken und Wirtshäusern."

DA FOSCHEN IM BÖHMERWALD [1]

Ergötzliche Szenen veranlaßt der Fasching (da Foschen) in einem deutschen Dorfe des Böhmerwaldes. Jedermann erlaubt sich einen unschädlichen Scherz und ist gewiß, daß dieser nicht mißverstanden und übel aufgenommen wird.

Ein junger Dorfbursch nimmt einen Geiger, durchzieht mit Musik das Dorf, durchstöbert Stuben und Stübchen, um alle die uralten Mütterlein, die gesund und noch heiter sind, hervorzuholen. Sie folgen ihm auch lachend und scherzend unter großem Zulauf des Volks. Hat er sie beisammen, so beginnt er allerlei Streiche auszuführen.

„Ich sah einst zu," sagt Rank, „wie ein stolzer Bursch im tiefen Schnee eine Bahn kehrte und die Mütterlein aufforderte, ihm zu folgen. Das taten sie auch. Plötzlich hielt er inne und begann mit einer alten Frau im Schnee einen Tanz: allein wie groß war ihr Schrecken, als sie unter ihren Füßen Glatteis fühlte und sich dem mutwilligen Burschen nicht entwehren konnte, der absichtlich lustige Sprünge machte. Seinem Beispiele folgten alle übrigen herumstehenden Burschen, und es begann unter großem Gelächter der Zuschauer der Tanz des achtzehnten Jahrhunderts mit dem jüngsten allgemein zu werden. Für die erlittene Angst wurden hierauf die Mütterlein durch eine gute Schmauserei entschädigt.

Abends sitzt oft eine Familie ruhig im Gespräch in der warmen Stube um einen Tisch, da beginnt es plötzlich

[1] Josef Rank, Aus dem Böhmerwald, I. Bd. Leipzig 1851, Seite 108 f.

draußen zu klirren und zu poltern, und ein scheußliches Gesicht schaut zum Fenster herein; drauf daneben noch eins, ein drittes, und in kurzem ist das Fenster über und unter dem ersten voll Fratzen. Die Kinder flüchten in einen Winkel, während ein Gepolter an der Haustüre Einlaß begehrt und Musik erschallt. Ein Maskenzug tritt ein.

Um aber eine Anschauung solcher Verkappungen zu geben, will ich eine männliche und eine weibliche Maske beschreiben. Erstere hat eine ungeheuere, aus Stroh geflochtene Bischofshaube oder einen Kopfpolster mit Sturmband auf dem Kopfe und um das Kinn befestigt. Statt der Larve beschmiert man sich das Gesicht mit Eierweiß und bläst dann mit hineingehaltenem Antlitz in einen Mehlkasten, so daß ein Mehlteig das Gesicht überzieht und unkenntlich macht. Dazu nimmt er ein Hemd über die gewöhnliche Kleidung. — Die Weibermaske hat einen ungeheueren Kittel aus Flachswerg, aus demselben Stoffe eine Brust von erstaunlichem Umfang und aus Stricken eine Lockenperücke. Eine weibliche Maske wird immer durch einen großen Dorfburschen vorgestellt.

Beginnt der Tanz, so wählt sich diese Maske den kleinsten maskierten Mann, der mit seinem Kopfe unter ihrem Busen wie unter einem weitvorspringenden Felsenhange steht. Die lustige Komposition eines solchen Paares wird dadurch erhöht, daß die Tänzerin ihren Tänzer unter der Brust an beiden Ohren faßt. Man pflegt auch manche lächerliche Gewohnheiten in Tracht und Gebärden alter Männer und Weiber nachzuäffen, und gerade da, wo die Verspotteten gegenwärtig sind. Diese lachen dann am meisten selbst über ihren Doppelgänger.

Großen Spaß verursacht ein Maskenzug um oder nach Mitternacht. An einer Haustüre wird leise geklopft, und eine Stimme fleht um Einlaß. Der arglose Bauer im Hemde eilt, den vermeintlichen Wanderer einzulassen. Wie er aber die Türe öffnet, erblickt er einen Schwarm Masken, und es fällt auf ihn der Lichtschein vieler Laternen. Der geschämige Mann will der Beleuchtung entgehen, fühlt sich aber schon ergriffen und muß in der Stube einen Tanz in seinem einfachsten Kostüm mitmachen. Indem hat sein Weib den Lärm richtig erklärt und schaut kichernd und verlegen durch die etwas geöffnete Kammertüre zu, wie ihr behemdeter Gespons zu den entsetzlichsten Sprüngen veranlaßt wird. Um aber kein Ärgernis zu geben, darf nie ein Kind zugegen und der maskierte Bursch nicht unter 18 Jahre alt sein. Gewöhnlich führen eine solche Szene nur Männer aus, um einen brummigen Phlegmatiker zum Tanz zu bringen. Allein wenn ihm dieser auch eine Tortur ist, so fühlt er sich durch den zugefügten Streich doch nicht beleidigt.

Es herrscht während des Faschings lebhaft die Sucht, irgend eine Überraschung, einen Scherz, einen kleinen Schrecken in oder außer dem eigenen Hause zu veranstalten, daher auch der Vater vor dem Sohne, der Knecht vor seinem Herrn, kurz niemand vor einem andern behutsam genug sein kann. — Einst traf ich eine Familie samt Knecht und Mägden beim Abendessen. Man war arglos und aufgeräumt. Die erste Magd, die den neben ihr aufgesteckten Span, daß er hell und ohne Rauch brenne, bald zu heben, bald zu senken oder umzuwenden und in die unterstellte Wasserwanne abzuräuspern hatte, löschte durch scheinbares Ungeschick plötzlich das Licht aus, indem sie den Span ganz aus der Klemme in die Wanne hinabstieß. Sie ging in die Küche, um aus dem Ofen Licht zu holen; beim Hereinkommen hielt sie die Hand vor das Licht, so daß Schatten auf die Stelle fiel, wo die Knechte saßen, und als sie an den Tisch kam, entfernte sie plötzlich die Hand vom Lichte. Mit einem Schrei stoben Weiber und Kinder vom Tisch weg, denn eine entsetzliche Maske saß zwischen den Knechten. Die Männer blieben ruhig und aßen von der guten Mehlspeise, die man eben vorgesetzt hatte, in Gesellschaft der Maske fort, ohne diese scheinbar zu bemerken, während diese jeden Versuch der Weiber, dem Tische zu nahen, durch Auffahren und Grimassen vereitelte und Geschrei und Gelächter nicht wenig vermehrte. In der Maske aber stak der junge Nachbarssohn, dem man die gute Mehlspeise angerühmt hatte, die für den Abend auf den Tisch kommen sollte.

An den Faschingsfeiertagen ist außerordentlicher Tanz, der bisweilen von Masken unterbrochen wird. Oft geschieht es selbst, daß mehrere maskierte Burschen auf einem Pferde in die Wirtsstube reiten, gleich den sieben Haimonskindern, und die Mädchen von einem Stubenwinkel in den andern jagen. Am Faschingsdienstag gebührt den Mädchen die Oberhand. Sie wählen selbst ihre Tänzer und zahlen Musik und Getränk. Ihre Geldsteuer wird folgendermaßen erpreßt. Man stellt einen Sessel inmitten der Tanzstube, darauf einen Teller. Jeder Bursche ergreift eine Tänzerin und tanzt um den Stuhl, bleibt dann vor ihm mit ihr stehen und fordert Geld. Der erste Aufruf wird ohne Weigern befolgt; allein der Bursch drängt wiederholt und so stürmend, bis er bei reichern Mädchen oft zwei Gulden Conv.-Münze herausgelockt hat. Wenn das Geld gesammelt ist, wird davon die Musik gezahlt, Getränke gekauft (mehr Branntwein als Bier) und jeder Gegenwärtige damit bewirtet."

FASCHING IN WESTBÖHMEN

Im deutschen Westböhmen hat jedes Dorf und jedes Städtchen sein Karnevalstreiben, das sich in dem Faschingsumzug in Haselberg, Bezirk Bischofteinitz, besonders charakteristisch äußerte. Leider gehört auch dieser Umzug seit 1888 der Vergangenheit an.

Der Festzug begann bereits gegen 8 oder 9 Uhr des Morgens am „feiste Montag", d. i. dem Faschingsmontag. Alois John schildert ihn wie folgt:

„Voran läuft der „Laufferer", in der Hand eine Peitsche zum Knallen. Er ist weiß gekleidet, mit Bändern behangen, der hohe Hut aus Papier und oben offen und mit Nadeln, Perlen, Kränzen besetzt. Dann folgen die übrigen Masken.

Zunächst der „Große Hanswurst", eine Hauptfigur, mit einem Gewand aus verschiedenfarbigen Flicken zusammengesetzt, Schellen an den Füßen, um den Hals einen weißen gezackten Kragen, den kegelförmigen Hut aus Papier auf dem Kopfe, einen hölzernen Säbel, mit dem er nach dem „Laufferer" wirft, in der Faust. Er macht bei jeder Gelegenheit Purzelbäume, treibt Schabernack und Schwänke mit den Mädchen. Sobald zwei Maskenzüge aus verschiedenen Dörfern zusammenkommen, müssen die Hanswurste immer raufen, daher nimmt man zum Hanswurst immer die stärksten Burschen. Dann folgen: der kleine Hanswurst, ähnlich gekleidet, der Türke in weiter Hose und Bluse aus rotem Zeug mit blauen Bändern und Perlenschnüren, zylinderförmiger Hut. Er tanzt und singt fortwährend, dann kommt die Musik, der Doktor (Frack, hoher Hut, Brille aus Draht, Medizinflasche). Er erklärt alle Leute mit einer Krankheit behaftet, verschreibt etwas, die betreffenden müssen zahlen. Dann kommt der Fleischhacker (weißer Schurz, Streicher, blaues Band am Hut; sammelt das Geld zum Fasching), Gigerltrager (zerrissenes Gewand, trägt auf einer Kraxe eine ausgestopfte Figur, für deren Besichtigung er Geld verlangt), Garmweib (ein Bursche, als Weib verkleidet, verkauft Hefe, Garm, in einer Butte), Rasierer (mit hölzernem Rasiermesser, seift jeden ein), Hefenbinder (Bart aus Werg, Bundschuhe wie die Slovaken, Geschirr umgehängt, bindet zerbrochene Töpfe [Hefen] mit Draht), Rauchfangkehrer (mit einer Leiter, geht in die Häuser, sucht aus den Kaminen das Selch[Rauch]fleisch zu stehlen), Schinder (handelt mit Häuten). Zuletzt folgt der Jud, eine Hauptspaßfigur, im schwarzen Frack mit langen Schösseln, dreieckigem Hut mit zwei Strohschwänzen und ausgestopften Vögeln, in der Hand ein Pack mit Plunder, den ihm die Leute abkaufen müssen.

Dieser Zug zieht, gefolgt und umgeben von alt und jung, durchs Dorf, alles jauchzt und singt, die Musik spielt, die einzelnen Figuren entwickeln ihre Tätigkeit, Lachen und Gekreisch allerorts. Nach dem Umzug kehrt er ins Wirtshaus zurück[1]."

HUDELN UND HUDLER

In der Umgebung von Hall in Tirol wurde am „schmutzigen Donnerstag", wie der Schweizer den letzten Fastnachtdonnerstag in der Schweiz nennt, Hudel gelaufen.

Die männlichen Einwohner des Dorfes versammelten sich zu diesem Zweck schon um ein Uhr nachmittags vor der Dorfschenke, wohin sich um diese Zeit der „Hudler", gewöhnlich ein wohlhabender Bauer, begab, um seine Hudlertracht anzulegen.

Sie bestand aus einer buntscheckigen Kleidung, die im Schnitt dem Matrosenkostüm ähnelte. Eine kurze Jacke war an das lange, bis über die Füße reichende Beinkleid geknöpft. Das Gesicht verhüllte eine hölzerne Larve mit einer darauf geschnitzten Maus. Ein breites Tuch verhüllte den Kopf und hielt die Larve fest. Ein flacher grüner Hut mit Hahnenfedern und Gemsbart und ein mit Semmeln besteckter Gurt vervollständigten die Hudlertracht.

„Wie sich der Hudler am Wirtshausfenster sehen läßt, begrüßt ihn das Lied:
Unter der Bettstatt steht Raiter (Tragkorb)
Wer sich net außi traut isch a Heiter (Bärenhäuter)
Ans — zwa — drai — Hudl ho!"
Diese Herausforderung läßt sich der Hudler nicht zweimal sagen, sondern tritt in seiner Verkleidung unverweilt aus der Schenke, indem er mehr als fünfzig Brezeln, die an einer langen Peitsche hängen, unter die Buben auswirft, die er tüchtig gerbt, wenn sie sich um die Brezeln streiten. Nun durchschreitet er die Reihen der Bauern, die sich indes in einer langen Gasse gelagert haben und sucht sich einen heraus, der ihm vorlaufen soll. Indem sich nun dieser dazu anschickt, eilt ihm der Hudler nach und schlägt ihn

---
[1] John, Sitte, Brauch und Volksglaube im deutschen Westböhmen, Prag 1905, S. 39.

ununterbrochen so lange unter die Füße, bis er ihn eingeholt hat. Dann führt er den Ereilten in die Schenke, wäscht sich bei dem Brunnen das Gesicht, bewirtet ihn liebreich mit einer Semmel und einem Glase Wein und beginnt von neuem seinen Lauf mit einem andern Bauern. Dieses Hudlerlaufen dauert immer bis Sonnenuntergang; dann entlarvt sich der Hudler und führt im Wirtshause den Tanzreigen an.

In manchen Dörfern laufen gegen 30 Hudler; dann pflegen auch drei bis vier Herren (als Tiroler Bäuerinnen vermummte Männer) mitzulaufen. Manchmal reiten sie auch auf Kehrbesen, mit ihren Popeln (Popanz, Windelkind und Lumpen) auf dem Arm und treiben die mutwilligsten Possen[1]."

DER KARNEVAL VON BINCHE IN BELGIEN

Einen Karneval ganz eigener Art besitzt das kleine, im belgischen Kohlengebiet unweit Charleroi gelegene Städtchen Binche. In dem sonst so ruhigen Provinzstädtchen, das sich größtenteils mit der Schuh- und Kleiderfabrikation befaßt, und das in normalen Zeiten zirka 12000 Einwohner zählt, pflegen sich am Karnevals-Dienstag 40—50000 Besucher aus allen Teilen Belgiens einzufinden. Von allen wichtigeren belgischen Eisenbahnpunkten verkehren an diesem Tage Extrazüge nach Binche. Zwei Drittel der Besucher kommen in irgendeinem Maskenkostüm, und das Leben und Treiben, das sich dann in den Straßen des Städtchens entwickelt, dürfte kaum irgendwo seinesgleichen finden.

Der Karneval von Binche ist Jahrhunderte alt, und was ihm seine Eigenart verleiht, das ist ein gewisser Maskentypus, der sich von den Zeiten der Spanier her bis auf den heutigen Tag erhalten hat. Es sind die sogenannten Gilles, zu deutsch Hanswurste, deren Kostüm etwas an dasjenige des italienischen Policinell gemahnt und ganz genauen Vorschriften unterworfen ist. Das Kostüm des Gille besteht in der Hauptsache aus gelbem Segelleinen

---
[1] J. Scheible, Das Kloster, VII. Band, Stuttgart 1847, S. 799.

Holländische Kirchweih
von P. Brueghel d. Ält. (1525 –1569)

Moderne Gilles von Binche in voller Gala
Kester & Co phot., München

und ist über und über, abwechselnd in roter und schwarzer Farbe, mit Sternen und dem belgischen Löwen benäht. Die Enden der Ärmel und Beinkleider werden von einem reichen Spitzenbesatz eingefaßt, während ein breiter Spitzenkragen, der sich über Brust und Rücken wölbt — denn der Gille hat einen doppelten Höcker —, das Kostüm am Hals abschließt. Die Füße stecken in schweren, mit Rosetten gezierten Holzschuhen, um die Taille schließt sich ein breiter, mit Glocken behangener Ledergürtel, eine große runde Messingschelle baumelt von der Mitte der Brust.

Das kostbarste an dem Kostüm aber ist die zylinderförmige Kopfbedeckung, die mit einem halben Dutzend Straußenfedern in leuchtenden Farben geschmückt ist. Diese Federn haben in einzelnen Fällen die Länge von einem Meter und darüber, und es braucht kaum erwähnt zu werden, daß ein derartiger Kopfschmuck manchmal einen Wert von einigen hundert Francs repräsentiert. Daraus ergibt sich schon, daß die Maske des Gille keine Maske der armen Leute ist, und tatsächlich gehören die 150 bis 160 Gilles, die am Mardi Gras in Binche am Festzug teilnehmen, der wohlhabendsten und besten Gesellschaftsklasse von Binche an.

Der Gille hat seinen Federhut jedoch nur kurze Zeit des Tages auf, nämlich während des Festzuges am frühen Nachmittag. Zu allen anderen Tageszeiten zeigt er sich in der sogenannten petite tenue, d. h. in einer Art weißer Nachtmütze, zu der noch eine weiße Kinnbinde kommt.

Am Vormittag tragen alle Gilles eine einheitliche Gesichtsmaske, die erst bei Beginn des Festzuges abgelegt wird.

Jeder Gille ist von einem „Knappen" in Zivil begleitet, der ihm seinen Vorrat an Wurfgeschossen, nämlich Orangen, nachzutragen hat. Diese Orangenschlacht spielt im Festzug der Gilles eine große Rolle: die Luft schwirrt von den gelben Wurfgeschossen, und wehe dem Fenster, das nicht mit Brettern oder Drahtgeflechten verbarrikadiert ist. In ganz Binche ist daher am Mardi Gras kein Fenster anzutreffen, das nicht sorgsam geschützt wäre, und die Stadt macht den Eindruck, als sähe sie einem feindlichen Ansturm entgegen. Die Maske der Gilles reicht, wie gesagt, bis in die spanische Zeit der Niederlande zurück; als die Kunde von der Eroberung Perus nach Europa drang, sollen sich die Einwohner von Binche am Karneval als Inkas maskiert haben, und aus ihrer Phantasie entstand dann das groteske Kostüm mit dem exotischen Federschmuck, das sich bis auf die heutige Zeit forthererbt hat.

DIE GREVENMACHER FASTNACHT UND DER WILDE MANN

Noch im Anfang dieses Jahrhunderts feierte man in dem luxemburgischen Städtchen Grevenmacher die Fastnacht auf recht anziehende Art[1].

Am Fastnachtsmontag versammelten sich die jungen Bursche des Ortes in einem Hause, um sich zu maskieren. Der größte und stärkste unter ihnen übernahm die Rolle eines wilden Mannes. Vom Kopf bis zu den Füßen in Immergrün eingehüllt, trug er die aus einem alten Filzhut angefertigte Maske mit roten Augen, wackelnder Nase, großem Rachen und einem Pferdeschweif als Bart; um seine Lende war eine lange Kette geschlungen, deren Enden zwei Führer festhielten. Alle anderen jungen Leute verteilten sich in zwei Haufen; die einen gesellten sich als Begleiter zum wilden Mann, während die anderen, mit hölzernen Säbeln bewaffnet, als dessen Gegner auftreten sollten.

Der Aufzug begann damit, daß die Säbelträger, die sich unter einem Anführer in der Straße aufgestellt hatten, dem wilden Manne den Ausgang aus dem Hause verwehrten. Es entspinnt sich ein Kampf, und es gelingt dem wilden Kumpan, durchzubrechen; doch von zahlreichen Feinden

[1] Ed. de la Fontaine, Luxemb. Sitten und Gebräuche, Luxemburg 1883, S. 23 ff.

Der „Gilles" von Binche im 18. Jahrhundert

umringt, dürfte er unterliegen, wenn seine Begleiter ihm nicht zu Hilfe eilen und ihm frischen Mut einflößen. Mit erneuter Wut wirft sich der Wilde auf seine Gegner; sie fliehen, und da er sie nicht mehr erreichen kann, schleudert er ihnen seine Keule nach. Beide Parteien streiten nun um den Besitz des Baumstammes, denn diejenige, die ihn schließlich erringt, hat einen Sester Wein gewonnen.

Auf diese Art bewegte sich der Zug durch die Straßen des Städtchens, wobei der wilde Mann sich mehrmals in Freiheit setzte und sich dann seinen tollsten Ausgelassenheiten so lange überließ, bis es seinen Führern gelang, die Kettenenden wieder zu ergreifen.

Am Abend dieses Tages vereinigte sich die ganze Gesellschaft in einem Tanzlokal, wo der gewonnene Wein gemeinschaftlich getrunken wurde.

Am Dienstag morgen vermummten sich zwei Burschen, der eine als hübscher junger Schäfer, mit bebändertem Hute und einen Hirtenstab in der Hand, der andere als jugendliche, rotwangige Schäferin in ländlichem Sonntagsstaat, einen netten Hängekorb am Arm. Sie schritten beide unter Absingen fröhlicher Lieder von Haus zu Haus und sammelten Gaben. Unerwartet erschien plötzlich mit seinen Gesellen der wilde Mann. Er griff zuerst in den Korb und verschlang gierig von dessen Inhalt, was ihm behagte; darauf drückte er die Schäferin an sein Herz, während er den zitternden Schäfer mit seiner Keule bedrohte. Doch ebenso unerwartet traten nun die Säbelträger auf, befreiten Schäfer und Schäferin und jagen den wilden Mann nebst seiner Bande in die Flucht. Abends wurden dann abermals die gesammelten Gaben beim Wein lustig verzehrt.

Am Aschermittwoch standen vor dem Hause, in dem sich am vorigen Montag alle verkleidet hatten, die Führer, Begleiter und Gegner des wilden Mannes und überließen sich unter Heulen und Wehklagen der größten Trauer; denn der wilde Mann lag als Leiche ausgestreckt auf einer Totenbahre. In eigens für diese Gelegenheit abgefaßten

Sprüchen beklagten alle sein Schicksal, und weinend luden sie die Bahre mit dem Strohmann auf, der in die Verkleidung des wilden Mannes eingehüllt worden war, trugen ihn durch die Straßen und dann vor die Stadt. Hier wurde der Tote zwischen zwei Stangen aufgerichtet und unter Absingen von Grabliedern verbrannt.

In die Ortschaft zurückgekehrt, ergriffen die Burschen alle Mädchen, deren sie habhaft werden konnten, setzten sie auf einen zweispännigen Leiterwagen und fuhren so in dem Städtchen herum, während unter Begleitung einer Fidel das Spottlied auf alte Jungfern: „Der Wawerner Weiher", vorgetragen wurde.

Diesen Aufzug nannte man „auf den Wawer-Weiher führen", und damit war das Fest zu Ende.

DAS NARRENGERICHT ZU STOCKACH IM HEGAU

Die Fastnacht brachte Narrenfreiheit und diese die Erlaubnis, allen Leuten ohne Unterschied die Wahrheit zu sagen. Was überall das Recht der Einzelperson war, wurde an manchen Orten zu einem Narrengericht, das sämtliche in seinem Bereich das Jahr über vorgekommenen Torheiten, Lächerlichkeiten und Schelmenstreiche aufzeichnete und am Fastnachtstage öffentlich verkündete und aburteilte.

Solche Narrengerichte tagten wie in der Schweiz vom Bodensee zur Baar im Schwarzwald hinauf und von da wieder das Kinzigtal hinab bis in die Offenburger Gegend, besonders aber zu Cobern in der Eifel, Großelfingen im ehemaligen Fürstentum Hohenzollern-Hechingen und zu Stockach im Hegau[1]. In der letztgenannten Stadt hat es sich bis zur Gegenwart in voller Frische erhalten[2].

Die Stockacher Narrenzunft zeichnete sich vor allen andern dadurch aus, daß sie fürstlich gestiftet und gefreit war durch Erzherzog Albrecht von Österreich aus Erkennt-

---

[1] Elard Hugo Meyer, Deutsche Volkskunde, Straßburg i. E. 1898, S. 329. — [2] Jakob Barth, Geschichte der Stadt Stockach im Hegau. Stockach 1894, S. 401 ff.

lichkeit für den trefflichen Rat, den der Hofnarr Kuoni (Konrad), ein geborener Stockacher, seinem Bruder Leopold erteilt hatte. So berichtet uns Kolb; worin aber jener Rat bestanden, lesen wir bei Tschudi in der Beschreibung der Schlacht von Morgarten. Erzherzog Leopold hatte mit seinem Kriegsobersten den Plan bestimmt, wie man den Schweizern ins Land fallen wolle. „Nun hat er einen kurzwiligen Narren, hieß Kuni von Stocken, der war stäts um ihn und auch darbi, wie der Beschluß geschah; zu dem sprach der Erzherzog scherzwis: ‚Kuni wie g'falt dir die Sach?' Der Narr gab zur Antwort: ‚Es g'falt mir nit. Ihr hant alle geraten, wie ihr in das Land wöllent kommen; aber keiner hat geraten, wie ihr wieder daraus wöllent.' Der Erzherzog zog mit dem Heere nach Morgarten, wo er am 16. November 1315 geschlagen wurde, daß sein Pferd ihn kaum retten konnte. Er kam nach Winterthur zurück, wo er sich seines Hofnarren kluger Rede erinnerte und ihm eine Belohnung versprach. Da erbat sich Kuoni als Belohnung das Privilegium zur Haltung des Narrengerichts in Stockach, seinem Geburtsort. Leopold bewilligte dies. Sein jüngster Bruder, Erzherzog Albrecht der Weise, zog 1352 gegen Zürich, mit ihm Eberhard und Heinrich Landgrafen von Nellenburg. Vor diesen erschien Hans Kuoni und erlangte die Bestätigung des erwähnten Privilegiums und der von ihm ein Jahr früher errichteten Narrenzunft. Landgraf Eberhard gab dem Kuoni sicheres Geleit, wozu sich Gelegenheit durch Abordnung von Rittern und Reisigen in sein Stammschloß Nellenburg darbot. Die Kunde des herannahenden Zuges belebte in Stockach jung und alt, alles drängte sich dem hochgeehrten Mitbürger und Stifter der Narrenzunft freudig entgegen; er und seine Begleiter wurden im feierlichen Zuge in die Stadt geführt und in deren Mitte die Bestätigung der Narrenzunft bekannt gemacht. Hans Kuoni, der die letzten Jahre seines Lebens in Stockach zubrachte, starb dort 1355. Sein Geschlecht ist vor etwa 100 Jahren erloschen.

Das Original der Stiftungsurkunde vom Jahre 1351, Hauptbrief, auch Stiftungs- und Narrenbrief genannt, wurde in einer zinnernen Kapsel im sog. Narrenarchiv, d. i. in der Brunnensäule des mittlern oder Marktbrunnens aufbewahrt, und eine Abschrift davon in den Narrenschatzkasten, der Narrenlade, niedergelegt. Im Schwedenkriege ist der Brunnen mit dem Original des Hauptbriefes zugrunde gegangen. 1670 ist ein neuer Brunnen errichtet und eine Abschrift des Hauptbriefes in der Brunnensäule eingeschlossen worden. Da der Brunnen schlecht gemacht war, so ist der Hauptbrief wieder zugrunde gegangen. Im Verlaufe der Zeit wurde noch mehrmals ein neuer Brunnen errichtet und jedesmal eine Abschrift des Hauptbriefes und der Satzungen darin aufbewahrt. An der Stelle des alten Brunnens, des Narrengerichts-Stammhauses, wie es genannt wurde, hat man in neuerer Zeit einen Brunnen von Eisen gesetzt und die Urkunden des Narrengerichts befinden sich seitdem im Stadtarchiv.

Das Narrengericht hat eigene Satzungen; sie sind in der „Ordnung und Satzung vom 12. Hornung 1687" enthalten. Ob ältere Satzungen schriftlich unterzeichnet waren, läßt sich aus der vorhandenen Urkunde nicht entnehmen.

Das Grobgünstige Narrengericht, wie es sich von jeher genannt hat und genannt wird, besteht aus einem Präsidenten, einem Gerichtsnarrenverwalter, zwanzig Gerichtsnarren, einem Narrenschreiber und Narrenbüttel. Die übrigen Mitglieder sind die Laufnarren. Ihr gewöhnlicher Versammlungsort ist die Narrenwirtschaft. Sie wird jedes Jahr in ein anderes Wirtshaus verlegt und dorthin die Narrenlade gebracht. Sie ist eine Kiste von Eichenholz mit einigen Schnitzereien und einem eisernen Schloß, wozu zwei Schlüssel vorhanden sind, wovon den einen der Präsident, den anderen der Narrenschreiber in Verwahrung hat. In der Narrenlade werden die Urkunden des Narrengerichts, namentlich das Narrenbuch und das Siegel, aufbewahrt.

Nach dem Hauptbrief im Jahre 1351 und nach der Ordnung und Satzung von 1687 soll das Narrengericht alle Jahre in der Fastnacht abgehalten werden. Am ersten Sonntag nach Dreikönig läßt der Präsident die Narren im Narrenwirtshaus zusammenkommen, um sich zu beraten, was in der Fastnacht aufgeführt werden soll. Ist man einig, so werden die Rollen für das Fastnachtsspiel verteilt. Am Sonntag vor dem Fastnachtssonntag wird nachmittags nach der Vesper die Fastnacht verkündigt, d. h. es wird feierlich bekannt gemacht, was in der Fastnacht aufgeführt wird. Dies geschieht durch den Präsidenten in Begleitung der ganzen Narrengesellschaft, die in feierlichem Zug zu Pferd, Wagen oder Schlitten aufziehen.

Sind im vorhergehenden Jahre dumme, närrische Streiche in der Gegend begangen worden, so werden sie gleichzeitig zur öffentlichen Kenntnis gebracht.

Am Mittwoch vor dem schmutzigen Donnerstag wird der Narrenbaum gefällt und am schmutzigen Donnerstag werden die Gerichtsnarren feierlich verpflichtet und in ihr Amt eingewiesen. Dann wird der Narrenbaum gesetzt, wobei wieder ein feierlicher Umzug stattfindet. Voran geht der Narrenbüttel mit der Schellenkappe, dann kommt die Stadtmusik und nun folgen alle Gerichts- und Laufnarren. Der Narrenbaum wird von Kindern bis zu dem Marktbrunnen gezogen, dessen Säule früher die Urkunden des Narrengerichts umschlossen hatte.

Der Narrenbaum besteht aus einer hohen Tanne, deren Äste bis zum Dolden abgehauen sind; an diesem wird eine Tafel angebracht mit der Inschrift: „Stammbaum aller Narren".

Am Fastnachtmontag wird für die Verstorbenen in der Pfarrkirche eine hl. Messe gelesen, der alle Mitglieder der Narrenzunft anzuwohnen haben.

Am Dienstag ist der Hauptnarrentag, wo ein feierlicher Umzug gehalten wird und die Fastnachtspiele, Theaterstücke usw. aufgeführt werden. Alle Narren müssen in dem vorgeschriebenen Maskenanzug, jedoch ohne Larven, daran teilnehmen. Hierbei wird die Narrenmutter herumgeführt, das ist eine monströse weibliche Figur mit weiten Kleidern, die eine Zunge von rotem Tuch herausstreckt und aus deren Schoß oft 20 Paar junge Narren herausschlüpfen.

In der Zeit von Lichtmeß bis Sonntag Lätare (vierten Sonntag nach dem Fastnachtsonntag) hat nach dem Hauptbrief von 1351 jeder, der keine obrigkeitlichen Verrichtungen hat, Gehorsam zu leisten. Wer sich dem Gehorsam entziehen will, muß sich vorher bei dem Narrengericht ausbitten und einen halben Eimer Wein oder den Geldbetrag dafür entrichten. Das Grobgünstige Narrengericht hat die Gewalt, alle widerspenstigen Narren und andere, die den Narren ohne Ursache etwas in den Weg legen oder sie beschimpfen, entweder mit der Pritsche oder mit dem Brunnenwerfen — je nach Befund — abzustrafen. Auch hat das Narrengericht die Macht, alle Juden, die in den letzten drei Fastnachttagen nach Stockach kommen, mit der Strafe des Brunnenwerfens zu belegen, wovon sie sich mit einem Geldbetrag für einen Eimer Wein loskaufen können.

Nach den Satzungen von 1867 ist es, wenn das Narrengericht gehalten wird, den Laufnarren erlaubt, alles Volk, das auf der Gasse steht, mit Wasser zu bespritzen. Ein eingekaufter Narr, der sich ohne Erlaubnis des Narrengerichts verkleidet, verfällt in eine Strafe von einem Quart Wein. Ein Fremder, der nicht als Narr eingekauft ist und sich verkleidet, hat einen halben Eimer Wein zu bezahlen, sonst wird er mit dem Brunnen bestraft. Wer vor das Narrengericht vorgeladen wird und nicht erscheint, wird durch Laufnarren mit einer Strohkette gebunden vor das Narrengericht geführt, wo dann geschehen wird, was Rechtens ist.

In einem Zusatz vom 5. Februar 1702 ist bestimmt, daß ein Narr, der mit einem anderen Streitigkeiten anfängt oder die Veranlassung zu Streitigkeiten und Ungelegenheiten gibt, mit zwei Kannen Wein abgestraft oder bei dem Brunnen gepeitscht werden soll. Auch muß der, der solches begeht, dem ganzen Narrengericht Abbitte tun, und beim nächsten Trunk den Narren aufwarten. Diese Bestimmungen werden jetzt nicht mehr mit aller Strenge gehandhabt.

Am Aschermittwoch wird abends zwischen 6—7 Uhr von den Narren die Fastnacht begraben. Der Zug bewegt sich in aller Stille vom Narrenwirtshaus weg; voran geht der Narrenbüttel, dann kommen zwei Schulbuben, die die mit einer Schellenkappe zugedeckte Narrenkasse tragen, nun folgt die Schuljugend und unter Vorantragung der Narreninsignien, wie der Narrenlade, der Narrenschlüssel usw., die gesamte Narrenzunft. Der Zug geht dreimal um den Narrenbaum herum und dann in das für das nächste Jahr bestimmte Narrenwirtshaus, wo die Narrenlade aufbewahrt und ein Trunk gehalten wird. Nach dem Hauptbrief von 1351 muß dem Narrengericht jeweils ein Eimer Wein aus dem Amtskeller und ein Eimer aus dem Stadtkeller verabreicht werden.

Am Sonntag Lätare wird der Narrenbaum in aller Stille entfernt.

An den Fastnachttagen werden die neuen Mitglieder in die Narrenzunft aufgenommen. Jedes Mitglied muß den Narrenschwur leisten, indem es die linke Hand auf das närrische Herz legt und die rechte Faust zum Stammvater der Narrenzunft, dem Bildnisse Kuonis, emporhebt und die Worte spricht: „Ich verspreche, so wahr Hans Kuoni ein großer Narr gewesen und bei meiner Narrenehre, daß ich, solange mir Bier, Wein und Schnaps und Schinken schmecken, als wirklicher Vollblutsnarr bis an mein seliges Ende bleiben und verharren will, damit ich würdig werde meiner Vorfahren närrischen Angedenkens. Ebenso gelobe ich, die Satzung und Ordnung eines Grobgünstigen Narrengerichts treu und fest zu halten, auch die Interessen der Narrenzunft nach Kräften zu fördern, den Narrensamen gehörig zu ziehen, damit das Institut des Narrengerichts stets in Floribus sei. Amen."

Alsdann muß das neue Mitglied das in dem Narrenbuch befindliche Bildnis des Hans Kuoni küssen, worauf es vom Präsidenten mit der Pritsche zum Narren geschlagen wird. Jedes Mitglied muß sich in das Narrenbuch einschreiben. Es werden auch Freinarren und Ehrenmitglieder ohne Narrentaxe aufgenommen.

Jedes Mitglied erhält ein Ehrendiplom.

Auf dem Wappen und Siegel des Narrengerichts ist das Brustbild eines Narren mit der Schellenkappe.

Die Narrenzunft zu Stockach hat ein zähes Leben. Das Narrengericht wurde wiederholt von den städtischen und Staatsbehörden verboten und geradezu abgeschafft, und doch besteht die Gesellschaft fort und blüht noch bis auf den heutigen Tag, während vieles, was damals hoch stand, in Staub zerfallen ist.

Ich lasse nun die Auszüge aus den städtischen Protokollbüchern, die Narrenzunft betreffend, folgen.

Den 15. März 1669. „Herr Stattammann bringt vor, wie das mit dem Narrengericht aller Unfug, Uebermuth und Zwang zum Narrenwesen verübt werde, halte er für rathsamb, daß man solches gänzlich abgeschafft hätte. Bescheid: Ist von Herrn Stattamann und Ehrsamben Rath auf gethane Umfrag einhellig erkennt, das solches bei vorbehaltener Straf fürohin abgeschafft, nit mehr veriebt und das Narrengericht nicht mehr gehalten werden solle."

Den 4. Februar 1671. Der Narrenvater Hans Baptist Hiller erscheint vor versammeltem Rat und bittet um Erlaubnis, das Narrengericht abhalten zu dürfen. Es bleibt bei dem früher ergangenen Bescheid.

Den 1. März 1678. Die Narren hielten in letzter Fastnacht in des Baumeisters Haus einen Trunk, wobei Hans Maag, Färber, ein scharf geladenes Terzerol gehabt, das ihm ein anderer abgenommen, „woraus nix guots entstanden wäre." Strafe: der Baumeister wird in das obere Tor gesperrt, der Färber zahlt 5 Pfd. Pfennig.

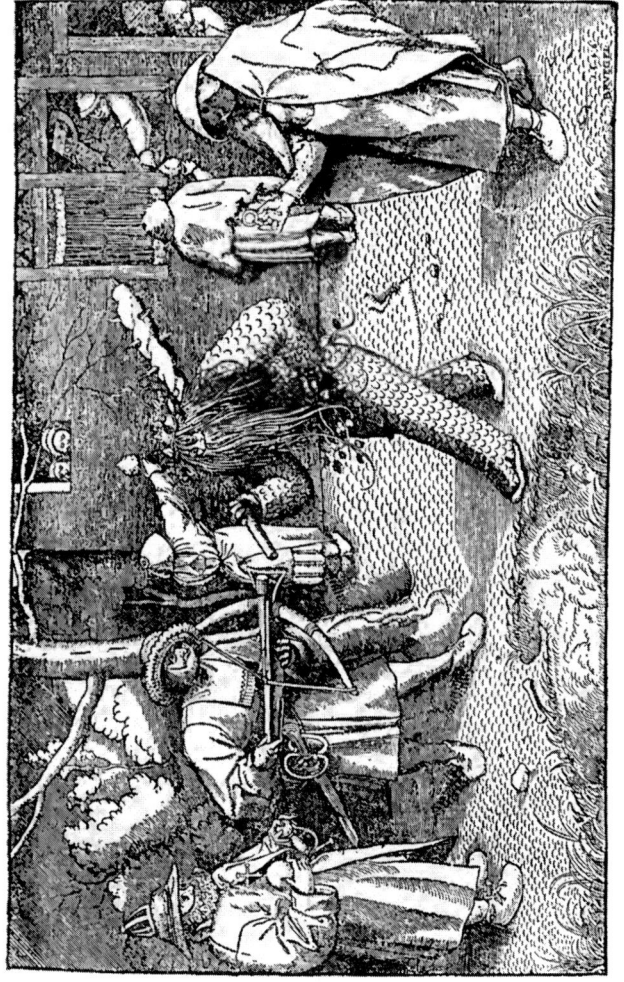

Fastnachtstreiben
Holzschnitt nach Peter Breughel 1566

Den 17. Februar 1707. Die Bürgerschaft bittet um ihr Fastnachtsspiel. Bescheid: „weilen bekannt, daß wir dermalen nit Ursach haben, viel Freud- und Fastnachtspiel anzustellen, indem wir an den höchsten Orten um Beihilfe in unserer dermaligen Anliegenheit supplizieren, ist für diesmal das Narrengericht zu halten, eingestellt."

1715. Der Herr Landrichter erhebt Klage gegen das Narrengericht, wegen dessen an Landgerichtsboten verübten Schimpfreden und Tätlichkeiten.

1739. Es ist zu vernehmen gekommen, daß jüngsthin die Narren bei einem Trunk Händel angefangen und sich blutrissig geschlagen haben. Strafe 4 Pfd. Wachs.

Gegen Ende des achtzehnten Jahrhunderts verbot die Regierung das Narrengericht, und sie befand sich damit allerdings in Übereinstimmung mit vielen Zeitgenossen. Ein gleichzeitiger Schriftsteller schreibt hierüber: „Das Zuströmen des Pöbels aus allen Ständen, aus der Nähe und Ferne war unglaublich groß. Kein Mirakulatorium hätte in so kurzer Zeit dem Städtchen so vieles eingetragen, als das Narrenfest und die herbeigeeilten Narren. Es ist daher begreiflich, daß die Einwohner eine saure Miene machten, als die Posse, Dank sei es der Regierung! vor einigen Jahren abgeschafft und verboten wurde. Der untadelhafteste Wandel, die ernsthafteste Würde schützte nicht vor dem plumpen und pöpelhaften Spott dieser Narren. Dabei waren noch Umzüge gewöhnlich, bei welchen Geschmacklosigkeit und Unsittlichkeit den Reihen führten."

1791 bewilligte das Oberamt — jedoch unter bedeutender Einschränkung — daß ein Faschingsumzug am Donnerstag vor und am Dienstag nach dem Fastnachtssonntag, aber ohne Reiterei, in Zucht und Ehrbarkeit, wofür der Magistrat unter eigener Verantwortlichkeit zu sorgen habe, abgehalten werden dürfe. Die Gesellschaft verlangt: diejenigen, die sich maskieren und mitmachen, ohne in ihrer Gesellschaft zu sein, sollen um 45 kr angezogen oder, im Falle ein solcher das Geld nicht hätte, vor dem mittleren Marktbrunnen nach altem Herkommen gepeitscht werden dürfen. Der Rat beschließt, daß es bei den bewilligten zwei Umgängen sein Bewenden haben soll; alles, was den mindesten Bezug auf das abgestellte Narrengericht habe, bleibe bei Strafe verboten und werde jeder, der sich das Maskieren, Peitschen, Taxenabfordern und Narrenmeßlesen anmaße, gestraft werden.

1805. Philipp Moll bittet im Namen hiesiger Bürger die gewöhnlichen Fastnachtslustbarkeiten zu gestatten und einige Eimer Wein zu verabfolgen. Bewilligt.

Früher wurde der Ertrag der Narrenkasse vertrunken. Erst im vergangenen Jahrhundert wurde beschlossen, das Geld zu gemeinnützigen Zwecken, z. B. als Beitrag für Kinderfeste, Brandverunglückte, Auswanderer usw. zu verwenden.

Das alte Narrenbuch war abhanden gekommen, hat sich aber wieder gefunden. In dem neuen befindet sich das Bild des Stifters als Narr mit der Schellenkappe. Das Buch enthält ferner die Geschichte der Entstehung des Narrengerichts, eine Abschrift des Hauptbriefes oder Narrenbriefes von 1351, der Ordnung und Satzung von 1687, sodann eine Chronik der Stadt Stockach. Auch haben sich seit 1826 alle neu aufgenommenen Mitglieder mit teils heitern, teils ernsthaften deutschen oder lateinischen Sprüchen in das Narrenbuch eingetragen.

Das Narrengericht wurde mit geringer Unterbrechung auch in den Kriegsjahren von 1802 an abgehalten. Selbst während der Anwesenheit der Franzosen wurde der Narrenbaum neben deren Freiheitsbaum gesetzt. Im Jahre 1815, bei Anwesenheit der russischen Kriegsvölker, ließen sich mehrere höhere russische Offiziere und andere Angestellte ins Narrenbuch eintragen. Von 1848—51 fand kein Narrengericht statt, weil die Revolution ausgebrochen und das Land von fremden Truppen besetzt war. Zur Wahrung der Rechte und Privilegien des Narrengerichts wurde aber jedes Jahr ein Narrenbaum gesetzt; es mußte jedoch die Bewilligung des jeweiligen preußischen Stadtkommandanten eingeholt werden. Seit 1852 wurde wieder jedes Jahr das Narrengericht mit Fastnachtspielen gefeiert, mit Ausnahme von 1871 während des Krieges, wo aber doch wieder am 16. Februar 1871 in aller Stille der Narrenbaum gesetzt und an ihm eine Tafel, statt mit der altgewohnten Inschrift: „Stammbaum aller Narren", mit folgenden Zeilen angeschlagen war:

Der Baum, den sonst die Fröhlichkeit gegründet,
Ist jetzt das Sinnbild, das den Edelsten entzündet;
Er fleht: Was euch sonst erwuchs an Narrenlasten,
Das werft für deutsche Krieger jetzt in meinen
 Opferkasten.

DIE WIRTSCHAFTEN

Um das Ende des fünfzehnten bis um die Mitte des achtzehnten Jahrhunderts waren an den Höfen in Deutschland und Frankreich Maskeraden üblich, bei denen der Gastgeber im Kostüm eines Dorfgastwirtes auftrat und seine Gäste in ländlichen Trachten erschienen.

Eine „Pauvrenhochzeit", die 1573 in der Wiener Hofburg abgehalten wurde, dürfte als Vorläufer dieser Hofkomödien anzusprechen sein[1]. Im siebzehnten Jahrhundert waren sie an allen deutschen Höfen zu finden und sie fanden später ihren Weg nach Frankreich, wo sie unter Ludwig XVI. auf den Namen Hotellerie in Mode kamen[2].

Zur Verherrlichung dieser Wirtschaften haben die Dichter F. R. L. Freiherr von Canitz, Johann Benjamin Neukirch, Joh. Ulrich von König und besonders der Brandenburgische Zeremonienmeister von Besser, lauter Meister in der Darstellung von Schlüpfrigkeiten, das Ihre beigetragen.

Im Jahre 1698 veranstaltete der Wiener Hof zu Ehren seines Gastes Peters des Großen in der Favorita eine Wirtschaft. Kaiser Leopold I. und die Kaiserin spielten Wirt

---
[1] Jakob Zeidler, Über Feste und Wirtschaften am Wiener Hof, Wien 1890.
— [2] Karl Biedermann, Deutschland im 18. Jahrhundert, 2. Bd., Leipzig 1880, S. 91.

und Wirtin. Der Zar kam als friesländischer Bauer. Die Bäuerin war die schöne Gräfin Johanna von Thurn. Mitglieder der Hofaristokratie als Kellner und Kellnerinnen, zwischen ihnen Prinz Eugen der edle Ritter, warteten bei Tisch auf. Unter den Masken waren alle Volkstypen und Nationalitäten vertreten, aber auch Marktschreier, Harlekine und besonders der niemals fehlende Schornsteinfeger, den ein Graf Martinitz darstellte.

Auch unter den folgenden Herrschern, Joseph I., Karl VI. und der großen Maria Theresia, gehörten derartige Maskeraden zu den regelmäßigen Karnevalsbelustigungen am Wiener Hof.

In einer dieser Wirtschaften, am 29. Februar 1724, begeisterte ein noch ungeborener Kaiserlicher Prinz den Prinzen Pio zu einem Wiegenlied. Dieses erschien im Druck unter dem Titel: „Wiegenlied, so der Prinz Pio den 29. Februar bei der Wirtschaft am kaiserlichen Hofe, da ihro Majestäten der Kaiser und die Kaiserin Wirt und Wirtin im Wirtshaus zum schwarzen Adler waren, abgesungen." Als Probe mag der erste Vers dienen:

Für das junge Wirtlein beim schwarzen Adler
Haiä, Pupaiä!
Häiä, Pupäiä! mein Kindlein schlaf ein,
Laß dä mein Singä nit unlustä seyn,
Miä soäe hie im Wirtshaus, wo koänä was fehlt,
Miä fressä, miä saufä, und kost uns koä Geld.
Heidi, Häiä, Pupäiä.

In Dresden erfreute man sich 1725 an Wirtschaften von Winzern, Schäfern, Müllern, Gärtnern, welche die „Zunfft der Haupt-Diebe" betitelt wurden[3].

Als drei Jahre darauf der Soldatenkönig Friedrich Wilhelm I. von Preußen den üppigen Hof August des Starken besuchte, machte August den Wirt, und seine damalige Mätresse, die Fürstin von Teschen, die Wirtin. Die Hofge-

---

[3] Alwin Schultz, Das häusliche Leben der europäischen Kulturvölker, München und Berlin 1903, S. 354 f.

sellschaft war in vier Banden geteilt, nämlich französische Bauern, Norweger, Bergleute und italienische Komödianten. Die Anführer waren der sächsische Kronprinz, der Herzog von Weißenfels, der Feldmarschall Flemming und der Graf Rutkowsky, einer der unehelichen Söhne des Polenkönigs.

Das Wirtshaus hieß zum weißen Adler. Unter dem Schloßturm, beim grünen Tor, sah man das Wirtshausschild mit der Überschrift:

Zum weißen Adler heißt die Schenke,
Ihr Gäste stellt euch zeitig ein,
Es kann kein bess'rer Gastwirt sein,
Er öffnet Keller, Küch' und Schränke
Und gibt umsonst Kost und Getränke;
Singt, tanzt, spielt, eßt, schenkt ein, trinkt aus,
Nur lasset den Verdruß zu Haus!

Der sogenannte „Auerbachshof", nach dem großen Leipziger Gasthof genannt, den Fausts Faßritt unsterblich gemacht, war die glänzendste aller Wirtschaften Augusts II.

In Berlin fand die erste Wirtschaft um 1689 statt. Am 7. Januar 1690 wurde der „Scherenschleifer" bei der Wirtschaft zu Kölln an der Spree aufgeführt, dessen Verfasser der Oberzeremonienmeister des ersten Preußenkönigs, Geheimrat Johann von Besser, war. Als Pröbchen des darin herrschenden Geschmacks möge folgende Stelle dienen, in der der Koch, den der damalige Schloßhauptmann v. Kolbe, später als Staatsminister Graf von Wartenberg, darstellte, in Gegenwart des Hofes angeredet wurde[4]:

Wie manches groß' und klein' und ungebohrte Loch
Hat Euer Bratspieß nicht gemacht, berühmter Koch;
Weil aber Ihr nicht freit, will Euer Spieß wo fehlen;
Ich schleife nicht allein, ich kann auch wohl verstählen.

Weitere Ansprachen lauteten:
Nürnbergischer Bräutigam, der Herr von Fuchs, und dessen Frau, die Frau von Knesebeck, die eben schwanger.

---

[4] Des Herrn von Besser Schriften, herausg. v. Joh. Ulr. König. Leipzig 1732, 2. Teil, S. 760 f.

> Nürnbergscher Bräutigam, die Braut die ist ja
> schwanger:
> Es scheint, ihr weidet gern auf einem fremden
> Anger.
> Der aber Eure Frau so rund und glatt geschliffen,
> Sagt, hat er meiner Zunfft nicht in das Amt
> gegriffen?

An den Schuster, dessen Frau das jüngste Fräulein Blumenthal:

> Herr Schuster, Meister Hans, Ihr habt ein schönes Weib!
> Wie teuer ein gut paar Schuh? Was gilt ein solcher Leib?
> Ey gebt, von dieser Haut, mir einen guten Riemen;
> Ich schärff' Euch, oder auch, ich schenck Euch
> einen Pfriemen.

An den Apotheker, den Freyherrn von Canitz:

> Braucht Ihr, mein Herr, Cliestier, nicht alte Scheeren-Spitzen?
> Sie können Euch vielleicht zu Erbschafts-Pulvern
> nützen.
> Denckt nicht, daß Ihr allein das Stückgen wißt;
> mit Gunst,
> Es hört viel Wissenschaft zur Scheerenschleiffer-Kunst.

Die philosophische Königin Sophie Charlotte war die Seele des Karnevaltreibens am Berliner Hofe des ersten Preußenkönigs und nicht immer zart in der Erfindung von Maskenscherzen. Der große Leibniz hat von einer der harmloseren Faschingspossen ausführlich berichtet.

Zur Vorstellung kam ein ländlicher Jahrmarkt in grotesken Masken. Die Königin mimte die Gattin und Gehilfin eines Quacksalbers und Marktschreiers. Sie öffnete mit dem Stemmeisen einer Prinzessin den Mund, worauf der Zahnbrecher mit einer Hufzange einen königlichen Zahn zog, gut eine halbe Elle lang[5].

Auch an den kleinen und kleinsten Höfen der Reichsunmittelbaren und der Kurfürsten fanden sich Wirtschaften. 1680 schrieb Johann von und zu Hattstein, der Hofmarschall des Kurfürsten Anselm Franz von Ingelheim, eines gar fidelen geistlichen Herrn, in sein Memoriale:

„Nachmittags haben etliche Domherren, Hoff- vnndt anderen Cavalliers eine Würtschaft angestellt, sich solcher Gestalt Ihre Churfürstlichen Gnaden verkleidet benebenst dem Frauenzimmer praesentirt, nachmahlen in Herrn von Bubenheimbs Behausung gespeiset vnndt sich biß gegen Tage lustig vnnd also der Fastnach ein Ende gemacht."

Mit dem Rokoko verschwanden die Wirtschaften an den Höfen und aus den Bürgerkreisen, die an dieser Art der Maskeraden natürlich bald Geschmack gefunden und sie übernommen hatten.

Talander (August Bohse) bemerkt diesbezüglich in seinem „Getreuen Hofmeister" usw.[6]

„Man hat auch an einigen Orten die Gewohnheit, daß man zum Divertissement auff denen Hochzeiten den andern oder dritten Tag unter dem jungen Volke Wirtschafften machet, da ein iedwedes von ihnen, nachdem ihn das Lohs trifft, eine gewisse Person agiren und solche in der dazu angelegten Kleidung praesentiren, darinnen sich zur Tafel setzen und auch tanzen muß. Inmaßen denn auch das Frauenzimmer sich gleichfalls masquirete und iedweden die seinige, nachdem sie das Loß zusammengeführet zugeeignet wird. Kann alsdenn einer auch daßjenige wohl vorstellen, was er bedeuten soll, so macht er sich ziemlich beliebt. Allein er hat sich vorzusehen, daß, da er sich allzusehr solches zu expriiren, bemühet, nichts gezwungenes herauskomme. Denn wenn er dabey affectiret und seine Gebehrden und gantzes Bezeigen nicht also aussiehet, als ob es

[5] Maximilian Rappsilber, Berlin und die Hohenzollern, Berlin 1912, S. 56. — [6] Leipzig 1703, S. 527 f.

naturel wäre, so rede er lieber sehr wenig und behalte dabey eine etwas ernsthaffte Stellung in solchem veränderten Habite; es wird ihm dieses mehr recommandiren, als wenn er viel ins Gelack hinein plaudert und es sich weder schicken noch reimen will."

GROTESK-KOMISCHE BALLFESTLICHKEITEN DER GEGENWART

Wien, „in dem es noch bisweilen wie ein rosenrotes Tönen wie von Geigen klingt", wie Hugo von Hofmannsthal einst sagte, ist das Dorado des Tanzes. Nur hier tanzen nicht Leib und Beine allein, nein auch Herz und Seele schweben nach den Rhythmen der Musik dahin.

> Ja, dös waß nur a Wiener,
> A weanerisches Bluat,
> Was a weanerischer Walzer
> An Weaner all's tuat!

Wie ein Heiligtum ist den Wienern beiderlei Geschlechts der Ballsaal, eine Kirche des Genusses, in der mit Andacht und vollster innigster Hingebung Terpsychore Opfer dargebracht werden. Doch das heilige Feuer lodert in bacchantischer Glut empor, wenn die Tanzesfreude sich mit der im Wiener Blute wurlenden Rumorlust paart, die elegante Balltoilette durch ein Maskenkostüm ersetzt ist und Drehn und Drahn ein Bündnis eingegangen sind. An der schönen blauen Donau will, ja muß man tanzen, das liegt schon so in der Weaner Natur, aber man will sich auch im Fasching auf den Bällen austoben, seinem Humor die Zügel schießen lassen, man will tanzen und lachen, lachen, lachen!

Auf den sogenannten Eliteballen ist dies nur im geringen Maße möglich. Hier bietet der Tanz allein den Unterhaltungsstoff, nur seinetwillen ist man da. Wie anders auf jenen weniger eleganten Bällen, die schon durch ihre Namen zeigen, daß sie die Alleinherrschaft des Tanzes nicht gelten lassen wollen.

Eine Einladung zum Narrenabend
des Wiener Männergesangvereins (14. Februar 1908)

Zu den ersten und bedeutendsten Veranstaltungen dieser Art gehört der Narrenabend des berühmten „Wiener Männer-Gesangvereines".

Ursprünglich war er Herrenabend und das schönere Geschlecht unerbittlich ausgeschaltet. Vielleicht waren es nicht die Bitten der Ausgeschlossenen, sondern das Bestreben, die sich immer aufdringlicher gebärdende Laszivität zu beseitigen, daß man den Damen den Eintritt in die Narrenwelt gewährte. Mit diesem Augenblick war der Narrenabend das, was er bis heute geblieben ist, der Gipfelpunkt toller Ausgelassenheit und sprühenden Witzes, der aber in seiner Gesamtheit niemals die Grenzen des Anstandes überschreitet.

Eine Devise gibt stets dem ganzen Feste einen einheitlichen Charakter und bestimmt die Kostüme, in denen die Besucher erscheinen müssen. Das Fest in der Hölle, eine Fahrt nach dem Orient, nach Amerika oder Australien, im Reiche des Zopfes, ein Ballfest in den höchsten Regionen, im goldenen Zeitalter und viele andere, jährlich neue, sind solche Schlagworte, die das ganze mondäne Wien auf einen Abend zu grotesker Fröhlichkeit in den mit charakteristischen Dekorationen geschmückten Ballsälen vereint. Auch die Veranstalter des Narrenabends waren die ersten, die sich der Maler und Bildhauer bedienten, um dem äußeren Schauplatz ihres Festes ein künstlerisches, zu der ausgegebenen Devise passendes Gepräge zu geben.

Bei diesen Bildern und Skulpturen trat eine eigene, echt wienerische Erscheinung in Aktion — der G'schnas. Dieses Wort zu definieren ist nicht so leicht. G'schnas hat etwas vom amerikanischen Bluff an sich, der aber harmloser als dieser und bis ins Grotesk-Komische aufgebauscht ist. Mit Hilfe von Topfdeckeln, Besen, Kürbissen und Feuerhaken einen Raubritter darzustellen, ist G'schnas. Ein Gemälde aus Schuhwichse und Roterübensaft, eine Statue aus alten Wäschestücken, all das und tausendfältig anderes ist der G'schnas, der von Wiener Künstlern mit Meisterschaft geübt wird und in der Saaldekoration und den Kunstausstellungen auf den G'schnas-Bällen seine höchsten Triumphe feiert.

Der „G'schnasball" ist neueren Datums, ebenso der einst bei der Wiener Lebewelt und Halbwelt in großem Ansehen gestandene Lumpenball beim Schwender.

Alle Nachtschwärmer beiderlei Geschlechts, von den niedersten bis zu den exklusiven Kreisen, gaben sich auf dem Lumpenball ein Stelldichein, um sich dort zum Besten armer Kinder bis zum Überschäumen auszutollen. Seinen Namen trug der Ball von den „Lumpen", die in allen erdenklichen Variationen auftraten. Strolchkostüme waren die beliebtesten. Je zer- und verlumpter die Maskierten, Herr oder Dame, aussahen, desto besser. Daneben erschienen aber auch Lumpen höherer Ordnung in gelungener Aufmachung. Defraudanten, Hochstapler, Falschspieler, Demimondainen bis zur Liniengrabendirne stellten sich den Preisrichtern vor, denen die Prämiierung der gelungensten Typen oblag. In seiner Glanzzeit, in den achtziger Jahren, dominierte der Witz. Als sich dieser dann verflüchtigte und nur das Lumpentum übrig blieb, sanken auch die Lumpenbälle zu Maskenfesten niederen Ranges.

Weit älter, seinem Ursprung nach, ist der wienerische Bauernball. Ich glaube nicht fehlzugreifen wenn ich ihn von den sogenannten Bauernhochzeiten ableite, die neben den Wirtschaften am Wiener Kaiserhofe so beliebt waren.

„Bei den Bauernhochzeiten fuhr die Hochzeitsgesellschaft, die Braut mit allen Anverwandten entsprechend gekleidet, nach der Auberge. Der Bräutigam ritt und feuerte mit seinen Begleitern Freudenschüsse ab. Unter die Zuschauer warf man Zitronen, Pomeranzen, Pommes de Sine (Apfelsinen). Alle Wagen waren nach Art der Bauern gebaut, aber schön rot und grün angestrichen, mit grünen Reisern geschmückt, die Pferde mit Bändern aufgeputzt. Wenn der Zug im Wirtshaus angelangt war, wurden die Teilnehmer von dem Wirt und der Wirtin, dem Kaiserpaar, empfangen, zur Tafel geführt und bei dem bäuerlichen Mahle bedient. Der Herr trank auch wohl seinem verkleideten Gaste zu, wie Kaiser Leopold I. 1678 dem Fürsten Johann Georg II. von Anhalt-Dessau. Nach Aufhebung der Tafel wurde nicht selten, was übrig geblieben war, den mit Erlaubnis anwesenden Zuschauern preisgegeben. Man beschenkte dann das Brautpaar, und zum Schluß wurde getanzt[1]."

Der Tanz blieb natürlich im Rahmen der ganzen Veranstaltung und trug den Charakter eines Kirmesballes. Und diesem ähnelt auch der Bauernball.

Die unentbehrlichen Figuren des Bauernballes sind der Bürgermeister und der Grundwachter (Polizist). Den Anlaß zu nie abflauender Heiterkeit gibt der Gemeindekotter. Jedes Tänzerpaar darf sich gegen Erlag eines bescheidenen Obulus für den Abend kopulieren lassen, d. h. ehelichen. Wer ein Dirndl küßt — denn nur Buam und Dirndln gibt's auf dem Bauernball — und nicht mit ihm verheiratet ist, wird in den G'moankotter gesteckt, bis er sich mit Geld gelöst hat oder durch Fürbitte eines Dirndls freikommt. Wem das arg verpönte Wörtlein „Sie" herausrutscht, ist gleichfalls der rächenden Nemesis verfallen.

Die Bauernbälle haben bis jetzt noch nichts von ihrer Beliebtheit eingebüßt, und ihr Geist, ihre Gemütlichkeit ist zum Teil auf die Alpenbälle übergegangen, die nur unter dem Protzentum zu leiden haben und zu viele Buaben mit Monokeln und schmuckbehängte Dirndln als Publikum zählen. Dies gilt ebenso von Wien wie von München, Berlin usw., wo die Alpenbälle zu den beliebtesten Faschingslustbarkeiten zählen. Besonders in Berlin gehören sie zu dem Höhepunkte der Saison. Leider drängt sich aber zu ihnen mehr Geld- als Geistesaristokratie.

Einen echt berlinischen Anstrich haben die Gesindebälle, bei denen alljährlich die Schauspieler Spreeathens als Dienstboten gekleidet ulken und das Tanzbein schwingen.

---

[1] Schultz, Häusliches Leben, S. 355.

Seit ein hochobrigkeitlicher Erlaß ehedem die Menschendarsteller in eine Klasse mit den Dienstboten gestellt und sie ihre Invaliditätskarten zu kleben gezwungen hat, bestehen die Gesindebälle. Als Zofen, Messengerboys, Köche und Köchinnen, Ammen, Schornsteinfeger, Mädchen für alles, Lohndiener usw. tummeln sich die Künstler, deren Laune von zahlreichen Schutzmännern, die sonst an ersten Berliner Bühnen erste Rollen spielen, in Schach gehalten wird.

Deutsche Behäbigkeit mit süddeutscher, speziell österreichischer Lustigkeit, drückt dem lustigsten Berliner Ballfest, dem berühmten „Bösen-Buben-Ball", seinen Stempel auf.

Die Bösen Buben waren eine Künstler-Vereinigung, der Carl Meinhardt, Rudolf Bernauer, Dr. Leo Wulff und die früh verstorbene talentierte und schöne Jenny Rauch angehörten. Die Ulk-Theatervorstellungen dieser Gesellschaft machten Aufsehen, wie vorher die der Gesellschaft „Schall und Rauch", deren vornehmstes Mitglied Max Reinhardt gewesen, und die mit den Serenissimus-Zwischenspielen — Viktor Arnold als Serenissimus — zum allgemeinen Gesprächsstoff geworden waren. Aus „Schall und Rauch" waren die Bösen Buben Meinhardt und Bernauer hervorgegangen, heute die Direktoren zweier Berliner Theater und noch immer die Veranstalter des „Bösen-Buben-Balles", des Kulminationspunktes des Berliner Faschings.

Der „B.-B.-B." ist ein Kinderball. Richtiges Kinderspielzeug wird als Einladung verschickt, kleine mechanische Schaukelpferde, Hampelmänner, Springteufel, Kinderflaschen, statt mit Milch mit Wein gefüllt, und ähnliche Scherze.

Die Ballvorschriften lauten:

Liebes Kind!

Die bösen Buben laden dich zu ihrem KINDERBALL ein, der am Sonnabend, den 8. Februar 1913, in der „Philharmonie" stattfinden wird.

Liebes Kind, wenn du zu uns kommen willst, hast du dir zuerst im Kinderballbureau zwischen 4 und 6 Uhr nachmittags eine Eintrittskarte für 10 Mark zu lösen, oder wenn du zu faul bist, schicken wir dir eine per Nachnahme.

Wenn du zu uns kommen willst, mußt du als lustiges Kind kommen und nicht den ernsten Großen spielen wollen.

Wenn du zufällig ein Knabe bist, mußt du trotzdem ein Kostüm anziehen; wenn du aber so langweilig bist, daß du nicht vorschriftsmäßig oder mangelhaft kostümiert kommen willst, so kannst du es ja auch tun, aber wir verunstalten dich dann entsprechend, und das kostet dich neben den 10 Mark Eintrittsgeld noch 5 Mark für eine Umkleidung.

Wenn du zu uns kommen willst, mußt du wie ein Kind sprechen, zu jedem „Du" sagen und froh sein, wenn man dich auch so nennt.

Du kannst einzeln kommen oder auch eine Gruppe machen. Wenn du nicht weißt, was eine Gruppe ist, so höre: Eine Gruppe ist eine kleine oder größere Gesellschaft von lustigen Leuten, welche sich, unter einer Idee vereinigt und nach dieser kostümiert, auf den Ball begibt, um dort sich untereinander durch allen erlaubten Ulk und dadurch auch die anderen zu amüsieren; z. B. eine große Gruppe „Ein Mädchenpensionat" oder eine kleine Gruppe „Max und Moritz".

Du kannst auch noch kommen als:

Aschenbrödel / Amme
Bollejunge / Baby
Conditorjunge / Cadett
Daumenlutscher / Däumling
Engel / Edelknabe
Findelkind / Faulpelz

Gänseliesel / Gassenjunge
Hänsel-Gretel / Hampelmann
Illegitimes Kind / Indianerknabe
Küchenjunge / Kobold
Lehrer / Liftjunge
Märchenfigur / Messengerboy

Nußknacker / Nicolaus
Orangenknabe / Orangutang
Puppe / Page
Range / Riesenkind
Schneewittchen / Struwwelpeter
Täufling / Tiere kurz:

Ungezogene dürfen rein / Unangezogene aber: nein!

Vieles fiele uns noch ein, / Doch lassen wir es lieber sein
Wir wollen deine / Wahl nicht binden

X-Sachen wirst du selber finden, / Doch was du wählst sei lieb und nett

Von A — bis

Y und Z

Die Kinderkostüme, die kurzen Kleidchen der Damen breiten über das Getriebe des Bösen-Buben-Balles eine Wolke von Sinnlichkeit, die manchesmal den bis zur Groteske gesteigerten Witz in den Darbietungen zu ersticken droht und die Ausgelassenheit bis zur äußersten Linie des noch Möglichen steigert. Dem Wesen des Berliners ist eben die Fröhlichkeit um der Fröhlichkeit willen fremd. Er kann lustig, witzig, geistreich sein, doch der behäbige Humor des Süddeutschen geht seiner scharfen Zunge und der in seinem Wesen liegenden Satire ab. Er fühlt sich in dem Maskengewühl und in der Maskenfreiheit des Münchener Presseballes z. B. ungemein wohl, erkennt seine Lustigkeiten gegenüber den Scherzen der Berliner Masken-

Karneval in Venedig
(17. Jahrhundert)

feste an, aber ihn nach seiner märkischen Heimat verpflanzen, das ist er nicht imstande. Selbst der allbezwingende Wiener Humor hat auf den Berliner Bällen sein gutmütiges Antlitz verloren und ist grotesk-satirisch geworden.

DER KARNEVAL IN NIZZA

Wenn Goethe einst behaupten konnte, nur in Italien sei der Karneval bisher ein Fest geblieben, an dem sich die ganze Bevölkerung in der einen oder anderen Weise beteilige, so trifft dies auf die Gegenwart nicht mehr zu. Der Karneval in Venedig, Rom, Mailand und anderen Metropolen der Iberischen Halbinsel hat viel von seinem alten Glanz verloren, denn auch dort zieht sich die Faschingslust immer mehr von der Straße in geschlossene Räume zurück. Die einstigen Volksfeste, in die Karneval und Karnevalone zerfielen, sind verflacht und vergröbert. Dem Taumel, der ehemals alle Kreise erfaßt hatte, erliegen jetzt nur noch mehr oder weniger radaulustige Volksschichten. Die Conti carnascialeschi, von Lorenzo de Medici zu einer eigenen Gattung der Kunstlyrik ausgebildet, sind zu Gassenhauern geworden. Der Geist der Renaissance ist von ihnen gewichen und nur die Zweideutigkeiten sind als trüber Bodensatz geblieben.

Ein Teil des Glanzes des altitalienischen Karnevals ist über die Grenze nach der Riviera, nach Nizza, ausgewandert, allerdings nur ein bescheidener Teil, unter dem nicht ein Partikelchen von dem Geist der champagnerperlenden Maskenlust des alten Venedigs oder Roms geblieben ist.

Der Nizzaer Karneval ist eigentlich nichts als eine grandiose Reklame für den Weltkurort, und nur die grotesk-komische Inszenierung dieses Bluffs rechtfertigt seine Aufnahme in dieses Buch. Die Lust ist künstlich erzeugt und darum gekünstelt. Die Riesenfiguren auf den Riesenwagen, die Einzelmasken und Maskengruppen sind zu ausgeklügelt, zu espritvoll und reich, um ungetrübte Heiterkeit auszulösen.

Seiner Majestät Prinz Karneval und Ihrer Majestät Madame Karneval sind die Hauptwagen im Festzug gewidmet, an sie reihen sich alle anderen, in denen aktuelle Anlässe nicht immer graziös, aber meist sehr pikant verspottet werden. So sah man im letzten Zug (1913) unter anderem den Harem des Sultans von Marokko, Teufelspillen, die Aviatik und die Balkanwirren auf den Fuhrwerken symbolisiert. Zahlreiche Masken, unter denen Schweine, Dominos und Pierrots vorherrschen, durchtollen vor und nach dem Festzug die Straßen, tanzen wilde Reigen und üben ihre Lungenkraft im Schreien und ihre Muskeln im Konfettiwerfen.

Und das internationale Publikum läßt das bunte Bild an sich vorübergleiten, sitzt auf den Tribünen und an den Fenstern, applaudiert einem gelungenen Wagen, wie es dem Darsteller im Theater Beifall spendet.

Der Karnevalszug ist nichts als eine Programm-Nummer im Nizzaer Kuraufenthalt.

* * *

In Belgien feiert der Karneval zu Mittfasten oder Halfvasten Auferstehung für einen Tag. Masken, einzeln und in Gruppen, wogen durch die Straßen und abends entfaltet sich in den Ballsälen noch einmal echte Karnevalslust.

Auch in Paris ist Mi-carême der Tag neuauflebenden Faschingstreibens.

Im Hôtel de Ville geht die Wahl einer schönen und möglichst tugendhaften jungen Dame zur „Reine des Reines", der Königin der Markthallen, vor sich. In diesem Jahre (1913) bekleidete Mademoiselle Germaine Bregnat diese Würde. Zu Ehren ihrer Majestät findet ein ulkiger Festzug statt. Ihn eröffnet eine Abteilung der republikanischen Garden. Mit ihren Ehrendamen und pikanten Pagen thront die Königin der Königinnen, angetan mit dem wappengeschmückten Krönungsmantel, auf dem glänzendsten der vielen Wagen, die die Schaustücke der Fête de la Mi-carême bilden. Mit echt Pariser Charme werden durch

Prinz Karneval in Nizza
Central News cop.

diese lebenden Bilder auf Rädern allerlei Tagesereignisse glossiert. Auf ihnen gibt es endlich kinderreiche Familien und Hauswirte, denen sie als Mieter willkommen sind. Hier findet sich die Mona Lisa wieder, hier erscheinen bizarre Moden ins Groteske verzerrt. Unter den weniger anzüglichen Gruppen des letzten Zuges erregte der Käfig des Ritters Blaubart, in dem er seine Frauen spazieren führte, viel Heiterkeit. Dann der riesengroße gestiefelte Kater und andere Märchenfiguren. Der Zug bewegt sich vom Clichy-Platz zunächst zum Rathaus, wo der Königin der Hallen ein festlicher Empfang zuteil wird. Die „Königin der Königinnen" und ihr Gefolge werden mit Sekt bewirtet und danach in lustigen Ansprachen gefeiert. Dann geht es zum Elyseepalast. Der jüngste Festbericht schloß: „Präsident Poincaré und seine Familie erschienen an einem Fenster des Palastes und betrachteten mit Vergnügen das schöne Schauspiel. Der Generalsekretär des Präsidenten überreichte der ‚Königin der Königinnen' nach dem alljährlich geübten Brauch ein goldenes Armband. Überall, wo der Zug erschien, jubelte ihm die Menge zu und feierte die schönen, von ihrer kurzen Herrlichkeit beglückten Fastnachtsköniginnen von Paris mit großer Begeisterung."

Konfettischlachten und das Bespritzen mit Parfüms und anderen weniger wohlriechenden Flüssigkeiten gehört weiters zu den Micarême-Freuden, wie der feierliche Umzug des Boeuf gras, des Mittfastenochsen, mit vergoldeten Hörnern und bunten Bändern auf einem reichgeschmückten Wagen.

Neben dem Pariser ist vornehmlich der Mittfastenzug in Nantes durch seine Ausdehnung und Originalität in ganz Frankreich berühmt.

Doch gibt es in jeder größeren Stadt Frankreichs einen Karnevalsumzug. Sogar Ajaccio, die Vaterstadt des größten Korsen, hat ihre Micarême-Feier mit den üblichen Riesenfiguren auf Wagen[1].

---
[1] A. Maderno, Korsika, Zürich 1913, S. 33.

In Spanien zeichnen sich Madrid, Sevilla, Barzelona, Cadiz in hervorragendem Maße aber Valencia durch fidelen Mummenschanz und geschmackvolle Umzüge aus.

Auch Valencia hat wie der Haag seine maskierten Straßenbahnwagen.

In Chile ist das Bewerfen mit ausgeblasenen Eiern üblich, in die Wasser oder Parfüm eingefüllt wird. Je mehr Kleiderverwüstungen diese Wurfgeschosse anrichten, desto größer die Karnevalslust. Friedrich Gerstäcker beschreibt in seinem Roman „Senor Aquilas" einen derartigen Faschingstag.

DER KÖLNER KARNEVAL

Dieser berühmteste aller rheinischen Faschinge läßt sich bis über das fünfzehnte Jahrhundert zurück verfolgen.

Die ersten Verbote gegen das Maskentreiben wurden 1432 erlassen und von da ab oft und nachdrücklich, aber immer erfolglos, wiederholt.

Der Karneval bestand in seiner alten Gestalt bis in das neunzehnte Jahrhundert hinein. 1823 wurden die ersten Reformversuche unternommen durch die Schaffung eines planmäßig gestalteten Faschings-Festzuges. Generalmajor Baron von Czettritz schlug die Benutzung uniformer Narrenkappen für den damals ins Leben gerufenen „Großen Rat" vor.

Der tonangebende Verein bei allen Veranstaltungen war fast sechzig Jahre hindurch die Große Karnevalsgesellschaft. Wie sie ihr Szepter an die Große Kölner Karnevalsgesellschaft, die heute allein dominierende, abtrat, beschreibt Herr Josef Wingender, der Präsident der „Großen Kölner":

„Sie möchten die Geschichte unserer Gesellschaft haben, hier: August Wilcke, der seit den sechziger Jahren des verflossenen Jahrhunderts die Große Karnevalsgesellschaft mit großem Erfolge präsidierte, trat 1881 wegen Differenzen zurück und gründete 1882 auf Drängen seiner vielen Anhänger die Große Kölner Karnevalsgesellschaft, die im ersten Jahre im Domhotel tagte, aber so rapid groß wurde,

Maskierter Straßenbahnwagen der Haagschen Tramwey Maatschappij
zu Ehren des Geburtstages der Königin Wilhelmine im Jahre 1909

daß sie im nächsten Jahre in den großen Saal der Lesegesellschaft übersiedelte, worin sie nun ununterbrochen 31 Jahre ihre Feste abhält. Als Wilcke, der 1902 starb, ein hoher Siebziger, aus Gesundheitsrücksichten 1898 sein Amt niederlegte, wurde ich sein Nachfolger, präsidierte erfolgreich bis 1901, zog mich als Ehrenpräsident zurück, und Hermann Böhmer leitete dann bis 1908. Da war die Gesellschaft abgewirtschaftet, ein großes Defizit vorhanden, das Weiterbestehen in Frage gestellt, und ich gab den Bitten der Freunde nach und übernahm wiederum die Führerschaft. Das Defizit war im Handumdrehen durch freiwillige Beiträge aus der Welt geschafft, und das Jahr 1908 schloß mit einem erheblichen Überschuß ab. Seitdem hat unsere Gesellschaft die geistige und pekuniäre Führerschaft im Kölner Karneval.

Im Vorjahre gründete unser Oberbürgermeister einen Bürgerausschuß zur Hebung des Rosenmontagszuges, dem alle Spitzen der Behörden, die namhaftesten Männer der ersten Kreise beitraten. Die Stadtverwaltung gab 10000 M., die reichen Bürger zeichneten 12000 M., außer den Karnevalsgesellschaften beteiligten sich aktiv die Sport- und Gesangvereine, und namhafte Künstler führten den von mir entworfenen Zug aus."

In Mainz, Trier, Düsseldorf, Aachen, München, Paris, Nizza und zahllosen anderen Städten hat Prinz Karneval seinen Thron aufgerichtet, aber nirgend erstrahlte er in hellerem Glanz als in der Rheinmetropole. „Anderswo verflüchtigt sich, was eine Bevölkerung an Geist und Witz ausatmet, in die Winde — in Köln findet es ein für jede Begabung zugängliches, für alle Augen und Ohren wahrnehmbares Stau- und Sammelbecken, nämlich die „Bütt", die Kanzel des Karnevalredners, in München tanzt und trinkt der Prinz Karneval, in Paris klettert er auf die Bäume und schleudert Konfetti, in Nizza ist er eine Attraktion für die Fremden — in Köln tut und ist er das alles zusammen und noch einiges darüber, denn in Köln wachsen ihm die Flügel, mit denen er sich über den lustigen, den dumpfen Braus hinauf in die nicht minder fröhlichen Regionen schwingt, wo aber der Geist zu Hause ist. Köln — das ist nicht nur seine Hauptstadt, das ist auch seine hohe Schule, und die Sitzungen, das sind die geistigen Turniere, die er ausficht[1]."

Am Elften im Elften, nämlich am 11. November, findet die erste Vorberatung statt. Die Elf ist die närrische Zahl und streng genommen sollte deshalb die Sitzung am Elften im Elften abends um elf Uhr elf Minuten beginnen.

Diese Sitzungen, die regelmäßig vom 1. Januar bis zum „Fastelovend" abgehalten werden, sind Brennpunkte für den Witz und Humor, den das heilige Köln in seinen Mauern birgt. Und der jetzige Präsident der Karnevalsgesellschaft, Josef Wingender, ist der richtige Mann, schlummernde Geister zu wecken und zur Entfaltung all ihres Könnens anzuregen. Hier in Kürze der Verlauf einer Sitzung in Lees Schilderung:

„Als erster steigt der „Protokollist" in die Bütt, der in gebundener Rede über den Verlauf der letzten Sitzung zu berichten hat. Auch dies hat in möglichst witziger Form zu geschehen, und man muß sagen, daß Herr Hans Tobar, der dieses Amt bekleidet, es in einer Weise ausfüllt, daß ihm in jeder Sitzung jubelnder Applaus und ungeteilte Bewunderung für seine immer neuen geistsprühenden Einfälle zuteil wird. Unter den Klängen des Büttenmarsches geleitet ihn die Funkengarde auf die Bühne, wo ihm der Präsident seine Anerkennung ausspricht und, um seine trocken gewordene Kehle anzufeuchten, ihm den Humpen reicht.

Nun wird auf Verfügung des Präsidenten erst ein Lied gesungen. Vor jedem Anwesenden liegt auf dem Tisch ein dünnes Heftchen, in dem diese Lieder gedruckt stehen. Bei jeder Sitzung sind es immer wieder neue. Jeder Mensch in Köln, dem eine dichterische Ader fließt, hat Gelegenheit, sich hier gedruckt zu sehen. Über die dabei zu treffende

---
[1] Heinrich Lee im Berliner Tageblatt Nr. 7 vom 23. Januar 1913.

Josef Wingender
Präsident der Großen Kölner Karnevals-Gesellschaft
Atelier Hartzenbusch, Köln

Auswahl unter den zahllosen einlaufenden Manuskripten entscheidet ein der Gesellschaft angegliedertes literarisches Komitee. Die Lieder sind teils hochdeutsch, teils in dem für fremde Ohren allerdings nur ziemlich schwer verständlichen Kölner Platt. Teils sind sie ernst, meist aber, besonders die im Dialekt, von einer starken humoristischen Drastik. Ihren Gegenstand bildet die nie ausgesungene Herrlichkeit des Karnevals, der Ruhm der Vaterstadt Köln oder ein Spaß aus dem trotz unserer nüchternen modernen Zeit noch immer üppig blühenden Kölner Volksleben. Bekanntgegeben werden die Namen der Verfasser durch den Präsidenten — aber erst nachdem das Lied gesungen ist, und es gibt ebenso berühmte Karnevalsliederdichter wie berühmte Büttenredner. Was in Berlin und in Wien die grassierenden Operettenschlager sind, das sind in Köln die zwei, drei Karnevalslieder, die in jedem Jahre aus den Sitzungssälen flattern und sich durch irgendeine Eigentümlichkeit — meist die Schilderung irgendeines drastischulkigen Vorganges — sowie durch ihre Melodie die Gunst des Volkes erobern, und der Ehrgeiz jedes Karnevaldichters besteht darin, daß ihm diese Palme zufällt. Jedes dieser Lieder hat einen Refrain. „Mer drinke nor noch Bottermilch" — „De Wienanz han 'nen Has em Pott! Miau! Miau! Miau!" — „Marieche, du sollst nit kriesche!" summt und brummt es seit dem vorjährigen Karneval noch immer durch ganz Köln, klingt es noch immer von allen Drehorgeln. Welche Perlen wird uns der diesjährige Karneval bescheren?

Und nun steigt der erste Redner in die Bütt — ein Herr, der sich in gebrochenem Deutsch als Minister Delcassé vorstellt (ich erzähle noch von dem Karneval von 1912) — er ist in Köln auf der Durchreise, und nun will er zu dem deutschen Volke über Marokko sprechen. Lachstürme übertönen seine Rede, und alle Augenblicke mischt sich auf einen Wink des Präsidenten zum Zeichen, zur Anerkennung, daß ein Witz besonders gut geraten ist, das Orchester mit einem dröhnenden Akkord und Paukenschlage ein. Gleichzeitig erstrahlt in der Wolkensoffitte, die über dem Throne des Präsidenten hängt, durch irgendeinen geheimnisvollen Mechanismus, freundlich schmunzelnd, der Mond, — aber es gibt auch Witze, die der Hörerschaft ein schmerzliches Au! entlocken, dann erstrahlt aus der Wolke ein anderer Mond, einer, der ein Gesicht schneidet, als wäre ihm statt Rüdesheimers Grüneberger Schattenseite durch die Kehle geglitten. Wieder vom Büttenmarsch und den Funken, vom brausenden Beifallsjubel begleitet, steht der Redner nun auf der Bühne vor dem Präsidenten, um von ihm den Lohn für seine glanzvolle Leistung zu empfangen, den Orden. Es ist ein Prachtstück, das am blauen Bande um den Hals getragen wird. Ich habe auch einen bekommen.

Der nächste Redner erscheint als „Kappesbauer", wie man in Köln die Gemüsebauern nennt. Er spricht Platt. Aber er hat noch nicht lange geredet, da läßt sich von den Tischen ein sonderbares, dumpfes, immer mehr anwachsendes Poltern vernehmen. Es kommt von den geleerten Weinflaschen, die von den Hörern umgestoßen werden — zum Zeichen, daß ihnen die Rede nicht behagt. „Litschen" nennt man diese Prozedur mit einem Worte aus dem Lexikon des Kölner Karnevals, aber wenn der Redner auch aufhören und sogar die Bütt verlassen muß — die trostreichen Worte, die der Präsident ihm jetzt zuteil werden läßt, richten ihn wieder auf —, er wird es beim nächsten Male wieder besser machen. Soll ich noch erzählen von dem durchgefallenen Reichstagskandidaten, dem Heiratsvermittler, der Barmaid, dem Kölschen Kluth, der Apfelfrau, dem Traumdeuter, dem Heinrich Heine, dem Kastenmännchensrentier, dem Malheurmenschen, die noch die Bütt betreten? . . ."

Die Krönung der Festsitzungen und das Meisterstück ihrer Leiter aber ist der Rosenmontagszug.

„Der Initiative des tatkräftigen und von echt rheinischem Humor durchglühten Oberhauptes der Stadt, des Oberbürgermeisters Wallraf, ist es zu danken, wenn sich der diesjährige Rosenmontagszug glänzender und jedenfalls auch karnevalistischer als sonst repräsentierte; und die beiden Leiter des Festes, das Präsidenten-Dioskurenpaar Wingender und Prior, bieten die ganze Fülle ihres Witzes und ihre Schlagfertigkeit auf, um reformierend auf die, wie es in einer Großstadt nun einmal unvermeidlich ist, aus den mannigfachsten Elementen sich zusammensetzende Narrenschar einzuwirken und sie zum Siege gegen griesgrämliches Muckertum zu führen[2]."

Im Folgenden gebe ich das offizielle Programm des diesjährigen Rosenmontagszuges. Unter den Teilnehmern waren fast alle die vielen Karnevalsgesellschaften der hilligen, im Fasching aber recht weltlichen Rheinstadt vertreten. Der Zug trug das Motto: „Sang und Klang im Karneval." Arrangiert nach der Idee des Präsidenten der Großen Kölner Karnevals-Gesellschaft, Josef Wingender, entworfen von F. Brantzky, H. Becker, H. Schwartz, J. Stolzen, F. A. Weinzheimer und H. Wildermann, wies er folgende Wagen und Gruppen auf: „Der Büttenmarsch", Zimdera, zimdera kumme die Zaldate, met dem stahtze Schellebaum de Stroß erop mascheet. 1. Musikkorps der Funken-Artillerie. 2. Generalstab der Funken-Artillerie. 3. Die Funken-Artillerie mit Rohrrücklaufgeschützen. 4. Die Feldpost der Funken-Artillerie. 5. Wagen: Das Lagerzelt der Funken-Artillerie. (Nr. 1 bis 5 Kölner Funken-Artillerie.) „Das Karnevalslied", Meer lappe, meerpappe, schlon kräftig op dä Penn, denn all die Schusterjunge hann immer jode Senn. 6. Musikkorps: Schohmächer. 7. Fußgruppe: Schusterjungen. 8. Gesangchor: Schusterjungen. 9. Reitergruppe: Der Altgeselle und die Gesellen zu Pferde. 10. Wagen: „Das Karnevalslied". (Nr. 6 bis 10 Gesellschaft Löstige Kähls.) „Der Gassenhauer", O wie schön, sin die Tön, wann spillt dä Nikola, op der Harmonika. 11. Musikkorps: Volkskapelle. 12. Fußgruppe: Et Vringveedel. 13. Gesangchor: Et Vringveedel. 14. Wagen: Kölner Volks-

[2] Albert Drossong, Leipz. Illustr. Ztg. Nr. 3631 vom 30. Januar 1913.

musik. (Nr. 11 bis 14 Karnevalsgesellschaft Eintracht.) „Der Matrosentanz", Es jeiht uns noch nit schläch. 15. Musik- und Trommlerkorps Sr. Tollität Reichsflotte. 16. Reiter- gruppe: Admiralstab Sr. Tollität Reichsflotte. 17. Gesang- chor: Seeleute Sr. Tollität Reichsflotte. 18. Wagen: Der Besuch der Torpedoboote. (Nr. 15 bis 18 Sr. Tollität Reichsflotte.) Es waren zwei Königskinder, die hatten ein- ander so lieb, sie konnten zusammen nicht kommen, das Wasser war viel zu tief. 10. Musikkorps: Bergschotten. 20. Fußgruppe: Turner. 21. Gesangchor: Pfadfinder. 22. Reitergruppe: Dreibund und Dreiverband. 23. Wagen: Diesseit und jenseit des Kanals. (Nr. 19 bis 23 Gesell- schaft Kölner Narrenzunft.) Wat wor dat doch zo Kölle för e Levve, als sie noch stund, die goode ahl Stadt- moor, ming beste Schmeck, die hätt ich dröm gegevve, wör nit die ahle Herrlichkeit zum Troor. 24. Musikkorps: Chauffeure. 25. Fußgruppe: Taxameterkutscher. 26. Ge- sangchor: Taxameterkutscher. 27. Wagen: Der Kutscher- streik. (Festkomitee.) Wir treten auf die Kette, daß die Kette klingt; wir haben einen Vogel, der so schöne singt. 28. Musikkorps: Greesberger. 29. Fußgruppe: Kettemän- ner. 30. Gesangchor: Närrische Meistersinger. 31. Rei- tergruppe: Halfen. 32. Wagen: Die Eigelsteiner Torburg. (Nr. 28 bis 32 Gesellschaft Greesberger.) „Wör ich an Zinntmäte Vizenoffermann, künnt ich bumm bamm beiere, beiere bumm bamm bamm, künnt an alle Dage, wann mer Kirmes han, op de Klocke schlage, bimmel bomm bamm bamm." 33. Musikkorps: Kölner Ratszinkenbläser. 34. Gesangchor: Stadträte mit Brückenmodellen. 35. Rei- tergruppe: Glockengießer. 36. Wagen: Das städtische Glockenspiel. „Das hohe Lied", „Hoch klingt das Lied vom braven Mann, wie Orgelton und Glockenklang". 37. Musik- korps: Winzer. 38. Fußtruppe: Winzer und Winzerinnen. 39. Gesangchor: Winzer und Winzerinnen. 40. Reitergruppe: Rheingau-Grafen. 41. Wagen: Das Rheinlied. (Nr. 37 bis 41 Große Karnevals-Gesellschaft.) „Ja, die haben die Mädchen so gerne". 42. Musik- und Trommlerkorps der Funken-Infanterie. 43. Generalstab der Funken-Infanterie. 44. Die Funken-Infanterie im Tritt. 45. Die Feldpost der Funken-Infanterie. 46. Wagen: Das Lagerzelt der Funken-Infanterie. (Nr. 42 bis 46 Kölner Funken-Inf.) „Das Kirmeslied." „Alle Hährcher solle levve, wenn se och en Offer gevve." 47. Musikkorps: Pierrots. 48. Das Geckenbääntchen mit den hilligen Mägden und Knechten. 49. Das kölsche Hänneschen-Theater. 50. Gesangchor: Kirmesgäste. 51. Reitergruppe: Biedermeier. 52. Wagen: Kölsche Kirmes. (Nr. 47 bis 52 Große allgemeine Karnevals-Gesellschaft.) „Zo Köll'n em ahle Kümpchenshoff, da wunnt ne Booremann." 53. Musikkorps der Ehrengarde. 54. Die Ehrengarde der Stadt Köln zu Pferde. 55. Wagen: Kölner Bauer und Jungfrau (Dienstags-Ballgesellschaften). „Ich weiß nicht, was soll es bedeuten." 56. Musikkorps: Maler (Kiddelrein). 57. Gesangchor: Maler. 58. Reiter- und Fußgruppe: Maler Bock und die Kölner Klatschmanns-Innung. 59. Wagen: Die Sonderbund-Ausstellung. (Nr. 56 bis 59 Gesellschaft Convent.) 60. Musikkorps: Herolde. 61. Reitergruppe: Wimpelreiter. 62. Präsident Wingender, der Autor des Maskenzuges, zu Pferde, mit Adjutanten und Meldereitern. „Fuchs, du hast Pension erworben, gib sie wieder her, sonst wird dich der Jäger holen mit dem Schießgewehr." 63. Musikkorps: Jäger. 64. Fußgruppe: Sonntagsjäger. 65. Gesangchor: Sonntagsjäger. 66. Der Master mit der Hundemeute (fehlt wegen Hundesperre.) 67. Reitergruppe: Auf zur Fuchsjagd! 68. Wagen: Reineke Fuchs. (Nr. 63 bis 68 Große Kölner Karnevals-Gesellschaft.) „In diese Stadt, da zieh ich ein, es ist die Kron', die Kron' vom Rhein." 69. Musik- und Trommlerkorps der Prinzengarde. 70. Generalstab der Prinzengarde. 71. Die mobile Prinzengarde. (Nr. 69 bis 71 Prinzengarde). 72. Wagen: Prinz Karneval. „Wat nötzen uns 10000 Dahler, mer han se jo nit un kriggen se nit." 73. Schlußwagen: 2,3 Millionen Überschuß. 74. Zugschutzwache. 75. Viel Volk.

DER KARNEVAL IN MAINZ

In der oberrheinischen Faschingsstadt Mainz treibt der ungetrübte Frohsinn noch dieselben Blüten wie einst im fünfzehnten Jahrhundert.

Man schrieb den 19. Januar 1838, da vollzog sich im Mainzer Leben insofern ein wesentlicher Wandel, als an diesem Wintertag eine ganze Anzahl von Bürgern, Künstlern und Poeten zusammenkam, um den Mainzer Karneval-Verein zu gründen.

Nach jenem obengenannten 19. Januar konnte man nachstehenden Aufruf lesen:

„Auf das submisseste Ansuchen der lustigen Hauptnarren unserer Stadt, hat der Held Carneval in Gnaden geruht, den Mainzer Narrenstaat in seinen Schutz aufzunehmen. Um nun die Einzugs- und Installations-Feier des Held Carneval in unserer Stadt würdig zu begehen und hochdemselben unsere Huldigungen in devotheitlicher Narrheit darzubringen, laden wir Euch Alle, Ihr Freunde der Freude und Narrheit, zu einer Generalversammlung auf künftigen Donnerstag, den 25. dieses Abends 7 Uhr, im Saale des römischen Königs ein. Die hierzu nöthige Kappe und Einlaßkarten zu allen Generalversammlungen sind bei dem Cassirer Herrn E. Göttig in den Domläden zu haben.

Mainz, den 23. Januar 1838. Das Comité."

Im Saal des „Römischen König" kamen die Narren vom Rhein und manche von der Donau zusammen. Nicht weniger als 372 Mitglieder verzeichnet der Chronist. Am Präsidium saß Kaufmann Karl Michel, am Protokollantenpult stand der erste närrische Sekretär Bermann, und den Dirigentenstab schwang der österreichische Regimentskapellmeister und Komponist Karl Zulehner. Unter ihrer segensvollen Ägide gingen die ersten Sitzungen in Szene, entwickelte sich die erste organisierte Fastnacht, wie sie in ihren Grundzügen seitdem vorbildlich werden sollte.

In diesen Sitzungen traten Fritz Lennig, Karl Weiser, Nikolaus Krieger, Langenschwarz, A. Gossi, Ph. Thielmann und N. Müller auf und ernteten lärmenden Beifall. Es spricht für den patriarchalischen Geist der vormärzlichen Zeit, daß sich unter diesen Helden der Narhalla ein wohlbestallter Polizeikommissar (Gossi) befand, der auch als witziger Karikaturenzeichner der närrischen Zeitungen galt und später die Dekorationen im Frankfurter Hof malte.

Als die Fastnachtstage — damals vom 25. bis 27. Februar — kamen, drängte der Karnevalstrieb hinaus ins Freie. Da war von jeher jeder Saal zu klein, wenn alle lustigen Geister in Straßen und Gassen, im „goldigen Nest" und der weitesten Umgebung entfesselt wurden. Hatten sich in der Narhalla nur die Narhallesen und ihre zahlreichen Freunde eingefunden, so sollte jenseits des karnevalistischen Himmelreichs ganz Mainz fortan an der neugeordneten Fastnacht teilnehmen. An bunten Schauspielen fehlte es jedenfalls nicht. An guten Ideen ebensowenig.

Am Fastnachtssonntag bezog die Ranzengarde als Ehrengarde des Prinzen Karneval die Hauptwache im sogenannten Mitterhäuschen (Fruchtmesserstand) am Gutenbergplatz. Als General machte J. B. Kertell alias „Freiherr von Seifenkessel, Excellenz" einen „martialischen Eindruck", wie die Chronik vermeldet. Dem Narrenprinzen zu Ehren, der nunmehr erstmalig und leibhaftig in seiner rheinischen Narrenresidenz erscheinen sollte, hatte die Ranzengarde eine neue Fahne erhalten.

Um 11 Uhr vormittags fand die Aufführung des ersten Narrenstücks, „Hamlet, Prinz von Liliput, entsetzlich komische Tragödie, fürchterlich tragische Komödie in drei Aufzügen und drei Niederfallungen", im Stadttheater durch Dilettanten statt. „Nachmitttags" — so berichtet die handschriftliche Chronik von F. Schott und C. L. Volk — „verfügten sich die Mitglieder des M. C.-V. nach dem städtischen Stadtpark, um den Einzug des Prinzen Karneval, der mit großem Gefolge und etwa 100 Wagen um 3 Uhr stattfand, verherrlichen zu helfen. Am Fastnacht-Montag nahm die närrische Hoheit — Kaufmann Chary — in einem glänzenden Triumphzug von seiner Residenz Moguntia Besitz."

Am Vorabend des Zugs — am Sonntag abend — waren die beiden Narrenpaläste „Zum römischen Kaiser" und „Römischen König" illuminiert. Im Stadttheater fand gleichzeitig der erste große Maskenball mit Balletteinlage statt, dem am Montag abend der zweite, am Dienstag der dritte Maskenball folgte.

Der Zug zeigte folgende Abteilungen: „eine glänzende Schindmährenkavallerie, Prinz Bibi, ein riesiger Tambour, die Helden der Krähwinkler ‚Armada', das Flickverein-Kasino, eine Verspottung der Frauenemanzipation, die Eheweiber, wie Pfauen aufgeputzt, lesen im Kasino Zeitung und klatschen über Politik, während die Männer daheim sitzen und flicken. Die Uniform der Ranzengarde bestand aus friedericianischem lichtblauen Frack mit großen, gelben Knöpfen, aufgeknöpften Revers an Brust und Schößen, mit gelben Aufschlägen, kurzen, weißen Hosen, weißen Gilets, schwarzen, über die Knie gehenden Gamaschen, weißer Zopfperücke, kleinem dreieckigen Hut mit Federbusch, Patrontasche, Säbel und Gewehr. Die Marketenderin (‚Nannchen aus der Schloßgaß') kutschierte ein Eselgespann und hatte ein Ohmfaß auf dem Karren".

Was die Mainzer Fastnachtszüge an humorvollen Ideen seitdem zeitigten, wurde möglichst gewissenhaft in der Narrenchronik aufgezeichnet. Wie diese teils denkwürdig imposanten Züge zustande kommen, kann nur der recht ermessen, der einer Reihe von Sitzungen der Zugskommission beiwohnte.

Wenn's Fastnacht werden will, wenn es Haus bei Haus nach frisch gebackenen Kreppeln riecht, und wenn der lebensvolle Film der Narhallasitzungen abgerollt ist, da drängt und treibt es den Mainzer Humor auf die Straße, wo der Fastnachtszug kommt.

Im Durchschnitt nehmen an den Zügen 1500 bis 2000 Menschen in Kostüm teil. Etwa vierzig bis fünfzig Wagen dienen zur Darstellung der Hauptgruppen, zehn Musikkorps lösen einander ab, und dreihundert bis vierhundert Pferde (außer dem berühmten seuchenfreien Schoekolgaul der Kleppergarde!) haben sich seit Jahrzehnten als zuverlässige Mitwirkende erwiesen.

Welche enorme Anziehungskraft aber diese Mainzer Fastnachtszüge auf das Publikum, welchen Einfluß sie auf den Fremdenverkehr haben, läßt sich alljährlich unschwer an der Hand der Verkehrsstatistik nachweisen. Die städtischen Körperschaften haben sich deshalb auch seit dem Jahr 1910 bereit gefunden, die Fastnachtszüge mit 3000 M. zu subventionieren, wofür sich das Komitee des M. C.-V. stets dankbar erweisen wird; zierten doch bald nach der Bewilligung dieses Zugszuschusses Eugen Binders Verse die Stadthalle:

„3000 Mark zum Karneval gab uns der
Stadtrat her —
Habt Dank! Die Narrheit hat gesiegt!
M'r nemme auch noch mehr!"[1]

Im laufenden Jahr fand der Karnevalszug zum fünfundsiebzigsten Male statt. Große Festlichkeiten riefen befreundete Vereine aus dem Rheinland nach Mainz, und ein besonders glanzvoller Umzug bildete den Abschluß des Jubiläums.

DAS KÖNIGSSPIEL

Der lustigste Festtag in London war der zwölfte Tag der Weihnachtszeit, es war die Erntezeit der Pfeffer- und Lebkuchenbäcker.

Königskuchen von allen Größen und Preisen, pyramiden- und säulenförmig über- oder auf mächtigen Schüsseln reihenweis nebeneinander, alle möglichen lebenden und leblosen Gegenstände aus Zucker nachgebildet, schneeweiß oder

---

[1] Mainzer Narrenspiegel, S. 18 f. 21 ff. 116 f. 121.

bunt bemalt, Figuren aus Schokolade und Pfefferkuchen erregen die Bewunderung und das Entzücken der zahlreich versammelten Straßenjugend, die den ganzen Tag über die Läden förmlich belagert und die Muße dazu benutzt, allerlei lose Streiche auszuführen.

Mit meisterhafter Geschicklichkeit und Schnelligkeit werden die Rockschöße Neugieriger aneinander oder an die Fensterrahmen festgenäht, oder auch bloß mit Stecknadeln festgesteckt, so daß oft acht bis zehn Personen, ehe sie sich dessen versehen, aneinanderhängen, und der Konstabler, der vor dem Laden steht, um wenigstens den Ein- und Ausgang frei zu halten, meist nicht ausreicht, um allem Unfug vorzubeugen.

Das laute Gelächter bei jedem gelungenen Streich erhöht die Lust.

In den Familien sind die Frauen vom Hause von früh an tätig, um die nötigen Vorbereitungen für den Tag zu treffen; denn überall wird an diesem Tage ein König mit seinem Hofstaat erwählt, und ehe die Besucher kommen, muß der Königskuchen oder twelfth-cake (Kuchen des zwölften Tages) da sein, und ebenso muß man die Charaktere für Herren und Damen mit den dazu gehörigen Reimen und die Lose zur Wahl mit den nötigen Nummern auf der Rückseite versehen haben.

Sobald alle Gäste versammelt und mit Tee oder Kaffee bewirtet sind, werden die Charaktere der Frauen in ein Netz, die der Männer in einen Hut geworfen. Dann wird ein Herr aufgefordert, das Netz zu den Damen zu tragen und sie der Reihe nach die Lose ziehen zu lassen, während eine Dame gebeten wird, mit dem Hut dasselbe bei den Herren zu tun. Gewöhnlich sucht man es so einzurichten, daß Wirt und Wirtin selbst König und Königin, und die Gäste ihre Hofchargen werden. Die beiden übriggebliebenen Lose sind für die Dame und den Herrn, die herumgegangen sind.

Sind alle Lose verteilt, so werden die Zettel aufgemacht. Jeder nimmt den Platz ein und die Rolle an, die ihm zugefallen, und liest die Verse vor, die er gezogen hat. Hierauf beginnt, während Kuchen und Erfrischungen herumgereicht werden, der Scherz des „twelfnight king" oder König des zwölften Tages mit seinem Hof. Denn bis Mitternacht muß jeder, dem ihm gewordenen Amte getreu, sei es als Minister, als Ehrendame oder als Hofnarr sprechen und gestikulieren.

Vor der Reformation buk man einen Pfennig in den Königskuchen, und wer ihn in seinem Stücke fand, wurde jubelnd zum Könige ausgerufen. Ihm lag es ob, alles Holzwerk im Hause mit Kreuzen zu versehen, um es gegen böse Geister zu schützen, und die Familie mit Weihrauch, der in einer Kohlenpfanne brannte, zu beräuchern, um sie das Jahr über vor Krankheiten zu bewahren. Zur Zeit der Königin Elisabeth pflegte man eine Bohne für den König, eine Erbse für die Königin in die Königskuchen zu backen. Diese selbst bestanden damals aus feinem Mehl, Honig, Ingwer und Pfeffer und wurden in so viel Stücke geschnitten, daß nach der Verteilung unter alle Anwesende noch drei Stücke übrig blieben. Sie waren für den Herrn Christus, für die heilige Jungfrau bestimmt und wurden als Almosen vergeben[1].

Dieser Königstag, auch als Bohnenfest bezeichnet, wurde in ähnlicher Weise in den Niederlanden und in Flandern gefeiert, von wo er nach Deutschland kam.

In der lustigen Kurfürstenresidenz am Main, im herrlichen Mainz, wurde vor, während und nach dem dreißigjährigen Krieg das Königsspiel alljährlich inszeniert.

„Im Jahre 1630 zählte man sechzig Ämter, über deren Besetzung das Los entschied. Und im Laufe der Jahre mußte mancher joviale gekrönte Herr auf ein paar fidele Tage von seinem Thrönchen heruntersteigen, um vielleicht — seinem jüngsten Stallbuben oder seinem dicksten Küchen-

---
[1] Reinsberg-Düringsfeld, S. 27 ff.

meister Platz zu machen. Den Kurfürsten selber hingegen treffen wir bald als Hofschreiner (im Jahre 1664) oder als Pförtner (1667), als Oberkellner (1668) oder als Hofschuster (1669) an, bis der Aschermittwoch die Verwandlungsposse beendigte. Mit Emmerich Josef wurde auch das lustige Königreich zu Mainz zu Grabe getragen[2]."

In Berlin wurde gleich nach den Freiheitskriegen bei Hofe das Königs- oder Bohnenspiel eingeführt.

„In einen Napfkuchen wurden zwei Bohnen hineingebakken. Wer den Streifen mit der Bohne erwischte, wurde nach alter Sitte zum Bohnenkönig proklamiert. Der andere Treffer ergab die Bohnenkönigin. Der Hauptveranstalter von drei dieser glänzend verlaufenen Feste war der Bruder der Königin Louise, Herzog Karl von Mecklenburg, Prinz Mephisto, wie er nach der ersten Faust-Aufführung bei Hofe hieß. Er selbst hatte in seinen „Erinnerungen an Berlin" ausführlich davon erzählt.

Das erste Bohnenfest fand am 6. Januar 1815 statt. Die Stücke mit den bedeutsamen Bohnen fielen dem Kronprinzen und seiner Schwester Charlotte, der späteren Kaiserin von Rußland, zu. Sie proklamierten sich zum König und zur Königin aller Bohnen, setzten den Krönungstag auf Sonntag, den 15. Januar fest, bildeten ihren Hofstaat und bestimmten das Hofkostüm: altfränkisch, Reifrock, Turmfrisur und Paradiesvogel, Schönheitspflästerchen, Allongeperücke, Galantriedegen, aber alles in schreiender Karikatur. So versammelten sich am erwähnten Tage 29 Herren und Damen vom Hofe in den tollsten Kostümen im Vorzimmer der Bohnenmajestäten. Der Kanzler Herzog Karl von Kanzelfingen-Sahuabambala (Herzog Karl von Mecklenburg) tat die allerhöchste Willensmeinung kund, daß S. M. noch vor der Krönung ihre Großwürdenträger ernennen werde.

Zuerst erteilt der Bohnenkönig seinem Oberzeremonienmeister folgendes Patent: „Wir Bonius, durch die Gnade

---
[2] Wilhelm Clobes, Der Mainzer Narrenspiegel, Mainz 1913, S. 11 f.

Jan Steen
(Gemäl(

der verhängnißvollen Bohne und kraft des konstitutionsgebackenen und geschnittenen Kuchens König und Selbstesser aller Bohnen. Maßen ein Hof ohne Oberzeremonienmeister gleichsam wie ein Kopf ohne Nase ist, so haben wir in Erwägung seiner profunden Connaissance in der hochpreislichen und höchst unentbehrlichen Wissenschaft der Etikette Unseren bisherigen Zeremonienmeister zu dieser Dignität erhoben und konferieren ihm überdies als ein absonderliches Merkmal und hohe Marke Unserer besonderen Zufriedenheit mit seiner vigilanten Ausführung und aus besonderen Gnaden die Würde eines Herzogs de l'Encens (Weihrauch) und Grafen de la Parfumerie; Maßen die feine Sitte des Hofes löblich zu vergleichen mit deren leiblichen Oderaten und der Weihrauch gleich einem König der Wohlgerüche anzusehen ist, so ist er auch derjenige Parfüm, der Unserer königliche Nase am behaglichsten ist, darum haben Wir sein Herzogtum danach benamset, auch die Benennung desselben vom Geruch hergenommen, weil der Geruch ein feiner Sinn und der eigentliche Hofsinn ist. Ein geprüfter, erfahrener Hofmann muß alles gleich am Geruch haben, sozusagen gleichnißweise wie ein Spürhund, muß nach dem Geruch wissen, woher der Wind kommt, wer und was sich nahet und entfernt und jedem gleich den Rang anriechen, wie denn der Rang überhaupt gar wohl nach dem Geruche eingeteilt wird, in dem einer steht, und den einer hat. Der Weihrauch für die höchste Person, der Gestank für die Plebs, Mille fleurs für die Damen, Lasewenzel für die Rotüre (Unadligen), Kölner Wasser für die kränkelnde Natur, klares Wasser für die Bürger, Staubgeruch und Bücherkleister für die Zunft der Hochgelehrten, Pferdeschweiß und Schwefel für die Soldaten. Hiernach hat der neue Pair und Herzog wohl zu registrieren, ordinieren und den Hof zu dirigieren, alles gehe wie an Draht und Schnur, das verrät des Hofes Spur!"

Schon in dieser Thronrede gibt sich der spätere Friedrich

Wilhelm IV. als der witzigste der Könige zu erkennen, als Mann, der sich selbst zu spotten verstand.

Beim Bohnenfest im Januar 1816 trugen Karl von Mecklenburg und die dreizehnjährige Prinzessin Alexandrine die Bohnenkrone mit Würde und Heiterkeit. Man persiflierte den Hof Louis Quatorze. Nach der Tafel tragierten der Kronprinz und Prinz Alexander Solms-Lich den Hippolyt und die Phaedra des Racine im karikierten Kostüm von Versailles und in dem heulenden Pathos des Théâtre français.

Im Jahre 1817 gewinnt Prinz Wilhelm, der spätere Kaiser, die Bohnenkrone, ihm zur Seite seine jüngste Schwester Louise, er als Bonius René und sie als Königin Bonia die Kleine, Beherrscher des Schäferstaates. Bei der Huldigung singt Carolus Brühlius (Graf Brühl, der Generalintendant der Kgl. Schauspiele) folgendes Lied:

> Zum Monarchen erkor dich des Schicksals Los.
> Dich, der Bohnen erhabenste Bohne!
> Du bist ein mächtiger Erdenklos,
> Dich schmückt die phantastische Krone.
> Und regierst du als König nur ein Jahr,
> Regalier uns nur königlich immerdar.
>
> Und ich, du bohnenhafteste Schäfermajestät,
> Obgleich nicht in Samt und Manchester,
> Erschein' in sanfter Melodien-Qualität
> Als der von Gesang und Orchester
> Und wünsch', daß dies Jährchen bis zum Final'
> Dir verfließ als ein zierliches Pastoral!

RUSSISCHE FESTE

SLAWLENIE

In Rußland war der Gebrauch, daß in und nach Weihnachten die Priester sich versammelten und wie die Chorschüler in Deutschland am Neujahr einige Weihnachtslieder absangen, wofür sie mit Geld beschenkt, auch mit

Essen und Trinken so reichlich bewirtet wurden, daß sie selten nüchtern nach Hause kamen. Manche Bürger und Edelleute taten ein Gleiches bei ihren Freunden und Bekannten und nahmen ihre Kinder mit, daß sie diese im Glückwünschen und Reden üben konnten. Diese Zeremonie, die Slawlenie hieß, dauerte 8 Tage und länger. Das russische Wort Slawen bedeutet ein Fest feiern oder Gott danken.

Zwei Russen gehen mit einem eisernen Kasten, der einer Pauke ähnlich ist, voran. Die Klöppel, womit sie darauf schlagen, sind zur Dämpfung des Schalles mit einem Tuch umwunden. Peter der Große machte in seiner Jugend sich bisweilen mit den Geistlichen das Vergnügen, die Slawlenie zu begehen. Wie er aber hier Gelegenheit hatte, die wüste Lebensart und das Saufen der Geistlichen zu durchschauen, und sah, wie teuer ihre Gesänge bezahlt wurden, behielt er sich diese Ehre selbst vor und machte seinen ehemaligen Schreiber und Hofnarren Sotof zum Patriarchen in partibus, wozu ihm das Räsonieren einiger Senatoren und anderer Großen Veranlassung gab, die sich über seine Lebensart aufhielten. Anfangs fuhr er nur mit seinen Hofbedienten, wobei Sotof den Priester darstellte. Dann lud er einige Senatoren dazu, und allmählich alle großen Hof-, Staats- und Kriegsbeamten. Sotof war nun als bloßer Priester zu schlecht, deswegen wurde er zum Patriarchen gemacht, bekam zwölf Erzbischöfe als Assistenten, und diese wieder ihre Priester, Diakonen und Küster. Die ganze Suite hieß der Kirchenstaat des Bacchus. Die Hofnarren waren Zeremonienmeister, Schatzmeister usf. Flaschen wurden Weihrauchbehälter, Wein und Branntwein Weihwasser, Prügel Almosen. So fuhr dieses Gefolge in Schlitten von Haus zu Haus. Die Zeremonienmeister ordneten mit dem Stock in der Hand und schlugen tüchtig zu. Die Priester mußten für jeden Fehler eine Maß schlechten Branntwein austrinken. Dieses Slawen dauerte bis zum Tod des Kaisers. Weil aber 1704 die Konföderierten in Astrachan diese Slawlenie für Gottlosigkeit erklärten, wurde der Titel Patriarch in Papst verwandelt, und diesem Papste ein Kirchenstaat von Kardinälen, Diakonen und Zeremonienmeistern beigegeben, die alles Leute von der Gattung ihres Oberhauptes waren. Mit diesem Sängerchore besuchte der Kaiser alle vornehmen Russen, die ihre untertänige Erkenntlichkeit mit vollwertigen Dukaten bezeigen mußten, so daß diese Zeremonie viele tausend Rubel eintrug.

SOTOFS HOCHZEITSFEST

Als 1715 die Zarin von einem Prinzen entbunden wurde, dauerten die Freudenbezeigungen acht Tage. Unter anderm wurde ein Karneval gehalten. Der Zar hatte nämlich die patriarchalische Würde und die damit verknüpften großen Einkünfte der Krone einverleibt, und um den Patriarchen dem Volke lächerlich zu machen, kleidete man den Hofnarren Sotof als Patriarchen an, einen Mann von 84 Jahren, der bei dieser Gelegenheit mit einer muntern Witwe von 34 Jahren verheiratet werden sollte.

Die Hochzeit dieses seltsamen Paars wurde von ungefähr 400 Personen mit einer Maskerade gefeiert, wovon je vier und vier besondere Tracht und andere musikalische Instrumente hatten, demnach hundert verschiedene Typen und Musikstücke von allen, hauptsächlich asiatischen, Nationen vorstellten. Die vier ärgsten Stotterer des Reiches waren die Hochzeitbitter; zu den vier Läufern nahm man solch dicke und gichtische Personen, daß sie sich führen lassen mußten. Zu Hochzeitsmarschällen, sogenannten Schaffnern, Brautdienern und Aufwärtern nahm man steinalte Männer, die nicht mehr stehen noch sehen konnten.

Die Prozession des Zaren vom Palaste bis in die Kirche ging also vor sich: ein Schlitten mit den vier Läufern, die nicht laufen konnten; ein Schlitten mit den vier Stammlern; einer mit den Brautführern; dann der Knees Romadanowski, als falscher Zar, etwa gekleidet wie König David. Statt der Harfe hatte er eine Leier in der Hand, die mit Bärenhaut überzogen war. Sein Schlitten wies ein hohes Gerüst in Gestalt eines Thrones auf. Er trug eine Krone auf dem Haupte. An die vier Ecken des Schlittens waren vier Bären gebunden, die Bediente vorstellten; ein fünfter stand hinten auf. Diese Bären reizte man fortwährend mit Stacheln, daß sie beständig brummten, wozu die ganze Gesellschaft ihre wüste und schrecklich durcheinander tönende Musik machte.

Nun kamen Braut und Bräutigam auf einem sehr breiten Schlitten, auf dem überall Liebesgötter angebracht waren, jeder mit einem großen Horn in der Hand, den Hörnerträgerstand des Bräutigams anzuzeigen. Auf dem Bocke saß ein Widder mit ungeheuren Hörnern, und hinten stand ein Ziegenbock. Dann folgten Schlitten, von Widdern, Böcken, Stieren, Bären, Hunden, Wölfen, Schweinen, Eseln gezogen. Als der Zug begann, wurden alle Glocken in der ganzen Stadt geläutet, alle Trommeln gerührt, alle Tiere zum Schreien gereizt, kurz ein Getöse über alle Beschreibung erhoben. Der Zar nebst Menzikoff, Apraxin und Bruce waren als friesländische Bauern gekleidet, jeder mit einer Trommel, die sie schlugen.

Unter diesem abscheulichen Lärm wurde das ungleiche Brautpaar von den Masken in die Hauptkirche vor den Altar gebracht und von einem hundertjährigen Priester kopuliert.

Von der Kirche ging der Zug wieder zum kaiserlichen Schloß, wo sich die Gesellschaft bis Mitternacht belustigte, dann in derselben Ordnung bei Fackeln die Neuvermählten in ihre Wohnung und zu Bette brachte. Dieser Karneval dauerte zehn Tage, in denen die Gesellschaft von Haus zu Haus zog, wo sie immer kalte Küche und starke Getränke fand, so daß während der ganzen Zeit keine nüchterne Seele in ganz Petersburg gewesen sein soll.

KNEES-PAPST BUTTURLINS HOCHZEIT

Von der zweiten derartigen Feierlichkeit erzählte der damalige Kammerherr Friedrich Wilhelm von Bergholz in seinem Tagebuch:

„Im Jahre 1721 den 10. September nahm die große Maskerade ihren Anfang, welche acht Tage hindurch währen sollte, und es ward an selbigem Tage auch des Knees-Papst Hochzeit mit des vorigen Knees-Papst (Sotof) Wittwe gehalten, welche sich in Jahr und Tag nicht hatte entschließen wollen, selbigen zu nehmen, jetzt aber doch des Czaren Willen gehorsam seyn mußte. Es war befohlen, daß heute auf das Signal eines Kanonenschusses alle Masken sich auf der andern Seite, auf dem Platz beim Senat, versammeln sollten, welcher Platz ganz mit Brettern belegt war, und auf Balken ruhte, indem der Grund daselbst ganz morastig und ungepflastert ist. Es versammelten sich also alle Masken mit Mänteln auf dem angewiesenen Sammelplatz, und unterdessen, da die Banden der Masken durch die dazu bestellten Marschälle eingetheilt und in Ordnung gestellt wurden, wohnten beide Majestäten in der Dreifaltigkeitskirche der Messe bei, und es geschah daselbst auch die Trauung des Knees-Papsts, welcher in seinem vollkommenen Pontificalhabit copulirt wurde. Als nur das vorbei war, begaben sich beide Majestäten mit allen übrigen Anwesenden aus der Kirche, und es wurden, laut Abrede, auf den vom Czar selbst verrichteten Trommelschlag alle Mäntel auf einmal abgeworfen (denn der Czar stellte bei dieser Maskerade einen Schiffs-Tambour vor, und schonte das alte Kalbfell gewiß nicht, indem er die Trommel recht gut zu schlagen wußte, und bekanntermaßen seine Kriegsdienste als Tambour angefangen hatte), welche Abwerfung der Mäntel, da alle Masken auf einmal zum Vorschein kamen, sehr gut in die Augen fiel. Man sah nun bei tausend Masken, welche in gleich große Banden abgetheilt und auf einmal geordnet standen. Sie spazierten alsbald nach ihren Nummern, wie in einer Prozession, bei zwei Stunden auf dem großen Platz langsam herum, um einander recht betrachten zu können.

Der Czar, welcher, wie gesagt, als holländischer Bootsmann oder französischer Bauer, und zugleich mit dem

Trommelriemen als ein Schiffs-Tambour gekleidet war, indem er ein schwarzsammtnes mit Silber besetztes Bandelier trug, an welchem die Trommel hing, machte seine Sache recht gut. Vor ihm gingen drei Trompeter, die als Mohren gekleidet weiße Binden und Schürzen um den Kopf und Leib trugen. Neben dem Czar gingen drei andere Tambours, nämlich General-Lieutenant Butturlin, General-Major Tschernischef und Major Mammonoff von der Garde, von welchen die beiden ersten wie der Kaiser verkleidet waren. Hierauf folgte der Vize-Knees-Czar, welcher, wie die alten Könige abgemalt werden, gekleidet ging, eine goldene Krone auf dem Haupt, ein Scepter in der Hand, und um ihn herum viele Bediente in altrussischer Kleidung. Die Czarin, die mit sämmtlichen Damen die Prozession schloß, war als holländische oder friesische Bauernfrau gekleidet, und trug einen kleinen Korb unter dem Arm. Vor ihr her ging ihre Bande Hautboisten, darauf folgten ihr drei Kammerjunker, und zu beiden Seiten acht Mohren, welche, auf indianisch in schwarzen Sammt gekleidet, große Blumen auf den Köpfen hatten. Darauf kamen die beiden Fräulein Nariskin, wie die Czarin gekleidet, und nach denselben sämmtliche Damen, die Hofdamen als Bäuerinnen angezogen, die übrigen aber in verschiedener Kleidung, als Schäferinnen, Nymphen, Mohrinnen, Nonnen, Harlekine, Scaramuzine, auch in altrussischem, spanischem und anderem Kostüm. Den Zug endigte ein großer, dicker, fetter Franziskaner am Pilgerstabe. Die Czarin hatte die Vize-Czarin Romadanowska hinter ihrer Bande gehen, und war selbige wie eine alte Königin, in einem langen rothsammtnen Talar, mit Gold bordirt, gekleidet, auf dem Kopfe eine Krone von Juwelen und Perlen. Die übrigen Masken erschienen theils als Winzer, theils als hanseatische Bürgermeister in schwarzsammtnen Gewändern, als alte römische Soldaten, Türken, Indianer, Spanier, Perser, Chinesen, Bischöfe, Prälaten, Canonici, Aebte, Capuciner, Dominicaner, Jesuiten usf.

Die sonderbarsten waren der Knees-Papst, ein Butturlin

von Geburt, mit dem Collegium der Cardinäle, die in völliger Pontificalkleidung gingen, die allergrößten und liederlichsten Säufer von ganz Rußland, aber alles Leute von guter Familie. Dies Kollegium, nebst seinem Oberhaupte, dem sogenannten Knees- oder Fürstpapst, hatte seine eigenen Statuten und mußte sich in Bier, Branntwein und Wein alle Tage vollsaufen, und sobald einer davon gestorben, ward die Stelle durch einen andern großen Säufer mit vielen Solennitäten wieder besetzt. Der Kneespapst hatte zu seiner Aufwartung zehn bis zwölf Bediente, die im ganzen Reiche zusammengesucht wurden und nicht reden konnten, sondern bloß grausam stotterten und allerhand Geberden dabei machten. Diese mußten ihn und sein Collegium bei Festen bedienen, und hatten ihre eigene lächerliche Kleidung.

Unter den Masken waren außerdem noch hunderterlei andere groteske Figuren, welche mit Peitschen, mit Erbsen angefüllten Blasen und anderem Klappwerk und Pfeifen herumliefen und tausend närrische Scenen herbeiführten. Es gab auch verschiedene einzelne sonderbare Masken: einen türkischen Mufti in seiner gewöhnlichen Tracht, Bacchus in einer Tigerhaut und mit Weinranken behangen, von einem ungemein dicken untersetzten Menschen mit sehr vollem Gesicht dargestellt, der schon drei Tage vorher beständig hatte saufen müssen und keinen Augenblick schlafen dürfen. Andere waren als Kraniche sehr künstlich gekleidet. Der große Franzose des Czaren nebst einem der größten Heiducken schritten wie kleine Kinder mit Fallhut und Gängelband durch zwei der kleinsten Zwerge geleitet, welche wie alte Männer, mit langen, grauen Bärten gingen.

Etliche stellten alte russische Bojaren vor, mit hohen Zobelmützen, in langen Kleidern von Goldstoff, mit seidenen Mänteln darüber, auch mit langen Bärten, und ritten auf lebendigen gezähmten Bären. Der sogenannte Witaschi oder geheime Küchenmeister war in eine große Bärenhaut ganz eingenäht, und stellte diese Bestie sehr natürlich vor; er wurde in einer Maschine, ähnlich der, worin die Eichhörner zu laufen pflegen, anfänglich eine Weile herumgewälzt, hernach aber mußte er auf einem Bären reiten. Nachdem nun alle diese Masken in bester Ordnung ein paar Stunden auf dem großen Platz unter viel tausend Zuschauern herumgegangen, zogen sie in derselben Ordnung in den Senat und die übrigen Collegienhäuser, wo an einer großen Menge Tafeln für die sämtlichen Masken das Hochzeitmahl des Kneespapstes gefeiert wurde. Dieser sowohl als seine junge Braut von sechzig und einigen Jahren saßen unter schönen Baldachinen am Tische, nämlich der Kneespapst allein mit dem Czar und den Cardinälen, und dessen Braut auch allein bei den Damen. Ueber des Papstes Kopf hing ein silberner Bacchus, der auf einer Tonne ritt, die mit Branntwein angefüllt war, den er in des Papstes Glas, welches er darunter halten mußte, pißte. Während der Mahlzeit mußte der als Bacchus verkleidete Kerl, welcher die ganze Zeit neben dem Tische auf einem Weinfaß saß, dem Papst und dessen Kardinälen abscheulich zusaufen. Er ließ den Wein in eine Tonne laufen, und der Papst mußte ihm immer Bescheid thun. Nach der Mahlzeit wurde anfänglich getanzt, bis Czar und Czarin endlich die beiden Neuverehelichten, von welchen der Mann insonderheit unbeschreiblich berauscht war, mit einem großen Gefolge von Masken nach dem Brautbette begleiteten. Dies befand sich in der großen und breiten hölzernen Pyramide, die vor dem Senat schon 1714 zur Erinnerung an die den Schweden aberoberten vier Fregatten aufgebaut worden. Die Pyramide war inwendig erleuchtet, das Brautbette mit lauter Hopfen bestreut, und rund um dasselbe standen Fässer mit Wein, Bier und Branntwein. Auf dem Bette mußten sie noch in Gegenwart des Czaren Branntwein aus Gefäßen trinken, von denen das für den Mann bestimmte die Gestalt eines weiblichen, das für die Frau die Gestalt eines männlichen Gliedes hatte, beide aber von respectablem Umfange waren. Hierauf wurden sie in der Pyramide allein gelassen, in welcher verschiedene Löcher gestatteten zu sehen, was sie bei ihrem Rausche begannen. Abends waren alle Häuser der Stadt illuminirt, was auf Befehl des Kaisers in der ganzen Zeit der Maskerade fortgesetzt werden sollte.

Den 11. Nachmittags versammelten sich nach gegebenem Signal alle Masken wieder auf dem vorigen Sammelplatz, um die neuen Eheleute aus ihrem Hause auf der andern Seite der Newa über das Wasser nach dem Posthause zu bringen, woselbst der zweite Hochzeitstag sollte gefeiert werden. Als sie beisammen waren, verfügten sie sich in früherer Ordnung nach dem eigenen Hause des Papstes, woselbst er vor der Thüre stand und sie nach Gewohnheit alle segnete, in der Weise, wie die russischen Geistlichen zu thun pflegen, und ihnen also seinen päpstlichen und patriarchalischen Segen zugleich gab; wobei denn Jeder, ehe er weiter ging, aus einer großen Kufe einen hölzernen Löffel voll Branntwein trinken und dann den Papst nach abgelegtem Glückwunsch küssen mußte. Nun nahmen sie beide Eheleute in ihre Mitte, und nachdem sie ein paarmal um die Pyramide, in welcher sie geschlafen, gegangen, setzten sie sich in ihre Fahrzeuge und kamen unter mancherlei Musik, auch Kanonirung sowohl von der Festung als der Admiralität, auf die andere Seite des Posthauses, um daselbst tractirt zu werden. Die Maschine aber, in welcher der Kneespapst nebst seinen Cardinälen über das Wasser kam, war von sonderbarer Gestalt. Man hatte nämlich ein Floß von lauter leeren, aber wohlverwahrten Tonnen angefertigt, so daß immer zwei Tonnen nebeneinander gebunden auf dem Wasser schwammen. Sechs lagen hintereinander in gewisser Entfernung. Oben in der Mitte auf jedem Tonnenpaar lag wieder auf den beiden großen Fässern ein kleines Faß, oder ein Anker, welcher darauf festgebunden worden. Auf jedem Anker saß oder ritt ein Cardinal, fest darauf gebunden, daß er nicht herunterfallen konnte. Sie schwammen wie die Gänse hintereinander. Vor ihnen her trieb eine große Braukufe, die von außen rund umher einen breiten Rand von Brettern hatte, unter welchen auch leere Tonnen lagen, um die Maschine in der Höhe zu erhalten; sie war ebenfalls an die hintersten Tonnen, auf denen die Cardinäle ritten, mit Ankertauen und Stricken festgebunden. Diese Braukufe nun hatte man mit starkem Bier gefüllt, und in derselben schwamm der Papst in einer großen hölzernen Schale, wie in einem Boot auf dem Wasser, so daß von ihm fast nichts als der Kopf zu erblicken war. Er in seiner Maschine und die Cardinäle auf den ihrigen standen Todesangst aus, ob es gleich keine Gefahr hatte, indem man alle nöthigen Maßregeln genommen. Vorn auf dieser großen Maschine war ein von Holz geschnitzter riesiger Seefisch, auf welchem Neptun in seiner Maske ritt, mit dem Dreizack bisweilen den Papst in seiner Kufe herumdrehend. Hinten auf dem Rande der Braukufe saß Bacchus auf einer besonderen Tonne, zum öftern von dem Bier aus der Kufe schöpfend, in welcher der Papst herumschwamm, der sich nicht wenig über seine beiden Nachbarn ärgerte. Sowohl diese große als die kleinen Maschinen wurden durch einige Schaluppen fortgezogen, wobei die Cardinäle einen heftigen Lärm mit den Kuhhörnern machten, auf welchen sie beständig blasen mußten. Als der Kneespapst aus seiner Maschine an's Land treten wollte, waren einige vom Czar bestellte Leute vorhanden, welche ihn, unter dem Schein der Hilfe, mit der Maschine, in welcher er in der Kufe herumtrieb, tief in das Bier tauchten, worüber er sich grausam ärgerte, und dem Czar nicht für einen Heller Ehre ließ, sondern ihn lästerlich ausschalt. Danach begaben sich alle Masken nach dem Posthause hinauf, woselbst sie bis spät auf den Abend beisammen blieben."

SCHLITTENFAHRT IM JAHRE 1722

„Die Schlittenfahrt, welche im März 1722 nach des Kaisers eigenem Arrangement gehalten wurde, mag wohl kaum ihres gleichen gehabt haben. Sechzig Schlitten stellten zusammen eine Seearmee vor, von der größten Fregatte, welche der Kaiser führte, bis auf die kleinste Schaluppe, und zwar in folgender Ordnung:

1. der Schlitten des Bacchus, welchen der Hofnarr Witaschi leitete; er war mit einer Bärenhaut angekleidet, und wurde von 6 jungen Bären gezogen;

2. ein Schlitten mit der Musik, von 6 Schweinen gezogen;

3. eine Cyrkasse, von 10 Hunden gezogen;

4. die Feldwebel oder sogenannte Patriarchen des Knees-Papstes mit Cardinalskleidern angethan, auf sechs Schlitten von Hunden gezogen;

5. der große Schlitten des Papstes, welcher in Pontificalkleidung auf einem Throne saß, an seiner Seite die Auserwählten. Auf dem Vordertheile des Schlitten saß der Pater Silerne, und wurde von Pferden gezogen;

6. der Knees-Cäsar, als das Emblem des russischen Reichs, mit der Krone auf dem Haupte, und von 2 Bären gezogen;

7. Neptun, auf seinem muschelähnlichen Wagen, mit dem Dreizack, und von zwei Seemännern begleitet;

8. die Fregatte des Kaisers, auf welcher zwei Erhöhungen von 30 Fuß, und mit 32 Kanonen, deren 8 von Metall, die übrigen von Holz waren, mit drei Masten, Flaggen, Segeln und Tauwerk ausgerüstet. Diese große Maschine wurde durch 16 Pferde gezogen. Der Kaiser war in derselben als See-Capitän gekleidet;

9. eine Art von Schiff ungefähr 100 Fuß lang, wovon das Hintertheil 24 kleine Schlitten in der Reihe hinter sich herschleppte, die mit allerhand Volk beladen waren;

10. ein großes vergoldetes Schiff mit Spiegelgläsern geziert, in welchem sich die Kaiserin als friesische Bäuerin gekleidet befand;

11. der Fürst Menzikoff in einer Barke als Abt mit seinem Gefolge;

12. die Fürstin Menzikoff mit ihrem Gefolge in spanischer Kleidung, und einer Barke;

13. eine zum Lauf gewaffnete Fregatte, in welcher der als Bürgermeister gekleidete Admiral Apraxin;

14. ein Schiff, worin der Herzog von Holstein mit 20 Personen als holsteinische Bauern costümirt waren;

15. eine Schaluppe der ausländischen Minister in priesterlichem Gewand, von ihren Bedienten zu Pferde begleitet;

16. das Schiff mit dem Moldau'schen Fürsten Cantemir in türkischer Kleidung, unter einem Baldachin sitzend usf."

WAHL DES KNEES-PAPST STROHOST IM JAHR 1725

„Der letzte Papst Butturlin, Sotofs Nachfolger, war aber schon einige Monate todt, und es sollte ein neuer eingesetzt werden. Sotofs Haus wurde jetzt zum Conclave bestimmt und zugerichtet. Oben an der zum Hause hinaufgehenden Treppe waren 2 große bleierne, 2 große hölzerne und 64 steinere Glocken verschiedener Gattung alle mit Klöppeln versehen, festgemacht. In dem Wahlzimmer stand ein Thron von sechs Stufen, mit gefärbter rother Leinwand belegt. Mitten auf dem Throne lag eine halb blau, halb roth angemalte Tonne mit 2 Zapfen, bei welcher ein lebendiger Bacchus saß, welchen man in acht Tagen nicht hatte nüchtern werden lassen. Oben zur rechten Seite des Thrones stand ein Stuhl für den Knees-Cäsar, als Präsidenten der Wahl, auf der linken Seite ein anderer für den zu erwählenden Papst. Der Saal war statt der Tapeten mit Strohmatten bekleidet. An der Wand bei dem Throne standen 13 Stühle, von denen 3 durchlöchert, auf allen aber Bacchi in verschiedener Stellung gemalt waren. In dem andern Zimmer, wo das Conclave sein sollte, hatte man 14 Logen erbaut, jede von der andern durch eine Strohmatte abgesondert. An jeder Loge hing ein Bast-Schuh, welcher die Stelle eines Leuchters vertreten sollte; in der Mitte sah man keine andern Möbel als einen langen Tisch, auf den man einen großen Bären und einen Affen von Thon, und hinter ihnen einen kleinen hölzernen Bacchus mit einem rothen Halstuch gesetzt hatte, um statt eines Trinkgeschirrs zu dienen. An der Erde stand eine Tonne mit Getränk, und eine andere mit Speise, zum Unterhalt der einzuschließenden Cardinäle, deren ganzes Gefolge in andere mit Tischen und Bänken versehene Zimmer einquartiert wurde.

Den 3. Januar 1725 Nachmittags 2 Uhr versammelte sich das Conclave in dem Butturlin'schen Hause, und darauf ging die Procession vor sich:

1. ein Marschall in gewöhnlichen Kleidern mit einem Stabe, um welchen rothes Tuch gewickelt war;

2. zwölf Pfeifer, als Chorschüler des Papstes; sie trugen rothe Kleider mit gelben Aufschlägen, und jeder in der Hand einen Löffel, der mit Glockenschellen besetzt war;

3. der zweite Marschall;

4. sechzig Chorsänger;

5. hundert Civil- und Militärbeamte, die Generallieutenants mitgerechnet; drei und drei in einem Gliede, und alle in ihren gewöhnlichen Uniformen;

6. ein dritter Marschall in einem Cardinalskleide und einem rothen mit weißem Rauchwerk gefütterten Mantel. Nach ihm kamen die sieben folgenden Glieder:

    a) der Fürst Repnin nebst einem andern Herrn in alltäglicher Kleidung;

    b) der General Butturlin und der Generalmajor Gollowin; der erste in seiner Uniform, der andere im Cardinalsgewand;

c) der Czar in einem rothen Ueberrocke mit kleinem Halskragen; zu seiner Rechten ging Knees-Cäsar als Cardinal;

d) ein Zwerg in schwarzem Kleide, der eine Rolle Papier in der Hand hielt, und wie der geistliche Schreiber aussah;

e) die vier folgenden Glieder bestanden aus lauter Cardinälen in Pontificathabit;

f) sechs Stammler als Redner des Papstes; ein jeder stammelte auf eine besondere Weise und war in seinen natürlichen Fehlern vollkommen;

7. Bacchus voll Lebens und Weins auf einer Tonne sitzend, in seinen Händen einen silbernen Topf und Becher haltend; hinter ihm ein kleiner Bacchus, der über seinem Kopfe mit beiden Händen einen Bacchus von vergoldetem Silber in die Höhe hielt. Diese beiden wurden auf einer Bahre von 16 völlig besoffenen Bauern getragen, die man in allen Branntweinhäusern aufgesucht und zu dieser Ceremonie weggeschleppt hatte. Vor dieser taumelnden Tragbahre trat ein alter Mann daher mit trockenen Tannenzweigen in der Hand, welche ein dazu bestellter Kerl von Zeit zu Zeit mit einer Fackel anzünden und dadurch das Räucherwerk vorstellen mußte;

8. ein überaus großes hölzernes Gefäß auf einer Maschine, welche durch zwölf Kahlköpfe, die eine mit Wind gefüllte Schweinsblase in der Hand hielten, getragen wurde;

9. der Redner Zeregaf im schwarzen Kleide, langem Mantel und viereckiger Mütze von schwarzem Sammet mit silbernen Franzen besetzt. In seiner Hand hielt er einen Stock in Gestalt einer Schaufel, auf welcher ein Bacchus gemalt war;

10. noch sieben Cardinäle in ihrem Ornat. Vor der Brust trugen sie einen gemalten Bacchus. Sie hatten alle ein Buch in der Hand, das Lieder zu Ehren des Bacchus enthielt.

Die Kaiserin folgte in einer Kutsche von fern. Auf allen Gassen wurden Pechtonnen angezündet.

In solcher Ordnung nahm die Procession ihren Weg nach dem zum Conclave bestimmten Hause, in dessen Vorhofe eine Menge Russen auf die geistliche Gesellschaft wartete, auch bei ihrer Ankunft mit hölzernen Hämmern auf leere Tonnen klopften und durch diesen Willkomm ein entsetzliches Getöse erregten. Nun wurden die Cardinäle in's Wahlzimmer gebracht, auch die Thüren hinter ihnen zugeschlossen und mit starken Wachen besetzt, damit Niemand herauskommen möchte. Der Kaiser, welcher nebst der übrigen Gesellschaft in andern Zimmern war, weilte daselbst ziemlich spät in die Nacht. Als er sich zu entfernen gedachte, ohne es zu verrathen, stellte er sich, als ob er einmal hinaus gehe, schloß aber die Thür hinter sich zu, drückte sein Petschaft daran und verfügte sich heim, da denn Niemand von den Anwesenden entkommen konnte. Das Conclave blieb indeß ebenfalls fest verschlossen, und die in demselben befindlichen Cardinäle mußten in jeder Viertelstunde einen großen hölzernen Löffel voll Branntwein, ungerechnet das übrige Getränk, unweigerlich ausleeren. Am folgenden Morgen um 6 Uhr fand der Kaiser sich wieder ein und ließ die Gefangenen los. Die Cardinäle spazierten in den großen Saal, der zur Wahl bezeichnet war, und setzten sich auf die ihnen angewiesenen Stühle. Dann hatten sie drei Candidaten vorzuschlagen, und ihre Eigenschaften, welche sie der Wahl würdig machten, gewaltig herauszustreichen. Weil sie nun über den aus diesen dreien zu erwählenden Papst lange disputirten und sich nicht vereinigen konnten, bewilligten sie endlich, daß man durch Stimmenmehrheit den Streit entscheiden möchte. Die Vota wurden zu drei verschiedenen Malen gesammelt. Weil aber durch dieses Mittel auch kein genügendes Resultat zu erhalten war, beliebte man durch Wahlkugeln den Handel zu schlichten. Deshalb wurde die Fürstin Gallizin, als Äbtissin des Conclave, hereingerufen, welche die Kugeln den Cardinälen austheilen mußte.

Hierdurch fiel das Los endlich auf einen Proviant-

Commissar Namens Strohost. Sobald dieser nun erwählt, trug man ihn auf den Thron, der seinem Inhaber eine jährliche Besoldung von 2000 Rubeln einbrachte, ein freies Haus in Petersburg, ein anderes in Moskau, und so viel Wein und Branntwein aus dem Hofkeller, als er mit seinem ganzen Hause nur immer vertrinken konnte und wollte, vieler andern Annehmlichkeiten zu geschweigen; gleichwie denn auch Jeder ohne Ausnahme ihm die Hand küssen, und wer dagegen verstieß, eine schwere Geldbuße erlegen mußte.

Als nun der neuerwählte Papst dasaß, näherten sich ihm alle Anwesenden, einer nach dem andern, und küßten seine Pantoffel; er aber reichte Branntwein herum, welcher aus dem auf den Thron gesetzten Fasse durch den dabeiliegenden Bacchus gezapft wurde. Nach Vollendung dieser Ceremonie brachte man den Papst wieder vom Throne herunter und setzte ihn in ein großes hölzernes Gefäß; in diesem wurde er processionsweise im Zimmer herumgetragen, dann aber in eine noch größere mit Bier angefüllte Kufe hineingesetzt, aus welcher er den Hinzutretenden rechts und links zu trinken gab. Darauf wurde eine große Tafel für das Conclave gedeckt, und die Speisen, worunter gut zubereitetes Fleisch von Wölfen, Bären, Füchsen, Katzen, Mäusen und ähnlichen Tieren, von der Äbtissin und ihren drei Dienerinnen aufgetragen. Mit vielem Gesundheittrinken auf das Wohl des Papstes ging dies sonderbare Gastmahl zu Ende."

VIERTES HAUPTSTÜCK

VON KOMISCHEN GESELLSCHAFTEN

DIE GECKENGESELLSCHAFT IN CLEVE

Graf Adolf zu Cleve stiftete mit dem Grafen von Meurs und 35 Herren der Cleveschen Ritterschaft im Jahre 1381 am Tage Cuniberti einen Narrenorden.

Das Ordenszeichen, das den Mitgliedern auf ihre Kleider gestickt war, stellte einen Narren vor, der eine halb rote und halb von Silber gestickte Kappe mit gelben Schellen hatte, und eine vergoldete Schale mit Früchten in der Hand hielt. Der Tag der Zusammenkunft der Mitglieder war der erste Sonntag nach Michaelis in einem bestimmten Hause zu Cleve. Die Gesellschaft ging erst den nächstfolgenden Sonntag wieder auseinander. Von dieser Versammlung durfte niemand wegbleiben, der nicht entweder krank oder sechs Tagereisen von Hause entfernt war. Nach ihren Stiftungsgesetzen wählten sie alle Jahre einen neuen König und sechs Ratsherren, die alle Angelegenheiten der Gesellschaft besorgten. Wer von ihnen den Gecken nicht täglich auf dem Kleide trug, sollte jedesmal drei Tournais (alte Groschen) den Armen geben; diese Strafe mußte auch derjenige erlegen, der eine ihrer jährlichen Versammlungen versäumte. Dienstags morgens bei ihrer Zusammenkunft gingen sämtliche Mitglieder in die Kathedral- oder Archidiakonalkirche, um für die Verstorbenen der Gesellschaft zu beten; und diejenigen, die mit anderen Gesellen, das ist Mitgliedern, in Feindschaft geraten waren, mußten sich Freitags vor Sonnenaufgang dem Hofe, der aus dem König und den sechs Ratsherren bestand, vorstellen und sich vor Sonnenuntergang aussöhnen. Dieser Orden sollte nur zwölf hintereinander folgende Jahre bestehen.

Der Stiftungsbrief der Geckengesellschaft lautete:

„Wy allen de ghene die onse zegelen an desen Brieff gehangen hebben maicken kondt allen Lüden, ende bekennen, dat wy met gueden dorchgehalden Raade ons selffs ende om Sunderlinge Gunst, Vrintschap, die mallich van ons tot den andern heeft, ende nu vart me die gennicken hebben sall onder ons eyne geheselschap van den Gecken, in formen und manieren als hiernae geschreven steyt. Dat is te weten, dat ydermann van onsen Gesellen draghen sall eynen Geck van Silver gemackt, of under ghesticket op seyn Kleidet, soo wie oer des best ghenaget: Ende soo wie van ons der Gecker daghelyck niet en droegh, den sall end mag dern andern van ons Gesellen soe ducke als hie dat siet peynden vor drie alte grote, Tournaise, wilcht dry groote Tournaise, hie darch Gott armen Luden gheben sall. Ende vaert, soellen wie Gesellen alle gader jairlix eyne Gesellschap, und eynen Hoff hebben, da er wy alle sementlyck sollen kamen ende vergaderen, als tot Cleve; ende alle Jaer den andern Sondags naer sinte Michiels Daghe in der Herberghen Scheyden nach unter stal ryden, sie en hebbe den eysten gelaeden ende wael betaelt syn andeel van der theringe die ehn gebooert tae ghelden van den hoeue. Ende nyemand van ons en sall achter blyven, hy en kenne op den voarss of om einiges Dinges, of saaken willen en beneme een rechte kenlicke lyfsnoet: sonder alleyne diegiene die buten Landes weren, sese dach vaert van syne Woninge, da er hy dagelyck wonachtig were, die Gesellen van aen beeden Zyden mit allen hoeren hulperen soellen gheuzedet zyn van den Vredage voer den Hoeue als die Sonne opgeyt, ende wesende t'scheint des Vridags nae den Haue all die Sonne ondergeyt. Ende vairt soillen wy alle Jaer op den Voorss-Hove kiesen onder ons Gesellen, eynen Koningh van onsen Gesellschap met sese Raet-Luiden, welchen Koningh mit den Raetluiden haten end ordeniren sall alle Sachen van den Gesellschapende Sonderlinges den Hoff der anderen jaeres daernae te versein bestellen, end saeten sall; ende alle Sacken die men tot den houe behoudende is, werven end begadern zal end bescheidelicke reckeninge daer aff daen sall: van wilcken kost des Varss-Hoefs die Ridder en Knechte gelyck gelden soelen, end die Here een Derdendeel meer dan die Ridder ende Knechte, end een Greue een Derdendeel meer dan die Heere. Ende des Dinxdages des Margens vrae binnen den Hoeve soellen wi Gesellen onder ons allen to Cleve in onser Vrawenkirche begaen um die helbstete bidden vur alle die ghene die van onsen Gesellen gestorven weren, ond daer soll mallich van ons sin offer brengen etc. — — Sall twelff Jaer lang datum des Brieffs naest nae eyn folgende. — End mallich van onss allen Heefft den andern gelaefft in gouden trouven ende geseckter in gerechter Eydstat, alle Saecken sae, wae die bawen geschrewen staen, vast, stebe en unverbrecklick toe doen. In Orkonde onsere Zegele an desen Brief gehangen. Ghegeven in't Jaer onses Heeren Dusend Drie hondert tachtentlich, end epnd op Sente Kuniberts Dag."

Das Original dieses Briefes ist mit 36 Siegeln versehen, alle in grünem Wachs ausgedruckt, ausgenommen das Siegel des Grafen von Cleve, das, in der Mitte angeheftet, in rotem Wachs geprägt ist; daneben hängen die Siegel der Herren Grafen von Meurs, Diderich von Eyl, von Meghen, Arent Snoeck, von Bellincharen, Wilhelm von Vorst, Otho van Hall, Jan von Bylan, van Reys, Evert van Hulst, von Meurs, Wilhelm von Loel, Heinrich van Veste, Rulger von Dornick, van Ameyde, van Hatmolen, Johann van Hetterscheyde, Johann von Bylant, Wilhelm von Abconde, Heinrich von Bylan, von Buderick, Senon von Sculemberghe, von Diepenbroeck, Herbert van Lewen, Wilhelm von Roede, Evert van Veste, Gery von Oßembruck, Bernhard von Inghenhave, von Willacken, Ernst von Stomey, von Grutterswich, Otho von Bylan, Johann von Bronchorst, Johann von Ruckehem, Walraven von Benthem[1].

Justus Möser machte den Vorschlag, den Geckenorden

---
[1] Thomae de Rouck, Hederlanatscher Herauld, S. 195. Weddigen, Westphälisches Magazin, Heft 1, Rubrik 3.

zu erneuern[2]. Er sagt: „Man rühmt es zwar an unsern großen Vorfahren, daß sie zum Zeitvertreibe vieles auf vertraute Gesellschaften und brüderliches Trinken gehalten, und darinn die ganze Wollust politischer Begeisterungen und kühner Verschwörungen genossen hätten; auch redet man nie von ihren Töchtern, ohne sich Prinzessinnen vorzustellen, die in einsamen Nachdenken, in anhaltenden Vorstellungen und treuer Liebe im hohen Stil ihre Feiertage zugebracht hätten. Allein man mag ihnen ihr Trinken, ihre Verschwörungen und ihre Abentheuer noch so hoch anrechnen; so bleibt es doch immer noch ein Räthsel, wie sie ohne Kartenspiel, ohne die jetzt so sehr zur Mode gewordene Lectüre, ohne Schauspiel und ohne Zeitungen, die eine Zeit wie die andere so vergnügt hinbringen können.

Die Antwort, welche man insgemein hierauf höret, daß sie sich mehr mit dem Haushalt abgegeben hätten, auch erfindsam an schlauen Streichen, kühner in satirischen Bildern, kräftiger im Scherzen, reicher an kurzweiligen Erzählungen, und überhaupt gesunder und hungriger zur Freude gewesen wären, löset den Knoten nicht auf; die Arbeit reicht nicht immer zu; das Vademecum wird erschöpft; die Laune schläft ein; wie meine Leser vom Handwerke, welche eine Gesellschaft damit zu unterhalten versuchen, selbst gestehen werden; und dreihundertfünfundsechzig Tage, worunter hundert Feiertage waren, welche unsre Vorfahren bei ihrer mehreren Arbeit mit muntern Scherzen und lachenden Freuden ohne Kartenspiel, ohne Lectüre, ohne Zeitungen und ohne Schauspiele zugebracht haben, zeigen einen solchen ungeheueren Raum von Zeit, daß obige Mittel, so bloß genommen, nicht hingereicht haben können, solchen auf eine angenehme Art auszufüllen. Und dann ist wiederum noch die Frage, woher unsere Vorfahren so gesund, so hungrig, so aufgelegt zur Freude gewesen, und worinn die große Kunst bestanden, mit deren Hülfe sie die lange Weile aus ihrer Gesellschaft verbannt haben? Die Ge-

[2] Patriotische Phantasien, Osnabrück 1775—1786, II. Teil, 64. Stück S. 372.

schichte, welche die Handlungen eines Jahrhunderts in eine halbstündige Erzählung zusammen drängt, und die ganze Welt als immer geschäftig darstellet, täuscht den Kenner hier nicht; die heroischen Tugenden waren so wenig wie die tändelnden unsers Jahrhunderts der Langeweile allein gewachsen. Sie mußten also ein eignes verlohrnes Mittel haben, wodurch sie den frohen Scherz erzeugten, und ihre Feierstunden auf eine vergnügte Art zubrachten.

Da ich ohnlängst der Ursache des von dem Herzog von Cleve gestifteten Geckenordens nachdachte, so fiel mir ein, daß unsre Vorfahren sich vielfältig Rollen oder Charaktere erwählt, und solche bei Gelegenheit gespielt hätten. Gewiß ist es wenigstens, daß wenn eine Gesellschaft von Freunden zusammen kommt, worunter jeder ein lustiges Amt zu verwalten oder eine komische Figur zu machen hat, ein lärmender Ton der Freude sich geschwind verbreite, und ziemlich erhalten. — —"

Der Geist des Geckenordens verlangte, daß alle Rangunterschiede bei den Mitgliedern verbannt und das Prinzip: gleiche Brüder, gleiche Kappen streng durchgeführt wurde.

Aus späterer Zeit hat man kein anderes Beispiel eines ähnlichen deutschen Ordens, als den, welchen Kurfürst Josef Clemens von Köln, wenn ich nicht irre, unter dem Namen Rat de pont errichtete, wobei seine Absicht dieselbe war, die Herzog Adolf von Cleve mit seinem Geckenorden verfolgte. Der Mopsorden hat nicht den Geist gezeigt, ohne den dergleichen Institutionen läppisch werden.

Dieser Mopsorden war die Stiftung des ebenso bigotten wie galanten und fidelen Erzbischof Clemens August von Köln (1723—1761), dem Sohne des Kurfürsten Max Emanuel mit der Tochter des Polenkönigs Johann Sobiesky. Seine Bohnenfeste mit Stiftsdamen und geistlichen Herren waren ebenso berühmt wie seine Schlittenfahrten[3].

[3] Ed. Vehse, Die geistlichen Kurfürsten zu Mainz und Köln. Leipzig S. 313.

DIE NARRENMUTTER ZU DIJON

Die Narrenmutter oder die Infanterie von Dijon (La Mère folie, la Mere folle, Mater stultorum, L'Infanterie Dijonnoise) war ein Verein, dem oft mehr als 500 Personen aller Klassen angehörten. Darunter befanden sich Prinzen, Bischöfe, deren ich schon beiläufig gedacht habe[1], Parlamentsmitglieder, Gelehrte, Kaufleute und Künstler.

Ihr Ursprung ist unbekannt, man weiß nur, daß sie schon vor 1454 in Flor gewesen und Philipp der Gute, Herzog von Bourgogne, in diesem Jahr sie von neuem bestätigt hat. Pater Menestrier vermutet ihn ihr eine Nachahmung der Geckengesellschaft in Cleve, die Engelbert von Cleve, Statthalter des Herzogtums Bourgogne, eingeführt hat, da sie viel Ähnlichkeit mit der Cleveschen Geckengesellschaft aufwies, außerdem die Prinzen von Cleve in regem Verkehr mit den Herzögen von Bourgogne gestanden, und sich oft an ihrem Hofe aufgehalten haben.

Der Bestätigungsakt Philipps des Guten lautet:

MANDEMENT

Du Duc Philippe pour la Fete des Foux.

PHELIPPES, par la grace de Dieu,
Duc de Bourgoigne, ce bon lieu,
De Lothier, Brabant et Lambourg,
Tenant à bon droit Luxembourg,
Comte de Flandres et d'Artois,
Et de Bourgoigne, qui sont trois,
Palatin de Hainault, Hollande,
Et de Namur et de Zelande;
Marquis du Saint Imperial,
Seigneur de Frises, ce fort val,
De Salins, et puis de Malines,
Et d'autres terres, près voisines.
A tous les presens, qui verront,
Et ceux à venir, qui oiront

---

[1] I. Bd., S. 120.

Ces nos Lettres, savoir faisons,
Que nous, l'humble Requete avons
Reçu du Haut-Batonnier
Qu'est venu sus des avanthier
De notre Chapelle à Dijon,
Contenant que par meprison,
Ou par faute de bien garder
Aucuns envieux pour troubler
Des Foux joyeux la noble Fete
Ont, long tems a, mis à leur tete,
De la toute sus abolir,
Qui seroit moult grand deplaisir
A ceux, qui souvent y frequentent,
Et de coeur et de corps l'augmentent,
Et ont ravi furtivement,
Ou au moins on ne sait comment,
Et mis au neant le Privilege.
En quoi n'avoit nul sortilege;
Mais c'etoit joyeuse Folie,
Le plus triste, si qu'on en rie,
Ce qui ne se peut recouvrer,
Sans par nous de nouvel donner
Sur ce notre commandement,
Ou à tout le moins Mandement,
Qui contiegne permission,
Ou nouvelle Fondatio
Pour desormais entretenir
La dite Fete sans faillir:
Dont humblement il nous requiert,
Et car c'est raison, ce qui quiert,
De Legier lui avons passé,
Et consenti, et accordé,
Et par ces presentes passons,
Voillons, consentons, accordons
Pour nous, et pour nos successeurs
Des lieux ci dessus dits, Seigneurs,

Que cette Fete celebrée
Soit à jamais un jour l'année,
Le premier du mois de Janvier,
Et que joyeux Fous sans dangier,
De l'habit de notre Chapelle
Fassent la Fete bonne et belle,
Sans outrage, ou derision,
Et n'y soit contradiction
Mise par aucun des plus saiges,
Mais la feront les Foux volaiges
Doucement tant qu'argent leur dure
Un jour ou deux, car chose dure
Seroit de plus continuer,
Ne les frais plus avant bouter
Par leurs finances qui decroissent,
Lorsque leurs depenses accroissent.
Sy mandons à tous nos sujets,
Qu'en ce ne soient empechiez:
Ains les en seuffrent tous joir
Paisiblement à leur plaisir.
Donné sous notre scel secret
Et en l'abscence du Decret
De notre etroit et grand Conseil,
Le jour Saint Jehan un Vendredy.
Devant diner aprés Midy
De Decembre vingt-septieme,
Des heures quasi la deuxieme,
Avec le seing de notre main,
Qu'y avons mis le lendemain,
Sans plus la matière debattre,
Mil quatre cent cinquante quatre.

Der Zweck dieser Gesellschaft war anfänglich bloß, sich bei einem Gastmahl zu unterhalten. Bald aber verband man damit die Absicht, Narren und Intriganten unschädlich zu machen oder dem öffentlichen Spott preiszugeben und auf diese Weise zu bessern.

Die Gesellschaft versammelte sich jährlich zur Zeit des Karnevals. Die Mitglieder waren als Weingärtner gekleidet, sangen auf Wagen Gassenhauer und übten gleichsam das Richteramt über die Sitten der damaligen Zeit aus. Sie kamen in dem Ballhause de la Poissonnerie zusammen, nachdem ihr Grüner Fiscal (le Viscal verd) vorher um Erlaubnis dazu angesucht hatte, und zwar an den drei letzten Karnevalstagen. Die Mitglieder hatten Kleider von dreierlei Farben, grün, rot und gelb, Mützen von ebendiesen Farben, mit zwei Hörnern mit Schellen. Sie trugen Narrenstöcke (Marottes) mit einem Narrenkopfe statt des Knopfes. Das Oberhaupt der Gesellschaft, das sich durch gute Gestalt, gefällige Manieren und Rechtschaffenheit auszeichnen mußte, hieß La Mère folle (Narrenmutter). Sie hatte einen Hofstaat wie ein regierender Herr, Schweizergarde, Garde zu Pferde, Gerichts- und Hausdiener, einen Kanzler und andere mehr. Die Infanterie, die aus mehr als 200 Mann bestand, besaß eine Fahne, worauf eine Menge Narrenköpfe mit Narrenkappen mit dem Wahlspruch: „Stultorum infinitus est numerus" zu sehen war.

Die pergamentnen Mitgliedsdiplome waren mit dreierlei Farben beschrieben, und aus diesen drei Farben bestand auch das herabhängende Wachssiegel, auf dem eine sitzende weibliche Figur abgebildet war, den Halskragen mit Schellen besetzt und einen Narrenstock in der Hand.

Bei ihren Versammlungen, die nicht allein zur Zeit des Faschings, sondern auch bei großen Hoffesten, Vermählungen, Geburtstagen und dergleichen stattfanden, brachte ein jeder sein Gedeck selbst mit. Die Narrenmutter hatte fünfzig Gardisten zu ihrer Wache. Sie bestand aus den vornehmsten Künstlern der Stadt. Sie besetzten die Türe des Versammlungssaales und begleiteten die Narrenmutter, wenn die Infanterie marschierte. Dieser Marsch geschah mit großen bemalten Wagen, von denen jeder mit sechs Pferden bespannt war. Kutscher und Postillion trugen Kleider in den drei Farben. Auf den Wagen deklamierten

Personen burleske Verse in bourgognischer Mundart. So zog die Gesellschaft durch die Hauptstraßen der Stadt. Vier Herolde mit Narrenstäben marschierten vor dem Hauptmann der Garde. Diesem folgten die Wagen und die Narrenmutter, die auf einem weißen Zelter ritt, begleitet von zwei Herolden. Dann kamen ihre Damen, sechs Pagen, zwölf Lakaien, der Fähnrich, sechzig Offiziere, die Stallmeister, Falkoniere, der Oberjägermeister und andere. Endlich folgte die Fahne, begleitet von sechzig Reitern, dem grünen Fiskal und seinen Räten. Die Schweizer schlossen den Zug.

Wollte jemand in die Gesellschaft aufgenommen werden, so prüfte ihn der Fiskal in Gegenwart der Narrenmutter und der hohen Offiziere in Versen, und er mußte auch in Versen antworten. Hatte jemand, der nicht der Gesellschaft angehörte, über sie übel gesprochen oder ein Mitglied beleidigt, so wurde er vor die Narrenmutter gefordert, die ihm eine Strafe auferlegte, z. B. eine Menge Wasser zu trinken oder eine Geldbuße zu zahlen. Wenn er aber nicht erschien, schickte man sechs Mann auf Exekution, die sich im nächsten Gasthause kostbar bewirten ließen, bis er sich gestellt hatte. Man verkaufte seinen Hausrat, ohne daß er Einspruch erhoben hätte.

Die letzte Narrenmutter war Philipp de Champs, Parlamentsprokurator und Syndikus der Stände von Bourgogne.

Die Rezeptionsakte der Mitglieder waren in folgender Form abgefaßt:

ACTE DE RECEPTION

De Henri de Bourbon, Prince de Condé, premier Prince du Sang, en la Compagnie de la Mére-folle de Dijon, l'an: 1626.

Les superlatifs, Mirelifiques et scientifiques Loppinans[2] de l'Infanterie Dijonnoise, Regens d'Apollo et des Muses: Nous legitimes Enfans figuratifs du venerable pere Bon-

---

[2] Lopinant ist Dialekt und bedeutet das Stück eines Gütchens: Möser, Patriot. Phantasien, II. Teil, S. 376.

tems et de la Marotte ses petits fils, neveux et arriere neveux, rouges, jaunes, verts, couverts, decouverts, et forts en gueule: A tous Foux, Archifoux, Lunatiques, Heteroclites, Eventez, Poetes de nature, bizarres, durs et bien mols, Almanachs vieux et nouveaux, passez, presens et à venir; Salut: Doubles pistoles, ducats et autres especes, forgées à la Portugaise, vin nouveau sans aucun malaise; savoir faisons, et chelme qui ne le voudra croire, que Haut et Puissant Seigneur Henri de Bourbon, Prince de Condé, premier Prince du Sang, Maison et Couronne de France, Chevalier etc. à toute outrance, auroit S. A. honoré de sa presence les fessus et goguelus Mignons de la Merefolle, et daigné requerir en pleine assemblé d'Infanterie, etre immatriculé et recepturé, comme il a eté receu et a eté couvert du chaperon sans pareil, et pris en main la Marotte, et juré par elle, et pour elle ligue offensive et defensive, soutenir inviolablement, garder et maintenir folie en tous ses points, s'en aider et servir à toute fin, requerant lettres à ce convenable: A quoi inclinant, de l'avis de notre tres-redoutable Dame et Mere, de notre certaine science, connoissance, puissance et autorité: sans autre information precedente à plein confiant de S. A. avons icelle avec allegresse par ces presentes, hurelu, beretu, à bras ouverts et decouverts, reçu et impatronisé, le recevons et impatronisons en notre Infanterie Dijonnoise, en telle sorte et maniere, qu'elle demeure incorporée au cabinet de l'Inteste, et generalement, tant que Folie durera, pour par Elle y etre, tenir et exercer à son choix, telle charge, qu'il lui plaira aux honneurs, prerogatives, preéminences, autorité et puissance, que le Ciel, sa naissance et son epée lui ont acquis. Pretant S. A. main forte, à ce que Folie s'eternise, et ne soit empechée, ains ait cours et decours, debit de sa marchandise, trafic et commerce en tout pays, soit libre par tout, et en tout privilegiée. Moyennant quoi, il est permis à S. A. ajouter, si faire le veut, folie sur folie, franc sur franc, ante, subante, per ante, sans intermission, diminution, ou interlocutoire que le branle de la machoire, et ce aux gages et prix de sa valeur, qu'avons assignés et assignons sur nos champs de Mars et depouilles des ennemis de la France, qu'elle levera par ses mains, sans en etre comptable. Donné et souhaité à S. A.

> A Dijon, ou elle a eté
> Et ou l'on boit à sa santé
> L'an six cent mil avec vingt six,
> Que tous les Foux etoient assis.

Signé par ordonnance des redoutables Seigneurs Buvans et Folatiques, et contresigné, Des Champs Mere, et plus bas le Griffon verd.

Die Bestallungen der Mitglieder zu verschiedenen Ämtern waren in demselben burlesken Ton geschrieben. Als Beispiel die

INSTITUTION

de Maitre Jean Fachon, Auditeur de la Chambre des Comptes, en la Charge d'Ambassadeur de la Compagnie de l'Infanterie Dijonnoise.

L'Illustrissime et Carissime Compagnie joyeuse de l'Infanterie Dijonnoise, gayement assemblée au son des Instruments musicaux, au plus beau Mirelifique et ebluant appareil que faire s'est pû; tous enfans legitimes et successeurs de la Marotte, Salut: Ecus, ducats, millerais, nobles à la rose, portugaises, sequins, pistoles et pistolets sans balle, ni poudre, et autres semblables especes en quantité, pour remplir les Arsenals de leurs Escarcelles eventées; apres avoir revolu la sphere, contemplé la situation des poles sur notre horison, levé l'aiguille du septentrion au midy, et humé le Nectar du bon pere Denis, avons fait ouvir, et lire brusquement par notre Griffon verd les paquets reçus d'un Maitre de nos postes et relais, tant decà que delà la Mer, contenant avis certain, ou environ, que la Fiere Atropos, pour passer son temps a eclipsé un grand nombre d'Ambassadeurs Generaux de notre tres chere et redoutable Dame et Mere. Qu'à ce moyen plusieurs des Provinciaux et Locaux, pour n'etre surveillés, ne avertis, comme ils etoient jadis, negligeoient le Gouvernement de ceux, qui dependent de notre conduite, lesquels par ce defaut couroient, comme chevaux debridés, à diverses sortes des perils, les uns entreprenant de longs et dangereux voyages, trainant avec eux leurs biens et celui d'autrui au travers des bois et forets et montagnes, à la façon des betes sauvages, queteurs de chemin, et autres tels inconveniens; les autres poussées d'une manie, et aveugle fureur, se jettant à l'aveugle à la suite des armes, batailles et duels, couroient audevant de celle, qui ne les attrape que trop tot, et demeurant estropiés le reste de leur vie, avec peine et langueur, choses du tout contraires à nos joyeux deportemens; d'autres encore plus poussés d'une tres grande avarice, et cupidité d'amasser des biens, pour les laisser à tels qui n'en savent gré, lesquels abandonnent la terre, vrai lieu de leur origine, s'exposent à la merci, et à l'inconstance de l'eau, capitale ennemie de nos joyeuses et gaillardes assemblées, contrevenant directement aux voeux de nos Foux ancetres, lesquels protestoient d'avoir un pied en terre ferme, et tant que faire se pourroit, torcher leur Cul sur l'herbe; de toutes lesquelles precipitation arrivoit la perte, ou la ruine des Colonies et Peuplades, que nous avons par tout le globe terrien. Sur quoi, l'affaire mise en deliberation, a eté resolu, à la pluralité des voix, qui ont eté exhibées par B carre, et par B mol, et à toute Game, que pour brave cette si temeraire et outrecuidée mort, qui ne respecte les Foux, que quand bon lui semble, il falloit rendre la Folie immortelle en depit des envieux, etablissant d'autres Ambassadeurs aux lieu et place des decedés, sous lesquels notre autorité prendroit soigneusement garde au regime et gouvernement de ceux, qui seroient sous leur conduite, selon que nos Foux ancetres l'ont appris par fait, mines, gestes ou autrement. Pour ce est il, qu'informés fantastiquement de la naturelle et artiste Folie de notre tres cher et bien aimé Mignon et goguelu, Jean Fachon à present prenant repas et repos sous notre domination en cette ville, sous la gayeté de ses sens, allegresse de machoires, legereté de la main, galanterie d'esprit, friandise de gueule, vitesse de ses membres: Vu aussi ses faits heroiques, sa dexterité au maniment des armes bacchiques, entre deux tretaux icelui examiné à l'usage de Jean le Coqs sur le titre de Folie à livre ouvert, Cap. stulte coequitare, fol. 20. cap 11. Qui aussi ses solutions legerement fournies à chacun des folatres argument à lui faits; protestation par lui faire sur le chaperon, de bien vivre, boire, mancher et rire; en tout et par tout folatrer et se divertir, tant qu'appetit et argent subsisteroient et assisteroient, et mourir —

    Fou folatrant, Fou lunatique,
    Fou chimerique, Fou fanatique,
    Fou jovial, Fou gracieux,
    Fou courtisan, Fou amoureux,
    Fou gaussant, Fou contant fleurette,
    Fou gaillard, Fou voyant filette,
    Fou fin, Fou ecervelé,
    Fou alteré, Fou gabelé,
    Fou à cabochè legere,
    Fou cherchant à faire bonne chere,
    Fou aimant les morceaus choisis,
    Fou verd, Fou teint en cramoisi,
    Fou en plein chant, Fou en musique,
    Fou faisant aux sages la nique,
    Fou riant, Fou gai, Fou plaisant,
    Fou bien faisant, Fou bien disant
    Fou eventé, Fou houmoriste,
    Fou caut, Fou Pantagrueliste,
    Fou leger, Fou escarbillat,
    Fou indiscret, Fou sans eclat,

Fou sur la terre, Fou sur l'onde,
Fou en l'air, Fou par tout le monde,
Fou couché, Fou assis, Fou debout,
Fou ça, Fou là, Fou par tout.

Et de plus, embrasser, tant que vie lui durera, toutes sortes de Folies ausquelles il pourra atteindre. Conclusions extravagantes, dabagoulées par le Fiscal verd à notre Dame et Mere : Nous à ces causes et mille autres aisées à deviner, l'avons reçu, empaqueté et emballé, recevons, empaquetons et emballons en notre Compagnie; en sorte qu'il y soit uni, toute sagesse cessante, pour y exercer toute folie, en l'etat et office d'Ambassadeur du Levant au Ponant, pour notre Dame et Mere; lui donnant et attribuant gros, gras et plein pouvoir sur tous les Foux de sa Legation; les tenant avertis de jour à autre des avis qu'ils recevront de Nous, d'autant que c'est pour le bien de nos affaires, accroissement, augmentation et multiplications sans chiffres de nos Foux, que nous voulons et entendons etre toujours d'un nombre infini; des toutes lesquelles diligences, et charges d'Ambassadeur aus dits pays, il sera tenu de dresser de beaux et amples Memoires dont il emburlu coquera notre Fiscal verd, les lui envoyant à toutes les postes, et en donnant avis par courriers exprés, afin de remedier en toute occurence au bien et soulagement de tous nos sujets, pur d'icelle charge d'Ambassadeur, jouir pleinement, et le moins à vuide que faire se pourra, aux honneurs, privileges, prerogatives, préeminence, autorité, franchise et liberté de valoir ce qu'il pourra; profits, revenus, emolumens, tant ordinaires, que de rudes batons dus à la dite charge, assignés sur l'epargne de nos deniers, tout compte fait, ayant à ce fin fait expedier les presentes, signées le Griffon verd, et scellées de notre sceau.

Si donnons en mandement à tous Foux, Archifoux, Extravagans, Heteroclites, Joviaux, Melancholiques, Curialistes, Saturniques, Lunatiques, Timbrez, Fanatiques, Gais,

Coleriques et tous autres de lui obeir follement, en ce qui dependra de sa charge d'Ambassadeur, sous peine de desobeissance, et meme d'encourir nos disgraces; et à nos Tresoriers, Receveurs et Payeurs, de le payer de ses pensions et appointement par quartier, et egalement, non pas plus à l'un qu'à l'autre, en la forme ancienne et accoutumée, desorte qu'il ne reçoive espece qui ne soit de mise; voulant, ordonnant et commandant tres expressement que sur la simple quittance, la dite somme leur soit legerement passée et allouée, en notre Chambre des Gets, sans aucune difficulté, sauf notre droit et celui des autres. Donné à Dijon.

Die Gesellschaft der Narrenmutter erfreute sich aber trotz solch hoher fürstlicher Gunstbezeigungen nur eines verhältnismäßig kurzen Daseins. Am 21. Juni 1630 wurde sie wegen eingeschlichener Mißbräuche durch ein königliches Edikt aufgehoben. Dieses enthielt die Drohung, daß jeder, der sich als Mitglied betreten oder dazu anwerben ließe, als Störer der öffentlichen Ruhe betrachtet und seiner Rechte in der Stadt Dijon verlustig erklärt werden sollte.

Dennoch bestand die Gesellschaft noch etwa zwei Dezennien weiter. Aber der alte Glanz und das Ansehen waren dahin, da nur mit Erlaubnis des Gouverneurs Versammlungen oder Veranstaltungen stattfinden durften. Eine solche fand 1638 bei Geburt des Dauphins, des späteren Ludwig XIV., und zwölf Jahre darauf noch einmal statt.

DIE HÖRNERTRÄGER VON EVREUX UND ROUEN

Die Gesellschaft der Hörnerträger (Societas Conardorum oder Cornadorum) blühte im fünfzehnten und sechzehnten Jahrhundert in Evreux und Rouen. Ihr ursprünglicher Zweck war, eine Art geistigen Haberfeldtreibens auszuüben, nämlich durch Lachen die Sitten zu bessern, denn sie satirisierten in burlesken Gesängen über alle lasterhaften und törichten Handlungen, die sich im Narrensprengel zutrugen. Als diese erst mit Wohlwollen begrüßte Sitte dahin ausartete, schuldige und unschuldige Leute in groben Pasquillen zu verlästern, wurde sie durch weltliche und geistliche Gewalt unterdrückt und aufgehoben.

Der Oberste dieser Narrengesellschaft hieß der Abt der Hörnerträger, Abbas Cornadorum. Er wurde aus und von den Mitgliedern erwählt, die sich alle Mühe gaben, selbst diese Würde zu erlangen, und sich sehr beklagten, wenn ihnen dies nicht gelang, wie aus folgenden Versen erhellt, die noch aus diesen Zeiten stammen:

> Cornards sont les Busots, et non les Rabillis,
> O fortuna potens, quam variabilis.

Die Busots und Rabillis sind die Namen zweier Familien von Evreux.

Der Abt der Hörnerträger wurde in feierlichem Pomp und mit lächerlichem Prunk, mit der Bischofsmütze und dem Bischofsstab versehen, in Rouen auf einem Wagen und in Evreux auf einem Esel durch die Hauptstraßen der Stadt unter Getümmel, Lärmen und Jauchzen der ihn begleitenden Hörnerträger herumgeführt. Bei dem Umzuge spotteten sie über alles, was ihnen begegnete und was sich das Jahr über zugetragen. — So wurde z. B. einmal das maccaronische Couplet gesungen:

> De Asino bono nostro,
> Meliori et optimo
> Debemus faire fete.
>
> En revenant de Gravinaria,
> Un gros chardon reperit in via.
> Il lui coupa la tete.
>
> Vir Monachus in Mense Julio
> Egressus est e Monasterio,
> C'est Dom de la Bucaille.
>
> Egressus est sine licentia,
> Pour aller voir donna Venisia,
> Et faire la ripaille.

Dieser Dom de la Bucaille war Prior der Abtei Saint Taurin und besuchte öfter die Frau von Venisse, Priorin der Abtei Saint Sauveur in der nämlichen Stadt; damit war aber noch nicht gesagt, daß sie durch ihren Umgang Ärgernis erregt hätten. Allein die Hörnerträger kehrten sich daran nicht; sie verschonten niemand, lästerten selbst die Tugend.

Der Abt der Hörnerträger ließ ebenso burleske Patente ausfertigen wie die Narrenmutter zu Dijon, nur in lateinischer Sprache. In dem folgenden ist ein Herr de Montalino zum Kardinal ernannt.

PROVISIO CARDINALATUS ROTHOMAGENSIS
JULIANENSIS
etc.
Paticherptissime Pater.

Abbas Conardorum et inconadorum ex quacunque natione, vel genitatione sint aut fuerint: Dilecto nostro filio naturali et illegitimo Jacobo a Montalinasio salutem et sinistram benedictionem. Tua talis qualis vita et sancta reputatio cum bonis servitiis — et quod diffidimus, quod postea facies secundum indolem adolescentiae et sapientiae tuae in conardicis actibus, induxerunt nos etc. Quocirca mandamus ad amicos, inimicos et benefactores nostros, qui ex hoc saeculo transierunt, vel transituri sunt — — quatenus habeant te ponere, statuere, instalare et investire tam in choro, chordis et organis, quam in cymbalis bene sonantibus, faciantque te jocundari et ludere de libertatibus franchisiis — — Voenundatum in tentorio nostro prope sanctum Julianum, sub annulo peccatoris anno pontificatus nostri 6. Kalend. fabacearum, hora vero noctis 17. more Conardorum computando etc.[1]

Damit die Gesellschaft in ihren pasquillähnlichen Satiren sich in gewissen Schranken hielt, mußte sie alle Jahre bei dem Pariser Parlament und in Rouen um Erlaubnis bitten, ihre Posse ausführen zu dürfen. Endlich aber verfielen sie

---
[1] Du cange Glossarium ed Scriptores mediae et infimae latinitatis. Tom. II. vos Abbas Conardorum.

doch, wie erwähnt, so tief in Lästern und Verleumden, daß der Bischof zu Evreux und andere sich genötigt sahen, die Gesellschaft aufzulösen, wie aus dem folgenden Auszug aus den Gerichtsakten von Evreux hervorgeht:

„Ensuivent les Charges de la Confrerie de Monseigneur Saint Bernabé, Apotre de N. S. J. C. creée et instituée par le R. P. en Dieu, Paul de Capranie, au nom de Dieu, notre Createur, et d'icelui, Monsieur Saint Barnabé, en delaissant une derision, et une honteuse Assemblée, nommée la Fete aux Cornards, que l'on faisoit le jour d'icelui saint, et ensuivent les ordonnances ainsi faites, etc. Ladite Confrairie de nouvel fondée et celebrée en l'Hotel-Dieu de la ville d'Evreux, en forme de conversion, pour adnuler, et mettre à neant certaine dirision, difformité et infamie, que les gens de justice, Juges et autres de la dite ville commettoient le jour de Monsieur Saint Bernabé, qu'ils nommoient l'Abbaye aux Cornards, ou etoient commis plusieurs maux, crimes, excés ou malfaçons, et plusieurs autres cas inhumains, au deshonneur et irreverence de Dieu notre Createur, de Saint Bernabé, et Sainte Eglise[2]."

Folgende seltene Schriften befassen sich mit der Gesellschaft der Hörnerträger: Le Recueil des Actes et Depeches faictes aux Haults-jours de Conardie tenus à Rouen l'an 1540 avec le Triumphe de la monstre et ostentation du magnifique et glorieux Abbé des Conards, Monarche de Conardie, le tout composé en ryme qu'en prose. 1541. Les Triomphes de l'Abbaye des Conards, sous le Reveur en decimes, Fagot Abbé des Conards; contenant les Criées et Proclamations faites depuis son advennement jusqu'à l'an present; plus, l'ingenieuse Lessive qu'ils ont conardement montré aux jours gras en 1540 avec le Testament d'Ouïnet, augmenté de nouveau par le commandement du dit Abbé, non encore vu: plus, la Letanie, l'Antienne et l'Oraison faite en la dite maison Abbatiale. Rouen 1580 und 1587. I.

---
[2] Codex actorum public. Praesidialis curiae Ebroicensis bei Du Cange and Tillot, pag. 94.

DIE BABINISCHE REPUBLIK IN POLEN

Um das Jahr 1568 wurde in der Woiwodschaft Lublin von einigen polnischen Edelleuten eine lustige Gesellschaft gegründet, die sie Babinische Republik nannten, nach dem Landgute Babin, das Psomka, einem der Stifter gehörte.

Baba bedeutet im Polnischen ein altes Weib, und Babine was ihm zugehört oder von ihm herrührt; deshalb gab dieses alte und verfallene Landgut wegen seines schlechten Aussehens und seines lächerlichen Namens oft Gelegenheit zu Spöttereien und lustigen Einfällen.

Damit aber die Babinische Gesellschaft ein höheres Ansehen erlange, gaben die Gründer ihr die Staatsverfassung von Polen. Sie wählten einen König, einen Reichsrat, Erzbischöfe und Bischöfe, Woiwoden, Kastellane, Kanzler und andere Würdenträger mehr. Diese Ämter wurden auf folgende Art übertragen.

Sobald sich jemand durch eine Absonderlichkeit hervortat oder etwas äußerte, was gegen Anstand, Herkommen oder Wahrheit lief, so wurde er zum Mitglied der Babinischen Narrenrepublik ernannt, und zwar wurde ihm eben das Amt aufgetragen, das in Beziehung zu seinen Albernheiten oder Verstößen stand. Bramarbasierte jemand mit Schlachten, Kriegen, Belagerungen, Totstechen und Hauen, so wurde er Krongroßherr und Ritter vom goldenen Sporn. Sprach er Dinge, die er nicht verstand, machte man ihn zum Erzbischof. Redete er über Politik, mischte das Hundertste ins Tausendste, wurde er Großkanzler. Wer zur Unzeit von Religion anfing und sich des geistlichen Hochmuts schuldig machte, wurde Hofprediger. Wer sich nur von Pferden, Hunden, Falken und Fuchsjagden unterhalten konnte, wurde zum Krongroßjägermeister erwählt. Und bald gab es kein Amt in Polen, das man nicht auch in der Republik Babina nach Stand und Würden besetzt fand. Einige erhielten aber auch ganz besondere Würden. So wurden Infanten von Spanien, Favoriten und Hofnarren ernannt.

Wenn nun jemand zum Mitglied dieses komischen Staates erwählt wurde, fertigte man ein Patent unter dem großen Siegel aus, überreichte es ihm mit allerlei Zeremonien, und der Neuerwählte mußte es ehrerbietig stehend annehmen. Weigerte er sich, in den Orden zu treten, so wurde er so lange verspottet, bis er sich dem Willen der Gesellschaft fügte.

Diese Republik erhielt endlich so weiten Umfang, daß man selten unter dem Senat, der Geistlichkeit, den Hofleuten und anderen Ständen des Reichs eine Person fand, die nicht ein Amt in ihr bekleidete.

Als die Sache vor den König Sigismund August II. kam, bezeigte er sein Wohlgefallen über diesen komischen Staat und fragte, ob er auch einen König hätte, worauf der Starost der Republik antwortete: „Fern sei es von uns, allerdurchlauchtigster König, daß wir, so lange Sie leben, einen andern König wählen sollten; Sie sind auch unser Oberhaupt!" Der König nahm diese Antwort sehr gnädig auf und lachte darüber.

Als einst einer der Gesellschaft das Reich Alexanders des Großen, die babylonische, persische und römische Monarchie, mit hochtrabenden Worten lobte, entgegnete ihm einer der Anwesenden: „Was machen Sie so viel Gelärme über das Altertum und die Größe seiner Staaten? Unsere Babinische Republik ist älter als die persische und griechische, ja als alle Monarchien. Denn David hat schon von ihr gesagt: alle Menschen sind Lügner; und das ist ihr Grund, darin besteht ihr Wesen; daher müssen Darius, Alexander der Große und die ganze Welt zu ihr gehören." Die höchste Wahrhaftigkeit und ein feiner Umgangston der Mitglieder unter sich war Pflicht. Scherz und Satire durften niemals beleidigend oder verletzend wirken.

Weil diese Gesellschaft jedes Laster, jede Schwäche der Lächerlichkeit preisgab, wurde sie in kurzer Zeit der Schrecken, die Bewunderung und der Zuchtmeister ihrer Landsleute. Mißbräuche, die sich in der Regierung und der bürgerlichen Gesellschaft eingeschlichen hatten, wurden durch wohlangebrachte Satire abgeschafft; die Mitglieder bekümmerten sich um Dinge, von denen sie vorher gesprochen, aber nichts verstanden hatten. Einer lernte vom andern, indem sie ihre Ansichten austauschten, denn es befanden sich unter ihnen die klügsten Köpfe der Nation, die selbst beim Könige im größten Ansehen standen. So hat Petrus Cassovius lange Zeit das Richteramt in der Woiwodschaft Lublin geführt und ist mehr als einmal zum Landboten beim Reichstage erwählt werden. Besonders Cassovius als Kanzler und Psomka als Starost der Babinischen Republik waren bei Fürsten und Adligen wegen ihres Verstandes und ihrer Einfälle sehr beliebt. Als Psomka gestorben war und man seiner bei einem vornehmen Gastmahle gedachte, baten einige Adelige einen Dichter, auf Psomka eine Grabschrift zu machen, was er auch gleich aus dem Stegreif tat:

 Epitaphium Domini Psomkae, fundatoris Societatis
    Babinensis.
 Plurima si cuiquam debet Respublica, Psomkae
  Debet, in hac viridi qui requiescit humo.
 Namque sodalicium sanxit, fundamina cujus
  Conficti absque dolo sunt fuerantque sales.
 Cresce sodalicium; quod si tibi, nostra probantur
  Carmina, me gremio iungito, quaeso, tuo.

Heute ist keine Spur von dieser Gesellschaft mehr vorhanden. Sie entartete, und die klugen Köpfe erhielten Possenreißer zu Nachfolgern, die ihr Reich selbst zerstörten[1].

DAS REGIMENT DER CALOTTE

Le Regiment de la Calotte wurde von einigen schöngeistigen Hofherrn zu Ende der Regierung Ludwigs XIV. errichtet. Ihr Ziel war, die Sitten zu bessern, die affektierte

---

[1] Stanislai Sarnicii Annales Polonici (adjecti Tomo II, Historiae Polonicae Jo. Dlugossi. Lips. 1. 2. fol.) p. 1215—1218.

Schreibart lächerlich zu machen und ein Tribunal zu errichten, das dem der französischen Akademie entgegengesetzt sein sollte. Die Gründer waren sich der Schwierigkeit ihres Unternehmens bewußt. Sie wählten deshalb zu ihrem Symbol eine Bleikappe (Calotte de plomb) und nannten ihre Gesellschaft das Regiment der Kappe, unter Bezugnahme auf die Sprichwörter: il lui faut une Calotte de plomb und il n'a pas de plomb dans la tête.

Die Veranlassung zur Errichtung dieser Gesellschaft war folgende: Herr von Torsac, Exempt des Gardes du corps, Aimont, der Mantelträger des Königs, und verschiedene andere Hofleute scherzten eines Tages über das Kopfweh, wovon einer unter ihnen sehr geplagt wurde, und schlugen dem Leidenden das Tragen einer Bleikappe zur Vertreibung dieses Übels vor. Im Laufe der Unterhaltung kamen sie auf den Einfall, ein Regiment aus solchen Personen zu errichten, die sich durch lästerliche Reden und Handlungen auszeichneten. Von der Bleikappe nannten sie es das Regiment der Calotte, und Aimont wurde einstimmig zum General erwählt. Dieser närrische Einfall wurde so weit getrieben, daß man sogar Standarten für das Regiment verfertigen und Münzen darauf prägen ließ. Es fanden sich bald Dichter, die die Patente in Versen ausfertigten, die das Regiment denen zuschickte, die eine offenbare Narrheit begangen hatten.

Viele Personen von Stande ließen sich aufnehmen, und jeder beschäftigte sich in vollem Ernst, durch lächerliche Züge die Fehler und Ausschweifungen der angesehensten Leute zu übertreiben. Die Sache machte viel Aufsehen. Man suchte sie gleich in der Geburt zu ersticken; aber je mehr man dagegen war, desto mehr blühte die Gesellschaft. Sie wuchs in kurzer Zeit zu ansehnlicher Größe heran, denn Hof und Stadt lieferten ihr eine große Menge Rekruten.

Als Ludwig XIV. von der Errichtung dieser seltsamen Gesellschaft benachrichtigt wurde, fragte er Aimont, ob er nicht sein Regiment vor ihm aufmarschieren lassen wolle. „Sire," antwortete Aimont, „es würde niemand da sein, vor dem es aufmarschieren könnte." Dieser Chef des Regiments erfüllte seine Pflichten auf das beste, bis er plötzlich sein Kommando niederlegte. Als die Alliierten Douai belagerten, befand sich Torsac bei dem König und sagte zu ihm, wenn man ihm 30000 Mann geben wolle, so würde er nicht allein die Alliierten zwingen, die Belagerung aufzuheben, sondern ihnen auch binnen vierzehn Tagen alle Eroberungen wieder abnehmen. Aimont, der diese Aufschneiderei hörte, übergab ihm augenblicklich den Kommandostab, und seit der Zeit war Torsac General des Regiments bis an seinen Tod. Seine Leichenrede hat viel Aufsehen erregt. Sie bestand nämlich aus einem Gewebe der schwülstigen Redensarten, die man aus den Lobreden der französischen Akademie, den Briefen des Chevalier d'Her... und sonst zusammengestoppelt hatte. Sie ist um so wertvoller, weil sie als eine scharfe Satire auf den affektierten Stil einiger Mitglieder der Akademie anzusehen ist. Die Betroffenen ließen das Opus verbieten und die Exemplare einziehen. Aimont, nun Sekretär der Gesellschaft, begab sich deshalb zu dem Marschall von Villars und redete ihn folgendermaßen an: „Gnädiger Herr, wir erkennen, nachdem Alexander und Cäsar gestorben, keinen andern Beschützer unseres Regiments an als Sie. Man hat die Leichenrede auf unsern General Torsac konfisziert und dadurch seine und unsere Ehre beleidigt. Ich ersuche Sie daher, sich bei dem Herrn Siegelbewahrer zu verwenden, der mir schriftlich die Erlaubnis erteilt hatte, jenen Nachruf drucken zu lassen." Herr von Villars begab sich auch wirklich zu dem Siegelbewahrer, der befahl, die eingezogenen Exemplare wieder auszuliefern.

Dies trug nicht wenig bei, den Ruhm des Regiments zu vermehren, das sich nun täglich vergrößerte. Besonders merkwürdig ist, daß diejenigen Personen, die man anfänglich am meisten verspottet hatte, sich endlich selbst unter die Fahne dieses Korps begaben; denn dadurch fanden sie Gelegenheit, sich wegen der Spöttereien zu rächen, womit man sie angestochen hatte. Indes nahm man nicht jedermann auf, sondern, ohne auf den Stand zu sehen, bloß diejenigen, die etwas Hervorstechendes in ihren Talenten zeigten. Es mußten nur Leute von Kopf sein. Jeder Eintretende mußte vor einer Versammlung in Versen oder Prosa eine Rede halten, in der er seine eigenen Fehler aufzuführen hatte. Die Furcht, den Spöttereien dieses Regiments ausgesetzt zu sein, bewog die meisten Herren vom Hofe, sich zu dessen Beschützern zu erklären, wiewohl man sonst einig war, seine Satiren nicht ernst zu nehmen. Die Kritiken waren gemeiniglich ganz unschuldig, betrafen die Klugheiten und die Schreibart. Manchmal aber gingen sie doch weiter, wenn es der Nutzen des Publikums zu erfordern schien, gewisse Bösewichter zu entlarven, die sonst nicht gebessert werden konnten. Bei dem Regiment selbst fand man keinen Eigennutz; es teilte seine Patente unentgeltlich aus. Da es dem Sekretär unmöglich war, alle Patente selbst abzufassen, fanden sich namhafte Dichter, die ihn gern darin unterstützten[1].

Eine ganze Sammlung solcher und anderer Schriftstücke erschien unter dem Titel: Recueil des Pieces du Regiment de la Calotte, à Paris. L'an de l'ere Calotine 1726.

Das Folgende mag als Probe dienen:

Brevet pour aggreger le Sr. Arrouet de Voltaire dans le Regiment de la Calotte.

Par. Mr. Camuzat.

Nous les Régens de la Calotte,
Aux Fidèles de la Marotte,
Et qui ces Présentes verront,
Ou qui lire les entendront,
Salut. Arrouet dit Voltaire,
Par un esprit loin du vulgaire,
Par ses mémorables Ecrits,
Comme aussi par ses faits et dits,

---
[1] Les avantures de Pomponius, Rom 1728, S. 69.

S'étant rendu recommandable,
Et ne croiant ni Dieu, ni diable;
Tenant notre Cours à Paris,
N'avons pas été peu surpris,
Qu'un Poëte de cette trempe,
Qui mériteroit une Estampe,
Aiant de plus riches talens,
Qu'onc aucun autre à soixante ans:
Savoir Boutique d'insolence,
Grand Magazin d'impertinence,
Grenier plein de rats le plus gros,
Caprices et malins propos,
Eut, par une insigne disgrace,
Manqué d'obtenir une place
De Calotin du Regiment,
Dont il mérite bien le rang.
Aprés mûre information faite
De sa légèreté de tête,
Et débilité de cerveau.
Ou git toujours transport nouveau,
Nous le déclarons Lunatique,
Et très-digne de notre Clique.
Nous étant de plus revenu,
Que le dit avoit obtenu
Pour bonne et sure récompense
D'une certaine outrecuidance,
Dont il vouloit se faire un nom
Un nombre de coups de baton,
Pour quels le dit donna requête,
D'ou vint décret et puis enquête
Contre quidams enfans d'Iris (Lakaien),
Qui ne s'étoient pas brin mépris,
Et dont on n'a fait de couverte;
Si qu'ils nous causé la perte
Du dit, qui pour se soulager,
Et trouver lieu de se vanger

D'une si cruelle entreprise,
A fait voile vers la Tamise[1].
A ces causes, nous dits Régens,
Quie protégeons le indigens,
De notre certaine science
Voulons que le dit Arrouet,
Dont nous avons fait le portrait,
Soit aggrégé dans la Marotte.
Lui décernons triple calotte,
De la quelle lui faisons don;
Item de notre grand cordon,
Qu'il doit porter en bandoulière,
Ou seront Rats devant, derrière,
Brodés en relief; puis au bas,
Sous le plus gros de tous le rats
Pendra notre grande Medaille,
Avec toute la prétintaille,
De sonnettes et orreillons,
Girouettes et Papillons.
Plus, accordons au dit Voltaire,
Pour figurer en Angleterre
Et se glisser parmi les grands,
Dix-mille Livres tout les ans,
Qu'il percevra sur la fumée,
Sortant de chaque cheminée
De Paris, ou brûle fagot,
Cotret, bois de compte, en un mot,
Bois à brûler de toute sorte.
Entendons, que sous bonne escorte
Ces fonds lui soient toujours remis,
A fin qu'ils ne soient jamais pris,
Et saisis par gent maltotière.
Fait l'an de l'Ere Calotière
Sept mille sept cent vingt six,
De notre Ramadan le dix.

---
[1] Man sprach damals von einer Reise Voltaires nach London.

Die Geschiche der bisher erwähnten sogenannten komischen Gesellschaften zeigt aber deutlich, daß man sich sehr täuschen würde, wollte man aus ihrem Namen schließen, daß sie selbst Narren vorzustellen oder eine Gesellschaft eigentlicher Narren aufzurichten beabsichtigt hätten. Im Gegenteil. Ihre Urheber und Stifter waren kluge und witzige Köpfe, die mittels der Satire die Narrheit in der Welt mindern, die Menschen gescheiter zu machen gedachten. Obgleich nun dies aus dem Stiftungsbriefe der Geckengesellschaft in Cleve, dem ersten Verein dieser Art, nicht klar bewiesen werden kann, so ist doch wahrscheinlich, daß auch diese keinen andern Zweck verfolgte, als die Narren durch Lachen zu bessern, die Narrenmutter zu Dijon, die vermutlich aus der cleveschen Gesellschaft entstanden ist und sie sich zum Muster genommen hat, ebenfalls keine andere Tendenz hatte, als durch Spott die Sitten zu läutern. Doch soll ebenfalls damit nicht bestritten werden, daß der Hang zu lustigen Zusammenkünften und fröhlichen Gelagen großen Anteil an der Entstehung aller dieser Gesellschaften gehabt habe. An und für sich kann man ihnen also nicht allen Nutzen absprechen, den sie in der Tat eine Zeit lang geleistet haben, wie aus der anfänglichen Beschaffenheit der Babinischen Republik in Polen unstreitig ersichtlich ist.

Allein wie alle menschlichen Dinge dem Mißbrauch und der Entartung unterworfen sind, die Satire leicht in Pasquill übergeht, das Maß der Lustigkeit leicht überschritten wird und die Nachfolger kluger jovialer Köpfe wirkliche Narren, Gecken- und Possenreißer sein können, wodurch eine ursprünglich nicht unlöbliche Einrichtung nachteilig und gefährlich werden kann, so ist es auch mit diesen komischen Gesellschaften geschehen, daß man ihre ursprünglichen Begrenzungen weit überschritt, wodurch denn nichts anders als ihr Untergang erfolgen mußte.

DAS KÖNIGREICH BASOCHE

Von dem Königreich Basoche ist bereits im ersten Hauptteil das Wichtigste aufgeführt worden. Hier noch einige nicht unwichtige Details, die oben übergangen werden mußten.

Es ist nicht weiter auffällig, daß Gerichtsschreiber ihrem Vorsitzenden den Königstitel beilegen durften. Solche Könige waren ziemlich allgemein, sowohl in Frankreich wie auch in Deutschland. Dort gab es einen König der Seidenwirker, einen König der Minstrels, wie hier einen Pfeiferkönig, der alljährlich in Rappoltsweiler seinen Hof hielt, und heute noch den Schützenkönig. Zum Hofstaat des wirklichen Herrschers von Frankreich gehörte ein König der Liederlichen, dessen Amt es erforderte, über die Sitten der unteren Hofdienerschaft beiderlei Geschlechts zu wachen und Schuldige zu strafen. Die Barbiere rühmten sich eines Königs, dessen Privilegien später auf den Leibwundarzt des allerchristlichen Königs übergingen.

Der König der Basoche war aber höher gestellt als alle die genannten Eintagsherrscher.

Er gebot über einen Kanzler, zwölf ordentliche und drei außerordentliche Requettenmeister, einen Großreferendarius, einen Großschatzmeister und einen Großalmonsier, dessen Amt die Austeilung der Strafgelder war, die zu wohltätigen Zwecken verbraucht wurden. Ein Generalprokurator, ein Generaladvokat, ein Obergerichtsschreiber und ein Obergerichtsdiener vertraten das Justizministerium. Die Schatzmeister hatten die Steuern der Untertanen einzutreiben und für die Mahlzeiten zu sorgen, bei denen sich die Basochianer sehr häufig vereinigten.

Es soll auch eine eigene Münze, auf Goldpapier geprägt, unter den Untertanen des Königreiches zirkuliert haben[1].

---

[1] Dr. Ferd. Friedensburg, Die Münze in der Kulturgeschichte, Berlin 1909, S. 25.

Die Posse wurde mit so ernster Miene gespielt, daß das Pariser Parlament im sechzehnten Jahrhundert durch Verordnungen die Ausdehnung der Rechte der Basochen genau bestimmte und einschränkte.

Die Statuten und Verordnungen des Königreiches, wie sie das Parlament aufgezeichnet hatte, liegen in einem seltnen Buche „Recueil des Status, Ordonnances et Prerogatives du Royaume de la Bazoche", Paris 1644, gesammelt vor.

DIE SCHLARAFFIA

Dieser vornehmste und verbreitetste deutsche Verein mit grotesk-komischen Gebräuchen wurde am 10. Oktober 1859 von einem Stammtisch, bestehend aus Schauspielern und Literaten, in Prag gegründet. Prag ist daher die Allmutter aller Schlaraffenniederlassungen, die sich überall auf der bewohnten Erde dort befinden, wo deutsche Künstler in größerer Anzahl dauernd oder vorübergehend seßhaft sind.

Der erste Präsident, der Oberschlaraffe, war der Direktor des Prager deutschen Landestheaters, Franz Thomé, um den sich die hervorragendsten Mitglieder seiner Bühne und bald die geistige Elite des deutschen Prags scharten. Über zwei Jahre harrte die Gesellschaft vergeblich auf die obrigkeitliche Bestätigung. Sie traf erst ein, als die junge Schlaraffia Wohltätigkeit im Großen geübt und die Talente ihrer Mitglieder für arme Abgebrannte mobil gemacht hatte. Nun erst war den Organisatoren, voran dem Sänger Albert Eilers, freie Hand zur Ausgestaltung des Vereins gegeben. Wie vorher die Ludlamshöhle, die 1826 ein reaktionärer Wiener Polizeimensch gesprengt, und die einst weltbekannte Grüne Insel (gegründet 1855) in Wien, wurden dem Prager Verein äußere Formen gegeben, die in Trachten und Gehaben an die Ritterzeiten erinnerten. Jeder Neuling wird erst Knappe, dann Juncker und als solcher zum Ritter geschlagen. Zu den Sitzungen — Sippungen oder Nachtungen — in der Burg haben auch gelegentlich die Burgfrauen und Burgfräuleins der Ritter Zutritt. Sie reiten ein wie die Ritter, Knappen und Pilger, und auch sie stoßen den feierlichen Uhu-Ruf aus.

Rededuelle, in gebundener und ungebundener Sprache, beleben die Sippungen, in denen auch sonst ein Humor zum Ausdruck kommt, der im Laufe der Jahre ein eigenartiges schlaraffisches Gepräge angenommen hat. Umschlingt doch ein gemeinsames Band alle Schlaraffen in der ganzen Welt!

1865 begann die Gründung von Töchterreichen. In dem genannten Jahr öffnete die Berliner Schlaraffia ihre Pforten, bald folgten weitere Filialen in Leipzig und Graz. Heute erstreckt sich das Reich des Uhu bis weit über den großen Teich nach Cincinnati, Milwaukee, San Franzisco und Neuyork, nach Osten bis Riga, Dorpat und Reval, nach Westen bis Rotterdam und Amsterdam, nach Norden bis Königsberg und nach Süden bis über die deutsch-welsche Sprachgrenze hinaus.

Ich hätte gerne noch mehr Internes über die Schlaraffia mitgeteilt, aber die Oberleitung bedauerte, meine Bitte um Überlassung von Material nicht berücksichtigen zu können.

DIE PANKGRAFSCHAFT VON 1381 IN BERLIN BEI WEDDING AN DER PANKE

„Um das Jahr 1381 war es, als ein edler Haufe altdeutscher Recken von seinen Bärenhäuten zu beiden Ufern des Rheins sich erhob und den Staub von den Sandalen schüttelte, um neue Jagdgründe ausfindig zu machen. Den nackten Speer in der blanken Faust, dem Auerochsen und der wilden Sau nachjagend, drangen sie gen Norden vor und brachen am Namenstage ihres Schutzheiligen Pankratius, nach dem sie sich „Pankgrafen" nannten, in das Urwaldgebiet der Weddinglande ein, am Fuße des bekannten Höhenzuges belegen, der unter dem Namen „Berliner Rehberge" eine weltgeschichtliche Bedeutung erlangt hat. An den eichenbewaldeten Ufern eines reißenden Flusses, der die alte Veste Bernau mit den Weddinglanden verbindet, gerbten die Pankgrafen ihre Bärenfelle und ließen sich häuslich nieder, weshalb jener Fluß mit seinen uralten Gerbereien noch heute „die Panke" genannt wird. Von Waffengeklirr und rauchlosem Geböller erdröhnten nun täglich und stündlich die Weddinglande, welche die eingeborenen Rehberger einerseits mit dem Mute der Verzweiflung gegen die besitzergreifenden Pankgrafen verteidigten, während die wilden Hussitenorden andererseits von Bernau her in diese Lande einzubrechen versuchten. Nachdem es dem edlen Pankgrafen Udo mit der eisernen Faust durch einen kühnen Handstreich gelungen war, die Hussiten zu vertreiben, schlug endlich auch nach jahrelangen Kämpfen der Sohn jenes berühmten Vaters, Pankgraf Udo mit der gespaltenen Klaue, anno 1387 in der blutigen Schlacht am Lausefenn die Rehberger gewaltig auf's Haupt und machte damit die Pankgrafen für alle Zeiten zu unumstrittenen Herren des Landes. Der Edelsten einer, Pankgraf Platentin der XIII., weiland Herr der Lande Pankow, Reinickendorf und Dalldorf, fand in jener Schlacht den Heldentod. Mehr als dreißig Schnitt im Leibe, sank er dahin wie eine gefällte Eiche und versammelte sich zu seinen Vätern. Sein heldenmütiger Geist aber waltet noch heute an, auf, hinter, in, neben, über, unter, vor und zwischen der Pankgrafschaft.

Gar öde und unwirtlich sah es dazumal aus in den Weddinglanden, denn kein Wirtshaus war dort weit und breit zu finden, den müden Wanderer zu laben. Als eine ihrer ersten Kulturaufgaben in dem eroberten Lande betrachteten es die edlen Pankgrafen, unweit des Pankeflusses im Feldschloß und in der Talmühle ein paar Kneipen anzulegen und deren Gedeihen die weitgehendste Fürsorge zu widmen bei Tage wie bei Nacht. Unaufhaltsam drang nun von dort aus die Kultur in die Welt, deren bedeutendste Männer sich rühmen dürfen, aus der Pankgrafschaft hervorgegangen zu sein. Christoph Columbus z. B. entstammt dem Pankgrafengeschlecht, denn es steht bombenfest, daß der kühne See-

Die Pankgrafen in einer von ihnen erstürmten Stadt

fahrer seine ersten Versuche zu schiffen in der Panke angestellt hat. Nachdem diese Versuche gelungen, mußte es ihm natürlich ein Leichtes sein, den Ozean zu durchqueren und Amerika zu entdecken. Sein berühmtes Ei gehört noch heute zu den hervorragendsten Sehenswürdigkeiten der pankgräflichen Altertumssammlungen.

Was nun die Pankgrafen der Jetztzeit besonders ehrt und auszeichnet, das ist ihre unbezwingliche Liebe zu dem heimatlichen Pankestrom, aus dessen trüben Fluten sie köstliche Perlen des Humors unerschöpflich schöpfen. In allen Tonarten preisen sie mit Recht der Panke Vorzüge, denn nicht nur grün wie des Rheines Wogen und nicht nur blau wie der Donau Wellen, sondern schwarz-grün-grau-blau, im prächtigsten Farbengemisch schillert der Wasserspiegel der lieblichen Panke, an deren Ufern zuweilen noch Pflanzen gedeihen, die sonst nur der Vegetation heißerer Zonen angehören, nämlich üppige Kackteen in mannigfaltigster Form, die vor den tropischen Gattungen noch den besonderen Vorzug haben, daß sie nicht wie diese stachlig und geruchlos sind. Bei so hervorragenden Eigenschaften des den Pankgrafen heiligen Stromes kann es natürlich nicht Wunder nehmen, daß alle zum Himmel stinkenden Wühlereien, welche die Zuschmeißung der Panke bezwecken, bisher gründlich erfolglos geblieben vor der besseren Einsicht der maßgebenden Gewalten. Solange aber der Panke Wellen schäumen, wird auch das edle Geschlecht der Pankgrafen nicht erlöschen mit ihrer „Treue zu Kaiser und Reich", mit ihrer „Nächstenliebe und Freundschaft", mit ihrem „Frohsinn und Humor". Mgr-huh!, das ist der Schlachtruf der Pankgrafen, mit dem sie bisher alle ihre Feinde besiegten!"

So steht in der Chronik der Pankgrafschaft wörtlich zu lesen. Und sie halten treu zu ihrem Vaterlande, das die Rehberge im Halbkreise einschließen, das sonst flach ist und sandig wie nur des heiligen römischen Reiches Streusandbüchse eben und sandig sein kann.

Aber die feuchtfröhlichen Recken sind auch tapfer und furchtlos, wie es sich deutschen Rittern geziemt. Und nicht am Biertische allein! Wehe, dreimal wehe dem, der sich erkühnt, ihnen den Fehdehandschuh hinzuwerfen oder den ihren — Größe 13³/₄ — aufzunehmen. Er ist verloren. Ganz gleich ob er einsam als Ritter auf seinem Felsenneste horstet, oder als wehrhafte Stadt sich ihnen widersetzt — niedergerungen werden sie beide. Mgr-huh!

Alljährlich einmal, „wenn heiter im Juni die Sonne uns lacht", erwacht die alte Kampfeslust in der Brust des Pankgrafen, das Schwert klirrt in der Scheide, wie das Henkerbeil vor der Richtung, und es muß gezückt werden zu Kampf und Sieg. Irgendeiner Stadt wird in markigen Worten Krieg erklärt und die bunte Schar der Pankgrafen in ihrer phantastischen Tracht zieht aus ihrer Stammburg hinaus in die Lande voll Grimm gegen das freche Volk. Vorher wird in ritterlicher Weise Fehde angesagt.

Hier einer der grimmen Absagebriefe:

Unwohlweise, verblendete und übelberatene Ratsherren
und -Frauen unserer ungetreuen Vasallenstadt
Coburg a. d. Itz.

Sind unsere Mannen in hellem Unmut über Euer letztes Schreiben, toben und lechzen nunmehr nach Bier mehr noch als nach Blut, sind nicht mehr zu halten und wollen von keiner Red und Widerred mehr wissen, sagen, Ihr hättet jetzo erst Euer wahr Gesicht gezeiget, wo Ihr Euere rauhbeinige Seite herausgekehrt, und wäre Euer erst Geschreibsel eitel Vogeldunst gewest und Euere vermeintliche Herzlichkeit Vorspiegelung falscher Tatsachen! Kann auch uns selbsten die zierlich geschnörkelte kunstvolle Schrift Eueres Stadtschreibers, so alle Anerkennung verdienet, nicht hinwegtäuschen über die spöttische Abweisung unserer bescheidenen Wünsche und verbleibet uns somit nur, selbsten mit Waffengewalt in der Hand zu erzwingen, was ihr uns in Gutem weigert. Vermeinen, daß Euch der Komet —

(††† vor ihm!) vorzeitig Euere Köpfe verdreht, damit aber keine edlen Teile verletzet habe, und haben auf Euer Schreiben nur eine Antwort, so Euch durch des Reiches Post zugehen wird: den pankgräflichen Fehdehandschuh, und rufen dreimal: Wehehe! Wehehe! Wehehe! so Ihr vermessen sein solltet, uns Widerpart zu leisten, denn wir sind nunmehr des Federkrieges mehr als satt; würde Euch auch nichts mehr nutzen, so Ihr wolltet jetzt noch zu spater peccavi kriechen: alea jacta est!

Hic Rhodos, hic salta mortale!

Die Pankgrafschaft von 1381.

Der Hochmeister

(gez.) Foerstemann.

An
den wohllöbl. Magistrat
zu Coburg.

Den Gustav-Adolf-Hut mit der Feder keck am Ohr, das mutige Herz geschützt vom langen, mit dem Adler bestickten Koller, das Ritterschwert am breiten Ledergürtel um das Bier- oder Weinbäuchlein geschnallt, an den Füßen die hohen Reiterstiefel, so ziehen die wehrhaften Mannen gegen die Mauern, die ihnen Trotz zu bieten gewagt.

Wie Braunschweig am 21. Juni 1912 dem wütenden Ansturm erlag, sei hier nach dem Allgemeinen Anzeiger (Nr. 145) dieser unglücklichen Stadt geschildert:

„Am Tage Sankta Jakobina, sobald die Hähne gekräht, hatten die Grafen und Herren von der Panke die Heerfahrt nach der alten Hansestadt und Feste Bronswik angetreten. Schnell waren sie mit ihren Dampfwagen — moderne Menschen mögen es Sonderzug zweiter Klasse nennen — vorwärts gekommen und bedräuten die Stadt vom Bruchtor her. Alldort war eine reisige Schar unserer Bürgersöhne aufgeboten worden, zu Fuß und zu Roß, und hatten die „Faule Mette", unser gewaltiges Kanon, mitgenommen, das denn auch sofort mit überlautem Dröhnen Schuß auf

Schuß abgab und die Walstatt in Pulverdampf hüllte, nachdem der Abgesandte unserer Stadt mit dem hochmögenden Gebietiger der Pankgrafen Verhandlungen geführt, aber aus diesen entnommen, daß die Feinde nicht von ihrer Absicht, die Stadt gewaltsam zu berennen, abweichen wollten. Da die Position unserer Stadtwehr nicht zu halten, so zog sich diese nordwärts zurück, und der Feind folgte ihr. Von der Feldwache auf dem Kohlmarkt wurde in dieser äußersten Gefahr ein Schwarm Brieftauben aufgelassen, die von der benachbarten Feste Wolfenbüttel Hilfe herbeiholen sollten. Viel Volks hatte sich, erschreckt über den Überfall, in den Straßen angesammelt, auch von auswärts waren Landbewohner in die Stadt geflüchtet, sich da in mehrer Sicherheit meinend. Der Menge des Volkes war so viel, daß die Feinde sich kaum hindurchfinden konnten. So ging es durch die Schuhstraße bis vor die Burg Dankwarderode.

Dort fand der grimme Feind ein festes Bollwerk, in das sich die Braunschweiger zurückzogen. Die Parteien kamen in ein heftiges Handgemenge. Unaufhörlich krachten feines und grobes Kanon. Wohl verteidiget wurde das Tor durch der Stadt Schützen, die dort Posto gefaßt hatten, aber dennoch gewannen die Feinde Schritt für Schritt an Boden, so daß die Besatzung der Burg gar hart bedränget ward. Da ward, um den Grimm der Feinde nicht allzusehr auf die Bürgerschaft herauszufordern, Kriegsrat gehalten und ein in weiser und bedächtiger Rede wohl erfahrener und kluger Mann als Parlamentär mit weißer Flagge vorgeschickt, der unter ehrenvollen Bedingungen die Feste übergab, wogegen die Pankgrafen versprachen, glimpflich mit der Stadt zu verfahren. Also ward ihnen das Tor geöffnet, und sie hielten ihren Einzug heiteren und fröhlichen Angesichts und mit nichts Bösem gegen die Stadt und ihre Bewohner im Schilde. Hoboisten aus Strelitz spielten ihnen dazu auf, und stolz und stattlich schritten die Grafen und Herren einher, Komtüre, Großkomtüre, Pankgrafen, Kumperkaten,

Junker und Mannen. Mit den Zeichen ihrer Würde angetan, marschierten die hohen Gebietiger im Zuge. Fünf Fähnlein wurden im Haufen geführt, als erstes das alte Banner der Pankgrafen aus dem Jahre 1381, ehrenvoll zerschlissen und ausgebleicht seine Farben Schwarz-grün-grau-blau. Mitgeführt wurde auch das gewaltige Ordensschwert, daneben aber auch das Zeichen friedlicher Gesinnung: ein gewaltiger Humpen. Blumen hatten den Grafen Braunschweigs Frauen und Jungfrauen zugeworfen, und diese lieblichen Gaben schmückten nun die rauhen Krieger. Wohl versorgt waren sie auch mit einem Strohwagen für Blessierte, während die Braunschweiger für einen Marketenderwagen gesorgt hatten. Auf dem Burgplatze erwarteten die Kämpen unsere in bunte Tracht gekleideten Jungfrauen, schlangen ihnen Friedensbänder um und führten sie auf ihrem weiteren Wege durch die Stadt.

Zuvor aber war den Gebietigern der Kriegsleute die Burg Dankwarderode geöffnet worden und sie hatten mit einem ehrbaren Rate den formellen Friedensschluß vorzunehmen. Von Braunschweigs Jungfrauen trat Frl. Wall hervor und sucht in wohlgesetzter gereimter Rede der Feinde Grimm zu besänftigen. Dann schlangen die Jungfräulein bunte Bänder um die Sieger. Der Meister des Braunschweiger Verkehrs richtete Worte des Willkommens an die siegreichen Feinde und überlieferte ihnen den Schlüssel zur Stadt, den der Hochmeister Förstemann 'mit überaus gnädigen und wohlwollenden Worten entgegennahm, so daß sich unsere Stadt nichts Schlimmes zu versehen braucht! Eitel Freude und Jubel herrschte darob bei männiglich.

Der Zug der Sieger und der Jungfrauen, der überwundenen Stadtknechte, Schützen und Ratsherren ging nun durch die Stadt in das Rathaus der Altstadt, während auf dem Markte sich das Volk mit dem Troß verbrüderte und die Gesinnungen der fremden Feinde zu erkunden suchte. Zum Zeichen der Unterwerfung und zum Gruße der Stadt an die Pankgrafschaft wurde beim Nahen des Zuges vom

Balkon des Rathauses die schwarz-grün-grau-blaue Fahne der Pankgrafschaft entfaltet."

Unter all dem Mummenschanz birgt sich aber hoher Ernst. Denn jede Fehdefahrt bringt nicht nur der überfallenen Stadt und den Pankgrafen Stunden des Frohsinns und deutscher Gemütlichkeit, sondern auch den Armen und den Wohlfahrtseinrichtungen der betreffenden Gemeinwesen reichen Nutzen. Darum weckt jetzt jede Kriegserklärung der edlen Ritterschaft freudiges Echo, und schnell wie noch jede Stadt und deren trunkfestesten Helden haben die streitbaren Ritter von der duftenden Panke im Norden der Reichshauptstadt auch die Herzen der Besiegten erobert.

Theodor Reusche als Isaak Stern in „Einer von unsere Leut" von L. Kalisch

FÜNFTES HAUPTSTÜCK

DAS GROTESK-KOMISCHE IM RECHT

DER GROTESKE HUMOR IM RECHT

Mit dem deutschen Gemüt drang auch der Humor in die alten Volksrechte ein, als wohltuende Gegensatz zu den drakonischen Formen, die Auge um Auge, Zahn um Zahn Sühne heischten. Spott und Laune durften eben so frei und unverhohlen das Recht des Mittelalters durchdringen, wie sie aus der abstrakten Verständigkeit des heutigen Rechtes verbannt werden mußten, sagt Homeyer.

Dieser Humor findet sich vor allem in den alten volkstümlichen Rechtsquellen, also in den Volksrechten, den späteren ländlichen Weistümern, den Stadtrechten, den Gilde- und Zunftrechten. Er kam in verbrieften und gesetzlich festgelegten Privilegien zum Ausdruck, die, nach Gierke, Rechtsübertreibungen und Scheinrechte darstellen sollten. Dann aber auch in Ehrenstrafen, durch die der Delinquent dem Spott und Hohn seiner Mitbürger preisgegeben werden sollte. Diesen Strafgerichten wohnt eine hart an Barbarei streifende Derbheit inne, von der eben das ganze Volksleben der ferneren Vergangenheit durchtränkt war.

Die hier voranstehenden drei Strafen sind sprechende Beispiele für das eben Gesagte.

DAS FEDERN

Die Strafe des Federns, von England nach Amerika verpflanzt und während des Unabhängigkeitskrieges, wie dann im Kampfe von Nord gegen Süd, von den Lynchern mit Vorliebe angewendet, findet sich in Europa im zwölften und dreizehnten Jahrhundert. Sie bestand bekanntlich darin, daß der Verurteilte mit Pech oder Honig bestrichen und in Federn gewälzt wurde[1]. Wie Raumer angibt, wurde im Jahre 1198 eine Nonne mit Honig bestrichen und mit Federn beschüttet, dann in diesem Zustande verkehrt auf ein Pferd gesetzt[2].

Nach dem Benker Heiderecht hatte ein Mann, der sich von seiner Frau schlagen ließ, eine etwas umständliche Sühneprozedur durchzumachen. Er mußte aus dem Hause weichen, dieses verschließen, mit einer Leiter auf das Dach steigen und dieses abdecken. Dann ein Pfand im Werte eines Goldguldens an sich nehmen und mit zwei Nachbarn vertrinken. Sie sollen beim Vertrinken dieses Pfandes, das als eine Art Buße erscheint, so gleichmäßig trinken, daß beim Einschenken aus der Kanne unter dem zum Messen an dieser angebrachten Ringe (pegel) jedesmal gerade soviel Raum blieb, wie eine mit aufgerichteten Ohren kriechende Laus brauchte[3].

ESELSRITTE

Eine Frau, die ihren Mann geschlagen hatte, mußte, rückwärts auf einem Esel reitend und dessen Schwanz haltend, durch den ganzen Ort ziehen[4].

Dieser Gebrauch herrschte namentlich zu Darmstadt und den umliegenden katzenelenbogischen Ortschaften. Der Esel wurde von den Herren von Frankenstein gehalten und wenn sich der Fall ereignete, mit einem Boten nach Darmstadt, Pfungstadt, Niederramstadt, und in andere Orte gebracht. Hatte die Frau den Mann hinterlistig geschlagen, ohne daß er sich wehren konnte, so führte der Frankensteiner Bote den Esel. War er hingegen in offener Fehde von ihr besiegt worden, mußte er den Esel selbst leiten.

Im siebzehnten Jahrhundert erlosch die Gewohnheit, die

---

[1] Jacob Grimm, Deutsche Rechtsaltertümer, 3. Ausg., Göttingen 1881, S. 725. — [2] Geschichte der Hohenstaufen und ihrer Zeit, 3. Auflage, Leipzig 1857/58, 3. Bd., S. 107. — [3] Gierke, S. 57. — [4] Prof. Otto Gierke, Der Humor im deutschen Recht, Berlin 1887, S. 52.

hauptsächlich in Oberhessen galt, sich aber auch an anderen Stellen gefunden haben wird. Dieselbe Strafe traf auch Ehebrecherinnen, Ehebrecher, Meineidige und Verräter[5]. Im „Lichtenstein" läßt Wilhelm Hauff den Doktor Calmus auf dem Esel durch Stuttgart reiten. Ein ebenso grotesker Brauch fand sich in west-engländischen Rechten. Die Witwe des verstorbenen tenant behielt ihr Witwengut (freebench), dum sola et casta fuerit. Aber auch wenn sie sich vergangen hatte, konnte sie sich im Besitz erhalten, sofern sie auf einem schwarzen Widder rücklings vor Gericht ritt und einen demütigenden Spruch hersagte[6]. Diese Ansprache lautete:

Here I am ridding a black ram
Like a whore as I am,
And for my crincum crancum
Have I lost my bincum bancum:
And for my tail'sgame
Am brought to this wordly shame;
Therefore, good master Steward,
Let me have my land again[7]!

Wie drakonisch die alten Rechte den Ehebruch bestraften, ist bekannt. Nur das Lübische Recht gestand dem beleidigten Gatten das Totingsrecht nicht zu und setzte dafür die Bestimmung, daß die sündige Frau ihren Buhlen an seinem Gliede durch die Stadt, Gasse auf, Gasse ab, ziehen sollte. Diese Satzung ist subsidiarisch in das Ripener und andere dänische Stadtrechte übergegangen[8].

SCHNELLEN

Betrügerische Handwerker, die „mit beschisz umbgangen", wie rückfällige Dirnen, wurden bis im achtzehnten Jahrhundert mit dem Schneller bestraft.

Der Missetäter wurde in einen Korb oder Käfig — Schand-

---

[5] Grimm, R. A., S. 722. — [6] Grimm, R. A., S. 453*. — [7] Felix Liebrecht. Zur Volkskunde, Heilbronn 1879, S. 429. — [8] Karl Weinhold, Die deutschen Frauen in dem Mittelalter, 3. Aufl., Wien 1897, 2. Band, S. 233.

korb, Wippe etc. — gesetzt, die über einer Pfütze, einem Teich, Fluß, dem Stadtgraben usw. schwebte, und an manchen Orten in die Pfütze hinabgeschnellt, an anderen aber sich selbst überlassen, bis er zur Belustigung der Zuschauer in den Tümpel sprang und beschmutzt davonlief [9].

In Frankfurt am Main wurden 1566 zwei Dirnen, die „der Unzucht nicht müßig gehen wollten", geschnellt. Ebenso wurde dort 1604 eine Dirne in der Friedberger Gasse „in die Weer geschnellt durch den Stöcker" [10].

Unter den Handwerkern verfielen besonders Bäcker, die beim Verkauf zu kleiner und zu leichter Brote ertappt wurden, der Strafe des Schnellens [11]. In Wien wurden sie „nach altem Herkommen geschupft". Man tauchte sie entweder in die Fluten der schönen blauen Donau oder an den zum Verkauf des Brotes bestimmten Plätzen in Unrat. Im Jahre 1773 unter Kaiser Josef II. kam diese Strafe zum letzten Male zur Anwendung [12], um dieselbe Zeit etwa auch in England.

JUS PRIMAE NOCTIS

Das vielumstrittene Recht der ersten Nacht, über dessen Sein oder Nichtsein die Gelehrten nach wie vor im Unklaren sind, hat an sich mit Komik absolut nichts zu tun. Daß es in Deutschland wie in anderen Ländern bestand, unterliegt keinem Zweifel, nur ob es auch wirklich ausgeübt wurde, darüber gehen die Meinungen auseinander. Jedenfalls konnte der junge Ehemann überall durch Abgaben das seinen Herren zustehende Recht auf die erste Nacht bei seiner Frau ablösen, und in diesen Zinsen kommt ein grotesker Humor, derb und unverfälscht, zum Ausdruck.

So verlangte das schwäbische Kloster Adelberg im Jahre 1496 von seinen Leibeigenen, daß der Bräutigam für den ungeschmälerten Genuß eine Scheibe Holz, die Braut sieben Schillinge Heller oder eine Pfanne, „daß sie mit dem Hintern

---
[9] Gierke S. 69. — [10] Max Bauer, Die Dirnen und ihr Anhang, Berlin (1911) S. 80. — [11] Gierke S. 69. — [12] Schirmer, Alt- und Neu-Wien, I. Bd., S. 304 f.

Rowlandson: Das Wippen
(Borngräbers Verlag, Berlin, cop.)

darein sitzen kann oder mag" zu leisten haben. Anderwärts hatten die jungen Frauen den Grundherrn so viel Käse oder Butter zu entrichten, „als dick und schwer ihr Hinterteil war"[13].

Nach den Angaben des bayerischen Oberappellationsgerichtsrates Welsch bestanden diese erniedrigenden Verpflichtungen noch im achtzehnten Jahrhundert[14].

SCHADENSBESSERUNGEN

Wer vorsätzlich einen Schaden anrichtete, hatte ihn, auf frischer Tat ertappt, sofort wieder gut zu machen. Den Ärger des Beschädigten machte die Art der Bestrafung des Schuldigen wett. So soll nach westfälischen Weistümern der Fuhrherr, der den Dieb einer Wagenlünse auf frischer Tat ertappt, statt des Nagels den Finger des Täters oder gar ein anderes Glied, das als „elfter Finger" bezeichnet wird, in das Loch vor das Rad zwicken und mit ihm fortfahren, bis er zu einem Schmied kommt, der einen anderen Nagel herstellt.

Das Bochumer Landrecht § 48 sagt: „ein dieb, der einem manne sein herstells nagel abstielet und er in darüber bekäme, so soll er über das herstell mit seinem Leibe gehen ligen und stecken seinen eilften Daumen vor das stell, bis so lange er bei einen schmid kommt und stellet einen andern nagel davor, ohne des fuhrmanns schaden[15].

PRIVILEGIEN GROTESKER ART

Die Feudalherrn der Vergangenheit waren stets darauf bedacht, ihre Macht der schwächeren Hand fühlen zu lassen.

Um ihr Herrentum mit allem Nachdruck immer wieder zu betonen, maßten sie sich Rechte an, die ihnen von der Obrigkeit niemals zugestanden worden wären. Um mit dieser nicht in Konflikt zu geraten, begnügten sie sich mit einer scheinbaren Befriedigung dieser Ansprüche seitens ihrer

---

[13] Max Bauer, Geschlechtsleben, S. 19 f. — [14] Aug. Bebel, Die Frau und der Sozialismus, 20. Aufl., Stuttgart 1893, S. 51. — [15] Gierke, S. 68.

Untertanen. Durch diese war das Bestehen des Rechtes anerkannt und die Handhabe gegeben, bei günstiger Gelegenheit die wirkliche Zinsung durchzusetzen.

Zu diesen Scheinberechtigungen gehörte es, wenn einem Herrn das Recht auf Herberge nicht zustand, ihm eine Gerte zu liefern, das Pferd daran zu binden, einen Stuhl zum Sitzen, einen Tisch, sauber gedeckt, doch nichts darauf und etwas Salz, soviel um zwei Eier damit zu salzen, vorzustellen [16].

„Wann die hochgeehrten Herren von Frankfurt und Andreastag ihre Diener nach Schwanheim schicken . . . . . den Hafern abzuholen, so ist man denselben schuldig einen guten Willen, eine warme Stube und einen Tisch weißgedeckt und nichts darauf, drei weiße Krausen und nichts darin, eine leere Kandte und nichts darin, zwei Spieß am Feuer und nichts daran [17]."

TANZFRONE

In der Pflege Langenberg zwischen Zeitz und Gera mußten die Bauern an gewissen Tagen im Fron tanzen. Jm Jahre 1703 war auch der Pfarrer M. J. Gärtner, der ein Bauerngütchen besaß, unter den Tänzern. 1749 traten noch 85 Paare zu dieser eigenartigen Lustbarkeit an. Vierzig Jahre vorher hatten sich schon Eisenberger Bauern mit Erfolg geweigert, diesen Tanz auszuführen, den man auch anderwärts, so im Rudolstädtischen, kannte.

BATTER IL CULO SUL LASTRONE

Beschränkten sich die vorstehenden Auszüge auf das deutsche Recht, so mögen jetzt einige außerdeutsche Beispiele hier folgen. Ich beginne mit dem Entblößen der Bankrotteure in Italien.

In Florenz war es ehedem gebräuchlich, daß insolvente Schuldner angesichts des auf dem Mercato nuovo versammelten Volkes mit ihrem Hintern auf einen großen Pflasterstein (lastra) stoßen mußten, wodurch sie von jedem

---

[16] Gierke, Humor, S 48. — [17] Grimm, Rechts-Altertümer, S. 256.

Liebespaar und Narr beim Männchenpiß-Brunnen
Kupfer von Alaert du Hameel

Pieter Brueghel d. Ä. gen. Bauernbrueghel
Bilder-Rätsel. „Die Wereld voedt veel zotten." Brustbilder zweier als Narren maskierter Männer. Darüber in vier Feldern das Rätsel: Der Buchstabe D — eine Weltkugel — ein Fuß — eine Violine.

persönlichen Zwang seitens ihrer Gläubiger frei blieben. Daher die Redensart „Batter il culo sul lastrone", d. h. bankrott werden.

In Neapel stieg ehedem der zahlungsunfähige Schuldner auf eine kleine Säule auf dem Platze vor dem Justizpalast (Palazzo de' Tribunali), wo er sich die Hosen herunterlassen und den bloßen Hintern zeigen mußte, mit den dreimal wiederholten Worten: Wer was zu fordern hat, komme her und mache sich bezahlt! (chi ha d'avere, si venga a pagare).

Dieser Brauch reichte bis nach Sizilien [18].

In den Niederlanden war es üblich, daß sich die insolventen Kaufleute mit entblößtem Podex auf einen Stein setzen mnßten [19].

In Schwaben, dem Orte Pfaffenhofen bei Güglingen, soll einst eine ähnliche Sitte geherrscht haben.

---

[18] Liebrecht, S. 427. — [19] Nork, Sitten und Gebräuche der Deutschen (Scheibles Kloster, 12. Bd.), Stuttgart 1849, S. 1140.

Vignette aus La moral' filosophia del Doni, Vinegia 1552

REGISTER

Aachen 407, II 199
Aafelspelen 379
Abdera 24
Abélard, Fritz 416
Abelespelen 376 f.
Abondance, Jean von 121
Acerra 59
Adam von Halberstadt II 111
Adamsspiel 95
Addison II 17, 18
Adelberg, Kloster II 371
Affenräte II 246 ff.
Agricola, Johann von II 149
Ägypten 26, II 1, 3
Aimont, Herr von II 353 f.
Aix, Prozession II 109 ff.
Ajaccio II 297
Akko 19, 10
Alaska 3
Albertinus, Ägidius 245, 311.
Albrecht, Dr. A. 27 f.
Albrecht, I. F. E. 351
Algier 71
Allard II 13
Allegorien 81
Allergebiet II 130
Almány, Tihamir 399
Alpenbälle II 191
Alphito 19 f.
Amiens 100
Amsterdam 378, 380 f., 386, II 70, 361
Amundsen, Roald 1
Ander, Rudolf 360
Andreïni, Francesco 43, 44
Andreïni, Giambattista 43
Andreïni, Isabella 43, 44
Andrew, Mery 405
Angely, Louis 370
Angers 98, II 108, 156
Anhalt-Dessau II 191

Antibes 101
Antwerpen 385, II 157
Apulejus 25
Appenzell II 146 f., 261
Aquilaneuf in Angers II 108
Archenholz, Freiherr von 66
Archimimus 19
Argot 95
Argumento 73
Ariosto, Lodovico 45
Aristophanes II 13 f., 97, 361, 389
Aristoteles 11
Arlecchino 41, 45, 46 f., 58, 61
Arlotto, Paviano 49
Arnobius 33
Arnold, Victor II 292
Arras 95
Artisten: s. Spielleute, Varieté, Zirkus.
Ascher, Anton 366
Äschylus 15, 70
Assentierungs-Kommission II 176
Asteropherus, M. O. 391
Atella 59
Atellane 18, 13, 24 ff., 156
Athen 9, 70, 119
Athenäus II 1
Augsburg 106, 245, II 147, 218
113 ff.
Augustin, Volkssänger 360
Augustinus, Heiliger II 101
„Aujust" 403
Auriol, Clown 405 f.
Autos sacramentales 71, 80, 94
Auxerre II 101
Aventinus 21
Avignon II 111

Babinische Republik II 350 ff., 358
de Bach-Soullier 403
Baechtold, Jakob 107, 209

Bajadoz 75
Baden-Baden II 2
Baden b. Wien 345, 347
Badertanz im Hennebergschen II 212
Badin 103
Bagesen, Jongleur 409
Bajatz 401 f.
Ballett 296
Ballfestlichkeiten II 288 ff.
Ballerstädt, E. II 164
Bamberg 194, II 225 f.
Banise, Asiatische 316 ff., 345
Banville, Th. de II 24
Barbarossa, Kaiser 179
Barbieren der Handwerksburschen II 208
Barbnaud 21
Baretti, Giuseppe 56 f., 65
Baron, Schauspieler 53
Baron, W. (Charles) 408
Baryka 395
Barzelona II 298
Basel 201, 207, 311
Basoches 118 f., II 359 f.
Bataille, Charles II 24
Bath 247
Bathyllus 30
Batter il culo ect. II 374 f.
Batteux 47
Battuti 20
Baubau 20 f.
Baude Henri 118
Bäuerle, Adolf 354, 357, 359, 361
Bauernbälle II 290 f.
Bauernfeld, Ed. von 368
Bauernspiele II 177
Bautzen II 47
Bayern 22, 42, II 104, 135, 159
Bayrischer Hiesel II 31
Beaumarchais, C. de 136
Beaumont-Fletcher 167, 248
Bebel Heinrich II 74 f.

Beck, Joh. Ferd. 313
Becker, H. II 303
Beckers, Paul 411
Beckmann, Friedr. 368 f.
Befana, la 20
Behaim, H. S. II 70
Behn, Aphra 171 f.
Behrisch, Sigm. 413
Belleaus, Remy 127
Belgien II 69, 270 ff., 296
Belling, Tom 403 ff.
Beltramo von Mailand 56
Bender, Henry 372
Benevente, L. Qu. de 94
Bengalen 35
Benker Heiderecht II 371
Beoleo Angelo 40
Beöthy, Ladislaus 399
Berche die 21
Berchta, Frau II 249
Berg, O. F. 366
Bergamo 41, 42, 56, 59
Bergen in Norwegen 388, II 202 ff.
Bergholz, F. W. von 317 ff.
Bergmann, Possenautor 413
Berla, Alois 366
Berlin 102, 110, 310, 337, 345, 360, 368 ff., 372, II 45, 55, 285, 291, 312 ff., 361
Berliner Possen 370
Berliner Theater 372
Bermann, Sekretär II 306
Bern 202
Bernadon (siehe Kurz)
Bernadonniaden 338 ff.
Bernauer, Rudolf II 292
Bernhard, Sarah 371
Berni, Francesco 20
Bertanizzi (siehe Carlino)
Berthold von Regensburg 181
Besser, Joh. von II 283, 285
Bethlenjárás II 137
Bettlertragödie, Polnische 393

Bhārata 36
Bhavabhuti 40
Biancolelli (siehe Dominico)
Bibbiene 43
Biel, Wilhelm 375
Biestkeus, C. 385
Bildabertha 21
Billward, Leo 409
Bimbo, Clown 406
Binche II 270 f.
Birch-Hirschfeld, Adolf 95 ff.
Birch-Pfeiffer 371
Birma 6, II 17
Birmingham 405
Bismarck-Archipel 3
Bitebau 21
Bittner, Eduard 366
Bizet, George II 24
Blackfriars-Theater 169
Blasel, Carl 367, 368
Blinchard, Clown 401
Blinde zu Fastnacht II 235
Blindlaufen II 168
Bobo, Covaruvius 47
Boccaccio 238
Bochumer Landrecht II 373
Bockum-Dolffs, Baron, Clown 406
Bodel, Jean 95
Bodensee II 274
Böggerei II 259
Bogulawski, Wojziech 396
Böhmen 393, II 67, 129
Böhmer, Hermann II 299
Böhmerwald II 264 ff.
Böhmische Musik II 178
Böhmischer Wenzel II 177 f.
Bohnenfeste II 311, 335
Bologna 42, 60
Bolte, J. 263
Bolz, Valentin 207
Bonguglielmi, F. S. 68
Böser-Buben-Ball II 292 ff.
Bosse, Abraham 128

Boston 414
Bouchet, Guillaume II 22
Boeuf gras II 297
Bouset, Johann 264 ff.
Bouteille, Domherr II 107
Brandes, Georg 389
Brandenburg II 130, 225 f., 297 310
Brann, Paul II 55, 68
Brant, Sebastian II 147, 217
Brantzky, F. II 303
Brasilien 6
Braunschweig 261, 264 ff., 275, 309, 314, II 128, 181, 365
Brecheln II 176 f.
Brederoo 380 f., 385, 388
Bregnat, Germanie II 296
Bremen II 42
Brescia 62
Breslau 309, 345, II 68 f.
Breton, Noel le 132
Briché, Fanchon II 22
Brighella 42, 45, 60
Brighton 401
Britton, Paul 410
Brixen II 147
Brückner, Prof. Dr. A. 397
Brügge 379
Brühl, Graf II 314
Brunius, Joh. Heinr. 313, 317
Brüssel 115, II 2, 70
Brydaine, Prediger II 72
Bucco 25
Buchenau Georg 218
„Budapester" 413
Bühnenausstattungen 74, 80 f.
Bunny, John 417
Burattino 42, II 19
Burgtheater, Wiener 90, 161, 368 f.
Burgund II 156, 159, 161
Burnand, F. C. 175
Burschenaufnahme II 207 f.
Büscheltanz II 243

379

Bûshenikel 22
Bussière, Pierre II 73
Bütt, die 299 f.
Butterwoche 397 f.
Butturlin, Narr II 317 ff., 325
Byzanz 26, 34

Cadiz 94, II 298
Cakewalk 414
Calderon 80 ff., 129
Caligula 31
Callimachus 19
Callot, Jacques 57
Calmo, Andrea 40
Calotte II 352 ff.
Cándamo, Fr. Ant. de Bauces 94
Canitz, Freiherr von II 283
Cañizares, José de 94
Canova 360
Capitano 56
Cardanus, Hieronymus II 19
Cardinot, Schauspieler 124
Caritas vini II 150 f.
Carl, Direktor 356, 363, 366
Carlino 54, 66
Carlsen, H. L. 411
Casanova 64, II 111
Cäsar, Julius 29
Cäsarius von Arles II 100
Caßmann, Charles 373
Cassovius, Petrus II 352
Castillo, J. J. G. de 94
Cato 33
Cause grasse 118
Cavicchio 42
Caviello 60
Cecchini, P. M. 52
Centlivre, Susanna 171
Cent nouvelles nouvelles 266
Centunculus 29, 33
Cepeda, J. R. de 75
Cervantes 73, 79, II 21
Ceylon 3

Chadwick, Clown 401
Champs, Ph. de II 340
Chanson 128
Chanvalon, Harley de 48
Chapman, George 248
Chary (Mainz) II 308
Châtelet 119
Chaudon, R. G. de II 109
Chettle, Henry 248
Chiabrera, Gabriello 43
Chiari, Pietro 62
Chile II 298
China 6, II 3, 14, 15
Chionides 12
Choiseul, Bischof von II 113
Chrätze-Fräuli II 260
Chrungelinacht II 258
Chrysippus 19
Cicero 32, 47, 156, 157
Cieklinski 393
Cincinnati II 361
Clara, Abraham a. Sta. 310, 325,
   II 77 ff.
Claudia, Königin II 156
Clerici vagantes 179
Clermont, Jean 406 f.
Cleve II 331 ff., 336
Cleve, Geckengesellschaft II 358 ff.
Clown, Anzug 137 f., 261
Clown Shakespeares 162 ff.
Cobern in der Eifel II 274
Coburg II 361
Coccai, Merlin 47
Cochläus 219
Coello, Antonio 94
Colman, George 172
Cöln (siehe Köln)
Colombina 61, 345
Comedia dell' arte 40 ff., 130, 157
   267, II 22
Comedie français II 23
Comedias de Capa y espada 84
Comedien ofte esbattementen 379

380

Compiegne II 158
Comte, Valleran le 127
Conards (siehe Cornards)
Confucius II 99
Congreve, William 171
Conti carnascialeschi II 295
Constantini Angelo 57
Cornards 120
Corbie 100
Corneille, Pierre 129, 133, 267, 309
Corneille, Thomas 129
Corner, Hermann II 235
Coro 68
Corradini, Paul 410
Cortez, Ferd. 6
Cosme 90, 94
Costa, Karl 366
Coster. Dr. Samuel 380, 382 f., 388
Costenoble, K. L. 365
Cota, Rodrigo de 147
Covent Garden 401, II 28
Crawley, Puppenspieler II 27
Crêches parlantes II 25
Creizenach, W. 247
Crescimbini, G. M. 67
Crispinkomödien 132
Cromwell, Olivier 169
Cruz, Roman de la 94
Cry 123
Cubillo, Alvero 94
Czettritz, Baron II 298

Dalang II 13
Damiano, Comedia del 68
Dänemark 388, II 202, 206
Daniels, Alfred 406
Danzig 297
Darmstadt II 370
Dati, Carlo 47
Daudet, Alph. II 23
Dauer der Vorstellungen 35 f.
Day, John 248
Deed, André 416

Dekker, Thomas 248
Dekorationen 74
Delbosq, Alfred 406
Denner, Schauspieler 313
Deposition, studentische II 186 ff.
Derwin, Clown 401
Deutsche Theater 178
Deutsche Puppenspiele II 28 ff.
Devrient, Louis 353
Diablerie, la grande 112
Dialekte in der Comedia dell arte 41
Diamante, I. B. 94
Diaz, Fernando 71
Dickens, Charles 401, II 20
Dijon, Narrenmutter 120, II 71, 103, 336 ff., 358
Diocletian 33
Diomedes 25
Dionysien 11
Dirnenfestzug, Leipziger II 143
Dirnenwettlauf II 167
Dobrowsky II 68
Dominico, Biancolelli 52 ff., 57, 132
Dominikaner II 99
Domleschg II 248
Dora, Josephine 366
Dorpat II 361
Dossenes 25
Dottore 25, 41 ff., 45, 55
Dövekenschläger II 185
Dovizi, Bernardo (siehe Bibbiena)
Dreher, Konrad 373
Dreißigjähriger Krieg 273 f.
Dresden 65, 247, 309, 312, 372, II 248 f.
Driesen, Otto 50 f.
Drischlegspiele II 174 f.
Druckmeyer, Frau II 18
Drurylane-Theater 173, 401
Dryden, John 170 f.
Dubarry, Madame II 24
Duck-Ducktänze 3
Ducrow, Andrew 401

Dürer, Albrecht 220, II 157
Durham, Schuhraub II 143
Düsseldorf II 299

Eck 219
Eckenberg, Karl von 337, 390
Eckermann, Ottilie 375
Ekphantides 12
Egan, Pierce 175
Eggen- und Pflugziehen II 221, 218 ff.
Eglogas (siehe Eklogas)
Eichstätt 194
Eierlesen II 144
Eierlaufen II 168
Eierritt II 144
Eilers, Albert II 360
Einzüge, fürstliche II 153
Eisenbach, Heinrich 413
Eisenberg i. Sachsen II 117, 374
Eisfeld II 130
Eklogen 71, 74
Elberfeld 409
Elendsohn, Julius 311, 313
Elmar, Karl 366
Elsaß II 132, 133
Emser, Dr. 219
Encina, Juan del 71
Enfants sans souci 119, 122
Engels, Georg 370
Engel, Karl II 48, 56,
England 42, 65, 137 ff., 145, 169, 170, II 99, 135, 162 f., 311, 370 f.
Englische Komödianten 246, 395, 397, II 41
Entlebuch II 261 f.
Entremés 75, 79, 94, II 158 ff.
Entkleidungsszenen 78
Enökl, Babette 356
Epicharmos 11
Epiphaniastag 20, 101, 102
Erlach 202
Ernst, Adolf 372

Erzgebirge II 133
Eselsfest II 104 ff.
Eselsritte II 370 f.
Essex, Graf 160
Eskimo 2
Esopus, Narr 193
Etherege, Sir George 171
Eugen, Clown 406
Eugen, Prinz II 284
Eulenspiegel 193
Euripides 10, 361, II 1
Everaert, Kornelis 379
Evreux, Hörnerträger II 346 ff.
Evreux, schwarze Prozession II 106 ff.
Exodium 29
Eyb, Albrecht von 194 f.

Fabliau 98 f.
Fablia paliata 23 f.
Fablia togata 23 f.
Fackeltanz II 167
Fahrende 186
Farce, Ursprung 99
Farce, altfranzösische 68 ff., 102 f.
Farce, italienische 68
Farquhar, George 171
Fasching II 215 ff.
Fastelovend II 300
Fastnacht 103, 118, II 215 ff.
Fastnachtspiele 186 ff.
Faust, Puppenspiel 247, II 28, 41 f., 44, 45, 46, 49 f., 67, 69
Fedeli 43 f.
Federn, das II 369
Feister Montag II 267
Ferrara 60
Fernandez, Lucas 71
Fernier, Schauspieler 356
Fetische 3
Feuerwerk II 157, 240
Figurenkomödie 80
Filidor der Dorferer 276
Fiorelli 65, 66

Fischart, Johann 209, II 147, 216
Fischerstechen II 169 ff.
Fisperl 348
Flaminia 62
Flandern 311
Fleischhaufen II 181
Fleischmann, Josef 413
Floralien 28, 33
Florenz 60, 68, II 374 f.
Florillo, Silvio 59
Flotow 360
Follet (Narr) II 108
Folz, Hans 187
Foppington, Lord 171
Ford, John 168, 248
Foschen II 264 ff.
Fragoso, Matos 94
Francke, Theodor 413
Francois, Clown 406
Francois, D. S. (siehe Seraphine)
Franconi, Zirkus 404
Frank, Sebastian II 217 f.
Franken 21, II 218
Frankenstein, Herren von II 370
Frankfurt a. M. 245, 274, II 46, 49, 372, 374
Frankreich 21, 42, 43, 48 f., 56, 95, 123, 127, 130, 202, II 104, 135, 148, 153 f., 155 ff., 158 f., 211, 283, 353 f.
Franzique II 23
Franzosen, Puppenspiele II 22
Franzosen, Schauspieler in Deutschland 245
Frauen auf der Bühne (s. Schauspielerinnen)
Fredro, Graf A. 397
Freese, E. H. II 49
Freund, Julius 372
Freya II 249 f.
Freytag, Gustav 276
Frickart, Thüring 202
Frischlin, Nikodemus 239 ff.

Friese, Karl 366
Fronleichnamspiele (siehe Autos sacramentales)
Fuchsmundi 327
Fuchsprellen II 166 f.
Fulda, Ludwig 285, 287, 293
Funkelin Jakob 219
Fürst, Johann 365

Gabinet 276
Gädertz, K. Th. 374
Gaignat, J. L. 68
Galants sans souci 119
Galleja 91
Gallien 25, 100
Gallmeyer, Josephine 366, 367 f., 371
Ganivet 414
Gänsereißen, Ulmer II 172
Gardonyi, Geza 399
Gareton, Joseph 60
Garguille, Gaultier 121, 128
Garrick, David 66, 172
Gärtner, Andreas 297
Gartwaeth 401
Gauklerinnen 311
Gecken in Cleve II 331 ff., 336
Geczy, Stephan 399
Geiler von Kaisersberg II 149, 216, 236
Geisler 311
Geißelbrecht, Puppenspieler II 50
Geistinger, Marie 367
Geistliche Spiele (siehe Misterien)
Gelosi 42
Gelsimono 60
Gemälde, groteske II 71
Gengenbach, Pamphilius 201 ff.
Genitalien, Gefäße in Form von II 325 f.
Gerloh von Reichenberg 179
Germanen 40
Gernwitz 276

Gerö, Karl 399
Gerson, Kanzler II 102
Gerstäcker, Friedr. 372
Gervinus, G. G. 267
Geschundener Raubritter 371
Gesellenstechen II 240
Gesellentanz II 240
Gesindebälle II 291
Gesta romanorum 266
Gewey, F. E. 353
Ghewardi 380
Giampietro, Jos. 372
Giangurgulo 57
Gil und Pasqual II 146
Gille von Binche II 270 ff.
Girardi, Alexander 358, 367
Gisperl 348
Giudiate 67
Gladius histricus clunaculum 33
Glapthorne, Henry 248
Glatzer Weihnachtsspiel II 135
Gleich, Alois 353, 354, 357
Glogau 274
Glückstadt 390
Goedeke, Karl 187, 221, 353, 354, 355, 359
Godlewsky, Karl 406
Gogol, Nik. 397
Goldoni, Carlo 45 f., 62
Gontard, Claude 406
Goerner, C. A. 375
Gossi, A. II 307
Goethe 298, 317, II 2, 49, 295
Gott auf der Bühne 95
Götter, komische 30, 33, 68
Gottlieb (Jackerl) 344
Gottsched 40, 209, 346, 388
Gottsleben, Ludwig 367
Gounod, Charles 374
Gozzi, Carlo 62 f.
Gozzi, Gasparo 62
Gracioso 91 f.
„Graf Paquafil" II 58 ff.
384

Gramsbergen, M. 275
Grandjean 366
Granthika II 12
Graubünden II 248
Graupner, Gottl. 407
Grausamkeiten auf der Bühne 286 f., 288
Gravemacher Fastnacht II 272 ff.
Graz 247, 316 f., 344, II 133, 361
Grazioso 94
Greban, Arnold und Simon 114
Green, Robert 248
Gregoriusfest II 116
Gregory, Pastor 397
Gretel in der Butten II 243
Grévin, J. 127
Grice, Tony 403
Griechenland 1, 9, II 1, 3,
Grille, La II 23
Grimaldi, Joe 401, 403, II 109
Grimm, Fr. Wilh. 317
Grimm Jakob 23
Grimm-Einödshöfer, Marie 417
Gringoire, Pierre 8, 120, 122 f.
Grobecker Anna 366
Grois, Alois 366 f.
Große Karnevalsgesellschaft, Köln II 298
Große Kölner K.-G. II 298 ff.
Großelfingen II 274
Große Rat, Köln. II 298
Groth, Klaus 373
Grüne Insel II 360
Gryphius, Andreas 42, 267, 274 ff., 292
G'schnas 289 f.
Guarinonius, Hippolytus 101
Guerre, Alexander 403
Guevara, L. V. de 79
Guillaume, Gros 128
Gundling, J. P. von 48 f.
Guthery 373
Gutmann, Artur 372

Guyenne II 153
Guyet 48
Gyllenberg, Graf, Carl 392

Haack, Hanswurst 313
Haag 386, II 298
Haberer, Hermann 208
Hackelberg, Ritter 50
Hadschejvat II 5 ff.
Hadamar von Laber II 164
Haffner, Karl 366
Hafner, Ph. 350 ff.
Hajaldschi II 5
Halberstadt, Adam von II 112
Hale, Adam de la 95
Hall in Tirol II 269
Halle a. S. II 174
Hallein, Küfertanz II 243, 246
Hallmann, Joh. Chr. 278
Hollonius, Ludwig 273
Hamburg 180, 297, 309, 313, 373 ff., 408, II 46 f., 49, 113 f., 181 ff.
Hamlet 248 ff.
Hanau 219
Hansdampf 49
Hansdumm 47
Hänneschen, Kölner 409, II 56
Hannover 247, II 165
Hans in allen Gassen 47
Hansen-Spiele II 202 ff.
Hans Supp 276
Hanswurst 23, 39, 47, 258
Hanswurstkampf 346
Hanswurstkleidung 315
Hanswurstprozession II 113
Hans Wurst, das Wort 314
Hardy, Alex. 128
Harlekin, Abstammung 39, 47
Harlekin, Namen 48
Harlekin 136
Harlekin, deutscher 313
Harlem 387
Harlot 49

Harleß, Dr. Emil II 52
Harley de Chanvalon 48
Hartmann, Martin II 9
Harmond II, 99
Hartstein, Wilhelm 410
Harz II 135
Hasenhut, Anton 348, 353
Haßkerl, Schauspieler 313
Hattstein, Joh. von und zu II 287
Haudeck, General von II 51
Hauff, Wilh. II 370
Hauptmann, Gerh. 27, 273
Haupt- und Staatsaktionen 312 f., 316
Hausmann, Magister II 166
Hauteroche 132
Hazieh 9
Heades, Lectures upon 173
Hebbel, Friedrich 360 f.
Heiberg, Joh. Ludw. 391
Heiberg, Peter Anders 391
Heidelberg 104
Helmerding, Karl 370
Henneberg II 212 f.
Hensler, K. F. 348, 352 f.
Herbergerecht II 374
Herrnfeld, Donat 413
Herzog, Frau 367
Herzog, Zirkus 404
Hessen-Kasselsche Hofkomödianten 133
Hesychius 15
Hexenzug, Maxglaner II 262 f.
Heymarket-Theater 172 f.
Heywood, John 145
Heywood, Thomas 248
Hildabertha 21
Hildesheim II 181
Himmelreich (Puppenkasten) 30 f.
Hinné, Zirkus 404
Hirsch, Volkssänger 413
Hirschel 375
Hirsjäger und Hirsnarren 261

Hirtenspiele 138 f.
Hobeln II 180 f.
Hochzeitfeier Sotofs II 316 f.
Hochzeitcharivari II 211
Hof in Bayern II 128
Hof-Burgtheater (siehe Burgtheater)
Hofmann v. Hofmannswaldau 309
Hofmannsthal, Hugo von II 69
Hofnarren 6
Hoftheater, erstes deutsches 312
Höge II 181 ff.
Holberg, Ludwig 351, 388 ff., 392
Holinshed II 163
Holland 21, 376 ff., II 99, 311, 375
Holland, Kirmes II 148
Holland, Marionetten II 69
Holländ. Schauspieler in Deutschland 245
Holle, Frau 21, II 249 f.
Holtei, Karl von 360, 403, II 48
Holzhüter, Schauspieler 311
Homer 12
Honoré, Père II 72
Hopp, Friedr. 366
Horaz 48
Hörnerträger II 346 ff.
Hosenlaufen II 168
Hostilius 30
Hôtéllerie II 283
Hottomann 49
Hotzmann, Daniel 245
Houghton, William 248
Hoz, Juan de la 94
Hubert 311
Hudeln II 269 f.
Hugenotten 21
Hugo, Victor 8
Hüllmann, K. D. II 103, 127
Humanismus 193, 201
Humpstibumsti 409 f.
Huygens, Konst. 386
Hybl II 67

Jack 47
Jack Pudding 39
Jackelschützen II 445
Jacob Dr. Georg II 9
Jabobi, Bacchus 411
Jacobi, Joh. Georg II 147
Jakobson, Benno
Jacobson, Eduard 370
Jahrmärkte II 167
St. James-Hill 407
Jan Klaassen II 43
Japan 7 ff.
Jarno, Josef 368
Jassaul, Hanswurst II 18
Jauner, Franz 366
Java 39, II 137
Ibsen, Henrik 7
Jean Potage 39, 47
Jesuiten, Schuldramen 296, 394, II 99
Indianer 3, 6
Indien 34 ff., 36, II 1, 11
Infanterie von Dijon 120
Introito S. 73
Jodelet 129
Jodelles, Estienne 126 f.
Johan Bonnet 261 f.
Johann, Vorname Harlekins 42
St. Johann im Pongau II 250 f.
John, Alois II 26 ff.
Jokmaalen II 99
Jonson, Ben 162 f., 161, II, 26 f.
Jophilus, Joris 311
Jornadas 73
Josefstädter Theater 367 f.
de l'Isle 52
Italien 20, 40, 91, 127, 130, 310, 311, II 2, 18 f., 134
Italienische Schauspieler in Deutschland 245
Italiener in Paris 134 f.
Judenbart 311
Judenstücke 67

Jüdische Komiker 413
Julbock 23
Jülich, Paul 413
Jurkowski 393 f.
Jus primae noctis II 372
Juvenal 18

Kainz, Josef 358
Kaiser, Friedrich 356, 366
Kalabrien 57, 60
Kalau 24
Kalidasa 36
Kalisch, David 354, 370 f.
Kammern von Rhetorica 378
Kammerspiele 386
Kampaner 25
Kämpfer, Engelbert 7 ff.
Kanzel, Grotesk-Komik auf der II 71
Kapua 24
Karagöz 26, 156, 157, II 3 ff.
Karagöz-Spiel: Figuren II 5 f.
Karakozati II 9
Karikaturopern 348
Karl der Große 21
Karneval s. Fasching
Kärnten II 135
Kartoffellaufen II 168
Kasperle 157, 345, 348, 409, II 2, 43 ff.
Katzenelenbogen II 370
Katzenmusik II 211 f.
Katzenstriegeln II 164
Kelton (siehe Skelton)
Kemp, W. H. 162, 246, 403
Kemp, Thomas 403
Kertell, J. B. II 307
Ketschel Pehlevan II 18
Kijew 397
Kinder als Schauspieler 160 f., 310
Kinderbischof von Hamburg II 113
Kinderschreck 20 ff.
Kindler, Heinrich 373

Kino 415 ff., II 3
Kinzigtal II 274
Kirchhofs Wendunmut 266
Kirchweih II 148 ff., II 220
Kirgisen 3
Kisfaludy, Karl 399
Klapperl 348
„Klausen" in Appenzell II 261
Klobes 23
Klucht, niederl. 377
Knaack, Wilhelm 367 f.
Knees, Papst 317 ff., II 325 ff.
Knoll, Nicolas II 57
Koburg II 116
Köln II 55 ff., 298 ff., 335
Komos 11
Konfetti II 297, 299
König, Joh. Ulrich v. 283
Königsberg i. Pr. 297, II 256 f., 361
Königskuchen II 310 f.
Königsspiel II 309 f.
Konstantinopel 26, II 102
Konstanz 219, II 147
Kopenhagen 388
Kopecky, Matthias II 67
Korntheur, Fr. Jos. II 354, 356
Kos 11
Kotzebue, Aug. von 361, 371
Kothurne 16
Krähwinkel 24
Krämerszenen 181 f., 192
Krampus 23
Krates aus Athen 12
Kratmos 12
Kratzerl 348
Kraus, Ernst II 67
Kräuser, Schausp. 367
Krieger, Nikol. II 307
Kriegsteiner 354
Krilling 373
Krippenspiel (s. Weihnachtsspiel)
Krippchen, Kölner II 56
Krones, Therese 356

Kuoni, Hans, Narr II 275 ff.
Kuplet, Berliner 369
Kurz, J. J. Felix v. 337 ff., 355
Kurz, J. F. v. 337
Küster 353
Kyd, Thomas 247
Kyritz 24

Laberius 29
Lambert, Topograph 143
Lamia 19
Lampridius 59
Land-Flashar, Lene 412
Landjuweel 378
Landner 356
Landshut II 147
Langendijk, Pieter 387
Langenschwarz (Mainz) II 307
Langer, Anton 366
Laroche, Johann 345, 347 f.
Larven (s. auch Masken) II 14 ff., 46 f , 180, II 174, 255
Lassen, Christian 38
Lassenius, Johann 297 f.
Latinus, Mime 39
Laufspiele II 167
Lauremberg 373
Laurent, Gebrüder II 70
Lavallière, Herzog von 102
Lazzi 61 f.
Lee, Heinrich II 300
Lee, Eugène 404
Lee, Lavater 404
Leibnitz, A. W. II 286
Leinhaas, Joh. 338
Leipzig 309, 368, II 143, 174, 192, 219, 361
Lemgo 7
Lennig, Fritz II 307
Lentulus 30
Le Sage, Alain René 79, 135
Lessing 18, 32, 65, 90, 346
Levante 26

388

Leyden 274
Lilith 20
Lindemayr, Maurus 349
Linder, Max 415 f.
Linientaufe II 209 f.
Limousin II 73
Lipperl 348
Little Fred 407
Littmann, Enno II 10
Lissabon 403
Loa 73
Lobe, Anton 406
Loffelt 261
Loisset, Baptiste 405
Lokalposse 134
London 103, 401, 407, II 27 f, 309 f.
Lorch, Familie 407
Lübeck 187, II 120 ff., 235, 371
Lubomirski, Stanislaus 395
Lucanus 30
Lucca 92
Lucian 16 f., 51
Ludlamshöhle II 360
Lukian (s. Lucian)
Lumpenball II 290
Luna-Park II 169
Luther 194, 201, 219, 314, II 186, 220 f.
Luxemburg II 151, 272 ff.
Luzern 219, II 247
Lyfer 374
Lyon 18, 43, 103
Lyserus, Polycarpus II 219 f.

Maas, Titus II 45
Maccaroni, Signor 39
Maccus 25, 39
Mäcenas 30
Machiavelli 289
Madrid 84, 94, II 298
Magnes von Ikaria 12
Magnus, Prinzipal 372
Mahanātaka 35

Mähren II 129
Mailand 56, 202, 403, II 295
Maintenon, Frau von 135
Mainz 22, II 147, 287, 299, 306 ff., 311
Maltzan, Heinr. von II 10
Mandanus 18 ff.
Manducus 20
Mangolt, Marx 260
Mankynde, Misterium 144
Mansfeldt 373, 375
Manuel, H. R. 203
Manuel, Nikolaus 202 ff.
Maoris 3
Mariezebill II 57
Marinelli, Karl von 347, 357
Marino, Giambattista 43
Marionetten 66, 136, II 1, 2, 22
Markart, Hans II 157
Markolf, Narr 286
Marlowe, Chr. 247, II 42
Marottes 119, II 339
Marseille, Großer Tanz II 108
Marston, John 248
Martensmann, Lübecker II 120 f.
Martial 39
Martinelli 367
Martinitz, Graf II 284
Martinsfest II 116 f.
Masche croute 18
Maeson aus Megara 15
Massinger, Phil. 248
Matchiche 414
Maeterlinck, M. II 2
Matthesius, Joh. II 74, 220 f.
Matras, Josef 365, 367, 368
Mattamoros, Capitano 42, 59
Matthews, Tom 401
Mauritius, Georg 278
Mäuse als Todesursache 22
Maxglaner Hexenzug II 262 ff.
Maxstadt, Karl 411
Mazarin, Kardinal 129, II 157

Mecklenburg-Schwerin 121 ff., 129 f., 312
Mecklenburg - Schwerinsche Hofkomödianten 312 f.
Medici, Lorenco di II 295
Medici, Maria 127
Mechtersheimer, Fr. II 206 f.
Megara 11
Mehlwurm, Peter II 57
Meinhardt, Carl 372, II 292
Meisl, Karl 353 f., 357, 359
Meistersingerschulen 345, 378
Meißner 370
Meixner, Karl 161
Melanchthon II 157
Mellin, Frau 367
Menage 47 f.
Menander 60
Mende, Lotte 373
Menestrels (s. Spielleute)
Menestrier, Pater II 336
Mendoza, Herrtado de 80
Mère folle, la II 339 f.
Mère sotte 119
Messenius, Joh. 392
Metropol-Theater, Berlin 372
Metz 18
Metzgersprung II 241 f., 243 ff
Mexiko 6
Meyerbeer, Giac. 360
Mezzetino 57
Mi-carême II 296
Michel, Jean 98, 111
Michel, Karl II 306
Miles gloriosus 275, 276
Millöcker, Karl 367
Millowitsch, Wilh. 409, II 58
Milwaukee II 361
Mimus 91, 24 ff., II **3**
Mima 29
Mirakel-spelen 376
Misterien 107, 108, 109, 114, 116, 118, 123, 137, 176, II 143, 153

389

Mistinguette 416
Mitternacht, J. S. 276
Modena
Molière 121, 130 ff., 312, 356, 361, 389, 392, 396
Möller, Jens 390
Monde et Abuz 124
Mondoris Theater 129
Monhaupt 173
Monier, Henri II 24
Montague, Lady M. Wortley 324
Montreul, Mathieu de II 157
Mopsorden II 335 f.
Moralität 123
Mörbitz, Bernhard 411
Moreto y Cabaña, Augustin 93, 129
Mormo 20
Moriskotanz 162
Mormolykion 20
Moore, G. W. 58, 407
Morton, Thomas 147
Moser, Hanswurst 344
Möser, Justus 446, II 337 f.
Motte, Houdar de La 132
Mottenburg
Mozart II 2
Mrechatika 36
Mühlfahren II 175
Mühlhausen II 116
Müller, J. H. F. 333
Müller, Jean 375
Müller, N. II 307
Müllner 371
München 220, 245, 247, 278, 373, II 2, 50, 147, 241 f., 299
Münchhausen 267
Murner, Thomas 219, II 30
Murer, Jos. 207
Mysterien (s. Misterien)

Nackte Mädchen bei Einzügen II 155 ff.
Nacktheit auf der Bühne 29 390

Nagl-Zeidler 349
Naharro, Torres de 72
Nansen, Fridtjof 2
Nante, Eckensteher 368
Narcissino 60
Narrenabend II 289 f.
Narrenbaum II 277 f.
Narr, der engelendische 262 f.
Narrenfeste 120, II 98 ff.
Narrengericht von Stockach II 274 ff.
Narrenkirchweih II 148
Narrenmutter von Dijon II 336 ff.
Narrenmünzen II 359
Narrenräte II 267
Nasentanz 237
Navarra, II 157
Neapel 42, 59 f., 66, 68, 72, II 374
„Nebengefälle" der Schauspieler 340
Neigshorn, Josua II 257
Nellenburg, Landgrafen von II 275
Nepal 35
Nestroy, Joh. 317, 351, 357 ff., 368
New-York 407
Neuberin, Karoline 40, 346, 401
Neujahrs-Feste II 99 f.
Neukirch, Joh. Benj. II 283
Neumann, August 370
Neu-Orleans II 361
Neuré, Mathurin II 109
Neuseeland 3
Neuvilles, Lemercier de II 25
Nickel 47
Nicolai Chr. F. 345
Niederland (s. Holland)
Niederlausitz II 130
Niese, Hansi 368
Niggerclowns und Mistrels 406 f., 414
St. Nikolaus 22, II 127 ff.
Niphaun und Stoppegâs II 181
Nizza II 295, 299
Norwegen 388

Novius 26
Nowgorod 397
Nördlingen 245
Nuth, Franz Anton und Frau 337
Nürnberg 187, 201, 220, 247, 278, 309, II 31, 165, 236 ff., 257

Obst, Artur 373 f,
Ochsenheimer 353
Offenbach, Jacques 133, 136, 366
Offenburg II 274
Ohregebiet II 130
Ollapatrida 327 f.
Olschansky, Clowns 406
Opera des Bamboches II 23
Operette, Wiener 174, 367, 372
Opern auf der Puppenbühne II 2
l'orco 20
Orfeo 68
Orleans II 153
d'Orneval II 23
Osacka 7
Osenbrüggen Eduard II 246 f.
Osiander, Andreas II 241
Osterlachen II 74, 143
Ostermärlein II 143
Osterpossen II 143 ff.
Ost-Afrika 3
Österreich 42, 245, 346, II 135, 153, 274 f., 283 f., 291, 372
Osterspiele 182, 184 f., 186
Ottava 68
Otto, H. W. 401

Pageants 137
Palästina II 10
Pallenberg Max 372 f.
Palliata 30
Palmesel II 174 ff.
Pankgrafschaft II 361 ff.
Pantalon 25, 41, 42, 45, 54 f., 61, 66, 276
Pantoffelsuchen II 179

Pantomime 30, 346, II 153, 158
Pappus 25
Paprika-Janczi 39, 399
Parabase 12
Parade 125
Parasitus 32
Paris 43 f., 46, 57, 60, 66, 68, 104, 117 f., 123, 125, 127, 403, 405, II 23 ff., 101, 153, 296 f., 299, 348
Parodien 45, 132, 359, 371, 374, 412
Parodie-Theater, Berliner 371
Pascariello 60
Pasos 75
Passau II 147
Passy 406
Passionsbrüder 117 f., 153
Passionsspiele 186, 192
Pastor Inau 71
Pastorale 128,
Pathelin, Farce de Maistre Pierre 104, 193, 194
Paul, Jean (Komiker) 411
Pauxerl 348
Pavia 194
Pedrolino 42
Peel, George 247
Pels, Andries
Perchtenlauf II 249 ff.
Pergolese II 2
Perinet, Joachim 353, 359
Persien 8 f., II 17 f., 112 f.
Petersburg St. 403
Petri, Olans 392
Petron 156
Peukert, Leo 416
Peyre, de la 21
Pfaff, Friedrich II 165
Pfaffenhofen bei Güglingen II 175
Pfeifer, Chronist II 219
Pfeiferkönig II 359
Phallus II 26, 33, 39

Philippin 57
Philistion 34, 39, 159
Phlyake 26
Pickelhering 39, 252, 263 f., 316, II 43
Piculnus 21
Piérard, Louis II 2
Pierre und Degabriel II 49
Pierrot 60
Pincelli, Bartolomeo di 19
Pinzgau II 253 f.
Pio, Prinz II 284
Pipifax u. Panlo 409
Pirkheimer, Willibald 220
Piron II 23
Pischel, Rich. 39, II 12
Pistoja 43
Planipedes 29, 46
Platen, Aug. v. 371
Plattdeutsche Bühne 373 f.
Plautus 18, 41, 75, 147, 194 f., 267, 351, 389, 393
Plock, Schausp. 369
Plutarch 19
Pocci, Graf Franz II 50 ff.
Pohl, Emil 370
Pohlmann, Otto 406
Poincaré, Präsident II 297
Pois pilés 122
Poisson, Raimund 132
Poissy II 154
Poitièrs II 153
Poiton 114 f.
Polen 393 f., II 350 ff., 358 ff.
Polichinell 60, 66, II 22, 25
Polterabend II 211
Polozk, S. von 398
Pollux, Julius 157
Pometia 25
Pommern 297, II 130
Pomponius, Atellanendichter 19, 26
Pompejus Festus 18
Pongau II 250 f.

Pontalais, Jean du 121
Popanze 20 ff.
Pope, Alexander 324
Popelhole 22
Popelmann 22
Popielus II 22
Porta, G. B. della 41
Portugiesen 68 ff., 71, 72, II 21
Posse, Wiener 349
Potheinos, Puppenspieler II 1
Potsdam 402
Powell, Marionettenspieler II 69
Powell, Martin II 28
Psomka, Präsident II 350, 352
Praetorius II 31
Prag 247, II 147, 360 f.
Pratinas 9
Praudi, Puppenspieler II 20
Preen, Hugo v. II 174, 178
Prehauser Gottfr. 333 f., 355
Prellen II 166 f.
Preußen 21, II 130, 284, 286, 312 ff., 314
Prince de sotz 119
Privilegien, groteske II 373 f.
Probst, Peter 314
Provence II 25
Prunius (s. Brunius)
Prynne, William 169
Puhonny, Jvo II 68
Pulcinell 157
Pulcinella 25, II 19
Punch II 27 f.
Puppenspiele II 1 ff., 32 ff.
Puritaner 169
Purzerl 348
Pusterbalg 181 f.
Putney, Sir Lytton II 15
Puys, Notre Dame 95 ff., II 117
Pylades aus Cilicien 30
Python Gorgonius 19

Quacksalberszenen (siehe Krämerszenen)
Qualitz, Wilhelm 402
Quedenfeld M. II 4
Quedlinburg II 150 f.
Quito II 146

Rabelais 18, 112, 114 f.
Raber, Vigil 192
Racine 65, II 314
Radziwill, Fürstin 396
Radziwill, Fürst Udalryk 396
Raimund, Ferdinand 351, 353 f., 356 f.
Ramasan II 4
Ramponi, Virginia 43
Rangel, Lopez 71
Rank, Joseph II 264 ff.
Ranzengarde, Mainzer II 307 f.
Rappoltsweiler II 359
Rat de pont II 335 f.
Ratkay, Ladislaus 399
Ratnâvali 36
Rauch, Jenny II 292
Raulin, Johann 49
Raumer v. II 370
Redentiner Osterspiel II 30
Reformation 201, II 311
Rechenberg i. Franken II 89
Regensburg II 103, 116
Regnard, François 134
Regnier 396
Rehm, H. S. II 15 ff.
Reibehand und Lorenz II 47 f.
Reich, Hermann 39
Reifentanz, Münchener II 242
Reine des Reines II 296 f.
Reinhardt, Max II 292
Reinsberg-Düringsfeld, J. v. II 169
Renaissance II 295
Resonier, Peter II 46
Rethorijcke, Gilde van 378
Rouen, Hörnerträger II 346 f.

Reuchlin, Joh. 104, 193 f.
Reusche, Theodor 368, 370
Reuter, Christian 297 f.
Reval II 361
Revolution 1848 361
Revolution, französische II 111
Ribaldenkomödie, neue 395
Ricco, Antonio 68
Riccoboni, Luigi 44 f., 46 ff., 56 f., 61, 63, 132
Riches, Barnabas 252
Richelieu, Kardinal 129
Ricinium 29
Riehl, H. W. II 206
Riesenpuppen II 157 f., 295
Riesenwürste II 255 ff.
Riga 218, II 361
Rigveda 34
Rist, Johannes 248
Riviere, Charles, gen. Dufresny 134
Robbe generiche 62
Rochefort, Michu de II 23
Röhrich, Schauspieler 367
Rojas, Zorilla, Franc. de 93, 129
Rom 9, 60, 67, 72, 119, II 1, 3, 295
Romans d'Alexandre II 30
Rommel, Otto 359 f.
Rookspill II 203 f.
Rops, Felicien II 25
„Rosalie" 416
Rosenmontagszug, Kölner II 302 ff.
Rosenau, F. 354
Rosenplüt, H. 187
Rostand, Edm. 26
Rostock 312
Rostow, Dimitrij von 398
Roswitha 176 f., 194
Rott, Karl 366, 413
Rotter, Schauspieler 371
Rotterdam II 361
Rouen 102, 117, 119 f., 124
Rounat, Charles de la II 24
„Rubben" 377

Rubin 181 f., 192
Rueda, Lope de 73 f., 75
Ruf, Jacob 204
Rufach i. Els. 207
Rûhias 22
Rüpelszenen 22, 248
Rupprecht, Knecht 22 ff., II 129
Rußland 397, II 146, 283 f., 314
Ruzante (siehe Beoleo)
Ryers, Isaac du 44

Sabo, Karl 372
Sacchi 65, 66
Sackhüpfen II 168
Sacklaufen II 168
Sackmann, Jobst II 82 ff.
Sachs, Hans 187 ff., 194, 220 ff., 258, 352, 392, II 31 f.
Sachsen 22, 65, 312, 314, 116 f., 166 f., 220, 284 f.
Sackville, Thomas 147, 258
Le Sage II 23 f.
Sâhityadarpana 36
Saint-Ligaire 115
Salat, Hans 219
Salingré, Hermann 370
Saltarino, Signor 401
Salzburg II 135, 147, 246, 262 ff.
Samarkand II 18
Samavakāra 35
Sānci 37
Sand, George II 24
Sand, Maurice II 24
San Franzisco II 361
Sannio 47
San Sebastian II 157
Sanskrit 103
Saphir, M. G. 362
Saravatī 36
Sarrasani (Stosch) 406
Sartori, Schauspieler 356
Sastrow, Bartholomäus II 190
Saturnalien II 99

Satyrspiele 9 f., 24, 48
Saulgau in Schwaben II 144 ff.
de Sauteuil 53
Scala, Flaminio 43
Scaramuccia 57
Scaramutza 276 ff
Scarron, Paul 129
Scapin (Scapino) 47, 56, 57, 59, 61 f
Scenario 41
Scio, Sebastian di II 45
Schadensbesserungen II 373
Schäferlauf in Wildberg II 168
Schäferspiele 97
Schäffer 74
Schaffhausen 209
Schäfflertanz II 242
Schall und Rauch II 292
Schamlosigkeiten als Komik 29, 32
Schattenspiel, Chinesisches II 1 ff.
Schattentheater, Pariser II 257
Schauspieler 111, 179
Schauspieler, Bürgergesellschaften 245
Schauspieler, Geistliche 179
Schauspieler, Handwerker 117, 137
Schauspieler, Studenten 296 f.
Schauspielerinnen 119 f., 279, 310
Schauteufeln II 128
Scherer, Wilhelm 179, 194
Scherenberg, Theodor 187
Scherenschleifer-Spiel II 285 f.
Schikaneder, Emanuel 352
Schilda 24
Schildburg 24
Schiller, Frl. 167
Schiller, Fr. v. 363
Schimmelreiter II 130
Schinderhannes II 31
Schlaraffia II 360 f.
Schlesien 22, II 133
Schlettstadt II 132
Schließmann, Hans II 69
Schlögl, Friedr. 352, 357

Schlittenfahrt, russische II 320 ff.
Schlossar, Dr. Anton 316
Schluck und Jau 273, 395
Schmalzfahren II 175
Schmarotzer, Der 32
Schmecke, Schauspieler 369
Schmidt, Jeremias II 45
Schmidt, Papa II 50 ff.
Schmutziger Donnerstag II 247, 269
Schnabel, Emil 413
Schneider, Louis 352, 371
Schneiders Annales Lipsiensis II 219 f.
Schnellen II 371 f.
Schöbel, Louis 374
Scholz, Wenzel 362 f., 365 ff.
Schonaeus, Rektor 296
Schönbartlaufen II 217, 236 ff.
Schönborn, Freiherr von 274
Schöne, Hermann 161
Schöppenstedt 24
Schott, F. II 307
Schottland, Jakob V. II 153
Schramm, Anna 370
Schreckbilder, groteske 18 ff.
Schröter, Andreas 338
Schübligzistig II 259
Schuch, Franz 345
Schuch, Frau 345
Schuhraub von Durham II 143
Schulkomödien 239, 285, 391
Schulkomödien der Jesuiten 296
Schultze, Carl 373 ff.
Schupp, Joh. Balth. II 75 ff.
Schuster, Ign. 348, 354, 356
Schützenkönig II 359
Schütz und Dreher II 45
Schwanheim II 374
Schwartz, H. II 303
Schwarz, Carl und Camillo 412 f.
Schwarz, Nathan 413
Schwarzwald II 274
Schweden 391 ff.

Schweighofer, Felix 367
Schweiz 194, II 146, 246 ff., 258 ff., 274
Schweizer Narren- und Affenräte II 246 ff.
Schwerin II 121 ff.
Schwert des Harlekins 47
Sedley, Sir Charles 171
Seidlitz, Julius 354
Seldwyla 24
de Selles, Maurice II 23
Semar 39, 157
Semmel, Ferdinand 413
Semper 22 f.
Seraphin II 25
Sevilla 73, II 298
Sganarell 60
Shakespeare William 2, 7, 9, 10, 169, 170, 173, 246, 248, 252 ff., 267, 273, 275, 292, 295, 312, 356, 389, II 26, 42
Sharpe, Lewis 248
Shaw, G. B. 176
Shirley, John 168
Siam II 16
Signorelli, Napoli 56 f.
Silhouetten-Theater (s. Schatten-Theater)
Silvester, alter, in Urnäsch II 261
Singspiele 98, 348
Siva 36
Sizilien 11, 27, II 375
Skandinavien 388 ff.
Skelton, John 144 f.
Skerntun, Scherzspiel II 163
Slawen 393 f.
Slawlenie II 314 ff.
Smoking, Erfindung 411
Solms-Lich, Prinz Alexander II 314
Solorzano, Alonso de Castillo y 129
Sommersdorf in Franken 194
Sonnenfels, Josef von 346
Sophron 12, 28

Sot 111, 119, 122, 378
Soternien 376
Sotie 122 f.
Sotof (Hofnarr) II 315 ff.
Soubrette 61
Spanien 42, 56, 70 ff., 94, 130, 377, II 21, 135, 146, 157, 298
Spaventa, Cap. da Vall' inferna 43
Spavento 42
Spendall, Sir John (Puppe) II 27
Spener, Ph. Jac. 45
Speidel, Ludwig 361
Spielleute (s. auch Fahrende) 98 ff., 101
Spinnstubenspiele II 175.
Spörer, Joh. Frdr. II 89 ff.
Staberl 348, 354, 368
Stafford, Katharina 404
Standouk, Johann 49
Stangenklettern II 168
Statius 10, 60
Steen, Jan 385
Stegmayr, Matth. 353
Stegreifkomödie (s. Comedia dell'arte)
Stegreifkomödie, deutsche 312
Steidl, Fritz 411
Steidl, Robert 410 f., 416
Steiermark 192, II 133, 136
Steinhart, Heinrich 219 f.
Stenzel, Schauspieler 345
Sterzinger Spiele 192 f.
Stettiner Sänger 410
Stevens, Alexander 173
Still, John 247
Stimmer, Tobias 209 ff.
Stinde, Julius 375
Stjernjelm 392
Stockach (Narrengericht) II 274 ff.
Stoll, Schauspieler 370
Stolzen, J. II 303
Stoppegâs II 181
Stout ende Onbescaemt 379 f.

Stoß, Veit 220.
Stranitzky, Jos. Anton 314 ff., 326 f.
Straßburg 209, 245, 274, II 248
Straßenbahnwagen, maskierte II 298
Strauß, Johann 367
Strohost, Knees-Papst II 325 ff., 329
Strohpuppen II 131, 143
Stummenspiele II 178
Stumpfs, Schweizer Chronik 204
Stupenspill II 204 f.
Stupidi 31
Stuttgart 239
Stutzen in Weisenheim II 206 f.
Suchier, Hermann 95 ff.
Sudermann, Herm. 7
Sulzer, Joh. Geo 50 ff., 133
Suppé, Fr. v. 367
Sutradhar II 12
Swift, Jonathan 51
Swoboda, Albin 366
Syrakus 10
Syrien II 10
Syrus, Publius 29

Tabaklaufen II 168
Talander II 287
Tango 414
Tanzfrone II 374
Tarasca 80
Tarent 27 f.
Tartaglia 57 f., 65
Tasso, Torquato 43
Tatemanne II 29
Tausend und eine Nacht 273
Teddytanz 414
Teheran 8
Teigsitzen II 176
Tellerlaufen II 168
Tellez Gabriel 79
Temacha 9
Tempe 68
Tendenzfarce 120, 123 f.

Teplitz-Schönau II 2
Terenz 56, 194, 393, II 166
Tertulian 30
Teufel 91 f., 95, 107, 109, 111 f., 137, 144, 185, 378
Tewele, Franz 366, 368
Thaddädl 348
Thalia-Theater Berlin 372
Thalia-Theater Hamburg 374
Tham II 67
Theater Mervellieux II 49
Theater Morieux II 49
Theaterzettel 247, II 45
Theatrum mundi II 49
Theophylaktus, Patriarch II 102
Thielmann, Ph. II 307
Thielscher, Guido 372
Thimig, Hugo 161
Thomas, Brandon 175
Thomas, Emil 370
Thomé, Franz II 360
Thüringen II 135
Tibet 3
Timoneda, Juan de 74 f.
Tirol 192, II 133, 211, 269 f.
Tirso de Molina 79 f.
Tisserand II 24 f.
Titereros II 21
Tittmann, Julius 264
Togata 30
Tomaselli 356
Tom-Tom 406
Tolar, Hans II 300
Tontolini 416
Torres Naharro, Bartolomé de 72
Toskana 49
Toulouse 405
Tournai II 113 f., 155
Tours 21
Towneley-Misterien 138 ff.
Tragikomödien 128
Tregenda, la 20
Treu, Carl 297

Treumann Karl 366
Trestern-Tanz II 253 ff.
Trier II 299
Tripolis II 3
Trivelin 52
Truffaldino 65
Tübingen 239, II 42
Tunis II 3, 4, 10
Tünnes 409 f., II 57
Türkei II 3
Turkestan II 17 f.
Turkey trott 414
Turlupin 57, 128, 131
Turncul, Stephan 115
Tydeus 17

Udall, Nicholas 147 f.
Ulm II 169, 217
Ulps, Diederich 278
Ungarn 399
Ungarische Weihnachtsspiele II 135, 137 ff.
Upsala 392
Urnäscher Silvester II 261
Utzendorf 206

Valencia 75, II 298
Vallensis, J. C. 208
Vanbrugh, John 171
Vega, Alonso de 74 f.
Vega, Lope de 75 ff., 91, 387
Vejele 91
Velten, Hans 309 f.
Venedig 42, 65, 66, II 223, 295
Vespasian 31
Vestris, Tänzer 172
Vice (Laster) 147
Vidusaka 36 ff., 157, II 127 f.
Vienne, Konzil II 153
Villancico 73
Villar, François 114 f.
Vincente, Gil 71 f.
Viol, Ludovico 403

Viscal verd II 339 f.
Vischer, Peter 220
Viśvanātha 36
Volgemann 374 f.
Volk, C. L. II 307
Volksspiele II 163 ff.
Voltaire 116, 132, 133, II 24, 355 ff.
Vondel, Joost van den 386 f., 388
Vos, Jean 386
Voß, Jul. v. 371
Vulpius, Chr. Aug. II 117, 223

Wachtelmäre II 29
Wagner, Richard 360
Waldecksche Hofkomödianten 313
Waldis, Burkard 218
Waldmann, Ludolf 375
Wallraf, Oberbürgermeister II 299, 302 f.
Wandertruppen 246
Warschau 347, 395
Wasserlaufen 168
Waterspill II 204
Watteau, Antoine 123
Wayangspiele II 13
Wegener, Ernestine 370
Weidmann, Paul 352 f.
Weihnachtsspiele, dramatische 186, II 127 ff., 133 ff.
Weihnachtsumzüge II 128 f.
Weiland, Great 409
Weimar 247
Weinhold, Karl II 135
Weinzheimer, F. A. II 303
Weise, Christian 278 ff.
Weisenheim II 206
Weiser, Karl 307
Weiskern, Wilhelm 338
Weißpflog, K. 358
Welsch, Gerichtsrat II 373
Wenden II 130
Westböhmen II 267 f.
Wheal, Little (James) 402 f.

398

Widdicombe, Clown 403
Widerold von Straßburg 22
Wiedemann, Enoch II 127
Wien 90, 245, II 44 f., 46, 147, 258, 283, 288 ff., 315, 372
Wiener G'spaß 324
Wiener Hanswurst 314
Wiener Männergesangverein II 289 f.
Wiener Possen 370
Wiener Schattentheater II 69
Wiepen, Dr. Ed. II 146
Wilbrand, Adolf 90
Wilcke, August II 298
Wildabertha 21
Wildberg II 168
Wilde Mann von Gravemacher II 272 ff.
Wildermann, H. II 303
Wilkens 375
Willamowitz-Möllendorff, Ulrich v. 13 f.
Wilmot, Robert 247
Wimpfeling, Jacob II 148 f.
Winckler-Tannenberg Friedr. II 68
Wingender, Josef II 298 f
Wingershausen II 131
Winizky, Josef II 67
Winter, Christoph II 56 f.
Winterthur 208, II 275
Wippen (s. Schnellen)
Wirtschaften 283 ff.
Wollrabe, Schauspieler 370
Wollschläger, Zirkus 402
Wolter, Charlotte 371
Woltje II 70
Wormo 187
Wrowl, Clown 402
Wulff, Dr. Leo II 292
Wursthäusel 258
Würstl II 44 f.
Württemberg II 220
Würzburg 194 II 147
Wycherley William 171

Xenophon II 1

Yātrās 35
Yorkshire-Schwerttänzer II 141 f.

Zablozki, Franz 396
Zamora, Antonio de 94
Zanni 47
Zasche, Theod. II 69
Zeno, Apostolo 44
Zeno, Jongleur 409
Ziegler und Klyphausen, H. A. 316
Zigeuner 67, II 13, 17
Zimarra 54
Zimmersche Chronik II 218

Zingaresche 67
Zingerle J. v. II 212
Zittau II 258
Zot 378 f.
delli Zotti 367
Zschokke, Heinrich 273
Zug, großer Rat II 247
Zulehner, Karl II 306
Zunft der Hauptdiebe 284 f.
Zürich 204, 206, 208, II 258
Zweckerl 348
Zwickau II 166
Zwerge u. Komiker 36, 278
Zwischenspiele 248, 189 f., II 158 f.

INHALT

	SEITE
MARIONETTEN- UND SCHATTENTHEATER	1
ZWEITES HAUPTSTÜCK: VON DEN POSSENSPIELEN AN CHRISTLICHEN FESTEN	71
DRITTES HAUPTSTÜCK: GROTESK-KOMISCHE WELTLICHE FESTLICHKEITEN	153
VIERTES HAUPTSTÜCK: FASTNACHT UND FASCHING	215
FÜNFTES HAUPTSTÜCK: DAS GROTESK-KOMISCHE IM RECHT	369
REGISTER	377